MATLAB®
examples

MATLAB®
examples

FRM金融风险管理师零基础编程

MATLAB
金融风险管理师
FRM（超纲实战）

涂升　姜伟生　编著

清华大学出版社
北京

内容简介

金融风险管理已经成为金融机构必备的职能部门。特别是随着全球金融一体化不断深入，金融风险管理日趋复杂。金融风险管理师（FRM）就是在这个大背景下推出的认证考试，是金融风险管理领域的顶级权威的国际认证考试。丛书以 FRM 考试第一、二级考纲内容为中心，突出介绍实际工作所需的金融建模风险管理知识，将金融风险建模知识和 MATLAB 编程有机地结合在一起，配合丰富的彩色图表，由浅入深地将各种金融概念和计算结果可视化，帮助读者理解金融风险建模核心知识，并帮助非理科专业读者迅速提高数学、统计学和编程水平并应用到实际工作场景中。

本书是系列图书的第 3 册，共分 12 章。在丛书第 1 册的数学内容基础之上，本书前 3 章继续深入探讨金融建模常用的数学和统计学知识：第 1 章和第 2 章主要讨论矩阵的基础运算、矩阵转化、矩阵分解、线性方程组等矩阵基础内容，另外特别介绍矩阵与概率运算；第 3 章讨论极值理论、连接函数和连接函数相关性等内容。第 4 章到第 7 章集中讨论数据分析相关话题：第 4 章讨论如何处理异常值和缺失值，以及数据转换和样条插值；第 5 章探讨移动窗口、降噪与平滑、去趋势、季节性调整和非参数法检验等内容；第 6 章讨论回归分析；第 7 章展示本书前面讨论的矩阵、统计、数据等内容在金融方面的应用和延伸。第 8 章讨论常见的有限差分法及其在期权定价方面的应用；第 9 章和第 10 章主要研究蒙特卡罗模拟的常见方法和其在金融建模方面的应用；第 11 章讲解常见的几种时间序列模型；第 12 章继续深入探讨市场风险内容，比如增量 VaR、边际 VaR、成分 VaR、极值 VaR 和连接函数 VaR。

本书适合所有金融从业者阅读，特别适合金融编程零基础读者参考学习。本书尤其适合 FRM 考生备考使用。另外，本书可以帮助 FRM 持证者实践金融建模，是巩固金融知识、应对金融笔试面试的利器。最后，本书也非常适合作为 MATLAB 软件信息可视化学习用书。

本书封面贴有清华大学出版社防伪标签，无标签者不得销售。

版权所有，侵权必究。侵权举报电话：010-62782989 13701121933

图书在版编目(CIP)数据

MATLAB金融风险管理师FRM：超纲实战 / 涂升，姜伟生编著. —北京：清华大学出版社，2020.8
（FRM金融风险管理师零基础编程）
ISBN 978-7-302-55467-7

Ⅰ.①M… Ⅱ.①涂… ②姜… Ⅲ.①Matlab软件—应用—金融风险—风险管理—资格考试—自学参考资料 Ⅳ.①F830.9-39

中国版本图书馆 CIP 数据核字(2020) 第 086277 号

责任编辑：栾大成
封面设计：姜伟生　涂　升
责任校对：胡伟民
责任印制：杨　艳

出版发行：清华大学出版社
　　　　网　　　址：http://www.tup.com.cn，http://www.wqbook.com
　　　　地　　　址：北京清华大学学研大厦 A 座　　邮　　编：100084
　　　　社 总 机：010-62770175　　邮　　购：010-62786544
　　　　投稿与读者服务：010-62776969，c-service@tup.tsinghua.edu.cn
　　　　质 量 反 馈：010-62772015，zhiliang@tup.tsinghua.edu.cn
印 装 者：涿州汇美亿浓印刷有限公司
经　　销：全国新华书店
开　　本：188mm×260mm　　印　张：33　　字　数：980 千字
版　　次：2020 年 8 月第 1 版　　印　次：2020 年 8 月第 1 次印刷
定　　价：199.00 元

产品编号：084118-01

Preface
前言

人以"血"为"气之母"。金融之于一个国家,亦犹如血液之于人的身体。风险管理作为必不可少的金融行业之一,时时刻刻都在管理金融"血液"的流动,监控"血液"的各项指标,预防各类"血液"问题的发生。

现代金融风险管理是由西方世界在二战以后系统性地提出、研究和发展起来的。一开始,还只是简单地使用保险产品来规避个人或企业由于意外事故而遭受的损失。到了20世纪50年代,此类保险产品不仅难以面面俱到而且费用昂贵,风险管理开始以其他的形式出现。例如,利用金融衍生品来管理风险,在70年代开始崭露头角,至80年代已风靡一时。再到90年代,金融机构开始开发内部的风险管理模型,全球性的风险监管陆续介入并扮演起管理者的角色。如今,风险管理在不断完善的过程中,已经成为了各个金融机构的必备职能部门,在有效地分析、理解和管理风险的同时,也创造了大量的就业机会。

金融风险管理的进化还与量化金融的发展息息相关。量化金融最大的特点就是利用模型来解释金融活动和现象,并对未来进行合理的预测。1827年,当英国植物学家罗伯特·布朗 (Robert Brown) 盯着水中做无规则运动的花粉颗粒时,他不会想到一百多年后的1986年,法国人朱尔斯·雷诺特 (Jules Regnault) 根据自己多年股票经纪人的经验,首次提出股票价格也服从类似的运动。到了1990年,法国数学家路易斯·巴切里尔 (Louis Bachelier) 发表了博士论文"投机理论 (The theory of speculation)"。从此,布朗运动被正式引入和应用到了金融领域,树立了量化金融史上的首座里程碑。

而同样历史性的时刻,直到1973年和1974年才再次出现。美国经济学家费希尔·布莱克 (Fischer Black)、美加经济学家迈伦·斯科尔斯 (Myron Scholes) 和美国经济学家罗伯特·默顿 (Robert Merton) 分别于这两年提出并建立了Black-Scholes-Merton模型。该模型不仅仅实现了对期权产品的定价,其思想和方法还被拓展应用到了其他的各类金融产品和领域中,影响极其深远。除了对随机过程的应用,量化金融更是将各类统计模型、时间序列模型、数值计算技术等其他五花八门的神兵利器都招致麾下,大显其威。而这些广泛应用的模型、工具和方法,无疑都为金融风险管理提供了巨大的养分和能量,也成为了金融风险管理的重要手段。例如,损益分布、风险价值VaR、波动率、投资组合、风险对冲、违约概率、信用评级等等这些重要的概念,就是在这肥沃的土壤上结出的果实。

纵观我国历史,由西周至唐,历经银本位的宋元明,清之后近代至今,中华文明本身就是一段璀璨瑰丽的金融史,并曾在很长一段时间位于世界前列。在当今变幻莫测的国际局势中,金融更是一国重器，金融风险管理人才更是核心资源。特别是随着全球一体化的深入，金融风险管理愈发重要，也日趋复杂。

金融风险管理师 (FRM) 就是在这样的大背景下应运而生的国际专业资质认证。本丛书以FRM考试第一、二级考纲为中心，突出介绍实际工作所需的金融风险建模和管理知识，并且将MATLAB编程有机地结合到内容中。就形式而言，本丛书另一大特点是通过丰富多彩的图表和生动贴切的实例，深入浅出地将烦琐的金融概念和复杂的计算结果进行了可视化，能有效地帮助读者领会知识要点并提高编程水平。

贸易战、金融战、货币战这些非传统意义的战争，虽不见炮火硝烟，但所到之处哀鸿遍野。安得广厦千万间，风雨不动安如山。笔者希望这一套丛书，能为推广金融风险管理的知识尽一份微薄之力，为国内从事该行业的读者提供一点助益。在这变化莫测的全球金融浪潮里，为一方平安保驾护航，为盛世永驻尽心尽力。

在这里，笔者衷心感谢清华大学出版社的栾大成老师，以及其他几位编辑老师对丛书的大力支持，感谢身边好友们的倾情协助和辛苦工作。感谢MathWorks中国Lynn Ye女士对丛书的大力支持。感谢MathWorks Book Program对丛书的技术支持。最后，借清华大学校训和大家共勉——天行健，君子以自强不息；地势坤，君子以厚德载物。

Nothing and no one can destroy the Chinese people. They are relentless survivors. They are the oldest civilized people on earth. Their civilization passes through phases but its basic characteristics remain the same. They yield, they bend to the wind, but they never break.

——赛珍珠 (Pearl S. Buck)

About Authors and Reviewers
作者和审稿人
(按姓氏字母先后顺序)

安然

博士，现就职于道明金融集团道明证券 (TD Securities)，从事交易对手风险模型建模，在金融模型的设计与开发以及金融风险的量化分析等领域具有丰富的经验。曾在密歇根大学、McMaster大学、Sunnybrook健康科学中心从事飞秒激光以及聚焦超声波的科研工作。

姜伟生

博士，FRM，现就职于MSCI，负责为美国对冲基金客户提供金融分析产品RiskMetrics RiskManager的咨询和技术支持服务。MATLAB建模实践超过10年。跨领域著作丰富，在语言教育、新能源汽车等领域出版中英文图书超过15种。

梁健斌

博士，现就职于McMaster Automotive Resource Center，MATLAB使用时间超过10年。曾参与过CRC Taylor & Francis图书作品出版工作，发表多篇英文学术期刊。深度参与本丛书的创作，对MATLAB代码进行了多轮查验和调试，完成了图书大部分核心代码甄选工作。

芦苇

博士，硕士(金融数学方向)，现就职于加拿大五大银行之一的丰业银行(Scotiabank)，从事金融衍生品定价建模和风险管理工作。编程建模时间超过十年。曾在密歇根州立大学、多伦多大学，从事中尺度气候模型以及碳通量反演的科研工作。

邵航

金融数学博士，CFA，博士论文题目《系统性风险的市场影响、博弈论和随机金融网络模型》。现就职于OTPP (Ontario Teachers' Pension Plan，安大略省教师退休基金会)，从事投资业务。曾在加拿大丰业银行从事交易对手风险模型建模和管理工作。MATLAB建模实践超过10年。

涂升

博士，FRM，现就职于CMHC (Canada Mortgage and Housing Corporation，加拿大抵押贷款和住房管理公司，加拿大第一大皇家企业)，从事金融模型审查与风险管理工作。曾就职于加拿大丰业银行，从事IFRS9信用风险模型建模，执行监管要求的压力测试等工作。MATLAB使用时间超过10年。

王伟仲

博士，现就职于美国哥伦比亚大学，从事研究工作，参与哥伦比亚大学多门研究生级别课程教学工作，MATLAB建模实践超过10年，发表多篇英文期刊杂志论文。参与本书的代码校对工作，并对本书信息可视化提供了很多宝贵意见。

张丰

金融数学硕士，CFA，FRM，现就职于OTPP，从事一级市场等投资项目的风险管理建模和计算，包括私募股权投资、并购和风投基金、基础建设、自然资源和地产类投资。曾就职于加拿大蒙特利尔银行，从事交易对手风险建模。MATLAB建模实践超过10年。

Acknowledgement
致谢

To our parents.
谨以此书献给我们的母亲父亲。

Book Reviews
推荐语

本书作者结合MATLAB编程将复杂的金融风险管理的基本概念用大量图形展现出来，使读者能用最直观的方式学习和理解知识点。书中提供的大量源代码使得读者可以亲自实现书中的具体实例。真的是市场上少有的、非常实用的金融风险管理资料。

——张旭萍 | 资本市场部门主管 | 蒙特利尔银行

投资与风险并存，但投资不是投机，如何在投资中做好风险管理一直是值得探索的课题。一级市场中更多的是通过法律手段来控制风险，而二级市场还可以利用量化手段来控制风险。本书基于MATLAB从实操上教给读者如何量化并控制投资风险的方法，这"术"的背后更是让读者在进行案例实践的过程中更好地理解风险控制之"道"，更深刻地理解风控的思想。

——杜雨 | 风险投资人 | 红杉资本中国基金

作为具有十多年FRM培训经验的专业讲师，我深刻感受到，每一位FRM考生都希望能将理论与实践结合，希望用计算机语言亲自实现FRM中学习到的各种产品定价和金融建模理论知识。而MATLAB又是金融建模设计与分析等领域的权威软件。本丛书将MATLAB编程和金融风险建模知识有机地结合在一起，配合丰富的彩色图表，由浅入深地将各种金融概念和计算结果可视化，帮助读者理解金融风险建模核心知识。本丛书特别适合FRM备考考生和通过FRM考试的金融风险管理从业人员，同时也是金融风险管理岗位笔试和面试的葵花宝典，甚至可以作为金融领域之外的数据可视化相关岗位的绝佳参考书，非常值得学习和珍藏。

——Cate程黄维 | 高级合伙人兼金融项目学术总监 | 中博教育

How to Use the Book
使用本书

欢迎读者订阅本书微信公众号，获取图书配套代码源文件，以及更多风控资讯。

本书的重要特点

- ◀ 以FRM一二级考纲为基础，和读者探讨更多金融建模实践内容；
- ◀ 由浅入深，突出FRM考试和实际工作的联系；
- ◀ 强调理解，绝不一味罗列金融概念和数学公式；
- ◀ 将概念、公式变成简单的MATLAB代码；
- ◀ 全彩色印刷，赏心悦目地将各种金融概念和数据结果可视化；
- ◀ 中英对照，扩充个人行业术语库。

本书适用读者群体

- ◀ 如果你是FRM备考考生，本书帮助你更好地理解FRM核心考点；
- ◀ 如果你是FRM持证者，本书是FRM证书和实际工作的桥梁；
- ◀ 如果你要准备金融类面试，本书帮助你巩固金融知识，应对复杂面试题目；
- ◀ 如果你并非金融科班出身，有志在金融行业发展，本书可能是金融MATLAB编程最适合零基础入门、最实用的图书。

获得正版MATLAB软件

◀ 如果读者是学生或者教职员工，学校可能已提供无试用限期的MATLAB。如下网址可以用来检查是否已有校园许可证。
https://ww2.mathworks.cn/academia/tah-support-program/eligibility.html

◀ 如果读者是在职员工，可通过公司邮箱申请下载为期30天的试用软件。如下网址是申请入口。
https://ww2.mathworks.cn/campaigns/products/trials.html

丛书公开课视频资源

◀ 本书代码请扫码下载，下载平台不定期提供更多资源：

◀ 作者专门为丛书读者开设公开课，讲授图书主要内容。请读者登录https://www.bilibili.com/或https://www.zhihu.com网站或App，搜索"生姜DrGinger"频道。丛书公开课陆续在频道推出，欢迎读者订阅转载。

请读者注意

◀ 本书为了方便读者学习，在围绕FRM考纲的基础上对内容设计有所调整；

◀ 本书的MATLAB代码是在2018a版本环境中编写。虽然本书的代码也使用2016a版本运行检查，但笔者并不确定任何其他低版本MATLAB都可以运行本书代码；

◀ 本书采用的内容、算法和数据均来自公共领域，包括公开出版发行的论文、网页、图书、杂志等；本书不包括任何知识产权保护内容；本书观点不代表任何组织立场；水平所限，本书作者并不保证书内提及的算法及数据的完整性和正确性；

◀ 本书所有内容仅用于教学，代码错误难免；任何读者使用本书任何内容进行投资活动，本书笔者不为任何亏损和风险负责。

Contents 目录

第1章 数学基础 III ... 1
- 1.1 矩阵基础 ... 2
- 1.2 矩阵转化 ... 9
- 1.3 矩阵分解 ... 22
- 1.4 线性方程组 ... 26
- 1.5 矩阵与概率 ... 27
- 1.6 指数加权 ... 34

第2章 数学基础 IV ... 43
- 2.1 特征值、特征向量和协方差矩阵 ... 44
- 2.2 二维数据置信区域 ... 56
- 2.3 马氏距离 ... 68
- 2.4 标准差向量空间 ... 77
- 2.5 泰勒展开与矩阵微分 ... 80

第3章 统计基础 IV ... 87
- 3.1 极值理论 ... 88
- 3.2 连接函数介绍 ... 97
- 3.3 高斯连接函数 ... 104
- 3.4 t-连接函数 ... 113
- 3.5 阿基米德连接函数 ... 124
- 3.6 相关性 ... 128

第4章　数据基础 I 134

- 4.1 有关数据 135
- 4.2 异常值和缺失值 144
- 4.3 数据转换 153
- 4.4 一次样条插值 159
- 4.5 二次样条插值 165
- 4.6 三次样条插值 170

第5章　数据基础 II 178

- 5.1 移动窗口 179
- 5.2 降噪与平滑 189
- 5.3 去趋势 193
- 5.4 季节性调整 197
- 5.5 非参数法检验 218

第6章　回归分析 221

- 6.1 线性回归介绍 222
- 6.2 拟合优度 231
- 6.3 相关假设检验 236
- 6.4 残差分析 241
- 6.5 逻辑回归模型 249
- 6.6 求解模型系数 253

第7章　数据基础 III 260

- 7.1 利率结构拟合 261
- 7.2 股指数据分析及模拟 267
- 7.3 线性回归与压力测试 282
- 7.4 主成分分析 291

第8章　有限差分法 306

- 8.1 有限差分基础 307
- 8.2 显性差分法 315
- 8.3 隐性差分法 324
- 8.4 Crank-Nicolson差分法定价欧式期权 332
- 8.5 Crank-Nicolson差分法定价美式期权 341

第9章　蒙特卡罗模拟 I 354

- 9.1 蒙特卡罗积分 356
- 9.2 产生随机变量 359

9.3　方差减小方法 ········· 377

第10章　蒙特卡罗模拟 II ········· 394
10.1　产生模拟路径 ········· 395
10.2　亚式期权定价 ········· 404
10.3　障碍期权定价 ········· 410
10.4　估算期权Delta ········· 415
10.5　替换期权定价 ········· 421

第11章　时间序列分析 I ········· 428
11.1　时间序列的主要成分 ········· 429
11.2　单变量时间序列过程 ········· 431
11.3　序列平稳性及其假设检验 ········· 444
11.4　波动率ARCH和GARCH模型 ········· 449
11.5　时间序列多变量线性回归 ········· 457
11.6　向量自回归模型 ········· 461

第12章　市场风险 III ········· 467
12.1　再谈风险价值 ········· 469
12.2　增量VaR ········· 480
12.3　边际VaR ········· 483
12.4　成分VaR ········· 486
12.5　极值VaR ········· 491
12.6　连接函数VaR ········· 495

备忘 ········· 507

第 1 章 数学基础 III

Elements of Mathematics for Finance

首先欢迎读者朋友开始本丛书第三本的阅读。本章和接下来的两章将以数学内容为主，是丛书第一本数学及统计学内容的延续，为后面金融分析及建模提供必需的基础知识。

> *Mathematics, rightly viewed, possesses not only truth, but supreme beauty — a beauty cold and austere, like that of sculpture, without appeal to any part of our weaker nature, without the gorgeous trappings of painting or music, yet sublimely pure, and capable of a stern perfection such as only the greatest art can show. The true spirit of delight, the exaltation, the sense of being more than Man, which is the touchstone of the highest excellence, is to be found in mathematics as surely as poetry.*
>
> ——伯特兰·罗素 (Bertrand Russell)

本章核心命令代码
Core Functions and Syntaxes

- atan(X) 返回 X 各元素的反正切，X 以弧度为单位
- bsxfun(fun,A,B) 对数组 A 和 B 应用函数句柄 fun 进行运算。例如以下代码完成两步运算：第一步，从矩阵 A 的对应列元素中减去列均值；第二步，按标准差进行归一化。C = bsxfun(@minus, A, mean(A)); D = bsxfun(@rdivide, C, std(A))
- chol(A) 基于矩阵 A 的对角线和上三角形生成上三角矩阵。L = chol(A,'lower') 基于矩阵 A 的对角线和下三角形生成下三角矩阵 L，满足方程 L*L'=A
- detrend() 从向量或矩阵中删除均值或去除线性趋势
- diag() 创建对角矩阵或获取矩阵的对角元素
- eig(A) 计算特征值和特征向量。[V,D] = eig(A) 返回特征值的对角矩阵 D 和矩阵 V，其列是对应的右特征向量，使得 A*V = V*D
- eye() 产生单位矩阵
- ldl(A) 进行LDL分解运算。对Hermitian 不定矩阵A的分块 LDL 分解，使得 A = L*D*L'
- lu(A) LU分解命令。[L,U] = lu(A) 将满矩阵或稀疏矩阵 A 分解为一个上三角矩阵 U 和一个经过置换的下三角矩阵 L，满足 A = L*U
- mvnrnd() 产生符合多元正态分布的随机数
- norm(v) 返回向量 v 的欧几里得范数。此范数也称为 2-范数、向量模或欧几里得长度
- svd(A) 以降序顺序返回矩阵 A 的奇异值；[U,S,V] = svd(A) 执行矩阵 A 的奇异值分解，因此 A = U*S*V'
- var() 计算方差

1.1 矩阵基础

代数、几何、解析几何、矩阵和概率这几个看似各自为政的数学模块，实际上有紧密的内在联系。本章和下一章从矩阵运算入手，用若干例子来讨论它们之间的关联。

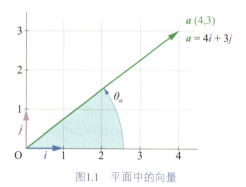

图1.1 平面中的向量

丛书第一本第5章探讨了平面和空间概念。本章聊一聊空间中的向量。如图1.1所示是平面向量的表达方法：

$$a = 4i + 3j \tag{1.1}$$

也可以写成：

$$\vec{a} = 4\vec{i} + 3\vec{j} \tag{1.2}$$

向量有两个很重要的元素：长度和角度。向量的长度，叫作**欧几里得范数** (Euclidean norm of the vector)。对行向量 $a = [a_1, a_2]$，它的范数为：

$$\|a\| = \|\vec{a}\| = \sqrt{a_1^2 + a_2^2} \tag{1.3}$$

式 (1.3) 所示向量的角度可以求解为：

$$\theta_a = \arctan\left(\frac{a_2}{a_1}\right) \tag{1.4}$$

另外一个重要的概念是，***a*方向上的单位向量** (unit vector in the direction of a)：

$$\frac{a}{\|a\|} = \frac{\vec{a}}{\|\vec{a}\|} \tag{1.5}$$

如图1.2所示是平面向量的加法、倍数和减法的运算规则，此处不再赘述。

数量积 (scalar product)，也叫**内积** (inner product)，是向量乘积的一种。对于二维空间，$a = [a_1, a_2]$ 和 $b = [b_1, b_2]$ 两个行向量的内积可以表达为：

$$a \cdot b = a_1 b_1 + a_2 b_2 \tag{1.6}$$

上式为行向量内积计算；这个运算规则也适用于列向量。

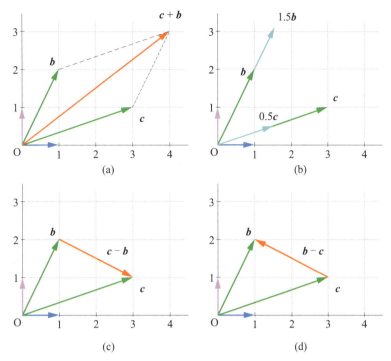

图1.2　平面中的向量加法和减法

有两个多维行向量，$a = [a_1, a_2, \cdots, a_n]$ 和 $b = [b_1, b_2, \cdots, b_n]$，这两个多维行向量的内积计算式为：

$$a \cdot b = \sum_{i=1}^{n} a_i b_i = a_1 b_1 + a_2 b_2 + \cdots + a_n b_n \tag{1.7}$$

式 (1.7) 所示内积可以用矩阵的乘积来表达：

$$\begin{aligned} a \cdot b = ab^{\mathrm{T}} &= [a_1 \quad a_2 \quad \cdots \quad a_n][b_1 \quad b_2 \quad \cdots \quad b_n]^{\mathrm{T}} \\ &= a_1 b_1 + a_2 b_2 + \cdots + a_n b_n \end{aligned} \tag{1.8}$$

请读者自行推导多维列向量内积计算式。内积和向量夹角 θ (如图1.3所示) 有直接联系：

$$a \cdot b = \|a\| \|b\| \cos \theta \tag{1.9}$$

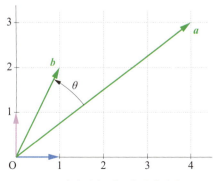

图1.3　直角坐标系，向量的夹角

行向量 a、b 的夹角 θ 可以通过式 (1.10) 计算得到：

$$\theta = \arccos\left(\frac{a \cdot b}{\|a\|\|b\|}\right) \tag{1.10}$$

行向量 a 的范数也可以通过内积来求得：

$$\|a\| = \sqrt{a \cdot a} = \sqrt{aa^{\mathrm{T}}} \tag{1.11}$$

行向量 a 和自身的夹角为 $\theta = 0°$。对于二维空间，$\cos\theta$ 可以通过式 (1.12) 求得：

$$\cos\theta = \frac{a \cdot b}{\|a\|\|b\|} = \frac{a_1 b_1 + a_2 b_2}{\|a\|\|b\|} = \frac{ab^{\mathrm{T}}}{\sqrt{aa^{\mathrm{T}}}\sqrt{bb^{\mathrm{T}}}} \tag{1.12}$$

下面，将向量 a、b 放在极坐标中解释向量夹角。$a = [a_1, a_2]$ 和 $b = [b_1, b_2]$ 在极坐标中各自的角度为 θ_a 和 θ_b，如图1.4所示。两个向量和各自坐标的关系：

$$\begin{cases} \cos\theta_a = \dfrac{a_1}{\|a\|},\ \sin\theta_a = \dfrac{a_2}{\|a\|} \\ \cos\theta_b = \dfrac{b_1}{\|b\|},\ \sin\theta_b = \dfrac{b_2}{\|b\|} \end{cases} \tag{1.13}$$

$\cos\theta$ 可以由 θ_a 和 θ_b 正余弦构造：

$$\begin{aligned}\cos\theta &= \cos(\theta_b - \theta_a) = \cos(\theta_b)\cos(\theta_a) + \sin(\theta_b)\sin(\theta_a) \\ &= \frac{a_1}{\|a\|}\frac{b_1}{\|b\|} + \frac{a_2}{\|a\|}\frac{b_2}{\|b\|} = \frac{a_1 b_1 + a_2 b_2}{\|a\|\|b\|}\end{aligned} \tag{1.14}$$

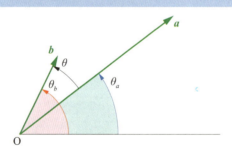

图1.4 极坐标中解释向量夹角

另一种在MATLAB编程中常用的矩阵乘法叫作**元素乘积** (element-wise multiplication)，也称为**哈达玛积** (Hadamard product)，或**元素相乘**或**逐项积**，即两个形状相同的矩阵，对应元素相乘得到同样形状的矩阵。如图1.5所示是元素乘积的运算。还有一种向量的乘积叫作**叉乘** (cross product, vector product)，也叫作**向量积**，丛书第四本中将会介绍叉乘运算。

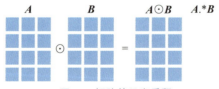

图1.5 矩阵的元素乘积

有了以上向量的基础知识，接着看一看向量的**投影** (projection)。向量投影主要有两种，**标量投影** (scalar projection) 和**向量投影** (vector projection)。下面我们介绍的是标量投影，也就是投影结果是标量形式。向量a可以在x和y轴上投影，也可以在任何其他坐标系内投影，这些坐标系可以是**正交系** (orthogonal coordinates)，也可以是**非正交系** (nonorthogonal coordinates)。如图1.6所示是平面中的一个向量a在不同的正交坐标系内投影到坐标轴的情况。

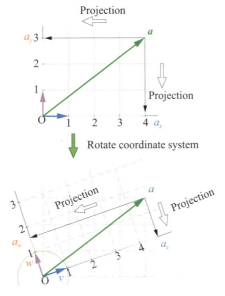

图1.6 平面中向量在不同坐标系的投影

如图1.7所示，若向量a在单位向量v_1方向的投影为cv_1，那么向量a和向量cv_1的差得到的向量$cv_1 - a$与向量v_1相互垂直，即有：

$$\begin{aligned}(a - cv_1) \cdot v_1 &= 0 \\ \Rightarrow c &= \frac{a \cdot v_1}{v_1 \cdot v_1} \\ \Rightarrow c &= \frac{a \cdot v_1}{\|v_1\|^2} = a \cdot v_1\end{aligned} \tag{1.15}$$

如果a和v_1都是列向量，式 (1.15) 可以写作：

$$c = a^T v_1 \tag{1.16}$$

a^T是a的转置，结果为行向量。比如 $a = [4, 3]^T$ 在 $v_1 = [1, 0]^T$ 方向上投影可以得到：

$$\text{proj}_v a = a^T v_1 = \begin{bmatrix} 4 & 3 \end{bmatrix} \begin{bmatrix} 1 \\ 0 \end{bmatrix} = 4 \tag{1.17}$$

$a = [4, 3]^T$ 在 $v_2 = [0, 1]^T$ 方向上投影可以得到：

$$\text{proj}_v a = a^T v_2 = \begin{bmatrix} 4 & 3 \end{bmatrix} \begin{bmatrix} 0 \\ 1 \end{bmatrix} = 3 \tag{1.18}$$

如果有如式 (1.19) 所示正交坐标系：

$$v_1 = \begin{bmatrix} \frac{\sqrt{3}}{2} \\ -\frac{1}{2} \end{bmatrix}, v_2 = \begin{bmatrix} \frac{1}{2} \\ \frac{\sqrt{3}}{2} \end{bmatrix} \tag{1.19}$$

向量 v_1 和 v_2 长度为1，都是单位向量。另外，如式 (1.20) 成立，说明这两个单位向量正交：

$$v_1 \cdot v_2 = \frac{\sqrt{3}}{2} \cdot \frac{1}{2} - \frac{1}{2} \cdot \frac{\sqrt{3}}{2} = 0 \tag{1.20}$$

下面把 $a^T = [4, 3]$ 投影到这个正交系中：

$$a^T \begin{bmatrix} v_1 & v_2 \end{bmatrix} = \begin{bmatrix} 4 & 3 \end{bmatrix} \begin{bmatrix} \frac{\sqrt{3}}{2} & \frac{1}{2} \\ -\frac{1}{2} & \frac{\sqrt{3}}{2} \end{bmatrix} = \begin{bmatrix} 1.9641 & 4.5981 \end{bmatrix} \tag{1.21}$$

如果把 v_1 和 v_2 交换，可以得到：

$$a^T \begin{bmatrix} v_2 & v_1 \end{bmatrix} = \begin{bmatrix} 4 & 3 \end{bmatrix} \begin{bmatrix} \frac{1}{2} & \frac{\sqrt{3}}{2} \\ \frac{\sqrt{3}}{2} & -\frac{1}{2} \end{bmatrix} = \begin{bmatrix} 4.5981 & 1.9641 \end{bmatrix} \tag{1.22}$$

可见结果的坐标值也发生了交换。注意，坐标系的旋转方向和坐标系内向量的旋转方向是相对的，如图1.8所示。如果构建式 (1.23) 所示矩阵：

$$V = \begin{bmatrix} v_1 & v_2 \end{bmatrix} = \begin{bmatrix} \frac{\sqrt{3}}{2} & \frac{1}{2} \\ -\frac{1}{2} & \frac{\sqrt{3}}{2} \end{bmatrix} \tag{1.23}$$

其中，V 这个矩阵的转置和 V 本身乘积是一个单位矩阵：

$$VV^T = I \tag{1.24}$$

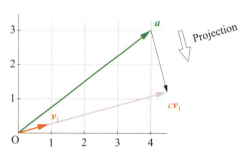

图1.7　向量 a 在单位向量 v_1 方向的投影

本章后续内容还会更加深入探讨对称、旋转等变换。

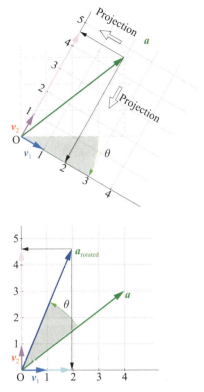

图1.8 坐标系的旋转和向量的旋转的方向关系

接下来再介绍一下**特征值** (eigenvalue) 和**特征向量** (eigenvector)。特征向量代表方向，通常是列向量；特征值是在这个方向上的比例，特征值是标量。给定方阵A，它和特征向量、特征值满足式 (1.25) 的关系：

$$Av = \lambda v \tag{1.25}$$

某个二维矩阵A，有两个特征值和特征向量：

$$Av_1 = \lambda_1 v_1$$
$$Av_2 = \lambda_2 v_2 \tag{1.26}$$

特征向量Av_1、Av_2可以构成一个矩阵V，用两个特征值构造一个对角阵，式 (1.26) 可以写成：

$$A[v_1 \quad v_2] = [v_1 \quad v_2]\begin{bmatrix} \lambda_1 & 0 \\ 0 & \lambda_2 \end{bmatrix}$$
$$\Rightarrow A = V\Lambda V^{-1} \tag{1.27}$$

式 (1.27) 叫作**矩阵的特征分解** (eigen-decomposition of a matrix)。在MATLAB中，特征分解的MATLAB函数是$[V, \Lambda] = \text{eig}(A)$。特征值、特征向量和特征分解这三个概念在本书特别重要，请读者多加留意。丛书第四本会专门讨论向量和矩阵投影和特征值分解、Cholesky分解、SVD分解、PCA分析之间的紧密联系。

行列式 (determinant)，是将一个方阵A根据一定的规则映射到一个标量，记作 det(A) 或 |A|。二阶矩阵的行列式的计算规则为：

$$|A| = \begin{vmatrix} a & b \\ c & d \end{vmatrix} = ad - bc \quad (1.28)$$

MATLAB用于计算行列式值的命令为det()，如下代码，A的行列式结果为10。

```
A = [3, 2; 1, 4];
det(A)
```

如图1.9所示是二阶矩阵行列式的几何意义。图中蓝色平行四边形的面积就是A的行列式值，它可以通过整个矩形面积减去四个三角形面积得到：

$$\begin{aligned} |A| &= (a+b)(c+d) - 2 \times \left(\frac{1}{2}(a+b)c + \frac{1}{2}(c+d)b\right) \\ &= ac + ad + bc + bd - ac - bc - bc - bd \\ &= ad - bc \end{aligned} \quad (1.29)$$

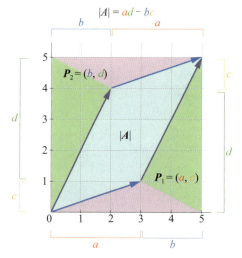

图1.9　二阶矩阵的行列式的几何意义

三阶矩阵的行列式计算规则为：

$$\begin{aligned} |A| &= \begin{vmatrix} a & b & c \\ d & e & f \\ g & h & i \end{vmatrix} \\ &= a\begin{vmatrix} \square & \square & \square \\ \square & e & f \\ \square & h & i \end{vmatrix} - b\begin{vmatrix} \square & \square & \square \\ d & \square & f \\ g & \square & i \end{vmatrix} + c\begin{vmatrix} \square & \square & \square \\ d & e & \square \\ g & h & \square \end{vmatrix} \\ &= a\begin{vmatrix} e & f \\ h & i \end{vmatrix} - b\begin{vmatrix} d & f \\ g & i \end{vmatrix} + c\begin{vmatrix} d & e \\ g & h \end{vmatrix} \\ &= aei + bfg + cdh - ceg - bdi - afh \end{aligned} \quad (1.30)$$

正如二阶矩阵行列式能够造出平面面积，三阶矩阵的行列式在三维空间可以构造得到体积量值。丛书第四本介绍向量叉乘运算时，还要利用三阶矩阵行列式计算。

1.2 矩阵转化

矩阵转化 (matrix transformation) 是本书中矩阵运算的重点，矩阵转化可以将很多抽象的矩阵运算以几何方式展示出来。请读者注意，MATLAB函数的输入变量会采用特定的行向量或者列向量形式，与某些书籍的表达或推导并不完全一致。

若数组 D 的形状是 $L \times N$，即 L 行和 N 列。每一列代表一个观测变量，每个观测变量有 L 个观测值。方便起见，令 $N = 2$，假设其分别对应坐标系中的 x 和 y。这样，数组 D 可由二维平面上的不同点来表达，如图1.10所示。

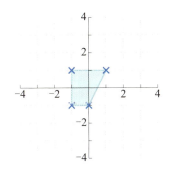

图1.10　原始二维数据按次序首尾相连构成的图形

首先是沿 x 方向**拉伸** (stretching)。对原二维数组 D 在 x 方向 k 倍拉伸，可以通过矩阵运算得到：

$$D_{\text{stretched}} = D_{L \times 2} \begin{bmatrix} k & 0 \\ 0 & 1 \end{bmatrix} = \begin{bmatrix} x_1 & y_1 \\ x_2 & y_2 \\ \vdots & \vdots \\ x_L & y_L \end{bmatrix} \begin{bmatrix} k & 0 \\ 0 & 1 \end{bmatrix} = \begin{bmatrix} kx_1 & y_1 \\ kx_2 & y_2 \\ \vdots & \vdots \\ kx_L & y_L \end{bmatrix} \quad (1.31)$$

此时式 (1.31) 中，$k > 1$。如果 $k < 1$，产生的效果就是**压缩** (compressing, squeezing)。拉伸和压缩统称**缩放** (scaling)。如图1.11所示是矩阵缩放运算矩阵的形状关系。再次注意，图中矩阵运算的 ×，并非向量叉乘，× 在这里仅仅表达矩阵相乘。

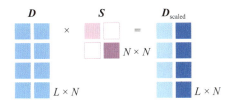

图1.11　形状为 $L \times N$ 的数据 D 的缩放计算

如果 x 方向的**缩放系数** (scaling factor) 为 a，y 方向的缩放系数为 b，可以得到：

$$\boldsymbol{D}_{\text{scaled}} = \boldsymbol{D}_{L\times 2}\begin{bmatrix} a & 0 \\ 0 & b \end{bmatrix} = \begin{bmatrix} x_1 & y_1 \\ x_2 & y_2 \\ \vdots & \vdots \\ x_L & y_L \end{bmatrix}\begin{bmatrix} a & 0 \\ 0 & b \end{bmatrix} = \begin{bmatrix} ax_1 & by_1 \\ ax_2 & by_2 \\ \vdots & \vdots \\ ax_L & by_L \end{bmatrix} \quad (1.32)$$

如图1.12(a) 所示，当a和b相等且均大于1，得到的图形和原图像是相似放大关系，也就是等比例放大。如图1.12(b) 所示，当a和b相等且大于1小于0，得到的图形和原图是相似缩小关系，是等比例缩小。如果a和b大于0，但是不相等，得到的缩放效果则是非等比例的。图1.13所示是非等比例缩放的三个例子。

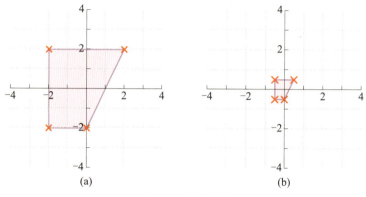

图1.12　等比例缩放

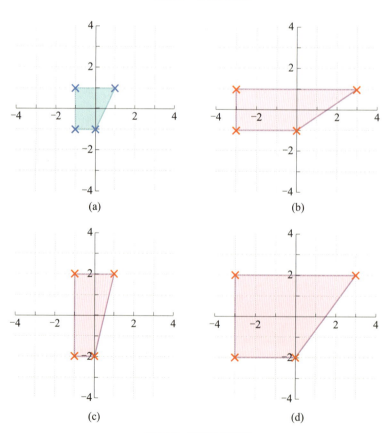

图1.13　非等比例缩放

如果缩放比例a或b小于0会产生什么效果？如图1.14所示，分为三种情况把矩阵做一次分解。

情况一：

$$\begin{bmatrix} a & 0 \\ 0 & b \end{bmatrix} \begin{bmatrix} -1 & 0 \\ 0 & -1 \end{bmatrix} = \begin{bmatrix} -a & 0 \\ 0 & -b \end{bmatrix} \tag{1.33}$$

情况二：

$$\begin{bmatrix} a & 0 \\ 0 & b \end{bmatrix} \begin{bmatrix} -1 & 0 \\ 0 & 1 \end{bmatrix} = \begin{bmatrix} -a & 0 \\ 0 & b \end{bmatrix} \tag{1.34}$$

情况三：

$$\begin{bmatrix} a & 0 \\ 0 & b \end{bmatrix} \begin{bmatrix} 1 & 0 \\ 0 & -1 \end{bmatrix} = \begin{bmatrix} a & 0 \\ 0 & -b \end{bmatrix} \tag{1.35}$$

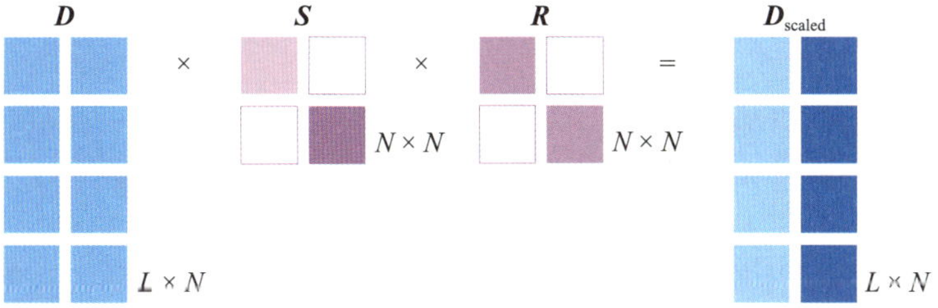

图1.14　形状为$L \times N$数据D先缩放然后对称运算

很明显，如图1.15所示，经过$R = [-1，0；0，-1]$处理得到的图形和原图形**以原点中心对称**(central symmetry with respect to origin)，相当于图形绕原点顺时针旋转180°。而$[-1，0；0，1]$的效果是以y轴做镜像对称。$[1，0；0，-1]$产生的效果则是以x轴做镜像对称。这里初次提到旋转和对称的特殊情况，随后会进一步介绍。

如果数据D的形状为$N \times L$，也就是N行，L列。如图1.16所示，当$N = 2$时，对数据进行拉伸处理，可以这样处理：

$$\begin{aligned} \boldsymbol{D}_{\text{scaled}} &= \begin{bmatrix} a & 0 \\ 0 & b \end{bmatrix} \boldsymbol{D}_{2 \times L} = \begin{bmatrix} a & 0 \\ 0 & b \end{bmatrix} \begin{bmatrix} x_1 & x_2 & \cdots & x_L \\ y_1 & y_2 & \cdots & y_L \end{bmatrix} \\ &= \begin{bmatrix} ax_1 & ax_2 & \cdots & ax_L \\ by_1 & by_2 & \cdots & by_L \end{bmatrix} \end{aligned} \tag{1.36}$$

相当于：

$$\boldsymbol{D}_{\text{scaled}}^{\text{T}} = \left(\boldsymbol{D}^{\text{T}} \begin{bmatrix} a & 0 \\ 0 & b \end{bmatrix} \right)^{\text{T}} = \begin{bmatrix} a & 0 \\ 0 & b \end{bmatrix} \boldsymbol{D} \tag{1.37}$$

由于$[a，0；0，b]$是对角阵，因此它的转置结果还是本身。

下面继续旋转操作的话题。一个坐标点(x, y)绕原点**顺时针**(clockwise)旋转θ，可以通过式(1.38)求得：

$$\begin{bmatrix} X & Y \end{bmatrix} = \begin{bmatrix} x & y \end{bmatrix} \begin{bmatrix} \cos\theta & -\sin\theta \\ \sin\theta & \cos\theta \end{bmatrix} \tag{1.38}$$

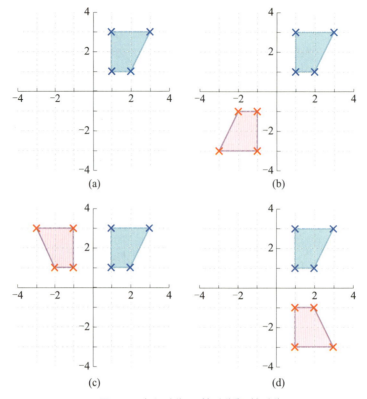

图1.15 中心对称、y轴对称和x轴对称

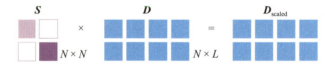

图1.16 形状为$N×L$的数组D的缩放计算

形状为$L×2$的数据矩阵D，可以通过式 (1.39) 进行旋转：

$$D_{\text{clockwise}} = D_{L×2} \begin{bmatrix} \cos\theta & -\sin\theta \\ \sin\theta & \cos\theta \end{bmatrix} \tag{1.39}$$

如图1.17所示是初始形状分别绕原点顺时针旋转45°、90°和120°三种情况。请读者自行编写MATLAB绘制图1.17。

当原始图形旋转90°和180°时，旋转矩阵的具体值如下：

$$\theta = 90° \Rightarrow \begin{bmatrix} 0 & -1 \\ 1 & 0 \end{bmatrix}$$
$$\theta = 180° \Rightarrow \begin{bmatrix} 1 & 0 \\ 0 & -1 \end{bmatrix} \tag{1.40}$$

如图1.18所示，向量a在极坐标系可以表达为(r, α)，则在正交系中向量a的横纵坐标为：

$$\begin{cases} x = r\cos\alpha \\ y = r\sin\alpha \end{cases} \tag{1.41}$$

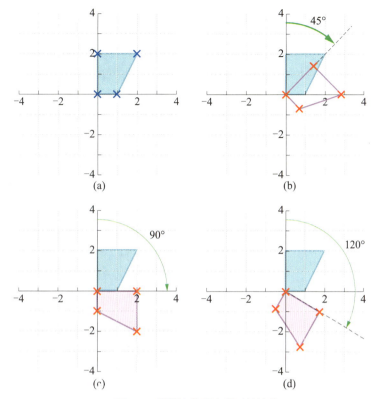

图1.17 平面点绕原点顺时针旋转

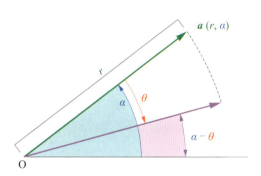

图1.18 极坐标中解释旋转

向量 **a** 顺时针旋转 θ 后，得到 $(r, \alpha - \theta)$。

$$\begin{cases} X = r\cos(\alpha - \theta) = r\cos\alpha\cos\theta + r\sin\alpha\sin\theta \\ Y = r\sin(\alpha - \theta) = r\sin\alpha\cos\theta - r\cos\alpha\sin\theta \end{cases} \quad (1.42)$$

将向量 **a** 的极坐标横纵坐标代入式 (1.42)，可以得到：

$$\begin{cases} X = x\cos\theta + y\sin\theta \\ Y = -x\sin\theta + y\cos\theta \end{cases} \quad (1.43)$$

式 (1.43) 整理可得式 (1.44)：

$$[X \quad Y] = [x \quad y] \begin{bmatrix} \cos\theta & -\sin\theta \\ \sin\theta & \cos\theta \end{bmatrix} \tag{1.44}$$

式 (1.44) 正是前文采用的旋转操作的矩阵。**D**的逆时针旋转 (anti-clockwise) 可以通过式 (1.45) 运算完成：

$$\boldsymbol{D}_{\text{counter-clockwise}} = \boldsymbol{D}_{L \times 2} \begin{bmatrix} \cos\theta & \sin\theta \\ -\sin\theta & \cos\theta \end{bmatrix} \tag{1.45}$$

请读者自行编写代码绘制图形绕原点逆时针旋转。如果数据维度以行来表达，进行旋转运算的形式如下：

$$\begin{aligned} \begin{bmatrix} X \\ Y \end{bmatrix} &= \left([x \quad y] \begin{bmatrix} \cos\theta & -\sin\theta \\ \sin\theta & \cos\theta \end{bmatrix} \right)^{\mathrm{T}} \\ &= \begin{bmatrix} \cos\theta & -\sin\theta \\ \sin\theta & \cos\theta \end{bmatrix}^{\mathrm{T}} [x \quad y]^{\mathrm{T}} \\ &= \begin{bmatrix} \cos\theta & \sin\theta \\ -\sin\theta & \cos\theta \end{bmatrix} \begin{bmatrix} x \\ y \end{bmatrix} \end{aligned} \tag{1.46}$$

如图1.19所示，是数据先旋转后缩放以及先缩放后旋转得到的不同结果。再次说明，对于两个方阵**A**和**B**，一般情况**AB**和**BA**两种乘积结果不同。上文看到的一个特例是，当**A**和**B**都是对角方阵，**AB**和**BA**两种乘积结果相同。

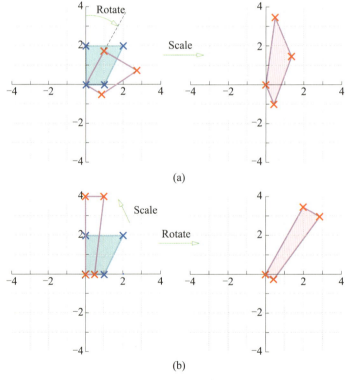

图1.19　先旋转后缩放，和先缩放后旋转

下面研究一下**镜面对称** (reflection) 的情况。某一条通过原点的直线方向的向量如下：

$$\vec{l} = (l_x, l_y) \tag{1.47}$$

沿这条直线镜像得到的数据为：

$$\begin{aligned}\boldsymbol{D}_{\text{reflected}} &= \boldsymbol{D}_{L\times 2} \frac{1}{\|\vec{l}\|^2} \begin{bmatrix} l_x^2 - l_y^2 & 2l_x l_y \\ 2l_x l_y & l_y^2 - l_x^2 \end{bmatrix} \\ &= \boldsymbol{D}_{L\times 2} \frac{1}{l_x^2 + l_y^2} \begin{bmatrix} l_x^2 - l_y^2 & 2l_x l_y \\ 2l_x l_y & l_y^2 - l_x^2 \end{bmatrix}\end{aligned} \tag{1.48}$$

这个 2×2 的矩阵为对角阵，因此矩阵的转置为其本身。也就是说维度以行来表达时，沿直线镜像得到的数据可以通过式 (1.49) 计算：

$$\boldsymbol{D}_{\text{reflected}} = \frac{1}{l_x^2 + l_y^2} \begin{bmatrix} l_x^2 - l_y^2 & 2l_x l_y \\ 2l_x l_y & l_y^2 - l_x^2 \end{bmatrix} \boldsymbol{D}_{2\times L} \tag{1.49}$$

如图1.20所示是四个镜像的例子，镜像直线方向分别是 (1,1)、(1,−1)、(1,2) 和 (1,−2)。

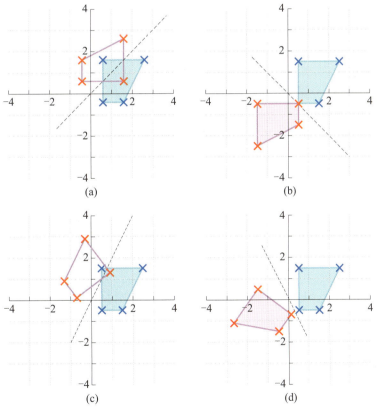

图1.20　四个镜像例子

下面研究**正交投影** (orthogonal projection) 情况。某一条通过原点的直线方向的向量如下：

$$\vec{u} = (u_x, u_y) \tag{1.50}$$

平面点 $\boldsymbol{D}$ 正交投影到上述直线的结果如下:

$$\boldsymbol{D}_{\text{projected}} = \boldsymbol{D}_{L \times 2} \frac{1}{\|\vec{u}\|^2} \begin{bmatrix} u_x^2 & u_x u_y \\ u_x u_y & u_y^2 \end{bmatrix} \tag{1.51}$$

如图1.21所示是平面点 $\boldsymbol{D}$ 在四条不同直线投影的结果。这种投影方式，在丛书第四本还要深入讨论。

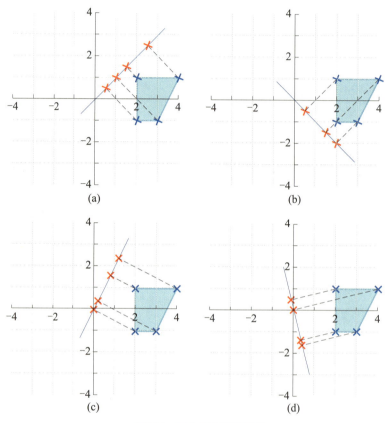

图1.21　四个正交投影例子

两个特别的投影是向横轴和纵轴投影。完成向 x 轴正交投影的矩阵为:

$$\boldsymbol{P} = \begin{bmatrix} 1 & 0 \\ 0 & 0 \end{bmatrix} \tag{1.52}$$

完成向 y 轴正交投影的矩阵为:

$$\boldsymbol{P} = \begin{bmatrix} 0 & 0 \\ 0 & 1 \end{bmatrix} \tag{1.53}$$

如图1.22所示是图像顶点在 x 轴和 y 轴投影。

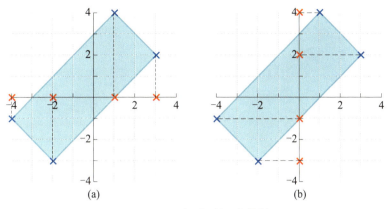

图1.22 向x和y轴正交投影

本节最后讨论一下**剪切转换** (shear transformation)。沿着x轴方向的剪切转换矩阵为：

$$SH_x = \begin{bmatrix} 1 & 0 \\ \cot(\theta) & 1 \end{bmatrix} \tag{1.54}$$

式中θ为剪切角。

如图1.23所示是四个沿着x轴方向剪切转换的例子。沿着y轴方向的剪切转换矩阵为：

$$SH_y = \begin{bmatrix} 1 & \cot(\theta) \\ 0 & 1 \end{bmatrix} \tag{1.55}$$

如图1.24所示是两个沿y轴方向剪切转换的例子。

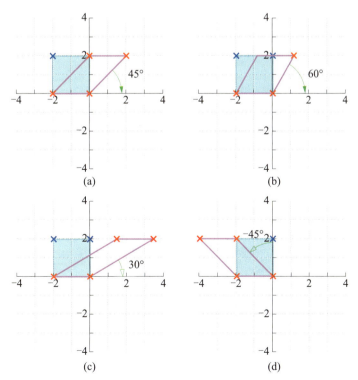

图1.23 沿x轴方向剪切转换

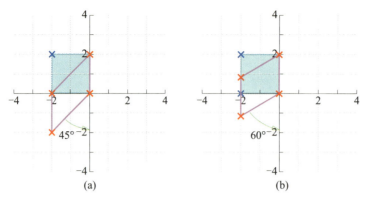

图1.24 沿y轴方向剪切转换

式 (1.56) 所示矩阵完成的转换类似于剪切转换：

$$\begin{bmatrix} 1 & 0 \\ \cos\theta & \sin\theta \end{bmatrix} \tag{1.56}$$

使它能保证某个方向上的长度不变。这个长度就是转换点到原始点在x轴投影点距离，该距离和原始点到x轴投影点距离相等；我们称其为等长度剪切。如图1.25所示是四个相关的例子。

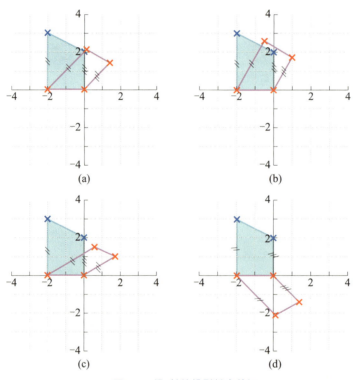

图1.25 沿x轴等投影长度剪切

以下代码可以获得图1.17、图1.19、图1.20和图1.21。

B3_Ch1_1.m

```
%% rotate clockwise
```

```matlab
x = [1, 0, -1, -1, 1]+1;
y = [1, -1, -1, 1, 1]+1;
original_shape = [x',y'];

figure(fig_i)
fig_i = fig_i + 1;
subplot(2,2,1)
plot_shape(original_shape,'bx-')

subplot(2,2,2)
theta = pi/4;
rotate = [cos(theta) -sin(theta);
    sin(theta) cos(theta)]

rotated_shape = original_shape*rotate;
plot_shape(rotated_shape,'rx-')

subplot(2,2,3)
theta = pi/2;
rotate = [cos(theta) -sin(theta);
    sin(theta) cos(theta)]
rotated_shape = original_shape*rotate;
plot_shape(rotated_shape,'rx-')

subplot(2,2,4)
theta = pi*2/3;
rotate = [cos(theta) -sin(theta);
    sin(theta) cos(theta)]
rotated_shape = original_shape*rotate;
plot_shape(rotated_shape,'rx-')

%% Rotate first, then scale
figure(fig_i)
fig_i = fig_i + 1;
subplot(2,2,1)
plot_shape(original_shape,'bx-'); hold on
theta = pi/6;
R = [cos(theta) -sin(theta);
    sin(theta) cos(theta)];
R_shape = original_shape*R;
plot_shape(R_shape,'rx-')

subplot(2,2,2)
S = [1/2,0; 0, 2];
R_S_shape = R_shape*S;
plot_shape(R_S_shape,'rx-')
```

```matlab
% Scale first, then rotate

subplot(2,2,3)
plot_shape(original_shape,'bx-'); hold on
S_shape = original_shape*S;
plot_shape(S_shape,'rx-')

subplot(2,2,4)
S_R_shape = S_shape*R;
plot_shape(S_R_shape,'rx-')

%% Reflect
x = [1, 0, -1, -1, 1]+1.5;
y = [1, -1, -1, 1, 1]+0.5;
original_shape = [x',y'];

figure(fig_i)
fig_i = fig_i + 1;
subplot(2,2,1)
plot_shape(original_shape,'bx-'); hold on
lx = 1; ly = 1;

reflect = 1/(lx^2 + ly^2)*[lx^2 - ly^2, 2*lx*ly;
    2*lx*ly, ly^2 - lx^2];
reflected_shape = original_shape*reflect;
plot_shape(reflected_shape,'rx-')


subplot(2,2,2)
plot_shape(original_shape,'bx-'); hold on
lx = 1; ly = -1;
reflect = 1/(lx^2 + ly^2)*[lx^2 - ly^2, 2*lx*ly;
    2*lx*ly, ly^2 - lx^2];
reflected_shape = original_shape*reflect;
plot_shape(reflected_shape,'rx-')

subplot(2,2,3)
plot_shape(original_shape,'bx-'); hold on
lx = 1; ly = 2;
reflect = 1/(lx^2 + ly^2)*[lx^2 - ly^2, 2*lx*ly;
    2*lx*ly, ly^2 - lx^2];
reflected_shape = original_shape*reflect;
plot_shape(reflected_shape,'rx-')


subplot(2,2,4)
```

```matlab
plot_shape(original_shape,'bx-'); hold on
lx = 1; ly = -2;
reflect = 1/(lx^2 + ly^2)*[lx^2 - ly^2, 2*lx*ly;
    2*lx*ly, ly^2 - lx^2];
reflected_shape = original_shape*reflect;
plot_shape(reflected_shape,'rx-')

%% Orthogonal projection
x = [1, 0, -1, -1, 1]+3;
y = [1, -1, -1, 1, 1];
original_shape = [x',y'];

figure(fig_i)
fig_i = fig_i + 1;
subplot(2,2,1)
plot_shape(original_shape,'bx-'); hold on
x = [-4:4];
ux = 1; uy = 1;
y = uy/ux*x;
plot(x,y,'k'); hold on
project = 1/(ux^2 + uy^2)*[ux^2, ux*uy;
    ux*uy, uy^2];
projected_points = original_shape*project;
plot_shape(projected_points,'xr'); hold on
xh=[original_shape(:,1) projected_points(:,1)];
yh=[original_shape(:,2) projected_points(:,2)];
plot(xh',yh','k')

subplot(2,2,2)
plot_shape(original_shape,'bx-'); hold on
x = [-4:4];
ux = 1; uy = -1;
y = uy/ux*x;
plot(x,y,'k'); hold on
project = 1/(ux^2 + uy^2)*[ux^2, ux*uy;
    ux*uy, uy^2];
projected_points = original_shape*project;
plot_shape(projected_points,'xr'); hold on
xh=[original_shape(:,1) projected_points(:,1)];
yh=[original_shape(:,2) projected_points(:,2)];
plot(xh',yh','k')

subplot(2,2,3)
plot_shape(original_shape,'bx-'); hold on
x = [-4:4];
ux = 1; uy = 2;
y = uy/ux*x;
```

```
plot(x,y,'k'); hold on
project = 1/(ux^2 + uy^2)*[ux^2, ux*uy;
    ux*uy, uy^2];
projected_points = original_shape*project;
plot_shape(projected_points,'xr'); hold on
xh=[original_shape(:,1) projected_points(:,1)];
yh=[original_shape(:,2) projected_points(:,2)];
plot(xh',yh','k')

subplot(2,2,4)
plot_shape(original_shape,'bx-'); hold on
x = [-4:4];
ux = 1; uy = -4;
y = uy/ux*x;
plot(x,y,'k'); hold on
project = 1/(ux^2 + uy^2)*[ux^2, ux*uy;
    ux*uy, uy^2];
projected_points = original_shape*project;
plot_shape(projected_points,'xr'); hold on
xh=[original_shape(:,1) projected_points(:,1)];
yh=[original_shape(:,2) projected_points(:,2)];
plot(xh',yh','k')


function plot_shape(points,style)
plot(points(:,1),points(:,2),style,...
    'LineWidth',1)
xlim([-4,4]); ylim([-4,4]);
xticks([-4:4]);yticks([-4:4]);
daspect([1,1,1]); box off
set(gca, 'XAxisLocation', 'origin')
set(gca, 'YAxisLocation', 'origin')
grid on;
% grid minor
end
```

1.3 矩阵分解

LU分解 (LU decomposition)，即将一个矩阵**A**分解为一个**下三角矩阵** (lower triangular matrix) **L**和一个**上三角矩阵** (upper triangular matrix) **U**的乘积：

$$A = LU \tag{1.57}$$

如图1.26所示就是式 (1.58) 的LU分解：

$$\begin{bmatrix} a_{11} & a_{12} & a_{13} \\ a_{21} & a_{22} & a_{23} \\ a_{31} & a_{32} & a_{33} \end{bmatrix} = \begin{bmatrix} l_{11} & 0 & 0 \\ l_{21} & l_{22} & 0 \\ l_{31} & l_{32} & l_{33} \end{bmatrix} \begin{bmatrix} u_{11} & u_{12} & u_{13} \\ 0 & u_{22} & u_{23} \\ 0 & 0 & u_{33} \end{bmatrix} \tag{1.58}$$

MATLAB进行LU分解的代码为：$[L，U] = \mathrm{lu}(A)$。再次强调，图1.26中矩阵运算的乘号×是矩阵乘法的意思，不是内积也不是外积。

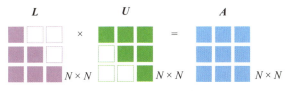

图1.26　LU分解示意图

Cholesky分解 (Cholesky decomposition, Cholesky factorization) 是LU分解的特例。在第二本书蒙特卡罗模拟时反复使用过这种方法。Cholesky分解把矩阵分解为一个下三角矩阵以及它的转置矩阵的乘积：

$$A = LL^\mathrm{T} \tag{1.59}$$

也就是：

$$A = LL^\mathrm{T} = \begin{bmatrix} l_{11} & 0 & 0 \\ l_{21} & l_{22} & 0 \\ l_{31} & l_{32} & l_{33} \end{bmatrix} \begin{bmatrix} l_{11} & l_{21} & l_{31} \\ 0 & l_{22} & l_{32} \\ 0 & 0 & l_{33} \end{bmatrix} \tag{1.60}$$

并非所有矩阵都可以做Cholesky分解，只有**正定矩阵** (positive-definite matrix) 才可以。正定矩阵的特征值均为正。MATLAB进行Cholesky分解的命令为chol()。chol() 函数默认获得R矩阵，使得$A = R^\mathrm{T}R$。

Cholesky分解如图1.27所示。

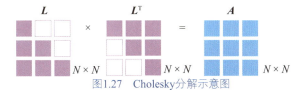

图1.27　Cholesky分解示意图

为使得矩阵L对角元素为1，常把Cholesky分解，进一步扩展为**LDL分解** (LDL decomposition)：

$$A = LDL^\mathrm{T} = LD^{1/2}(D^{1/2})L^\mathrm{T} = LD^{1/2}(LD^{1/2})^\mathrm{T} \tag{1.61}$$

LDL分解可以表达为：

$$A = LDL^\mathrm{T} = \begin{bmatrix} 1 & 0 & 0 \\ l_{21} & 1 & 0 \\ l_{31} & l_{32} & 1 \end{bmatrix} \begin{bmatrix} d_1 & 0 & 0 \\ 0 & d_2 & 0 \\ 0 & 0 & d_3 \end{bmatrix} \begin{bmatrix} 1 & l_{21} & l_{31} \\ 0 & 1 & l_{32} \\ 0 & 0 & 1 \end{bmatrix} \tag{1.62}$$

MATLAB对应的命令为ldl()。如图1.28所示为LDL分解。

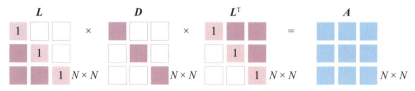

图1.28　LDL分解示意图

还有一种常用的矩阵分解叫作**奇异值分解** (singular value decomposition)，简称SVD分解，如图1.29所示：

$$A = USV^T \tag{1.63}$$

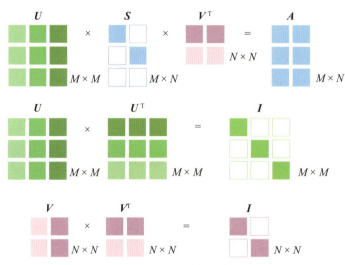

图1.29　SVD分解示意图

其中，A不一定是方阵，也可能是其他矩形阵。分解结果中U和V为方阵，S和A的形状相同。U和自己转置的乘积为单位矩阵。同样，V和V转置的乘积也是单位矩阵。

下面简单介绍一下SVD手动求解过程，以式(1.64)所示的矩阵为例：

$$A = \begin{bmatrix} 0 & 1 \\ 1 & 1 \\ 1 & 0 \end{bmatrix} \tag{1.64}$$

为求解V，先求解A的转置和A的乘积AA^T：

$$AA^T = \begin{bmatrix} 0 & 1 \\ 1 & 1 \\ 1 & 0 \end{bmatrix}^T \begin{bmatrix} 0 & 1 \\ 1 & 1 \\ 1 & 0 \end{bmatrix} = \begin{bmatrix} 2 & 1 \\ 1 & 2 \end{bmatrix} \tag{1.65}$$

进一步得到 AA^T 特征值和特征向量:

$$\begin{cases} \lambda_1 = 3 \\ v_1 = \begin{bmatrix} \frac{\sqrt{2}}{2} \\ \frac{\sqrt{2}}{2} \end{bmatrix} \end{cases} \begin{cases} \lambda_2 = 1 \\ v_2 = \begin{bmatrix} -\frac{\sqrt{2}}{2} \\ \frac{\sqrt{2}}{2} \end{bmatrix} \end{cases} \tag{1.66}$$

然后再求解 AA^T:

$$AA^T = \begin{bmatrix} 0 & 1 \\ 1 & 1 \\ 1 & 0 \end{bmatrix} \begin{bmatrix} 0 & 1 \\ 1 & 1 \\ 1 & 0 \end{bmatrix}^T = \begin{bmatrix} 1 & 1 & 0 \\ 1 & 2 & 1 \\ 0 & 1 & 1 \end{bmatrix} \tag{1.67}$$

同时得到 A^TA 特征值和特征向量:

$$\begin{cases} \lambda_1 = 3 \\ u_1 = \begin{bmatrix} \frac{1}{\sqrt{6}} \\ \frac{2}{\sqrt{6}} \\ \frac{1}{\sqrt{6}} \end{bmatrix} \end{cases} \begin{cases} \lambda_2 = 1 \\ u_2 = \begin{bmatrix} \frac{\sqrt{2}}{2} \\ 0 \\ -\frac{\sqrt{2}}{2} \end{bmatrix} \end{cases} \begin{cases} \lambda_3 = 0 \\ u_3 = \begin{bmatrix} \frac{\sqrt{3}}{3} \\ -\frac{\sqrt{3}}{3} \\ \frac{\sqrt{3}}{3} \end{bmatrix} \end{cases} \tag{1.68}$$

奇异值矩阵如下:

$$S = \begin{bmatrix} \sigma_1 & 0 \\ 0 & \sigma_2 \\ 0 & 0 \end{bmatrix} = \begin{bmatrix} \sqrt{\lambda_1} & 0 \\ 0 & \sqrt{\lambda_2} \\ 0 & 0 \end{bmatrix} = \begin{bmatrix} \sqrt{3} & 0 \\ 0 & 1 \\ 0 & 0 \end{bmatrix} \tag{1.69}$$

因此对 A 进行SVD分解可以得到:

$$A = USV^T = \begin{bmatrix} \frac{1}{\sqrt{6}} & \frac{\sqrt{2}}{2} & \frac{\sqrt{3}}{3} \\ \frac{2}{\sqrt{6}} & 0 & -\frac{\sqrt{3}}{3} \\ \frac{1}{\sqrt{6}} & -\frac{\sqrt{2}}{2} & \frac{\sqrt{3}}{3} \end{bmatrix} \begin{bmatrix} \sqrt{3} & 0 \\ 0 & 1 \\ 0 & 0 \end{bmatrix} \begin{bmatrix} \frac{\sqrt{2}}{2} & -\frac{\sqrt{2}}{2} \\ \frac{\sqrt{2}}{2} & \frac{\sqrt{2}}{2} \end{bmatrix}^T \tag{1.70}$$

读者可以用MATLAB命令[U, S, V] = svd(A)验证结果。下文会介绍SVD用于求解**正交回归** (orthogonal regression) 和**主成分分析** (principal component analysis, PCA)。SVD分解在数据处理、机器学习等领域应用极其广泛,请读者格外注意SVD应用。

1.4 线性方程组

线性方程组 (system of linear equations, linear system) 指的是各个方程关于未知量均为一次的方程组。下面以二元一次方程组和三元一次方程组，来简单介绍一些线性方程组的特点。式 (1.71) 给出的是 m 个线性方程：

$$\begin{cases} a_{1,1}x_1 + a_{1,2}x_2 + \cdots + a_{1,n}x_n = b_1 \\ a_{2,1}x_1 + a_{2,2}x_2 + \cdots + a_{2,n}x_n = b_2 \\ \vdots \\ a_{m,1}x_1 + a_{m,2}x_2 + \cdots + a_{m,n}x_n = b_m \end{cases} \tag{1.71}$$

其中 x_1、x_2 到 x_n 为 n 个未知数，b_1、b_2 到 b_m 为 m 个常数项，$a_{m,n}$ 为未知数系数。以矩阵形式可以得到式 (1.72)：

$$Ax = b \tag{1.72}$$

其中：

$$A = \begin{bmatrix} a_{1,1} & a_{1,2} & \cdots & a_{1,n} \\ a_{2,1} & a_{2,2} & \cdots & a_{2,n} \\ \vdots & \vdots & \ddots & \vdots \\ a_{m,1} & a_{m,2} & \cdots & a_{m,n} \end{bmatrix}, \quad x = \begin{bmatrix} x_1 \\ x_2 \\ \vdots \\ x_n \end{bmatrix}, \quad b = \begin{bmatrix} b_1 \\ b_2 \\ \vdots \\ b_m \end{bmatrix} \tag{1.73}$$

如果存在一组数 x_1、x_2 到 x_n 使得线性方程等式成立，那么这组数就叫作方程组的解。假设矩阵 A 为方阵，且可逆，采用矩阵表达线性方程组求解：

$$x = A^{-1}b \tag{1.74}$$

矩阵 A 的逆影响线性方程组解的情况。线性方程组解的情况有三种：**唯一解** (single unique solution)，**无解** (no solution) 和**无穷多组解** (infinitely many solutions)。下面从几何角度来解释这三种情况。

丛书第一本曾提及过，二元一次方程在几何上是平面的一条直线，三元一次方程是空间的一个平面。如图 1.30(a) 所示的是二元一次线性方程组有唯一解的情况，图 1.30(a) 中可以看到两条直线有唯一交点。图中的两条直线的线性方程组可以表达为式 (1.75)：

$$\begin{cases} x_1 - x_2 = 3 \\ x_1 + x_2 = 5 \end{cases} \Rightarrow \begin{bmatrix} 1 & -1 \\ 1 & 1 \end{bmatrix} \begin{bmatrix} x_1 \\ x_2 \end{bmatrix} = \begin{bmatrix} 3 \\ 5 \end{bmatrix} \tag{1.75}$$

以下三组 MATLAB 代码可以用来求解式 (1.75)，并且比较运算时间：

```
A = [1 -1; 1 1];
b = [3; 5];

tic
```

```
x = A\b;
t1 = toc

tic
x = mldivide(A,b);
t1 = toc

tic
x = linsolve(A,b);
t2 = toc
```

如图 1.30(b) 所示的是二元一次线性方程组无解的情况，两条直线平行。线性方程组可以表达为：

$$\begin{cases} 2x_1 + 2x_2 = 6 \\ x_1 + x_2 = 5 \end{cases} \Rightarrow \begin{bmatrix} 2 & 2 \\ 1 & 1 \end{bmatrix} \begin{bmatrix} x_1 \\ x_2 \end{bmatrix} = \begin{bmatrix} 6 \\ 5 \end{bmatrix} \tag{1.76}$$

其中，对应矩阵 A 的行列式值为 0。

如图 1.30(c) 所示的是二元一次线性方程组有无穷多组解的情况，两条直线重合，线性方程组可以表达为：

$$\begin{cases} -2x_1 - 2x_2 = -10 \\ x_1 + x_2 = 5 \end{cases} \Rightarrow \begin{bmatrix} -2 & -2 \\ 1 & 1 \end{bmatrix} \begin{bmatrix} x_1 \\ x_2 \end{bmatrix} = \begin{bmatrix} -10 \\ 5 \end{bmatrix} \tag{1.77}$$

同样，式 (1.77) 中 A 行列式值也为 0。

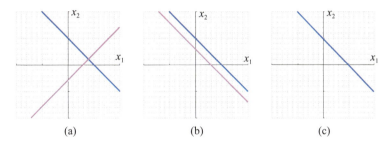

图 1.30　二元一次线性方程组有唯一解、无解和有无穷多组解三种情况

三元一次线性方程组可以有唯一解，这种情况，三个平面相交于一点。三元一次线性方程组无解的情况有很多。三元一次线性方程组平面重合，或者相交于一直线时，方程组有无数组解。求解线性方程组的方法有很多，前文讲过的 LU 分解、Cholesky 分解和 SVD 分解都可以用来求解线性方程组，此处就不再赘述。线性方程组和线性相关性有着密切关系，有关线性相关性内容，丛书第四本会介绍。

1.5 矩阵与概率

本节及下一节将介绍矩阵在概率计算中的应用。首先，用矩阵式来计算平均数。对于形状为

$L \times N$ 矩阵 D，如图1.31所示，含有 N 列的观测数据，比如 $N = 3$，可假设是三只股票的对数回报率序列。L 是每个数据序列的长度，比如 $L = 252$，即252个日观测值。D 可以表示为：

$$D = \begin{bmatrix} x_{1,1} & x_{1,2} & \cdots & x_{1,N} \\ x_{2,1} & x_{2,2} & \cdots & x_{2,N} \\ \vdots & \vdots & \ddots & \vdots \\ x_{L,1} & x_{L,2} & \cdots & x_{L,N} \end{bmatrix} \tag{1.78}$$

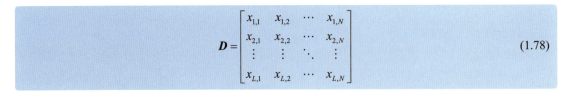

图1.31　矩阵 D 结构

下面定义一个权重列向量 w，形状为 $L \times 1$：

$$w_{SA} = \begin{bmatrix} 1/L \\ 1/L \\ \vdots \\ 1/L \end{bmatrix} \tag{1.79}$$

如图1.32所示，D 在列方向的**简单平均数** (simple average, SA) 可以通过式 (1.80) 计算出来：

$$\begin{aligned} \boldsymbol{\mu}_{SA} = \boldsymbol{w}_{SA}^T \boldsymbol{D} &= \begin{bmatrix} 1/L \\ 1/L \\ \vdots \\ 1/L \end{bmatrix}^T \begin{bmatrix} x_{1,1} & x_{1,2} & \cdots & x_{1,N} \\ x_{2,1} & x_{2,2} & \cdots & x_{2,N} \\ \vdots & \vdots & \ddots & \vdots \\ x_{L,1} & x_{L,2} & \cdots & x_{L,N} \end{bmatrix} \\ &= \begin{bmatrix} \dfrac{\sum_{i=1}^{L} x_{i,1}}{L} & \dfrac{\sum_{i=1}^{L} x_{i,2}}{L} & \cdots & \dfrac{\sum_{i=1}^{L} x_{i,N}}{L} \end{bmatrix} \end{aligned} \tag{1.80}$$

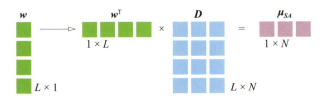

图1.32　矩阵表达平均数计算

去均值 D_{demean} 的计算过程可以用图1.33表达。去均值 D_{demean} 可以减去简单平均数：

$$\begin{aligned}
\boldsymbol{D}_{\text{demean}} &= \boldsymbol{D} - \text{ones}(\boldsymbol{D}) \cdot \text{diag}(\boldsymbol{\mu}_{\text{SA}}) \\
&= \begin{bmatrix}
x_{1,1} - \dfrac{\sum_{i=1}^{L} x_{i,1}}{L} & x_{1,2} - \dfrac{\sum_{i=1}^{L} x_{i,2}}{L} & \cdots & x_{1,N} - \dfrac{\sum_{i=1}^{L} x_{i,N}}{L} \\
x_{2,1} - \dfrac{\sum_{i=1}^{L} x_{i,1}}{L} & x_{2,2} - \dfrac{\sum_{i=1}^{L} x_{i,2}}{L} & \cdots & x_{2,N} - \dfrac{\sum_{i=1}^{L} x_{i,N}}{L} \\
\vdots & \vdots & \ddots & \vdots \\
x_{L,1} - \dfrac{\sum_{i=1}^{L} x_{i,1}}{L} & x_{L,2} - \dfrac{\sum_{i=1}^{L} x_{i,2}}{L} & \cdots & x_{L,N} - \dfrac{\sum_{i=1}^{L} x_{i,N}}{L}
\end{bmatrix} \\
&= \begin{bmatrix} \boldsymbol{x_1} - \mu_1 & \boldsymbol{x_2} - \mu_2 & \cdots & \boldsymbol{x_N} - \mu_N \end{bmatrix}
\end{aligned} \tag{1.81}$$

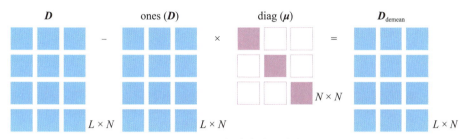

图1.33 矩阵表达去均值

以下三种方法，可以实现去均值的目的：

```
% use detrend()

D_demean = detrend(D, 'constant');

% use bsxfun()

D_demean = bsxfun(@minus, D, mean(D));

% use mean()

D_mean = mean(D,1);
D_demean = D - D_mean;
```

detrend()这个函数会在本书数据部分做进一步的介绍。

利用$\boldsymbol{D}_{\text{demean}}$可以求解样本**方差−协方差矩阵** (variance-covariance matrix)：

$$\boldsymbol{\Sigma} = \frac{(\boldsymbol{D}_{\text{demean}})^{\text{T}} \boldsymbol{D}_{\text{demean}}}{L-1} \tag{1.82}$$

计算总体方差-协方差矩阵时，分母为L。图1.34展示方差-协方差矩阵计算过程；注意，图1.34展示矩阵运算，没有考虑分母项标量。

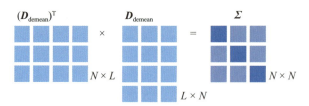

图1.34 方差-协方差矩阵

方差-协方差矩阵第 (j, k) 元素：

$$\Sigma(j,k) = \frac{\sum_{i=1}^{L}(x_j(i)-\mu_j)\cdot(x_k(i)-\mu_k)}{L-1}$$
$$= \frac{\sum_{i=1}^{L}(x_{i,j}-\mu_j)\cdot(x_{i,k}-\mu_k)}{L-1} \qquad (1.83)$$

比较方差协方差矩阵计算结果如图1.35所示。

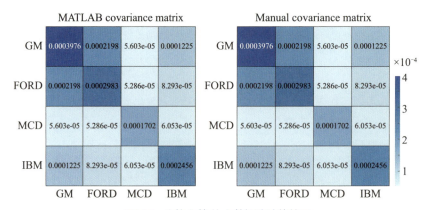

图1.35 比较方差-协方差矩阵计算结果

方差-协方差矩阵中的第k个对角线元素 (k,k) 是第k列数据的方差：

$$\Sigma(k,k) = \frac{\sum_{i=1}^{L}(x_k(i)-\mu_k)\cdot(x_k(i)-\mu_k)}{L-1}$$
$$= \frac{\sum_{i=1}^{L}(x_{i,k}-\mu_k)\cdot(x_{i,k}-\mu_k)}{L-1} \qquad (1.84)$$

如图1.36所示，**VAR**为方阵，对角线元素——对应Σ对角线元素，即方差。

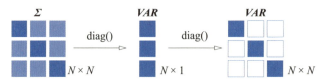

图1.36 方差

如图1.37所示，标准差通过式 (1.85) 计算获得：

$$\sigma = \text{sqrt}(VAR) \tag{1.85}$$

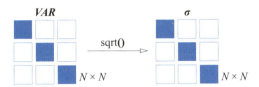

图1.37 标准差计算

相关性矩阵 (correlation matrix) 如图1.38所示，可以通过式 (1.86) 求得：

$$\rho = \text{inv}(\sigma)\Sigma\text{inv}(\sigma) \tag{1.86}$$

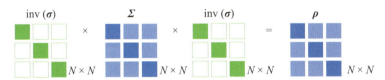

图1.38 相关性计算

比较相关性矩阵计算结果如图1.39所示。

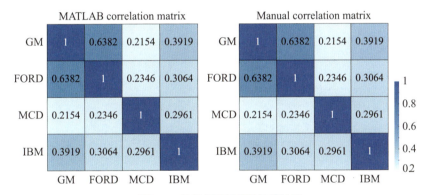

图1.39 比较相关性矩阵计算结果

以下代码可绘制图1.35和图1.39：

```matlab
B3_Ch1_2.m

clc; close all; clear all

price = hist_stock_data('01012017','01012019','GM','F','MCD','IBM');
% the function can be downloaded from:
% https://www.mathworks.com/matlabcentral/fileexchange/
% 18458-hist_stock_data-start_date-end_date-varargin

dates_cells = price(1).Date;
dates = datetime(dates_cells, 'InputFormat', 'yyyy-MM-dd');
GM_price = price(1).AdjClose;
```

```matlab
Ford_price = price(2).AdjClose;
McDon_price = price(3).AdjClose;
IBM_price = price(4).AdjClose;

GM_daily_log_return    = diff(log(GM_price));
% also price2ret can be used
Ford_daily_log_return  = diff(log(Ford_price));
McDon_daily_log_return = diff(log(McDon_price));
IBM_daily_log_return   = diff(log(IBM_price));

%%
D_whole = [];

L = 250;
D_whole = [GM_daily_log_return, Ford_daily_log_return, ...
    McDon_daily_log_return, IBM_daily_log_return];
D = D_whole(end-L+1:end,:);


D_demean = detrend(D, 'constant');

COV_manual = D_demean'*D_demean/(L-1);
COV_matlab = cov(D);

figure(1)
subplot(1,2,1)
cdata = COV_matlab;
xvalues = {'GM','FORD','MCD','IBM'};
yvalues = xvalues;
h = heatmap(xvalues,yvalues,cdata);
h.Title = 'MATLAB covariance matrix';

subplot(1,2,2)
cdata = COV_manual;
h = heatmap(xvalues,yvalues,cdata);
h.Title = 'Manual covariance matrix';

%%
STD = diag(sqrt(diag(COV_manual)));
CORR_manual = inv(STD)*COV_manual*inv(STD);
CORR_matlab = corr(D);

figure(2)
subplot(1,2,1)
cdata = CORR_manual;
xvalues = {'GM','FORD','MCD','IBM'};
yvalues = xvalues;
```

```
h = heatmap(xvalues,yvalues,cdata);
h.Title = 'MATLAB correlation matrix';

subplot(1,2,2)
cdata = CORR_matlab;
h = heatmap(xvalues,yvalues,cdata);
h.Title = 'Manual correlation matrix';
```

分块矩阵 (block matrix) 是将大块矩阵分割成较小的矩阵，这样可以简化运算，同时也会让运算过程变得更加清晰。

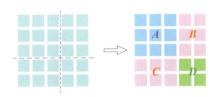

图1.40　分块矩阵

下面介绍一种本书后文会用到的分块矩阵运算。如图1.40所示，一个方阵可以分割成若干个较小的矩阵 A、B、C 和 D，其中 A 和 D 为方阵。这个分块矩阵的逆可以表达为：

$$\begin{bmatrix} A & B \\ C & D \end{bmatrix}^{-1} = \begin{bmatrix} (A-BD^{-1}C)^{-1} & -(A-BD^{-1}C)^{-1}BD^{-1} \\ -D^{-1}C(A-BD^{-1}C)^{-1} & D^{-1}+D^{-1}C(A-BD^{-1}C)^{-1}BD^{-1} \end{bmatrix} \quad (1.87)$$

令：

$$(A-BD^{-1}C)^{-1} = H \quad (1.88)$$

分块矩阵的逆可以写作：

$$\begin{bmatrix} A & B \\ C & D \end{bmatrix}^{-1} = \begin{bmatrix} H & -HBD^{-1} \\ -D^{-1}CH & D^{-1}+D^{-1}CHBD^{-1} \end{bmatrix} \quad (1.89)$$

这个分块矩阵的逆还可以表达为：

$$\begin{bmatrix} A & B \\ C & D \end{bmatrix}^{-1} = \begin{bmatrix} A^{-1}+A^{-1}B(D-CA^{-1}B)^{-1}CA^{-1} & -A^{-1}B(D-CA^{-1}B)^{-1} \\ -(D-CA^{-1}B)^{-1}CA^{-1} & (D-CA^{-1}B)^{-1} \end{bmatrix} \quad (1.90)$$

令：

$$(D-CA^{-1}B)^{-1} = F \quad (1.91)$$

分块矩阵的逆可以写作：

$$\begin{bmatrix} A & B \\ C & D \end{bmatrix}^{-1} = \begin{bmatrix} A^{-1}+A^{-1}BFCA^{-1} & -A^{-1}BF \\ -FCA^{-1} & F \end{bmatrix} \quad (1.92)$$

下面把分块矩阵求逆思想应用在方差-协方差矩阵上。如图1.41所示是一个方差-协方差矩阵Σ被分为四块：Σ_{11}、Σ_{12}、Σ_{21}和Σ_{22}。

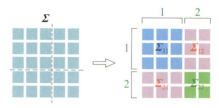

图1.41　方差-协方差矩阵分块

Σ_{11}和Σ_{22}都是对称矩阵，而且主对角线元素为方差。Σ_{12}和Σ_{21}这两个分块矩阵中没有方差，只有协方差。Σ_{12}的转置矩阵为Σ_{21}。Σ的分块矩阵逆可以记作：

$$\begin{bmatrix} \Sigma_{11} & \Sigma_{12} \\ \Sigma_{21} & \Sigma_{22} \end{bmatrix}^{-1} = \begin{bmatrix} K_{11} & K_{12} \\ K_{21} & K_{22} \end{bmatrix} \tag{1.93}$$

其中：

$$\begin{aligned}
K_{11} &= \left(\Sigma_{11} - \Sigma_{12}\left(\Sigma_{22}\right)^{-1}\Sigma_{21}\right)^{-1} \\
K_{12} &= -\left(\Sigma_{11} - \Sigma_{12}\left(\Sigma_{22}\right)^{-1}\Sigma_{21}\right)^{-1}\Sigma_{12}\left(\Sigma_{22}\right)^{-1} \\
K_{21} &= -\left(\Sigma_{22}\right)^{-1}\Sigma_{21}\left(\Sigma_{11} - \Sigma_{12}\left(\Sigma_{22}\right)^{-1}\Sigma_{21}\right)^{-1} \\
K_{22} &= \left(\Sigma_{22}\right)^{-1} + \left(\Sigma_{22}\right)^{-1}\Sigma_{21}\left(\Sigma_{11} - \Sigma_{12}\left(\Sigma_{22}\right)^{-1}\Sigma_{21}\right)^{-1}\Sigma_{12}\left(\Sigma_{22}\right)^{-1}
\end{aligned} \tag{1.94}$$

1.6 指数加权

本节要利用**指数加权** (exponentially weighted) 计算平均值、方差-协方差矩阵和相关性矩阵等。指数加权这个方法，在金融风险管理计算波动率和计算VaR已经讨论过，这里用矩阵式展示计算过程。在指数加权条件下，首先定义权重列向量w_{EW}：

$$w_{\text{EW}} = \frac{1-\lambda}{1-\lambda^L} \begin{bmatrix} \lambda^0 \\ \lambda^1 \\ \vdots \\ \lambda^{(L-1)} \end{bmatrix} \tag{1.95}$$

第i个权重w_{EW_i}可以表达为：

$$w_{\text{EW}\_i} = \frac{1-\lambda}{1-\lambda^L}\lambda^{(i-1)} \tag{1.96}$$

权重列向量w_{EW}元素的和为1：

$$\sum_{i=1}^{L} w_{EW\_i} = 1 \tag{1.97}$$

另外当T较大时，比如$T = 252$，λ^T可以看作为0，因此第i个权重w_{EW_i}可以表达为：

$$w_{EW\_i} = (1-\lambda)\lambda^{(i-1)} \tag{1.98}$$

在不同衰减因子λ条件下，w_{EW}随系数i变化如图1.42(a)所示。注意，时间的先后顺序是从左到右，右侧$i = 1$为窗口内最新数据。

第1到第m个权重之和，可以通过式(1.99)求得：

$$CL = \sum_{i=1}^{m} \frac{1-\lambda}{1-\lambda^L}\lambda^{(i-1)} = \frac{1-\lambda^m}{1-\lambda^L} \tag{1.99}$$

如图1.42(b)所示为从右向左求cumsum()结果的图像。图中给出在不同λ条件下，求和结果分别为0.9和0.95的情况。另外，m可以求解出来，如式(1.100)所示：

$$m = \text{ceil}\left(\frac{\ln\left[1 - CL(1-\lambda^L)\right]}{\ln \lambda}\right) \tag{1.100}$$

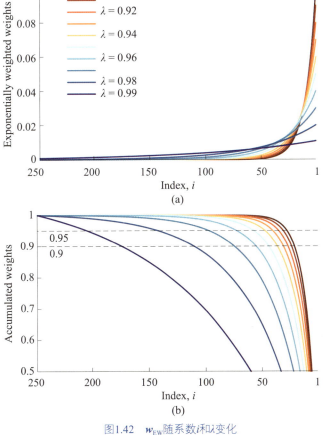

图1.42 w_{EW}随系数i和λ变化

同样认为λ^L为0，式(1.100)可以写作：

$$m = \text{ceil}\left(\frac{\ln(1-CL)}{\ln\lambda}\right) = \text{ceil}\left(\frac{\ln(\text{tol})}{\ln\lambda}\right) \tag{1.101}$$

式(1.101)中tol为**容差** (tolerance)。表1.1给出的是，在不同λ条件下，权重和CL分别为90%、95%、99%、99.5%、99.9%和99.99%时，m的值。

表1.1 不同λ和CL条件下历史数据的数量

	CL	90%	95%	99%	99.5%	99.9%	99.99%
	Tol	10%	5%	1%	0.5%	0.1%	0.01%
λ	0.9	22	29	44	51	66	88
	0.91	25	32	49	57	74	98
	0.92	28	36	56	64	83	111
	0.93	32	42	64	74	96	127
	0.94	38	49	75	86	112	149
	0.95	45	59	90	104	135	180
	0.96	57	74	113	130	170	226
	0.97	76	99	152	174	227	303
	0.98	114	149	228	263	342	456
	0.99	230	299	459	528	688	917

下面定义一个向量$\boldsymbol{\lambda}$：

$$\boldsymbol{\lambda} = \sqrt{\frac{1-\lambda}{1-\lambda^L}}\begin{bmatrix} \lambda^{0/2} \\ \lambda^{1/2} \\ \vdots \\ \lambda^{(L-1)/2} \end{bmatrix} \tag{1.102}$$

$\boldsymbol{\lambda}$和$\boldsymbol{w}_{EW}$的关系如下：

$$\boldsymbol{w}_{EW} = \boldsymbol{\lambda} \odot \boldsymbol{\lambda} = \frac{1-\lambda}{1-\lambda^L}\begin{bmatrix} \lambda^{0} \\ \lambda^{1} \\ \vdots \\ \lambda^{(L-1)} \end{bmatrix} \tag{1.103}$$

如图1.43所示，$\boldsymbol{D}$在列方向的**指数加权平均数** (exponentially weighted average) 为：

$$\boldsymbol{\mu}_{EWA} = (\boldsymbol{\lambda} \odot \boldsymbol{\lambda})^T \boldsymbol{D} \tag{1.104}$$

指数加权平均方法配合移动窗口方法，就得到前文讲过的指数加权移动平均方法。

现在把EWA计算平均数这个思路运用在求解方差-协方差矩阵。类似地，计算去均值时，原数据减去的是EWA：

$$D_{\text{deEWA}} = D - \text{ones}(D)\text{diag}(\mu_{\text{EWA}}) \tag{1.105}$$

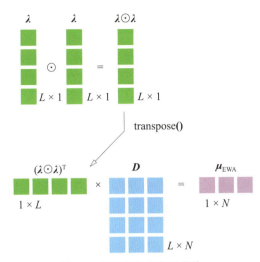

图1.43 矩阵表达加权平均数

另外,如果均值近似于0,可以不去均值。为了便于计算,先定义一个矩阵R_{EWMA}:

$$R_{\text{EWMA}} = \text{diag}(\lambda)D_{\text{demean}} \tag{1.106}$$

如图1.44所示是R_{EWMA}计算过程。

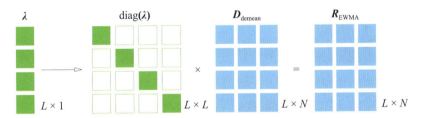

图1.44 矩阵表达计算R_{EWMA}

如图1.45所示,EWMA方差-协方差矩阵可以通过式(1.107)计算出来:

$$\begin{aligned}\Sigma_{\text{EWMA}} &= (R_{\text{EWMA}})^{\text{T}} R_{\text{EWMA}} \\ &= (D_{\text{demean}})^{\text{T}} \text{diag}(\lambda) \cdot \text{diag}(\lambda) D_{\text{demean}} \\ &= (D_{\text{demean}})^{\text{T}} \text{diag}(w_{\text{EW}}) D_{\text{demean}} \end{aligned} \tag{1.107}$$

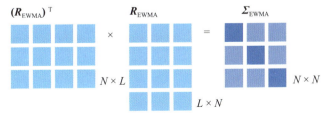

图1.45 EWMA方差-协方差矩阵

如图1.46所示，方差列向量可以通过式 (1.108) 计算得到：

$$VAR_{EWMA} = \text{diag}(\Sigma_{EWMA}) \tag{1.108}$$

方差对角矩阵通过式 (1.109) 获得：

$$VAR_{EWMA} = \text{diag}(\text{diag}(\Sigma_{EWMA})) \tag{1.109}$$

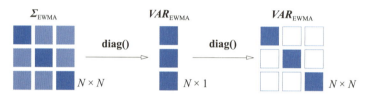

图1.46　EWMA方差

现在下载四只股票数据，用250数据长度作为窗口，用几种方法计算方差-协方差矩阵。如图1.47所示就是这四个计算结果。图1.47(a) 展示的是用最常用的统计方法计算方差-协方差矩阵。图1.47(b) 展示用EWMA方法计算方差-协方差矩阵，但是没有对于 D 采用去均值化。这种方法被广泛采用，因为很多统计分布的均值接近0，因此对原始数据通常不需要做任何去均值化处理。图1.47(c) 也是用EWMA方法，但是对原始数据去均值化，均值是用简单方法获得。图1.47(d) 也是用EWMA方法，去均值化采用EWA。

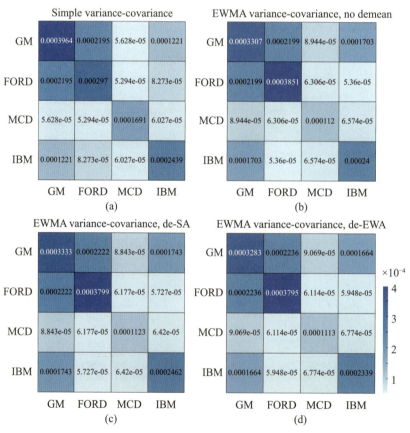

图1.47　股票数据用四种方法计算方差-协方差矩阵

如图1.48所示，EWMA标准差通过式 (1.110) 获得：

$$\sigma_{\text{EWMA}} = \text{sqrt}(VAR_{\text{EWMA}}) \tag{1.110}$$

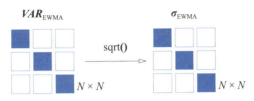

图1.48　EWMA标准差

相关性矩阵可以通过式 (1.111) 求得：

$$\rho_{\text{EWMA}} = \text{inv}(\sigma_{\text{EWMA}}) \Sigma_{\text{EWMA}} \text{inv}(\sigma_{\text{EWMA}}) \tag{1.111}$$

图1.49所示是股票数据用四种方法计算相关性矩阵。

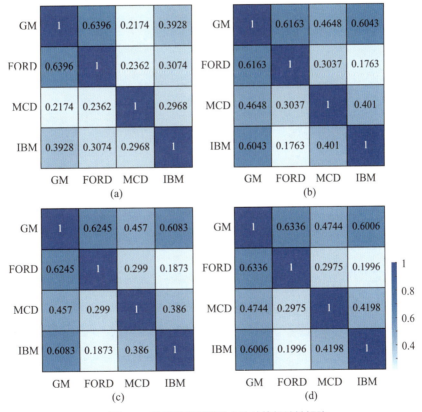

图1.49　股票数据用四种方法计算相关性矩阵

以下代码可绘制图1.47和图1.49：

```
clc; close all; clear all
```

```matlab
price = hist_stock_data('01012017','01012019','GM','F','MCD','IBM');
% the function can be downloaded from:
% https://www.mathworks.com/matlabcentral/fileexchange/
% 18458-hist_stock_data-start_date-end_date-varargin

dates_cells = price(1).Date;
dates = datetime(dates_cells, 'InputFormat', 'yyyy-MM-dd');
GM_price   = price(1).AdjClose;
Ford_price = price(2).AdjClose;
McDon_price = price(3).AdjClose;
IBM_price  = price(4).AdjClose;

GM_daily_log_return    = diff(log(GM_price));
% also price2ret can be used
Ford_daily_log_return  = diff(log(Ford_price));
McDon_daily_log_return = diff(log(McDon_price));
IBM_daily_log_return   = diff(log(IBM_price));

%%
D_whole = [];

D_whole = [GM_daily_log_return, Ford_daily_log_return, ...
    McDon_daily_log_return, IBM_daily_log_return];
L = 250;
D = D_whole(end-L+1:end,:);

lambda = 0.94;   L_array = [1:L]';

MU = mean(D);
EWA_array = lambda.^((L_array - 1)/2)*...
    sqrt((1-lambda)/(1 - lambda^L));

SMA_array = sqrt(ones(size(L_array))./L);

MU_ewma = (EWA_array.*EWA_array)'*D;
MU_2    = (SMA_array.*SMA_array)'*D;

D_de_simple_mean = D - ones(size(D))*diag(MU);
D_de_ewa_mean    = D - ones(size(D))*diag(MU_ewma);
[L, ~] = size(D);
R = D_de_simple_mean/sqrt(L-1); % n or n-1
COV_simple = R'*R;  COV_matlab = cov(D);

EWMA_matrix = diag(EWA_array);
R_ewma_de_SA  = EWMA_matrix*D_de_simple_mean;
R_ewma_de_EWA = EWMA_matrix*D_de_ewa_mean;
```

```
R_ewma_no_demean = EWMA_matrix*D;

COV_EWMA_de_SA = R_ewma_de_SA'*R_ewma_de_SA;
COV_EWMA_de_EWA = R_ewma_de_EWA'*R_ewma_de_EWA;
COV_EWMA_no_demean = R_ewma_no_demean'*R_ewma_no_demean;

figure(1)
subplot(2,2,1)
cdata = COV_simple;
xvalues = {'GM','FORD','MCD','IBM'};
yvalues = xvalues;
h = heatmap(xvalues,yvalues,cdata);
h.Title = 'Simple variance-covariance';

subplot(2,2,2)
cdata = COV_EWMA_no_demean;
h = heatmap(xvalues,yvalues,cdata);
h.Title = 'EWMA variance-covariance, no demean';

subplot(2,2,3)
cdata = COV_EWMA_de_SA;
h = heatmap(xvalues,yvalues,cdata);
h.Title = 'EWMA variance-covariance, de-simple mean';

subplot(2,2,4)
cdata = COV_EWMA_de_EWA;
h = heatmap(xvalues,yvalues,cdata);
h.Title = 'EWMA variance-covariance, de-exponentially-weighted mean';

STD = diag(sqrt(diag(COV_simple)));
CORR = inv(STD)*COV_simple*inv(STD);
CORR_matlab = corr(D);

STD_EWMA_de_SA = diag(sqrt(diag(COV_EWMA_de_SA)));
CORR_EWMA_de_SA =
inv(STD_EWMA_de_SA)*COV_EWMA_de_SA*inv(STD_EWMA_de_SA);

STD_EWMA_de_EWA = diag(sqrt(diag(COV_EWMA_de_EWA)));
CORR_EWMA_de_EWA =
inv(STD_EWMA_de_EWA)*COV_EWMA_de_EWA*inv(STD_EWMA_de_EWA);

STD_EWMA_no_demean = diag(sqrt(diag(COV_EWMA_no_demean)));
CORR_EWMA_no_demean =
inv(STD_EWMA_no_demean)*COV_EWMA_no_demean*inv(STD_EWMA_no_demean);

figure(2)
```

```
subplot(2,2,1)
cdata = CORR;
h = heatmap(xvalues,yvalues,cdata);
h.Title = 'Simple correlation';

subplot(2,2,2)
cdata = CORR_EWMA_no_demean;
h = heatmap(xvalues,yvalues,cdata);
h.Title = 'EWMA correlation, no demean';

subplot(2,2,3)
cdata = CORR_EWMA_de_SA;
xvalues = {'GM','FORD','MCD','IBM'};
yvalues = {'GM','FORD','MCD','IBM'};
h = heatmap(xvalues,yvalues,cdata);
h.Title = 'EWMA correlation, de-simple mean';

subplot(2,2,4)
cdata = CORR_EWMA_de_EWA;
h = heatmap(xvalues,yvalues,cdata);
h.Title = 'EWMA correlation, de-exponentially-weighted mean';
```

本章主要讨论了矩阵的基础运算、矩阵转化、矩阵分解、线性方程组等矩阵基础内容；另外，特别介绍了矩阵与概率运算的关系。第2章将进一步探讨矩阵和其他数学运算的融合。这两章内容会为以后复杂的金融建模打下坚实数学基础。

第 2 章 数学基础 IV

Elements of Mathematics for Finance

The book of nature is written in the language of Mathematics.

——伽利略·伽利雷 (Galileo Galilei)

Core Functions and Syntaxes
本章核心命令代码

- `atan2()` 计算点的四象限反正切
- `bsxfun(fun,A,B)` 对数组 A 和 B 应用函数句柄 fun 指定方法运算
- `chi2inv()` 卡方分布 CDF 逆运算
- `cov()` 计算方差 – 协方差矩阵
- `deg2rad()` 将角从以度为单位转换为以弧度为单位
- `diag()` 创建对角矩阵或获取矩阵的对角元素
- `eig(A)` 计算特征值和特征向量,[V,D] = eig(A) 返回特征值的对角矩阵 D 和矩阵 V,其列是对应的右特征向量,使得 A*V = V*D
- `eye()` 生成单位矩阵;eye(n) 返回一个主对角线元素为 1 且其他位置元素为 0 的 n×n 单位矩阵;eye(n,m) 和 eye ([n,m]) 均返回一个主对角线元素为 1 且其他位置元素为 0 的 n×m 矩阵
- `hessian()` 计算黑塞矩阵
- `histfit()` 绘制直方图和拟合曲线
- `jacobian()` 计算雅克比矩阵
- `mahal()` 计算马氏距离平方数
- `mvnrnd()` 产生多维正态随机数
- `norm()` 返回向量 v 的欧几里得范数。此范数也称为 2- 范数、向量模或欧几里得长度
- `quiver(x,y,u,v)` 绘制箭头图将速度向量显示为箭头,其中分量 (u,v) 位于点 (x,y) 处
- `rad2deg()` 将角的单位从弧度转换为度
- `regress()` 多元线性回归运算
- `rng()` 控制随机数生成,比如 rng('default') 可以保证生成的随机数可重复
- `std()` 计算标准差
- `svd(A)` 奇异值分解 SVD 运算,以降序顺序返回矩阵 A 的奇异值
- `syms()` 创建符号变量和方程

2.1 特征值、特征向量和协方差矩阵

在第1章的矩阵运算基础上,本章第一节首先建立特征值、特征向量和方差-协方差的联系。假设 Σ 为形状为 2×2 的方差-协方差矩阵,求解它的特征值可以得到:

$$\begin{cases} \Sigma v_1 = \lambda_1 v_1 \\ \Sigma v_2 = \lambda_1 v_2 \end{cases} \tag{2.1}$$

也就是:

$$\begin{bmatrix} \sigma_1^2 & \rho\sigma_1\sigma_2 \\ \rho\sigma_1\sigma_2 & \sigma_2^2 \end{bmatrix} \begin{bmatrix} v_{1,1} \\ v_{2,1} \end{bmatrix} = \lambda_1 \begin{bmatrix} v_{1,1} \\ v_{2,1} \end{bmatrix}$$

$$\begin{bmatrix} \sigma_1^2 & \rho\sigma_1\sigma_2 \\ \rho\sigma_1\sigma_2 & \sigma_2^2 \end{bmatrix} \begin{bmatrix} v_{1,2} \\ v_{2,2} \end{bmatrix} = \lambda_2 \begin{bmatrix} v_{1,2} \\ v_{2,2} \end{bmatrix} \tag{2.2}$$

结合以上两个矩阵运算,可以构建:

$$\begin{bmatrix} \sigma_1^2 & \rho\sigma_1\sigma_2 \\ \rho\sigma_1\sigma_2 & \sigma_2^2 \end{bmatrix} \begin{bmatrix} v_{1,2} & v_{1,2} \\ v_{2,2} & v_{2,2} \end{bmatrix} = \begin{bmatrix} v_{1,2} & v_{1,2} \\ v_{2,2} & v_{2,2} \end{bmatrix} \begin{bmatrix} \lambda_1 & 0 \\ 0 & \lambda_2 \end{bmatrix} \tag{2.3}$$

用符号来表达:

$$\Sigma V = V\Lambda \tag{2.4}$$

其中:

$$\Sigma = \begin{bmatrix} \sigma_1^2 & \rho\sigma_1\sigma_2 \\ \rho\sigma_1\sigma_2 & \sigma_2^2 \end{bmatrix}$$

$$\Lambda = \begin{bmatrix} \lambda_1 & 0 \\ 0 & \lambda_2 \end{bmatrix} \tag{2.5}$$

利用MATLAB的eig()命令,可以把式(2.5)写作:

$$[V, \Lambda] = \mathrm{eig}(\Sigma) \tag{2.6}$$

方差-协方差矩阵可以表达:

$$\Sigma = V\Lambda V^{-1} \tag{2.7}$$

现在要把第1章讨论的矩阵缩放和矩阵旋转这两个转换拿来。

原始数据 D,首先做去均值处理,得到 D_{demean}。然后利用矩阵 R 对 D_{demean} 进行旋转,可以得到如下顺时针旋转后的矩阵:

$$\boldsymbol{D}_{\text{rotated}} = \boldsymbol{D}_{\text{demean}} \begin{bmatrix} \cos\theta & -\sin\theta \\ \sin\theta & \cos\theta \end{bmatrix} = \boldsymbol{D}_{\text{demean}} \boldsymbol{R} \tag{2.8}$$

其中：

$$\boldsymbol{R} = \begin{bmatrix} \cos\theta & -\sin\theta \\ \sin\theta & \cos\theta \end{bmatrix} \tag{2.9}$$

对 $\boldsymbol{D}_{\text{rotated}}$ 求方差-协方差矩阵和其特征值和特征向量：

$$\begin{aligned} \boldsymbol{\Sigma}_{\text{rotated}} &= \frac{\left(\boldsymbol{D}_{\text{rotated}}\right)^{\text{T}} \boldsymbol{D}_{\text{rotated}}}{L-1} \\ &= \frac{\left(\boldsymbol{D}_{\text{demean}} \boldsymbol{R}\right)^{\text{T}} \boldsymbol{D}_{\text{demean}} \boldsymbol{R}}{L-1} \\ &= \frac{\boldsymbol{R}^{\text{T}} \left(\boldsymbol{D}_{\text{demean}}\right)^{\text{T}} \boldsymbol{D}_{\text{demean}} \boldsymbol{R}}{L-1} \end{aligned} \tag{2.10}$$

结合上一节内容对 $\boldsymbol{D}_{\text{demean}}$ 方差-协方差矩阵计算：

$$\boldsymbol{\Sigma}_{\text{demean}} = \frac{\left(\boldsymbol{D}_{\text{demean}}\right)^{\text{T}} \cdot \boldsymbol{D}_{\text{demean}}}{L-1} \tag{2.11}$$

可以得到：

$$\boldsymbol{\Sigma}_{\text{rotated}} = \boldsymbol{R}^{\text{T}} \boldsymbol{\Sigma}_{\text{demean}} \boldsymbol{R} \tag{2.12}$$

因为：

$$\boldsymbol{R}^{\text{T}} \boldsymbol{R} = \begin{bmatrix} \cos\theta & \sin\theta \\ -\sin\theta & \cos\theta \end{bmatrix} \begin{bmatrix} \cos\theta & -\sin\theta \\ \sin\theta & \cos\theta \end{bmatrix} = \begin{bmatrix} 1 & 0 \\ 0 & 1 \end{bmatrix} \tag{2.13}$$

$$\Rightarrow \boldsymbol{R}^{\text{T}} = \boldsymbol{R}^{-1}$$

把旋转后的协方差矩阵写作：

$$\boldsymbol{\Sigma}_{\text{rotated}} = \boldsymbol{R}^{-1} \boldsymbol{\Sigma}_{\text{demean}} \boldsymbol{R} \tag{2.14}$$

整理后得到：

$$\boldsymbol{\Sigma}_{\text{demean}} = \boldsymbol{R} \boldsymbol{\Sigma}_{\text{rotated}} \boldsymbol{R}^{-1} \tag{2.15}$$

比较式 (2.14)、(2.15)

$$\boldsymbol{\Sigma}_{\text{demean}} = \boldsymbol{V} \begin{bmatrix} \lambda_1 & 0 \\ 0 & \lambda_2 \end{bmatrix} \boldsymbol{V}^{-1} \tag{2.16}$$

可以得到：

$$\Sigma_{\text{rotated}} = \begin{bmatrix} \lambda_1 & 0 \\ 0 & \lambda_2 \end{bmatrix}$$

$$R = V = \begin{bmatrix} \cos\theta & -\sin\theta \\ \sin\theta & \cos\theta \end{bmatrix}$$

(2.17)

仔细观察 Σ_{rotated} 这个矩阵，会发现这是个对角矩阵，相关系数为0。这是个很重要的结论。通俗地说，D_{demean} 经过 R 旋转后得到的数据 D_{rotated} 在新的坐标系统内相关性为0。Λ 是对角阵，把它写成对角阵 S 的乘积，把 V 用 R 替代，式 (2.17) 可以写作：

$$\begin{aligned}\Sigma_{\text{demean}} &= R \begin{bmatrix} \sqrt{\lambda_1} & 0 \\ 0 & \sqrt{\lambda_2} \end{bmatrix} \begin{bmatrix} 1 & 0 \\ 0 & 1 \end{bmatrix} \begin{bmatrix} \sqrt{\lambda_1} & 0 \\ 0 & \sqrt{\lambda_2} \end{bmatrix} R^{-1} \\ &= RS \begin{bmatrix} 1 & 0 \\ 0 & 1 \end{bmatrix} S^{\mathrm{T}} R^{\mathrm{T}} \\ &= RS(RS)^{\mathrm{T}} \end{aligned}$$

(2.18)

S 是 D_{rotated} 的标准差对角阵。

下面问题来了，该如何找到这个旋转角度 θ？需要借助前文讲到的SVD分解来解决这个问题。如图2.1(a) 所示是原始数据的7个点。首先对两个维度去均值，从而获得**中心化数据** (centered data) 或**去均值数据** (demeaned data)。如图2.1(b) 所示的蓝色×就是中心化后的数据。可以求得中心化数据的协方差矩阵：

$$\Sigma_{\text{centralized}} = \begin{bmatrix} 2.6667 & 1.6667 \\ 1.6667 & 4.6667 \end{bmatrix}$$

(2.19)

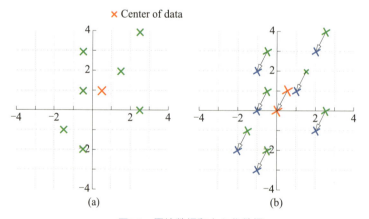

图2.1　原始数据和中心化数据

方差-协方差矩阵求特征值和特征向量，可以得到：

$$\Lambda = \begin{bmatrix} 1.723 & 0 \\ 0 & 5.6103 \end{bmatrix}$$

$$V = \begin{bmatrix} -0.8702 & 0.4927 \\ 0.4927 & 0.8702 \end{bmatrix}$$

(2.20)

两个特征向量可以写作：

$$v_1 = \begin{bmatrix} -0.8702 \\ 0.4927 \end{bmatrix}$$

$$v_2 = \begin{bmatrix} 0.4927 \\ 0.8702 \end{bmatrix} \quad (2.21)$$

特征向量代表的方向如图2.2所示。

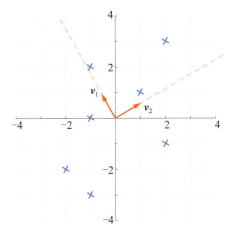

图2.2 特征向量代表的方向

如果中心化数据按式 (2.22) 所示矩阵旋转：

$$D_{\text{centralized}} V = D_{\text{centralized}} [v_1, v_2] \quad (2.22)$$

可以得到图2.3(a)。通过式 (2.23) 旋转计算，又可以得到图2.3(b)：

$$D_{\text{centralized}} V_2 = D_{\text{centralized}} [v_2, v_1] \quad (2.23)$$

图2.3中两组数据相当于关于 $y = x$ 对称，也可以通过[0 1; 1 0] 对称运算获得。

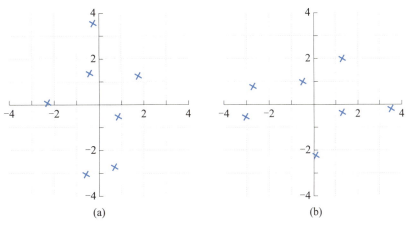

图2.3 两个不同方向的旋转

下一步来解释特征值所代表的含义。通过SVD分解得到中心化数据的**正交回归** (orthogonal regression) 直线，然后将中心化数据正交投影在这条直线上，如图2.4所示。

这里有必要比较一下正交回归和线性回归。正交回归的最佳拟合线就是最小化数据点与直线投影点之间的正交距离的线。线性回归仅仅考虑原始数据点和拟合数据在y方向的距离，即误差，如图2.5所示。本书后面有一章专门介绍线性回归；另外，丛书第四本会结合优化方法更加深入探讨线性回归和正交回归。

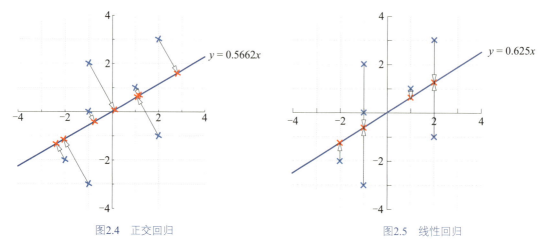

图2.4　正交回归　　　　　　　　　　图2.5　线性回归

对两个投影方向都求解投影点的方差值，得到如图2.6所示结果。会发现这两个值就是之前得到的特征值。可以说，原数据在新坐标系内的方差值之和为7.3333，图2.6横轴方向解释了23.5% (= 1.723/7.3333 × 100%) 的方差之和，而纵轴解释了76.5%的方差。用式 (2.24) 表达：

$$\frac{\lambda_1}{\lambda_1 + \lambda_2} = 0.765$$

$$\frac{\lambda_2}{\lambda_1 + \lambda_2} = 0.235$$

(2.24)

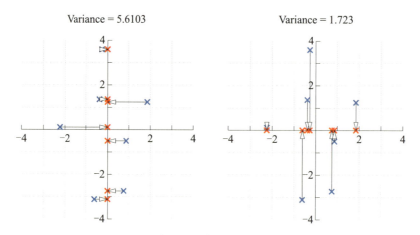

图2.6　正交投影得到的数据和它们分别的方差值

这部分内容对于本书后文探讨**主成分分析** (principal component analysis) 十分重要，请读者格外留意。

以下代码可以获得本节图像。

`B3_Ch2_1.m`

```matlab
%% calculate eigenvectors and eigenvalues

clc; close all; clear all
x = [1, 2, -2, -1, 2, -1, -1]' + 0.5;
y = [1, -1, -2, 2, 3, -3, 0]' + 1;
D = [x,y]; D_mean = mean(D);
D_centered = bsxfun(@minus, D, D_mean);

fig_i = 1;
figure(fig_i)
fig_i = fig_i + 1;
subplot(1,2,1)
plot_shape(D,'gx'); hold on
plot(D_mean(1),D_mean(2),'rx','MarkerSize',10)

subplot(1,2,2)
plot_shape(D,'gx'); hold on
plot_shape(D_centered,'bx'); hold on
xh=[D(:,1) D_centered(:,1)];
yh=[D(:,2) D_centered(:,2)];
plot(xh',yh','k')
plot(0,0,'rx','MarkerSize',10)

% least square regression is different

X = [ones(length(D_centered(:,1)),1) D_centered(:,1)];
b1 = D_centered(:,1)\D_centered(:,2);
% b1 = regress(D_centered(:,2),D_centered(:,1));
b2 = X\D_centered(:,2);
% b2 = regress(D_centered(:,2),X);
xx = -4:4;
yCalc1 = b1*xx;
yCalc2 = b2(2)*xx + b2(1);
y2 = b2(2)*D_centered(:,1) + b2(1);

figure(fig_i)
fig_i = fig_i + 1;

plot_shape(D_centered,'bx'); hold on
plot(xx,yCalc2,'k'); hold on
plot(D_centered(:,1),y2,'rx'); hold on
xh=[D_centered(:,1) D_centered(:,1)];
yh=[D_centered(:,2) y2];
plot(xh',yh','k')
```

```matlab
figure(fig_i)
fig_i = fig_i + 1;
plot_shape(D_centered,'bx'); hold on
% orthogonal regression

[U,S,V] = svd(D_centered, 0);
N = V(:,end);
C = - mean(D_centered * N);
b_SVD = - [C N(2)] / N(1);

ux = 1; uy = 1*b_SVD(2);
yy = uy*xx;
plot(xx,yy,'k'); hold on
project = 1/(ux^2 + uy^2)*[ux^2, ux*uy;
    ux*uy, uy^2];
projected_points_x2 = D_centered*project;
plot_shape(projected_points_x2,'xr'); hold on
xh=[D_centered(:,1) projected_points_x2(:,1)];
yh=[D_centered(:,2) projected_points_x2(:,2)];
plot(xh',yh','k')

[eig_Vectors0,eig_Values0] = eig(cov(D_centered))

[eig_Vectors0,eig_Values0] = eig(cov(D_centered))
%% rotate centralize data

figure(fig_i)
fig_i = fig_i + 1;
subplot(1,2,1)
rotated_points = D_centered*eig_Vectors0;
plot_shape(rotated_points,'bx'); hold on

subplot(1,2,2)
rotated_points = D_centered*eig_Vectors0(:,[2,1]);
plot_shape(rotated_points,'bx'); hold on
%%
figure(fig_i)
fig_i = fig_i + 1;
subplot(1,2,1)
rotated_points = D_centered*eig_Vectors0;
cov(rotated_points) % uncorrelated points
plot_shape(rotated_points,'bx'); hold on
ux = 0; uy = 1;
project_y = 1/(ux^2 + uy^2)*[ux^2, ux*uy;
    ux*uy, uy^2];
projected_points_y = rotated_points*project_y;
```

```matlab
plot_shape(projected_points_y,'xr'); hold on
xh=[rotated_points(:,1) projected_points_y(:,1)];
yh=[rotated_points(:,2) projected_points_y(:,2)];
plot(xh',yh','k'); hold on
var_y = var(projected_points_y(:,2));
title(['Variance = ',num2str(var_y)])

subplot(1,2,2)
plot_shape(rotated_points,'bx'); hold on
ux = 1; uy = 0;
project_x = 1/(ux^2 + uy^2)*[ux^2, ux*uy;
    ux*uy, uy^2];
projected_points_x = rotated_points*project_x;
plot_shape(projected_points_x,'xr'); hold on
xh=[rotated_points(:,1) projected_points_x(:,1)];
yh=[rotated_points(:,2) projected_points_x(:,2)];
plot(xh',yh','k'); hold on
[eig_Vectors1,eig_Values1] = eig(cov(rotated_points))

var_x = var(projected_points_x(:,1));
title(['Variance = ',num2str(var_x)])
%%
figure(fig_i)
fig_i = fig_i + 1;
rotated_points = D_centered*eig_Vectors0(:,[2,1]);
plot_shape(rotated_points,'bx'); hold on
ux = 1; uy = 0;
project = 1/(ux^2 + uy^2)*[ux^2, ux*uy;
    ux*uy, uy^2];
projected_points_x2 = rotated_points*project;
plot_shape(projected_points_x2,'xr'); hold on
xh=[rotated_points(:,1) projected_points_x2(:,1)];
yh=[rotated_points(:,2) projected_points_x2(:,2)];
plot(xh',yh','k')

function plot_shape(points,style)
plot(points(:,1),points(:,2),style,...
    'LineWidth',1)
xlim([-4,4]); ylim([-4,4]);
% xticks([-4:4]);yticks([-4:4]);
daspect([1,1,1]); box off
set(gca, 'XAxisLocation', 'origin')
set(gca, 'YAxisLocation', 'origin')
% grid on; % grid minor
end
```

现在接着进行逆操作，首先产生服从线性不相关、二元标准正态分布数据D_0，然后对D_0先缩放S后逆时针旋转θ，得到数据D_1：

$$D_1 = D_0 SR^T = D_0 \begin{bmatrix} \sqrt{\lambda_1} & 0 \\ 0 & \sqrt{\lambda_2} \end{bmatrix} \begin{bmatrix} \cos\theta & \sin\theta \\ -\sin\theta & \cos\theta \end{bmatrix} \quad (2.25)$$

然后再对 D_1 的方差-协方差求特征值和特征向量:

$$\begin{aligned}\Sigma_{\text{rotated}} &= \frac{(D_0 SR^T)^T D_0 SR^T}{L-1} = \frac{RS^T (D_0)^T D_0 SR^T}{L-1} \\ &= R\begin{bmatrix} \sqrt{\lambda_1} & 0 \\ 0 & \sqrt{\lambda_2} \end{bmatrix}\begin{bmatrix} 1 & 0 \\ 0 & 1 \end{bmatrix}\begin{bmatrix} \sqrt{\lambda_1} & 0 \\ 0 & \sqrt{\lambda_2} \end{bmatrix} R^T \\ &= \begin{bmatrix} \cos\theta & -\sin\theta \\ \sin\theta & \cos\theta \end{bmatrix}\begin{bmatrix} \lambda_1 & 0 \\ 0 & \lambda_2 \end{bmatrix}\begin{bmatrix} \cos\theta & \sin\theta \\ -\sin\theta & \cos\theta \end{bmatrix} \\ &= \begin{bmatrix} \cos\theta^2 \lambda_1 + \sin\theta^2 \lambda_2 & \sin\theta\cos\theta\lambda_1 - \sin\theta\cos\theta\lambda_2 \\ \sin\theta\cos\theta\lambda_1 - \sin\theta\cos\theta\lambda_2 & \sin\theta^2 \lambda_1 + \cos\theta^2 \lambda_2 \end{bmatrix}\end{aligned} \quad (2.26)$$

如图2.7所示是一组二维随机数。横纵轴维度上,随机数方差值为1,线性相关系数为0。如图2.8所示是随机数经过缩放运算所得结果,图2.9所示随机数是图2.8随机数经过旋转得到。

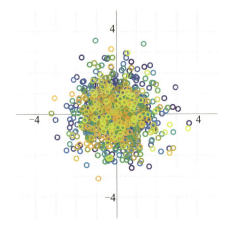

图2.7 线性相关系数为0方差均为1的二维随机数

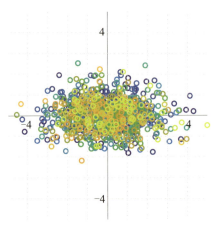

图2.8 二维随机数经过缩放处理

以下代码可以获得图2.7、图2.8和图2.9：

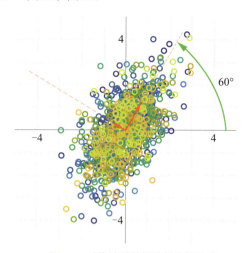

图2.9 对缩放后数据进行旋转处理

```
B3_Ch2_2.m
clc; clear all; close all
MU = [0 0];
SIGMA = eye(2,2);
rng('default')
% For reproducibility
D = mvnrnd(MU,SIGMA,1000);

%%
fig_i = 1;
figure(fig_i)
fig_i = fig_i + 1;
plot_data(D)

figure(fig_i)
fig_i = fig_i + 1;
SIGMA_D = cov(D);
xvalues = {'x1','x2'};
yvalues = xvalues;
heatmap(xvalues,yvalues,SIGMA_D);

%% Scaling
sigma_1 = sqrt(2);
sigma_2 = sqrt(1/2);
S = [sigma_1 0; 0 sigma_2]; % scaling matrix
D_S = D*S;
SIGMA_D_S = cov(D_S);

figure(fig_i)
fig_i = fig_i + 1;
```

```matlab
plot_data(D_S)
figure(fig_i)
fig_i = fig_i + 1;
xvalues = {'x1, scaled','x2, scaled'};
yvalues = xvalues;
heatmap(xvalues,yvalues,SIGMA_D_S);
%% Rotating anti-clockwise, theta = -pi/3
theta = -pi/3;
R = [cos(theta) -sin(theta);
     sin(theta) cos(theta)]
D_S_R = D_S*R;
SIGMA_D_S_R = cov(D_S_R);
[eig_Vectors,eig_Values] = eig(SIGMA_D_S_R)
eig_Values = diag(eig_Values);

figure(fig_i)
fig_i = fig_i + 1;
plot_data(D_S_R); hold on
plot([0 eig_Vectors(1,1)*sqrt(eig_Values(1))],...
     [0 eig_Vectors(2,1)*sqrt(eig_Values(1))],...
     'LineWidth',3,'Color','r'); hold on
plot([0 eig_Vectors(1,2)*sqrt(eig_Values(2))],...
     [0 eig_Vectors(2,2)*sqrt(eig_Values(2))],...
     'LineWidth',3,'Color','r'); hold on

figure(fig_i)
fig_i = fig_i + 1;
subplot(1,2,1)
xvalues = {'x1','x2'};
yvalues = xvalues;
heatmap(xvalues,yvalues,SIGMA_D_S_R);

subplot(1,2,2)
xvalues = {'x1','x2'};
yvalues = xvalues;
heatmap(xvalues,yvalues,R*S*S*inv(R));


function plot_data(D)
c = linspace(1,10,length(D));
scatter(D(:,1), D(:,2),[],c); hold on
xlim([-5,5]); ylim([-5,5]);
xticks([-4:4]);yticks([-4:4]);
daspect([1,1,1]); box off
set(gca, 'XAxisLocation', 'origin')
set(gca, 'YAxisLocation', 'origin')
grid on; % grid minor
end
```

最后用图2.10总结一下本节讲的两个例子。第一个例子是将原始数据处理生成线性无关数据。第二个例子是将线性无关数据还原生成符合原始数据统计学规律的数据。

第一个例子中，原始数据首先去均值，也就是数据中心化。然后旋转数据去相关性。这一步的数学运算为：

$$\begin{aligned} \boldsymbol{D}_{\text{uncorrelated}} &= \boldsymbol{D}_{\text{centralized}} \boldsymbol{R}(\theta) \\ &= \boldsymbol{D}_{\text{centralized}} \begin{bmatrix} \cos\theta & -\sin\theta \\ \sin\theta & \cos\theta \end{bmatrix} \end{aligned} \tag{2.27}$$

中心化的数据方差-协方差矩阵$\boldsymbol{\Sigma}_{\text{centralized}}$和去相关性数据的方差-协方差矩阵$\boldsymbol{\Sigma}_{\text{uncorrelated}}$有式(2.28)所示关系：

$$\begin{aligned} \boldsymbol{\Sigma}_{\text{centralized}} &= \boldsymbol{\Sigma}_{\text{original}} = \begin{bmatrix} \sigma_1^2 & \rho\sigma_1\sigma_2 \\ \rho\sigma_1\sigma_2 & \sigma_2^2 \end{bmatrix} \\ &= \boldsymbol{R}(\theta) \boldsymbol{\Sigma}_{\text{uncorrelated}} \boldsymbol{R}^{-1}(\theta) \\ &= \boldsymbol{R}(\theta) \begin{bmatrix} \lambda_1 & 0 \\ 0 & \lambda_2 \end{bmatrix} \boldsymbol{R}^{-1}(\theta) \end{aligned} \tag{2.28}$$

$\boldsymbol{\Sigma}_{\text{uncorrelated}}$可以通过对$\boldsymbol{\Sigma}_{\text{centralized}}$进行特征值分解求得。去相关性数据可以通过缩放运算获得方差为1、线性相关系数为0的随机数组。另外，缩放运算可以和旋转运算调换顺序。

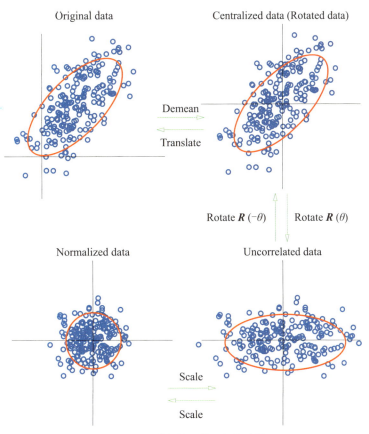

图2.10 数据处理的双方向过程

第二个例子中,首先生成了方差为1、线性相关系数为0的随机数组。然后进行缩放运算,再进行旋转运算获得特定的线性关系。因为旋转方向相反,因此:

$$\begin{aligned} \boldsymbol{D}_{\text{rotated}} &= \boldsymbol{D}_{\text{uncorrelated}} \boldsymbol{R}(-\theta) \\ &= \boldsymbol{D}_{\text{uncorrelated}} \begin{bmatrix} \cos\theta & \sin\theta \\ -\sin\theta & \cos\theta \end{bmatrix} \end{aligned} \tag{2.29}$$

同时:

$$\begin{aligned} \boldsymbol{\Sigma}_{\text{rotated}} &= \begin{bmatrix} \sigma_1^2 & \rho\sigma_1\sigma_2 \\ \rho\sigma_1\sigma_2 & \sigma_2^2 \end{bmatrix} \\ &= \boldsymbol{R}^{-1}(-\theta) \boldsymbol{\Sigma}_{\text{uncorrelated}} \boldsymbol{R}(-\theta) \\ &= \boldsymbol{R}^{-1}(-\theta) \begin{bmatrix} \lambda_1 & 0 \\ 0 & \lambda_2 \end{bmatrix} \boldsymbol{R}(-\theta) \end{aligned} \tag{2.30}$$

如图2.11所示是数据沿着不同维度的标准差。请大家格外注意获得最大标准差的维度,这个维度就是主成分分析中的第一主成分。丛书在第二本中讨论过用Cholesky分解方法生成具有一定相关性二元和多元随机数。实际上,Cholesky分解也是数据的空间旋转和缩放。这一点将在丛书第四本会反复使用。

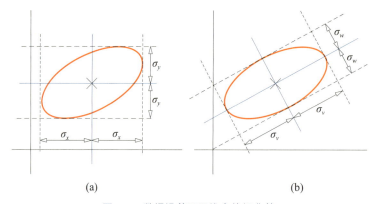

图2.11 数据沿着不同维度的标准差

2.2 二维数据置信区域

本节讨论二维数据的标准差、置信域和椭圆解析式的联系。如图2.12所示为9个线性相关性不同的随机数组。红色的椭圆描述了随机点的分布集中情况,会发现椭圆的大小、宽窄和旋转方向都有所不同。为了更好地描述这种联系,首先回顾一下椭圆这一基本概念。

如图2.13所示为经典椭圆形状,这个椭圆中心位于原点。**半长轴** (semi-major axis) 位于x轴,长度为a;**半短轴** (semi-minor axis) 位于y轴,长度为b。两个焦点位于x轴。这个椭圆的代数解析式为:

$$\frac{x^2}{a^2} + \frac{y^2}{b^2} = 1 \tag{2.31}$$

其中，$a > b$，且a和b均大于0。下一步要研究这个椭圆绕原点旋转。

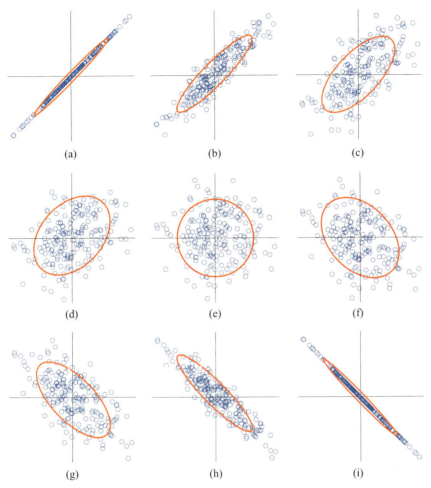

图2.12 二维平面旋转椭圆和随机数的关系

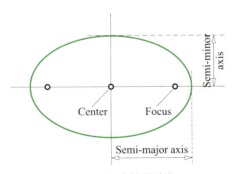

图2.13 经典椭圆形状

探讨随机数据处理时，第一步就是将数据中心化，因此这一节只讨论中心在原点的椭圆。中心在原点的椭圆一般形式可以写作：

$$Ax^2 + By^2 + Cxy + F = 0 \tag{2.32}$$

椭圆上任意一点写作 $[x_2, y_2]$，式 (2.32) 可以用式 (2.33) 所示矩阵表达：

$$[x_2 \quad y_2]\begin{bmatrix} A & C/2 \\ C/2 & B \end{bmatrix}[x_2 \quad y_2]^T + F = 0 \tag{2.33}$$

这个椭圆可以通过在原点的单位圆 (半径为1) 经过缩放、旋转和平移获得。第1章，已经探讨过如何用矩阵做缩放和旋转，下面就把它们应用在圆形向椭圆的转换上。单位圆的解析式为：

$$x^2 + y^2 = 1 \tag{2.34}$$

单位圆上的任意一点为 $[x_0, y_0]$，**单位圆** (unit circle) 可用式 (2.35) 所示矩阵式来表达：

$$[x_0 \quad y_0]\begin{bmatrix} 1 & 0 \\ 0 & 1 \end{bmatrix}[x_0 \quad y_0]^T + (-1) = 0 \tag{2.35}$$

将x坐标扩大a倍，将y坐标值扩大b倍，获得 $[x_1, y_1]$，也就是：

$$\begin{aligned} [x_1 \quad y_1] &= [x_0 \quad y_0]\begin{bmatrix} a & 0 \\ 0 & b \end{bmatrix} \\ &= [x_0 \quad y_0]\boldsymbol{S} \end{aligned} \tag{2.36}$$

求解 $[x_0, y_0]$，可以得到：

$$[x_0 \quad y_0] = [x_1 \quad y_1]\boldsymbol{S}^{-1} = [x_1 \quad y_1]\begin{bmatrix} 1/a & 0 \\ 0 & 1/b \end{bmatrix} \tag{2.37}$$

将式 (2.37) 代入单位圆矩阵式：

$$\begin{aligned} &[x_1 \quad y_1]\boldsymbol{S}^{-1}\begin{bmatrix} 1 & 0 \\ 0 & 1 \end{bmatrix}([x_1 \quad y_1]\boldsymbol{S}^{-1})^T + (-1) = 0 \\ \Rightarrow &[x_1 \quad y_1]\boldsymbol{S}^{-1}\boldsymbol{S}^{-1}[x_1 \quad y_1]^T + (-1) = 0 \\ \Rightarrow &[x_1 \quad y_1]\begin{bmatrix} 1/a^2 & 0 \\ 0 & 1/b^2 \end{bmatrix}[x_1 \quad y_1]^T + (-1) = 0 \end{aligned} \tag{2.38}$$

通过整理式 (2.38)，得到以原点为中心的椭圆：

$$\frac{x^2}{a^2} + \frac{y^2}{b^2} = 1 \tag{2.39}$$

式 (2.39) 两侧分别乘以 a^2b^2，得：

$$b^2x^2 + a^2y^2 = a^2b^2 \tag{2.40}$$

再通过 $\boldsymbol{R}$ 矩阵对 $[x_1, y_1]$ 进行旋转得到 $[x_2, y_2]$：

$$[x_2 \quad y_2] = [x_1 \quad y_1]\begin{bmatrix} \cos\theta & -\sin\theta \\ \sin\theta & \cos\theta \end{bmatrix}$$
$$= [x_1 \quad y_1]\boldsymbol{R} \tag{2.41}$$

即可建立 $[x_0, y_0]$ 和 $[x_2, y_2]$ 之间的联系：

$$[x_0 \quad y_0] = [x_2 \quad y_2]\boldsymbol{R}^{-1}\boldsymbol{S}^{-1} \tag{2.42}$$

将式 (2.42) 代入单位圆矩阵式：

$$[x_2 \quad y_2]\boldsymbol{R}^{-1}\boldsymbol{S}^{-1}\begin{bmatrix} 1 & 0 \\ 0 & 1 \end{bmatrix}\big([x_2 \quad y_2]\boldsymbol{R}^{-1}\boldsymbol{S}^{-1}\big)^{\mathrm{T}} + (-1) = 0$$
$$\Rightarrow [x_2 \quad y_2]\boldsymbol{R}^{-1}\boldsymbol{S}^{-1}\boldsymbol{S}^{-1}\boldsymbol{R}[x_2 \quad y_2]^{\mathrm{T}} + (-1) = 0 \tag{2.43}$$

式 (2.43) 两侧同样乘以 a^2b^2，有：

$$a^2b^2[x_2 \quad y_2]\boldsymbol{R}^{-1}\boldsymbol{S}^{-1}\boldsymbol{S}^{-1}\boldsymbol{R}[x_2 \quad y_2]^{\mathrm{T}} + (-a^2b^2) = 0 \tag{2.44}$$

比较式 (2.45)：

$$[x_2 \quad y_2]\begin{bmatrix} A & C/2 \\ C/2 & B \end{bmatrix}[x_2 \quad y_2]^{\mathrm{T}} + F = 0 \tag{2.45}$$

可以获得：

$$a^2b^2\boldsymbol{R}^{-1}\boldsymbol{S}^{-1}\boldsymbol{S}^{-1}\boldsymbol{R} = \begin{bmatrix} A & C/2 \\ C/2 & B \end{bmatrix} \tag{2.46}$$

将 $\boldsymbol{R}$ 和 $\boldsymbol{S}$ 代入式 (2.46) 得：

$$a^2b^2\begin{bmatrix} \cos\theta & \sin\theta \\ -\sin\theta & \cos\theta \end{bmatrix}\begin{bmatrix} 1/a^2 & 0 \\ 0 & 1/b^2 \end{bmatrix}\begin{bmatrix} \cos\theta & -\sin\theta \\ \sin\theta & \cos\theta \end{bmatrix} = \begin{bmatrix} A & C/2 \\ C/2 & B \end{bmatrix}$$
$$\Rightarrow \begin{bmatrix} A & C/2 \\ C/2 & B \end{bmatrix} = \begin{bmatrix} b^2\cos^2\theta + a^2\sin^2\theta & \sin\theta\cos\theta(a^2-b^2) \\ \sin\theta\cos\theta(a^2-b^2) & b^2\sin^2\theta + a^2\cos^2\theta \end{bmatrix} \tag{2.47}$$

A、B 和 C 三个系数可以计算得到：

$$\begin{cases} A = b^2\cos^2\theta + a^2\sin^2\theta \\ B = b^2\sin^2\theta + a^2\cos^2\theta \\ C = 2\sin\theta\cos\theta(a^2-b^2) \end{cases} \tag{2.48}$$

简单总结一下以上过程。首先构建单位圆的矩阵式，然后对单位圆进行缩放运算获得中心在原点的椭圆，然后将椭圆绕原点旋转。最后如果有必要，可以将椭圆整体平移到平面其他坐标点。如图2.14所示是这个椭圆变形的过程。丛书第四本还要从投影角度再次探讨这张图。

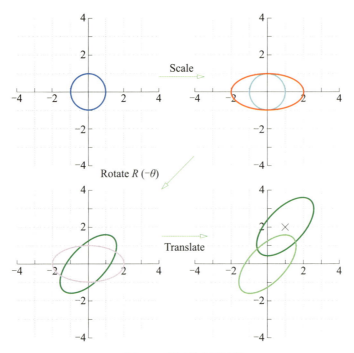

图2.14 椭圆的变形过程

以下代码可以获得图2.14。

```
B3_Ch2_3.m
```

```
clc; close all; clear all

Center = [1,0.5]; % center
a=2; %semi-major axis
b=1; %semi-minor axis
S = [a 0; 0 b];
num_points = 1000;

theta = deg2rad(-45);

tau = linspace(0,2*pi,num_points)';
x0 = cos(tau); y0 = sin(tau);

D0 = [x0,y0]; D_scaled = D0*S;

R = [cos(theta) -sin(theta); ...
     sin(theta)  cos(theta)];
S_rotated = a^2*b^2*R^(-1)*S^(-1)*S^(-1)*R;
[eig_vectors,eig_values] = eig(S_rotated);

S_rotated_back = a^2*b^2*R*S^(-1)*S^(-1)*R^(-1);

D_rotated = D_scaled*R;
```

```matlab
% D_rotated = D*eig_vectors;
xr = D_rotated(:,1); yr = D_rotated(:,2);
var(xr)
var(yr)

figure(1)
subplot(2,2,1)
plot(x0,y0,'b');
grid on;
hold on;
axis equal;
% plot(xr+xc,yr+yc,'r');
xlim([-3,3]); ylim([-3,3]);
xticks([-2:2]);yticks([-2:2]);
daspect([1,1,1]); box off
set(gca, 'XAxisLocation', 'origin')
set(gca, 'YAxisLocation', 'origin')

subplot(2,2,2)
plot(D_scaled(:,1),D_scaled(:,2),'r');
grid on;hold on;axis equal;
xlim([-3,3]); ylim([-3,3]);
xticks([-2,2]);yticks([-2:2]);
daspect([1,1,1]); box off
set(gca, 'XAxisLocation', 'origin')
set(gca, 'YAxisLocation', 'origin')

subplot(2,2,3)

plot(D_rotated(:,1),D_rotated(:,2),...
    'color',[0,200,75]./255);
grid on; hold on; axis equal;
xlim([-3,3]); ylim([-3,3]);
xticks([-2:2]);yticks([-2:2]);
daspect([1,1,1]); box off
set(gca, 'XAxisLocation', 'origin')
set(gca, 'YAxisLocation', 'origin')

subplot(2,2,4)
plot(D_rotated(:,1)+Center(1),...
    D_rotated(:,2)+Center(2),...
    'color',[0,200,75]./255); hold on
plot(Center(1),Center(2),'xk');
grid on; hold on; axis equal;
xlim([-3,3]); ylim([-3,3]);
xticks([-2:2]);yticks([-2:2]);
daspect([1,1,1]); box off
```

```
set(gca, 'XAxisLocation', 'origin')
set(gca, 'YAxisLocation', 'origin')
```

基于以上内容，现在讨论如何用数据的方差-协方差矩阵构建平面椭圆，从而表达数据集中度。如图2.15(a)(b) 所示是同一组随机数。这组随机数在不同方向维度的数据分布情况完全不同。图2.15(a) 给出的是在 x 和 y 轴两个方向的分布，会发现对于这组随机数 x 和 y 轴分布情况几乎一致。第1章计算过随机数的方差协方差矩阵，并且用eig()命令计算出其特征值和特征向量。对图2.15数据采用同样的分析方法，可以获得两个特征向量，将随机数据分别投影在这两个方向上，分别获得数据集中度最大和最小的分布范围。数据分布集中度大的方向对应的特征向量有最大的特征值，反之亦然。下一步，要构造的椭圆的半长轴就放置在数据分布集中度最大的方向上。椭圆的半短轴放置在数据分布集中度最小的方向上。在这两个方向上，可以计算出最大和最小的标准差，椭圆半长轴和半短轴的长度和这两个标准差呈正比例关系。

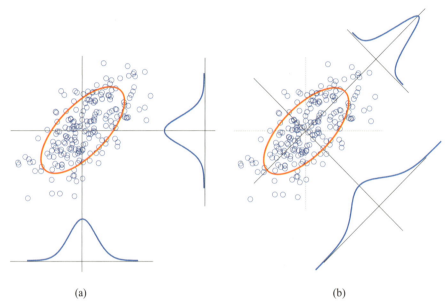

(a)   (b)

图2.15 数据的集中度

丛书第一本中统计部分讨论过一维数据的正态分布标准差和**置信区间** (confidence interval) 这两者关系，如图2.16所示。本节把这个概念拓展到二维数据。第1章已经了解，二维数据 D (L行，2列) 的方差-协方差矩阵 Σ 可以通过式 (2.49) 得到：

$$\Sigma = \frac{(D_{demean})^T \cdot D_{demean}}{L-1} \tag{2.49}$$

对 Σ 进行特征矩阵分解：

$$\Sigma = V \Lambda V^{-1} \tag{2.50}$$

其中：

$$\Sigma = \begin{bmatrix} \sigma_x^2 & \rho\sigma_x\sigma_y \\ \rho\sigma_x\sigma_y & \sigma_y^2 \end{bmatrix}, \Lambda = \begin{bmatrix} \lambda_1 & 0 \\ 0 & \lambda_2 \end{bmatrix} \tag{2.51}$$

两个特征值对应的特征向量为：

$$\begin{bmatrix} \sigma_x^2 & \rho\sigma_x\sigma_y \\ \rho\sigma_x\sigma_y & \sigma_y^2 \end{bmatrix} v_1 = \lambda_1 v_1$$

$$\begin{bmatrix} \sigma_x^2 & \rho\sigma_x\sigma_y \\ \rho\sigma_x\sigma_y & \sigma_y^2 \end{bmatrix} v_2 = \lambda_2 v_2$$

(2.52)

这两个特征值可以通过式 (2.53) 求得：

$$\lambda_1 = \frac{\sigma_x^2 + \sigma_y^2}{2} + \sqrt{\left(\rho\sigma_x\sigma_y\right)^2 + \left(\frac{\sigma_x^2 - \sigma_y^2}{2}\right)^2}$$

$$\lambda_2 = \frac{\sigma_x^2 + \sigma_y^2}{2} - \sqrt{\left(\rho\sigma_x\sigma_y\right)^2 + \left(\frac{\sigma_x^2 - \sigma_y^2}{2}\right)^2}$$

(2.53)

有兴趣的读者可以自行推导两个特征向量的解析解。在两个特征向量构建的新坐标系中，令特征向量 v_1 方向的坐标为 v，特征向量 v_2 方向的坐标为 w。数据在这两个方向的标准差为：

$$\sigma_v = \sqrt{\lambda_1}, \sigma_w = \sqrt{\lambda_2}$$

(2.54)

以下两个随机变量，线性无关且服从标准正态分布：

$$\frac{v}{\sigma_v} = \frac{v}{\sqrt{\lambda_1}} \sim N(0,1), \quad \frac{w}{\sigma_w} = \frac{w}{\sqrt{\lambda_2}} \sim N(0,1)$$

(2.55)

在 v-w 坐标系中，构造式 (2.56) 所示椭圆解析式：

$$\left(\frac{v}{\sigma_v}\right)^2 + \left(\frac{w}{\sigma_w}\right)^2 = \varsigma$$

(2.56)

这个椭圆的半长轴和半短轴的长度为：

$$a_v = \sigma_v \sqrt{\varsigma}$$
$$b_w = \sigma_w \sqrt{\varsigma}$$

(2.57)

特征向量 v_1 和 x 轴的夹角就是这个椭圆在 x-y 坐标系中，半长轴和 x 轴的夹角。这个椭圆在 x-y 坐标系中具体代数解析式本节前文已经分析过，这里不再赘述。这个椭圆的式 (2.57) 中的 ς 是在某个置信、某个具体自由度条件下的卡方分布值。例如，置信条件为 0.95，自由度为 2，卡方分布的值为 5.9915，也就是说：

$$P(\varsigma < 5.9915, DF = 2) = 0.95$$

(2.58)

常见卡方分布值，请参考表2.1。

如图2.17所示是一组随机数，如图2.18中所示的椭圆是图2.17随机数95%置信区间。"·"代表在95%置信区间内的数据；"×"代表95%置信区间之外的数据。

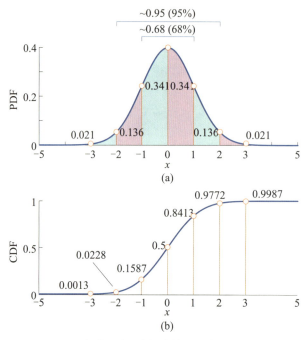

图2.16 标准正态分布标准差间距的区间内概率值

表2.1 常见卡方分布值

	1	2	3	4	5	6	8	10
0.80	1.6424	3.2189	4.6416	5.9886	7.2893	8.5581	11.0301	13.4420
0.85	2.0723	3.7942	5.3170	6.7449	8.1152	9.4461	12.0271	14.5339
0.90	2.7055	4.6052	6.2514	7.7794	9.2364	10.6446	13.3616	15.9872
0.95	3.8415	5.9915	7.8147	9.4877	11.0705	12.5916	15.5073	18.3070
0.97	4.7093	7.0131	8.9473	10.7119	12.3746	13.9676	17.0105	19.9219
0.99	6.6349	9.2103	11.3449	13.2767	15.0863	16.8119	20.0902	23.2093

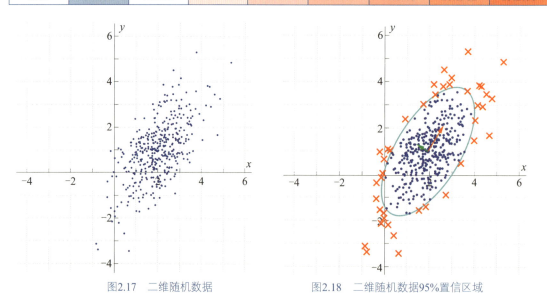

图2.17 二维随机数据   图2.18 二维随机数据95%置信区域

以下代码可以绘制并比较90%和99%置信区域。

```
B3_Ch2_4.m
clc; clear all; close all
Conf_level = 0.95; % 0.9, 0.95, 0.99
Deg_freedom = 2;
X = chi2inv(Conf_level,Deg_freedom);
MU = [2 1];
theta = -pi/3;
R = [cos(theta) -sin(theta);
    sin(theta) cos(theta)];
lambda1 = 2;
% variance, PC1
lambda2 = 1/2;
% variance, PC2

SIGMA0 = [lambda1,0; 0, lambda2];
% SIGMA1, before rotation
SIGMA1 = inv(R)*SIGMA0*R;
% SIGMA1 = R*SIGMA0*inv(R);
rng('default')

D = mvnrnd(MU,SIGMA1,400);
% generate 400 random numbers
figure(1)
plot(D(:,1),D(:,2),'.')
xlabel('x'); ylabel('y');

grid on; hold on; axis equal;
mindata = min(min(D));
maxdata = max(max(D));
xlim([mindata-1, maxdata+1]);
xticks([floor(mindata-1):ceil(maxdata+1)])
ylim([mindata-1, maxdata+1]);
yticks([floor(mindata-1):ceil(maxdata+1)])
daspect([1,1,1]); box off
set(gca, 'XAxisLocation', 'origin')
set(gca, 'YAxisLocation', 'origin')
[eig_Vectors, eig_Values] = eig(cov(D));

% sort eigenvalues and assign vectors
[eig_Values_sorted,index] = sort(diag(eig_Values),'descend');
eig_Vectors_sorted = eig_Vectors(:,index);

PC2_eigenval = eig_Values_sorted(2);
PC2_eigenvec = eig_Vectors_sorted(:,2);
```

```matlab
PC1_eigenval = eig_Values_sorted(1);
PC1_eigenvec = eig_Vectors_sorted(:,1);
% first principal eigenvector has the largest eigen value

% calculate the angle between the x-axis
% and the first principal eigenvector
phi = atan2(PC1_eigenvec(2), PC1_eigenvec(1));

% shift the angle to between 0 and 2pi
if(phi < 0)
    phi = phi + 2*pi;
end

% obtain the center of the original data
center = mean(D);

chisquare_val = sqrt(X);
theta_array = linspace(0,2*pi)';
xc=center(1); yc=center(2);
a=chisquare_val*sqrt(PC1_eigenval);
% a: semi-major axis (first principal vector)
b=chisquare_val*sqrt(PC2_eigenval);
% b: semi-minor axis (second principal vector)

% ellipse coordinates before rotation
ellipse_x_r  = a*cos(theta_array);
ellipse_y_r  = b*sin(theta_array);

% Define a anti-clockwise rotation matrix
R_anticlock = [ cos(phi) sin(phi);
    -sin(phi) cos(phi) ];

%let's rotate the ellipse to some angle phi
r_ellipse = [ellipse_x_r,ellipse_y_r] * R_anticlock;

figure(2)

plot(r_ellipse(:,1) + xc,r_ellipse(:,2) + yc,'-'); hold on

Ntmp = size(D,1);
datatmp = (D - repmat([xc yc],Ntmp,1))*R_anticlock';
dis1 = (datatmp(:,1)/a).^2+(datatmp(:,2)/b).^2;
e1 = find(dis1 > 1);
e2 = find(dis1 <= 1);
plot(D(e1,1),D(e1,2),'rx');hold on;
plot(D(e2,1),D(e2,2),'b.');hold on;
hold on;
```

```
% Plot the eigenvectors
quiver(xc, yc, PC1_eigenvec(1)*sqrt(PC1_eigenval), ...
    PC1_eigenvec(2)*sqrt(PC1_eigenval), 'm', 'LineWidth',2);

quiver(xc, yc, PC2_eigenvec(1)*sqrt(PC2_eigenval), ...
    PC2_eigenvec(2)*sqrt(PC2_eigenval), 'g', 'LineWidth',2);
hold on; xlabel('x'); ylabel('y');
axis equal;
mindata = min(D(:));
maxdata = max(max(D));
xlim([mindata-1, maxdata+1]);
xticks([floor(mindata-1):ceil(maxdata+1)])
ylim([mindata-1, maxdata+1]);
yticks([floor(mindata-1):ceil(maxdata+1)])
daspect([1,1,1]); box off
set(gca, 'XAxisLocation', 'origin')
set(gca, 'YAxisLocation', 'origin')
```

多元正态分布 (multivariate normal distribution) 的概率密度函数为：

$$\text{pdf}(x, \mu_x, \Sigma_x) = \frac{1}{\sqrt{|\Sigma_x|(2\pi)^d}} \exp\left[-\frac{1}{2}(x-\mu_x)\Sigma_x^{-1}(x-\mu_x)^\text{T}\right] \tag{2.59}$$

式中：x 和 μ_x 为 $1 \times d$ 形状的行向量；Σ 为形状 $d \times d$ 的方差-协方差矩阵。d 为多元正态分布维度。当 $d = 2$ 时，x 和 μ_x 可以表达为：

$$x = \begin{bmatrix} x_1 & x_2 \end{bmatrix}, \quad \mu_x = \begin{bmatrix} \mu_1 & \mu_2 \end{bmatrix} \tag{2.60}$$

如果 x_1 和 x_2 之间的相关性为 0，方差-协方差矩阵可以写作：

$$\Sigma_x = \begin{bmatrix} \sigma_1^2 & 0 \\ 0 & \sigma_2^2 \end{bmatrix} \tag{2.61}$$

二元正态分布的概率密度函数可以写作：

$$\begin{aligned}
\text{pdf}(x, \mu_x, \Sigma_x) &= \frac{1}{\sqrt{|\Sigma_x|(2\pi)^d}} \exp\left[-\frac{1}{2}(x-\mu_x)\Sigma_x^{-1}(x-\mu_x)^\text{T}\right] \\
&= \frac{1}{2\pi \begin{vmatrix} \sigma_1^2 & 0 \\ 0 & \sigma_2^2 \end{vmatrix}^{\frac{1}{2}}} \exp\left[-\frac{1}{2}\begin{bmatrix} x_1-\mu_1 \\ x_2-\mu_2 \end{bmatrix}^\text{T} \begin{bmatrix} 1/\sigma_1^2 & 0 \\ 0 & 1/\sigma_2^2 \end{bmatrix} \begin{bmatrix} x_1-\mu_1 \\ x_2-\mu_2 \end{bmatrix}\right] \\
&= \frac{1}{2\pi\sigma_1\sigma_2} \exp\left(-\frac{1}{2}\left(\frac{(x_1-\mu_1)^2}{\sigma_1^2} + \frac{(x_2-\mu_2)^2}{\sigma_2^2}\right)\right)
\end{aligned} \tag{2.62}$$

假设概率密度函数等于某个值 c，即：

$$c = \frac{1}{2\pi\sigma_1\sigma_2}\exp\left(-\frac{1}{2}\left(\frac{(x_1-\mu_1)^2}{\sigma_1^2}+\frac{(x_2-\mu_2)^2}{\sigma_2^2}\right)\right)$$

$$\Rightarrow \frac{(x_1-\mu_1)^2}{2\sigma_1^2\ln\left(\dfrac{1}{2\pi\sigma_1\sigma_2 c}\right)} + \frac{(x_2-\mu_2)^2}{2\sigma_2^2\ln\left(\dfrac{1}{2\pi\sigma_1\sigma_2 c}\right)} = 1 \tag{2.63}$$

从式 (2.63) 可以看到一个圆心位于 (μ_1, μ_2) 的椭圆。如果相关系数不为0，方差-协方差矩阵可以写作：

$$\boldsymbol{\Sigma}_x = \begin{bmatrix} \sigma_1^2 & \rho_{1,2}\sigma_1\sigma_2 \\ \rho_{1,2}\sigma_1\sigma_2 & \sigma_2^2 \end{bmatrix} \tag{2.64}$$

这种条件下，二元正态分布的概率密度函数为：

$$\text{pdf}(\boldsymbol{x},\boldsymbol{\mu}_x,\boldsymbol{\Sigma}_x) = \frac{1}{2\pi\sigma_1\sigma_2\sqrt{1-\rho^2}}\exp\left(\frac{\dfrac{(x_1-\mu_1)^2}{\sigma_1^2}+\dfrac{(x_2-\mu_2)^2}{\sigma_2^2}-\dfrac{2\rho(x_1-\mu_1)(x_2-\mu_2)}{\sigma_1\sigma_2}}{-2(1-\rho^2)}\right) \tag{2.65}$$

类似地，当概率密度为另一个定值时，就可以得到一个旋转椭圆。丛书第四本会继续探讨椭圆和其他圆锥曲线的性质。

2.3 马氏距离

平面内某点 $\boldsymbol{m}$ 到样本集合 $\boldsymbol{X}$ 中心的**欧拉距离** (Euclidean distance) 可以通过式 (2.66) 计算得到：

$$d_{\text{Euclidean}} = \sqrt{(\boldsymbol{m}-\boldsymbol{\mu}_X)(\boldsymbol{m}-\boldsymbol{\mu}_X)^{\text{T}}} \tag{2.66}$$

式中：$\boldsymbol{m}$ 为空间某一点，由行向量表示；$\boldsymbol{\mu}_X$ 为空间样本点集合 $\boldsymbol{X}$ 中心位置 (均值位置)。

如图2.19所示是一组空间样本点集合 $\boldsymbol{X}$ 和四个散点 (A、B、C和D)。可以发现A和B到数据中心$\boldsymbol{\mu}_X$的欧氏距离为 $\sqrt{2}$；C和D到数据中心$\boldsymbol{\mu}_X$的欧氏距离为1。就A和B点来说，发现欧氏距离不足以描述两点和数据$\boldsymbol{X}$的关系。虽然A和B距离数据中心 (均值点) 距离相同，但是显然从数据分布角度来说，B距离数据$\boldsymbol{X}$更近一些，A远离数据中心。这是因为$\boldsymbol{X}$在不同方向上分布密度不同。比较C和D，同样地，从数据分布角度来看，D距离$\boldsymbol{X}$更近。因此，需要定义一种新的度量。

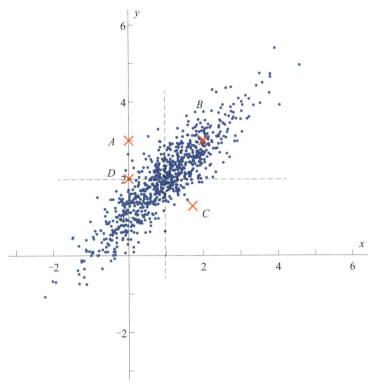

图2.19　x-y平面的 X 数据和四个散点 (A、B、C和D)

对于一维数据，z值、**标准分数** (z-score, standard score) 回答了"某个点距离平均数多少个标准差"这样一个问题。而标准差的长度表达的就是分布的密度，某个维度的标准差越大，这个维度上数据密度越小。多维标准正态随机数据的 Z 值可以通过空间转换，表达在正交系中：

$$Z = (m - \mu_X) R(\theta) \Lambda^{-\frac{1}{2}} \tag{2.67}$$

丛书第四本将会从线性变换和投影角度再次探讨式 (2.67)。有了以上讨论，可以介绍研究多维统计数据关系常用的一种度量值，**马氏距离** (Mahalanobis distance, Mahal distance)，也叫**马哈距离**。马氏距离就是用正交化、归一化的坐标系来度量某个数据点 m 和数据整体 X 的距离。马氏距离的定义为：

$$d_{\text{Mahal}} = \sqrt{(m - \mu_X) \Sigma^{-1} (m - \mu_X)^{\text{T}}} \tag{2.68}$$

Σ 为数据 X 的方差-协方差矩阵。马氏距离是众多**统计距离** (statistical distances) 的一种。Σ 可以表达为：

$$\begin{aligned} \Sigma &= R(\theta) \begin{bmatrix} \lambda_1 & 0 \\ 0 & \lambda_2 \end{bmatrix} R^{-1}(\theta) \\ &= R(\theta) \Lambda R^{-1}(\theta) \end{aligned} \tag{2.69}$$

对应的 Σ^{-1} 为：

$$\Sigma^{-1} = R(\theta) \begin{bmatrix} \lambda_1 & 0 \\ 0 & \lambda_2 \end{bmatrix}^{-1} R^{-1}(\theta)$$
$$= R(\theta) \Lambda^{-1/2} \Lambda^{-1/2} R^{-1}(\theta) \tag{2.70}$$

将式 (2.70) 代入马氏距离计算式：

$$\begin{aligned} d_{\text{Mahal}} &= \sqrt{(m - \mu_X) \Sigma^{-1} (m - \mu_X)^{\text{T}}} \\ &= \sqrt{(m - \mu_X) R(\theta) \Lambda^{-1/2} \Lambda^{-1/2} R^{-1}(\theta) (m - \mu_X)^{\text{T}}} \\ &= \sqrt{(m - \mu_X) R(\theta) \Lambda^{-1/2} \left((m - \mu_X) R(\theta) \Lambda^{-1/2}\right)^{\text{T}}} \\ &= \sqrt{ZZ^{\text{T}}} \end{aligned} \tag{2.71}$$

式 (2.71) 就是经过矩阵转化得到的以标准差为单位坐标系的距离。来看一种特殊情况，如果线性相关性系数为0的X数据方差-协方差矩阵为：

$$\Sigma = \begin{bmatrix} \sigma_x^2 & 0 \\ 0 & \sigma_y^2 \end{bmatrix} \tag{2.72}$$

方差-协方差矩阵的逆 (inverse of the variance-covariance matrix) 为：

$$\Sigma^{-1} = \begin{bmatrix} 1/\sigma_x^2 & 0 \\ 0 & 1/\sigma_y^2 \end{bmatrix} \tag{2.73}$$

通过之前的讨论，马氏距离可以通过下式求得：

$$\begin{aligned} d_{\text{Mahal}} &= \sqrt{\begin{bmatrix} m_x - \mu_x & m_y - \mu_y \end{bmatrix} \begin{bmatrix} 1/\sigma_x^2 & 0 \\ 0 & 1/\sigma_y^2 \end{bmatrix} \begin{bmatrix} m_x - \mu_x & m_y - \mu_y \end{bmatrix}^{\text{T}}} \\ &= \sqrt{\begin{bmatrix} \dfrac{m_x - \mu_x}{\sigma_x^2} & \dfrac{m_y - \mu_y}{\sigma_y^2} \end{bmatrix} \begin{bmatrix} m_x - \mu_x & m_y - \mu_y \end{bmatrix}^{\text{T}}} \\ &= \sqrt{\dfrac{(m_x - \mu_x)^2}{\sigma_x^2} + \dfrac{(m_y - \mu_y)^2}{\sigma_y^2}} \\ &= \sqrt{z_1^2 + z_2^2} \end{aligned} \tag{2.74}$$

如图2.20所示是图2.19数据X和四个点A、B、C和D在方差正交的网格中的位置。A距离数据中心的"网格数"大于4；B距离数据中心的"网格数"约为1，这明显说明相比B，A距离数据X更远。如图2.21所示是另外一种可视化。上一节，知道椭圆可以用来表达二维置信区间。图2.21中给出的同心椭圆表达的是等均方差。A的马氏距离为4.3798，它在第四和第五个椭圆之间；B的马氏距离为1.0588，它几乎落在第一个椭圆之上；C的马氏距离为3.1386，它在第三个椭圆之外；D的马氏距离为2.2159，它在第二个椭圆之外。

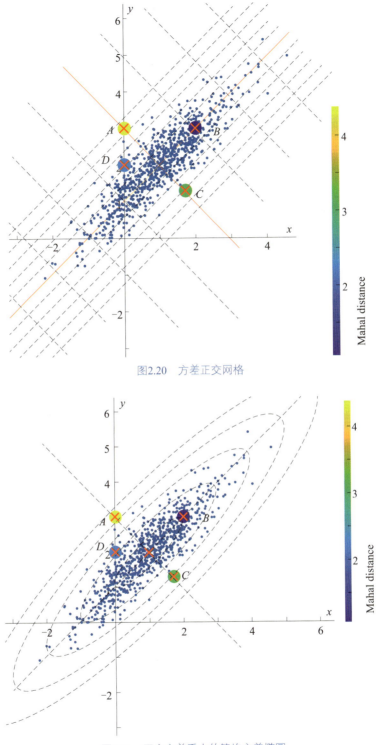

图2.20 方差正交网格

图2.21 正交方差系内的等均方差椭圆

图2.21数据X和A、B、C和D四点，经过转换后可以得到去相关中心化数据，如图2.22所示。此时，图2.21的椭圆变成同心正圆；图2.22中的欧式距离就是图2.21的马氏距离。

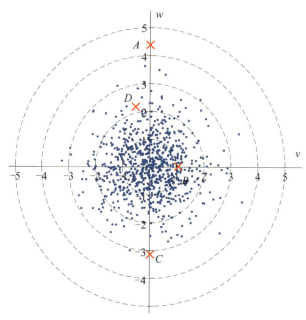

图2.22 经过坐标转换的数据和等方差同心正圆

以下代码可以获得图2.19到图2.22：

```matlab
B3_Ch2_5.m

clc; close all; clear all
rng('default') % For reproducibility
MU = [1, 2];
SIGMA = [1 .9;.9 1];
num_points = 800;
X = mvnrnd(MU,SIGMA,num_points);

[eig_Vectors, eig_Values] = eig(cov(X));

% sort eigenvalues and assign vectors
[eig_Values_sorted,index] = sort(diag(eig_Values),'descend');
eig_Vectors_sorted = eig_Vectors(:,index);

PC2_eigenval = eig_Values_sorted(2);
PC2_eigenvec = eig_Vectors_sorted(:,2);

PC1_eigenval = eig_Values_sorted(1);
PC1_eigenvec = eig_Vectors_sorted(:,1);
phi = atan2(PC1_eigenvec(2), PC1_eigenvec(1));

% shift the angle to between 0 and 2pi
if(phi < 0)
    phi = phi + 2*pi;
end
```

```matlab
MU_real = mean(X);
xc=MU_real(1);
yc=MU_real(2);

Y = [1 1;sqrt(2)/2 -sqrt(2)/2;-1 1;-1 0] + MU;

mahal_d_square = mahal(Y,X);
mahal_d = sqrt(mahal_d_square);

% manually calculate Mahal distances
mahal_d_calculated = sqrt((Y(2,:) - MU_real)*inv(cov(X))*(Y(2,:) - MU_real)');

figure(1)

scatter(X(:,1),X(:,2),'.') % Scatter plot with points of size 10
hold on
plot(Y(:,1),Y(:,2)...
    ,'xr','MarkerSize',8,'LineWidth',2);

plot([-3,6],[yc,yc],'k');
plot([xc,xc],[-3,6],'k');
xlabel('x'); ylabel('y');

hold on; axis equal;
mindata = min(min(X));
maxdata = max(max(X));
xlim([mindata-1, maxdata+1]);
xticks([floor(mindata-1):ceil(maxdata+1)])
ylim([mindata-1, maxdata+1]);
yticks([floor(mindata-1):ceil(maxdata+1)])
daspect([1,1,1]); box off
set(gca, 'XAxisLocation', 'origin')
set(gca, 'YAxisLocation', 'origin')


figure(2)
scatter(X(:,1),X(:,2),'.') % Scatter plot with points of size 10
hold on
scatter(Y(:,1),Y(:,2),100,mahal_d,'o','filled')
plot(Y(:,1),Y(:,2)...
    ,'xr','MarkerSize',8,'LineWidth',2);

hb = colorbar;
ylabel(hb,'Mahalanobis Distance')
plot(xc,yc,'rx','MarkerSize',10)
plot([-3,6],[yc,yc],'k');
```

```matlab
plot([xc,xc],[-3,6],'k');
quiver(xc, yc, PC1_eigenvec(1)*sqrt(PC1_eigenval), ...
    PC1_eigenvec(2)*sqrt(PC1_eigenval), 'm', 'LineWidth',2);
quiver(xc, yc, PC2_eigenvec(1)*sqrt(PC2_eigenval), ...
    PC2_eigenvec(2)*sqrt(PC2_eigenval), 'g', 'LineWidth',2);
hold on;

xlabel('x'); ylabel('y');

hold on; axis equal;
mindata = min(min(X));
maxdata = max(max(X));
xlim([mindata-1, maxdata+1]);
xticks([floor(mindata-1):ceil(maxdata+1)])
ylim([mindata-1, maxdata+1]);
yticks([floor(mindata-1):ceil(maxdata+1)])
daspect([1,1,1]); box off
set(gca, 'XAxisLocation', 'origin')
set(gca, 'YAxisLocation', 'origin')

figure(3)
scatter(X(:,1),X(:,2),'.') % Scatter plot with points of size 10
hold on
scatter(Y(:,1),Y(:,2),100,mahal_d,'o','filled')
plot(Y(:,1),Y(:,2)...
    ,'xr','MarkerSize',8,'LineWidth',2);
hb = colorbar;
ylabel(hb,'Mahalanobis Distance')
plot(xc,yc,'rx','MarkerSize',10)
xx = -3:6;
yy_v = (PC1_eigenvec(2)/PC1_eigenvec(1))*(xx - xc) + yc;
plot(xx,yy_v,'k');
yy_w = (PC2_eigenvec(2)/PC2_eigenvec(1))*(xx - xc) + yc;
plot(xx,yy_w,'k');

hold on;

xlabel('x'); ylabel('y');

hold on; axis equal;
mindata = min(min(X));
maxdata = max(max(X));
xlim([mindata-1, maxdata+1]);
xticks([floor(mindata-1):ceil(maxdata+1)])
ylim([mindata-1, maxdata+1]);
yticks([floor(mindata-1):ceil(maxdata+1)])
daspect([1,1,1]); box off
```

```matlab
set(gca, 'XAxisLocation', 'origin')
set(gca, 'YAxisLocation', 'origin')

measures = [1,2,3,4,5];

for i = 1:length(measures)

    measure = measures(i);
    plot_ellipses (X,measure)
    % the function above can be simplified

end

figure(4)
if rad2deg(phi) > 180
    theta = phi - pi;
else
    theta = phi;
end

R = [cos(theta) -sin(theta); ...
    sin(theta) cos(theta)];
S = sqrt(diag([PC1_eigenval,PC2_eigenval]))^(-1);

X_transformed = (X - mean(X))*R*S;
Y_transformed = (Y - mean(X))*R*S;
norm(Y_transformed(2,:))

scatter(X_transformed(:,1),X_transformed(:,2),'.'); hold on
plot(Y_transformed(:,1),Y_transformed(:,2)...
    ,'xr','MarkerSize',8,'LineWidth',2);
plot_circle(0,0,1); hold on
plot_circle(0,0,2); hold on
plot_circle(0,0,3); hold on
plot_circle(0,0,4); hold on
plot_circle(0,0,5); hold on
xlabel('v'); ylabel('w');

hold on; axis equal;
mindata = min(min(X_transformed));
maxdata = max(max(X_transformed));
xlim([mindata-2, maxdata+2]);
xticks([floor(mindata-2):ceil(maxdata+2)])
ylim([mindata-2, maxdata+2]);
yticks([floor(mindata-1):ceil(maxdata+1)])
daspect([1,1,1]); box off
set(gca, 'XAxisLocation', 'origin')
```

```matlab
set(gca, 'YAxisLocation', 'origin')
grid on

function h = plot_circle(x,y,r)
hold on
th = 0:pi/50:2*pi;
xunit = r * cos(th) + x;
yunit = r * sin(th) + y;
h = plot(xunit, yunit,'k');
hold off
end

function plot_ellipses (X,measure)

[eig_Vectors, eig_Values] = eig(cov(X));
% sort eigenvalues and assign vectors
[eig_Values_sorted,index] = sort(diag(eig_Values),'descend');
eig_Vectors_sorted = eig_Vectors(:,index);

PC2_eigenval = eig_Values_sorted(2);
PC2_eigenvec = eig_Vectors_sorted(:,2);

PC1_eigenval = eig_Values_sorted(1);
PC1_eigenvec = eig_Vectors_sorted(:,1);
% first principal eigenvector has the largest eigen value

% calculate the angle between the x-axis
% and the first principal eigenvector
phi = atan2(PC1_eigenvec(2), PC1_eigenvec(1));

% shift the angle to between 0 and 2pi
if(phi < 0)
    phi = phi + 2*pi;
end

% obtain the center of the original data
center = mean(X);

theta_array = linspace(0,2*pi)';
xc=center(1);
yc=center(2);
a=measure*sqrt(PC1_eigenval);
% a: semi-major axis (first principal vector)
b=measure*sqrt(PC2_eigenval);
% b: semi-minor axis (second principal vector)

% ellipse coordinates before rotation
```

```
ellipse_x_r  = a*cos(theta_array);
ellipse_y_r  = b*sin(theta_array);

% Define a anti-clockwise rotation matrix
R_anticlock = [ cos(phi) sin(phi);
    -sin(phi) cos(phi) ];

%let's rotate the ellipse to some angle phi
r_ellipse = [ellipse_x_r,ellipse_y_r] * R_anticlock;

plot(r_ellipse(:,1) + xc,r_ellipse(:,2) + yc,'-k'); hold on
end
```

2.4 标准差向量空间

以二元随机数为例，可以发现向量内积和方差、协方差有诸多相似之处。向量乘法交换律类似协方差交换律：

$$\vec{a} \cdot \vec{b} = \vec{b} \cdot \vec{a}$$
$$\mathrm{cov}(X,Y) = \mathrm{cov}(Y,X) \tag{2.75}$$

向量的模类似于式 (2.76) 所示标准差的计算：

$$\|\vec{a}\| = \sqrt{\vec{a} \cdot \vec{a}}$$
$$\sigma_X = \sqrt{\mathrm{cov}(X,X)} \tag{2.76}$$

向量之间夹角的余弦值类似线性系数的计算：

$$\cos(\theta) = \frac{\vec{a} \cdot \vec{b}}{\|\vec{a}\|\|\vec{b}\|}$$
$$\rho_{X,Y} = \mathrm{corr}(X,Y) = \frac{\mathrm{cov}(X,Y)}{\sigma_X \sigma_Y} = \frac{\mathrm{E}[(X-\mu_X)(Y-\mu_Y)]}{\sigma_X \sigma_Y} \tag{2.77}$$

余弦的取值范围是 [-1, 1]，线性相关系数的取值范围也是如此。另外，式 (2.76)、式 (2.77) 也可以写作：

$$\mathrm{cov}(X,Y) = \rho_{X,Y}\sigma_X\sigma_Y$$
$$\vec{a} \cdot \vec{b} = \cos(\theta)\|\vec{a}\|\|\vec{b}\| \tag{2.78}$$

通过以上分析，下面尝试构建一个标准差空间。一组二维随机数，首先计算它的中心，然后计算它在两个维度的标准差和相关系数，再然后构建一个由方差作为单位的二维平面。相关性的大小决定这两个方差之间的夹角。根据之前的讨论，可以得到如图2.23所示的标准方差向量之间的转化。

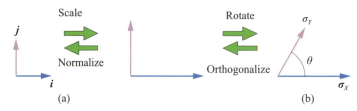

图2.23 标准方差向量转换

图2.23(a) 的两个向量表达的是标准差为1、线性无关的方差向量空间。图2.23(b) 就是需要构造的向量空间。通过有关LU分解学习，知道图2.23(a) 和图2.23(b) 两者关系为：

$$\begin{bmatrix} \sigma_X \\ \sigma_Y \end{bmatrix} = \begin{bmatrix} 1 & 0 \\ 0 & 1 \end{bmatrix} \begin{bmatrix} \sigma_X & 0 \\ \rho\sigma_Y & \sigma_Y\sqrt{1-\rho^2} \end{bmatrix}$$
$$\boldsymbol{i} = \begin{bmatrix} 1 & 0 \end{bmatrix}$$
$$\boldsymbol{j} = \begin{bmatrix} 0 & 1 \end{bmatrix}$$
(2.79)

用向量夹角的余弦值$\cos\theta$替换式 (2.79) 的线性相关系数，可以得到式 (2.80)：

$$\begin{bmatrix} \sigma_X \\ \sigma_Y \end{bmatrix} = \begin{bmatrix} \boldsymbol{i} \\ \boldsymbol{j} \end{bmatrix} \begin{bmatrix} \sigma_X & 0 \\ \cos(\theta)\sigma_Y & \sigma_Y\sin(\theta) \end{bmatrix}$$
$$= \begin{bmatrix} \boldsymbol{i} \\ \boldsymbol{j} \end{bmatrix} \begin{bmatrix} \sigma_X & 0 \\ 0 & \sigma_Y \end{bmatrix} \begin{bmatrix} 1 & 0 \\ \cos(\theta) & \sin(\theta) \end{bmatrix}$$
(2.80)

式 (2.80) 展示的就是图2.23所示向量转化过程，先缩放后等长度剪切。下面讨论一下如何用标准差空间计算方差-协方差矩阵。图2.23(b) 两个标准差向量之和为：

$$\boldsymbol{\sigma}_f = \boldsymbol{\sigma}_X + \boldsymbol{\sigma}_Y \tag{2.81}$$

这个向量之和模的平方可以通过式 (2.82) 获得：

$$\|\boldsymbol{\sigma}_f\|^2 = \|\boldsymbol{\sigma}_X\|^2 + \|\boldsymbol{\sigma}_Y\|^2 + 2\|\boldsymbol{\sigma}_X\|\|\boldsymbol{\sigma}_Y\|\cos(\theta)$$
$$= \begin{bmatrix} \|\boldsymbol{\sigma}_X\| & \|\boldsymbol{\sigma}_Y\| \end{bmatrix} \begin{bmatrix} 1 & \cos(\theta) \\ \cos(\theta) & 1 \end{bmatrix} \begin{bmatrix} \|\boldsymbol{\sigma}_X\| \\ \|\boldsymbol{\sigma}_Y\| \end{bmatrix}$$
(2.82)

方差-协方差矩阵可以通过式 (2.83) 获得：

$$\boldsymbol{\Sigma} = \begin{bmatrix} \sigma_X & 0 \\ 0 & \sigma_Y \end{bmatrix} \begin{bmatrix} 1 & \cos(\theta) \\ \cos(\theta) & 1 \end{bmatrix} \begin{bmatrix} \sigma_X & 0 \\ 0 & \sigma_Y \end{bmatrix} \tag{2.83}$$

整理可以得到式 (2.84)：

$$\begin{bmatrix} 1 & \cos(\theta) \\ \cos(\theta) & 1 \end{bmatrix} = \begin{bmatrix} 1/\sigma_X & 0 \\ 0 & 1/\sigma_Y \end{bmatrix} \boldsymbol{\Sigma} \begin{bmatrix} 1/\sigma_X & 0 \\ 0 & 1/\sigma_Y \end{bmatrix} \tag{2.84}$$

将$\|\boldsymbol{\sigma}_f\|^2$代入式 (2.84) 可以得到式 (2.85)：

$$\|\boldsymbol{\sigma}_f\|^2 = \begin{bmatrix} \|\boldsymbol{\sigma}_X\| & \|\boldsymbol{\sigma}_Y\| \end{bmatrix} \begin{bmatrix} 1/\sigma_X & 0 \\ 0 & 1/\sigma_Y \end{bmatrix} \boldsymbol{\Sigma} \begin{bmatrix} 1/\sigma_X & 0 \\ 0 & 1/\sigma_Y \end{bmatrix} \begin{bmatrix} \|\boldsymbol{\sigma}_X\| \\ \|\boldsymbol{\sigma}_Y\| \end{bmatrix}$$
$$= \begin{bmatrix} 1 & 1 \end{bmatrix} \boldsymbol{\Sigma} \begin{bmatrix} 1 \\ 1 \end{bmatrix} \tag{2.85}$$

如图2.24所示是当向量夹角取不同值时，$\boldsymbol{\sigma}_f$的模的变化。这一点和统计学上的**误差传播** (propagation of uncertainty, propagation of error) 有直接关系。丛书第四本和第五本将会广泛使用向量内积和方差协方差之间的相似性。

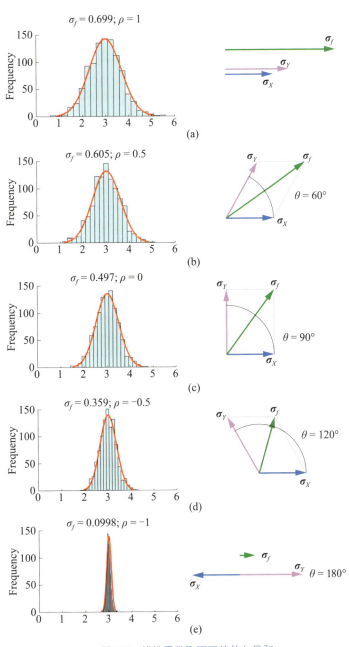

图2.24 线性系数取不同值的向量和

以下代码可以获得图2.24。

```
B3_Ch2_6.m

clc; close all; clear all
mu = [1 2];
rhos_array = [1, 0.5, 0, -0.5, -1];

for i = 1:length(rhos_array)
    rho = rhos_array(i);
    stds = [0.3, 0.4];
    rho_matrix = [1 rho; rho 1];
    sigma_matrix = diag(stds)*rho_matrix*diag(stds);
    rng('default')   % For reproducibility
    X = mvnrnd(mu,sigma_matrix,1000);
    F = X(:,1) + X(:,2);
    nbins = 20;
    F_std = std(F);
    
    figure(i)
    histfit(F,nbins)
    title(['STD of F = ',num2str(F_std),...
        '; correlation = ',num2str(rho)])
    xlim([0,6]); box off; grid off
    ylabel('Frequency')
end
```

2.5 泰勒展开与矩阵微分

丛书第一本和第二本书数学部分讨论了泰勒展开的基础内容，和泰勒展开在金融建模领域的应用。这一节要再次深入探讨泰勒展开。假设$f(x)$为多元函数，x为一行向量，那么泰勒二阶展开可以表达为：

$$f(x^* + \Delta x) \approx f(x^*) + g_{x^*}\Delta x^T + \frac{1}{2}\Delta x H_{x^*} \Delta x^T \tag{2.86}$$

其中，x^*为展开点：

$$x^* = \begin{bmatrix} x_1^* & x_2^* & \cdots & x_N^* \end{bmatrix} \tag{2.87}$$

g为一阶导数构成的行向量：

$$g_{x^*} = \begin{bmatrix} \dfrac{\partial f}{\partial x_1} & \dfrac{\partial f}{\partial x_2} & \cdots & \dfrac{\partial f}{\partial x_N} \end{bmatrix}_{x^*} \tag{2.88}$$

$\Delta \boldsymbol{x}$ 为有限增量构成的行向量：

$$\Delta \boldsymbol{x} = \begin{bmatrix} \Delta x_1 & \Delta x_2 & \cdots & \Delta x_N \end{bmatrix} \tag{2.89}$$

$\boldsymbol{H}$ 为二阶导数构成的矩阵，其结构为：

$$\boldsymbol{H}_{x^*} = \begin{bmatrix} \dfrac{\partial^2 f}{\partial x_1^2} & \dfrac{\partial^2 f}{\partial x_1 \partial x_2} & \cdots & \dfrac{\partial^2 f}{\partial x_1 \partial x_N} \\ \dfrac{\partial^2 f}{\partial x_2 \partial x_1} & \dfrac{\partial^2 f}{\partial x_2^2} & \cdots & \dfrac{\partial^2 f}{\partial x_2 \partial x_N} \\ \vdots & \vdots & \ddots & \vdots \\ \dfrac{\partial^2 f}{\partial x_N \partial x_1} & \dfrac{\partial^2 f}{\partial x_N \partial x_2} & \cdots & \dfrac{\partial^2 f}{\partial x_N^2} \end{bmatrix}_{x^*} \tag{2.90}$$

式 (2.90) 所示矩阵叫作**黑塞矩阵** (Hessian matrix)，特指一个多元函数的二阶偏导数构成的方阵，描述函数展开点处的局部曲率。黑塞矩阵常用在牛顿法中用来解决多元函数极值问题。MATLAB计算黑塞矩阵的命令为hessian()，以下为一个例子。

```
syms x y z
f = x^2*y + 2*z.^3*x - 3*x*y^2*z;
hessian(f,[x,y,z])
```

计算结果如下。

```
ans =

[             2*y,  2*x - 6*y*z,   6*z^2 - 3*y^2]
[    2*x - 6*y*z,       -6*x*z,         -6*x*y]
[  6*z^2 - 3*y^2,       -6*x*y,          12*x*z]
```

如果只考虑泰勒一阶展开：

$$\begin{aligned} \Delta f &= f(\boldsymbol{x}^*+\Delta \boldsymbol{x}) - f(\boldsymbol{x}^*) \\ &\approx \boldsymbol{g}_{x^*} \Delta \boldsymbol{x}^T \end{aligned} \tag{2.91}$$

另外，请读者注意很多教材中 $\boldsymbol{x}$ 一般被定义为列向量，本书为了配合MATLAB运算，通常把 $\boldsymbol{x}$ 定义为行向量。

下面来聊一聊**矩阵微分** (matrix differentiation)。假设，有一些列函数，例如，$f_1(x_1, x_2, \cdots, x_N)$、$f_2(x_1, x_2, \cdots, x_N)$、$f_3(x_1, x_2, \cdots, x_N)$ …… $f_M(x_1, x_2, \cdots, x_N)$，这一系列函数构成一个行向量：

$$\begin{aligned} \boldsymbol{f} &= \begin{bmatrix} f_1(x_1,x_2,...,x_N) & f_2(x_1,x_2,...,x_N) & \cdots & f_M(x_1,x_2,...,x_N) \end{bmatrix} \\ &= \begin{bmatrix} f_1(\boldsymbol{x}) & f_2(\boldsymbol{x}) & \cdots & f_M(\boldsymbol{x}) \end{bmatrix} \end{aligned} \tag{2.92}$$

雅克比矩阵 (Jacobian matrix) 表达的就是一系列函数构成的行向量 $\boldsymbol{f}$ 对于 $\boldsymbol{x}$ 的一阶偏导数以一定方式排列构成的矩阵。本书采用的是MATLAB的记法：

$$\frac{\partial f}{\partial x} = J \stackrel{\text{def}}{=} \begin{bmatrix} \frac{\partial f_1}{\partial x_1} & \frac{\partial f_1}{\partial x_2} & \cdots & \frac{\partial f_1}{\partial x_N} \\ \frac{\partial f_2}{\partial x_1} & \frac{\partial f_2}{\partial x_2} & \cdots & \frac{\partial f_2}{\partial x_N} \\ \vdots & \vdots & \ddots & \vdots \\ \frac{\partial f_M}{\partial x_1} & \frac{\partial f_M}{\partial x_2} & \cdots & \frac{\partial f_M}{\partial x_N} \end{bmatrix} \tag{2.93}$$

另外，对于函数列向量 f 的形式如下：

$$f = \begin{bmatrix} f_1(x) & f_2(x) & \cdots & f_M(x) \end{bmatrix}^T \tag{2.94}$$

雅克比矩阵的定义也是一样的。MATLAB用来计算雅克比矩阵的命令为jacobian()。假设构成 f 的函数如下：

$$\begin{aligned} f_1(x_1, x_2, x_3, x_4) &= x_1^2 - x_2 + 3x_3^3 - 2x_4 \\ f_2(x_1, x_2, x_3, x_4) &= 2x_1 + x_2^2 - x_3 + x_4^2 \\ f_3(x_1, x_2, x_3, x_4) &= x_1^3 + 2x_2 + x_3^2 - x_4^3 \end{aligned} \tag{2.95}$$

式 (2.95) 的雅克比矩阵为：

$$\frac{\partial f}{\partial x} = J = \begin{bmatrix} 2x_1 & -1 & 9x_3^2 & -2 \\ 2 & 2x_2 & -1 & 2x_4 \\ 3x_1^2 & 2 & 2x_3 & -3x_4^2 \end{bmatrix} \tag{2.96}$$

可以通过以下代码获得式 (2.96) 结果。

```
syms x1 x2 x3 x4
X = [x1, x2, x3, x4];
y1 = x1^2 - x2   + 3*x3^3 - 2*x4;
y2 = 2*x1 + x2^2 - x3   + x4^2;
y3 = x1^3 + 2*x2 + x3^2   - x4^3;
Y = [y1, y2, y3];
J = jacobian(Y, X)
```

结果如下。

```
J =

[   2*x1,    -1, 9*x3^2,     -2]
[      2, 2*x2,     -1,   2*x4]
[ 3*x1^2,    2,  2*x3, -3*x4^2]
```

对于MATLAB的jacobian()命令，输入变量即可以是行向量，也可以是列向量。例如以下四个雅克比运算得到的结果相同。

```
syms x1 x2 x3 x4
X = [x1, x2, x3, x4];
```

```
X_T = [x1; x2; x3; x4];
f1 = x1^2 - x2    + 3*x3^3 - 2*x4;
f2 = 2*x1 + x2^2 - x3      + x4^2;
f3 = x1^3 + 2*x2 + x3^2    - x4^3;
F = [f1, f2, f3];
F_T = [f1; f2; f3];

J = jacobian(F, X)
J = jacobian(F, X_T)
J = jacobian(F_T, X)
J = jacobian(F_T, X_T)
```

对于行向量自变量 $\boldsymbol{x}$，f_1 可以被称作是一个标量函数，标量函数对于行向量自变量求一阶导可以定义为：

$$\frac{\partial f_1}{\partial \boldsymbol{x}} = \boldsymbol{J} \stackrel{\text{def}}{=} \begin{bmatrix} \frac{\partial f_1}{\partial x_1} & \frac{\partial f_1}{\partial x_2} & \cdots & \frac{\partial f_1}{\partial x_N} \end{bmatrix} \tag{2.97}$$

用以上例子可得标量函数 f_1 对向量自变量 $\boldsymbol{x}$ 的雅克比矩阵为：

$$\frac{\partial f_1}{\partial \boldsymbol{x}} = \boldsymbol{J} = \begin{bmatrix} 2x_1 & -1 & 9x_3^2 & -2 \end{bmatrix} \tag{2.98}$$

以下命令可以得到式 (2.98) 结果。

```
syms x1 x2 x3 x4
X = [x1, x2, x3, x4];
X_T = [x1; x2; x3; x4];
f1 = x1^2 - x2    + 3*x3^3 - 2*x4;
J_f1_X = jacobian(f1,X)
J_f1_X_T = jacobian(f1,X_T)
```

结果如下。

```
J_f1_X =
[ 2*x1, -1, 9*x3^2, -2]

J_f1_X_T =
[ 2*x1, -1, 9*x3^2, -2]
```

自变量 x_1 可以被称作标量自变量，$\boldsymbol{f}$ 可以被称作为向量函数，向量函数对标量自变量求一阶导可以定义为：

$$\frac{\partial \boldsymbol{f}}{\partial x_1} = \boldsymbol{J} \stackrel{\text{def}}{=} \begin{bmatrix} \frac{\partial f_1}{\partial x_1} \\ \frac{\partial f_2}{\partial x_1} \\ \vdots \\ \frac{\partial f_M}{\partial x_1} \end{bmatrix} \tag{2.99}$$

同样用以上例子可得向量函数 f 对标量自变量 x_1 的雅克比矩阵：

$$\frac{\partial f}{\partial x_1} = J = \begin{bmatrix} 2x_1 \\ 2 \\ 3x_1^2 \end{bmatrix} \qquad (2.100)$$

以上结果可以通过以下命令获得。

```
syms x1 x2 x3 x4
X = [x1, x2, x3, x4];
X_T = [x1; x2; x3; x4];
f1 = x1^2 - x2   + 3*x3^3 - 2*x4;
f2 = 2*x1 + x2^2 - x3    + x4^2;
f3 = x1^3 + 2*x2 + x3^2  - x4^3;
F = [f1, f2, f3];
F_T = [f1; f2; f3];
J_F_x1 = jacobian(F,x1)
J_F_T_x1 = jacobian(F_T,x1)
```

得到的结果如下。

```
J_F_x1 =
    2*x1
       2
 3*x1^2

J_F_T_x1 =
    2*x1
       2
 3*x1^2
```

有了以上讨论，下面讨论几个常见的矩阵微分公式。

x 为 $1 \times N$ 的行向量自变量，x 对于自身求一阶偏导为：

$$\frac{\partial x}{\partial x} = I \qquad (2.101)$$

定义 A 为一个 $N \times N$ 的方阵，Ax^T 对于 x 的一阶偏导为：

$$\frac{\partial (Ax^T)}{\partial x} = A \qquad (2.102)$$

xA 对于 x 的一阶偏导为：

$$\frac{\partial (xA)}{\partial x} = A^T \qquad (2.103)$$

xx^T 对于 x 的一阶偏导为：

$$\frac{\partial (xx^T)}{\partial x} = 2x \tag{2.104}$$

xAx^T 对于 x 的一阶偏导为：

$$\frac{\partial (xAx^T)}{\partial x} = xA + xA^T \tag{2.105}$$

如果 A 是一个对称阵，式 (2.105) 可以表达为：

$$\frac{\partial (xAx^T)}{\partial x} = 2xA \tag{2.106}$$

对称矩阵 (symmetric matrix) 是指以**主对角线** (main diagonal) 为对称轴，各元素对应相等的矩阵；对称阵的转置为其本身。下面用一个简单的例子来说明以上定理。

x 和 A 的表达式为：

$$x = [x_1 \quad x_2]; A = \begin{bmatrix} a & b \\ c & d \end{bmatrix} \tag{2.107}$$

以下代码可以用来验证以上结果。

```
syms x1 x2 a b c d
A = [a, b; c, d];
A_T = [a, c; b, d];

X = [x1, x2];
X_T = [x1; x2]

F = X;
jacobian(F,X)

F = A*X_T;
jacobian(F,X)

F = X*A;
jacobian(F,X)

F = X*X_T;
jacobian(F,X)

F = X*A*X_T;
jacobian(F,X)
```

另外，请读者自行推导当 x 为列向量时，上述矩阵微分公式对应的表达式。处理复合函数导数用的方法是**链式法则** (chain rule)，也适用于矩阵微分，如果 $f = f(x)$，$u(f)$ 对 x 求一阶导可以得到：

$$\frac{\partial u}{\partial x} = \frac{\partial u(f)}{\partial f}\frac{\partial f}{\partial x} \tag{2.108}$$

比如式 (2.107)：

$$u = \sqrt{xAx^T} \tag{2.109}$$

可以分解写成：

$$\begin{cases} u = f^{\frac{1}{2}} \\ f = xAx^T \end{cases} \tag{2.110}$$

u 对 x 求一阶导数可以得到：

$$\frac{\partial u}{\partial x} = \frac{1}{2}\frac{1}{f^{\frac{1}{2}}}2xA = \frac{xA}{\sqrt{xAx^T}} \tag{2.111}$$

更多有关矩阵微分内容，本书不做更多探讨。本书第12章对风险价值的讨论将大量用到本节讨论的内容。丛书第四本和第五本将会深入探讨矩阵微分在优化方法和人工智能方面的应用。

第 3 章 统计基础 IV
Fundamentals of Statistics

Mathematics is the queen of the science.

——卡尔·弗里德里希·高斯 (Carl Friedrich Gauss)

Core Functions and Syntaxes
本章核心命令代码

- ◀ adtest() 进行 Anderson-Darling (AD) 测试
- ◀ copulacdf() 连接函数 copula 的累积概率密度函数
- ◀ copulafit() 连接函数 copula 的拟合
- ◀ copulapdf() 连接函数 copula 的概率密度函数
- ◀ copularnd() 产生服从指定 copula 的随机数
- ◀ ecdf() 经验累积概率密度函数
- ◀ gevcdf() 广义极值分布累积概率密度函数
- ◀ gevfit() 广义极值分布拟合
- ◀ gevpdf() 广义极值分布概率密度函数
- ◀ gpcdf() 广义帕累托分布的累积概率密度函数
- ◀ gpfit() 广义帕累托分布拟合
- ◀ gppdf() 广义帕累托分布的概率密度函数
- ◀ gprnd() 产生服从广义帕累托分布的随机数
- ◀ histfit() 创建直方图以及拟合曲线
- ◀ histogram() 创建直方图
- ◀ ksdensity() 用 Kernel 方法返回向量或两列矩阵中的样本数据的概率密度估计
- ◀ kstest() 单一样本 Kolmogorov-Smirnov (KS) 测试
- ◀ kstest2() 双样本 Kolmogorov-Smirnov (KS) 测试
- ◀ mvncdf() 多元正态分布累积概率密度函数
- ◀ mvnpdf() 多元正态分布概率密度函数
- ◀ mvnrnd() 产生服从多元正态分布随机数
- ◀ mvtcdf() 多元学生 t-分布累积概率密度函数
- ◀ mvtpdf() 多元学生 t-分布概率密度函数
- ◀ mvtrnd() 产生服从多元学生 t-分布随机数
- ◀ norminv() 正态分布 CDF 的逆运算
- ◀ numel() 返回数组 A 中的元素数目 n 等同于 prod(size(A))
- ◀ quantile() 计算数据分位点
- ◀ scatterhist() 绘制带边缘直方图的散点图
- ◀ tcdf() 学生 t-分布的累计概率密度函数
- ◀ tick2ret() 将价格转化为回报率;有 'Simple' 和 'Continuous' 两个选择
- ◀ trnd() 产生服从学生 t-分布的随机数
- ◀ wblcdf() 为 Weibull 分布累积概率密度函数
- ◀ wblpdf() 为 Weibull 分布概率密度函数
- ◀ wblrnd() 为 Weibull 分布随机数

3.1 极值理论

广义极值分布 (generalized extreme value distribution) 概率密度函数如下：

$$\mathrm{pdf}(x) = \begin{cases} \dfrac{1}{\sigma}\left(1+k\left(\dfrac{x-\mu}{\sigma}\right)\right)^{\left(\frac{-1-k}{k}\right)} \exp\left(-\left(1+k\left(\dfrac{x-\mu}{\sigma}\right)\right)^{\frac{-1}{k}}\right) & k \neq 0 \\ \dfrac{1}{\sigma}\exp\left(-\dfrac{x-\mu}{\sigma}\right)\cdot\exp\left(-\exp\left(-\dfrac{x-\mu}{\sigma}\right)\right) & k = 0 \end{cases} \tag{3.1}$$

式中：k 为**形状参数** (shape parameter)；μ 为**位置参数** (location parameter)；σ 为**尺度参数** (scale parameter)。

广义极值分布通常分为三类：Ⅰ类 ($k=0$)，Gumbel分布；Ⅱ类 ($k>0$)，Fréchet分布；Ⅲ类 ($k<0$)，Weibull分布。

广义极值分布的概率密度函数常用形式如式 (3.2) 所示：

$$\mathrm{pdf}(x) = \frac{1}{\sigma}Q(x)^{(k+1)}\exp(-Q(x)) \tag{3.2}$$

其中，$Q(x)$ 为：

$$Q(x) = \begin{cases} \left(1+k\left(\dfrac{x-\mu}{\sigma}\right)\right)^{\frac{-1}{k}} & k \neq 0 \\ \exp\left(-\dfrac{x-\mu}{\sigma}\right) & k = 0 \end{cases} \tag{3.3}$$

广义极值分布的累积概率密度函数为：

$$\mathrm{cdf}(x) = \begin{cases} \exp\left(-\left(1+k\left(\dfrac{x-\mu}{\sigma}\right)\right)^{\frac{-1}{k}}\right) & k \neq 0 \\ \exp\left(-\exp\left(-\dfrac{x-\mu}{\sigma}\right)\right) & k = 0 \end{cases} \tag{3.4}$$

用 $Q(x)$ 来表示累积概率密度函数：

$$\mathrm{cdf}(x) = \exp(-Q(x)) \tag{3.5}$$

如图3.1所示为广义极值分布的概率密度函数。图3.1展示了Ⅰ类、Ⅱ类和Ⅲ类三种不同情况。如图3.2所示是累积概率分布函数。图3.1、图3.2所示图形中数据采用MATLAB的gevpdf()和gevcdf()两个命令。

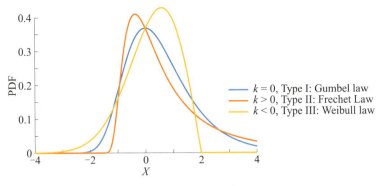

图3.1　广义极值分布PDF

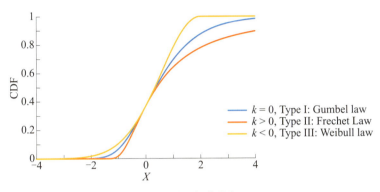

图3.2　广义极值分布CDF

以下代码可以获得图3.1和图3.2。

```matlab
B3_Ch3_1.m
clc; close all; clear all
X = linspace(-4,4,1000);

sigma = 1;   % scale parameter
mu = 0;      % location parameter

k = 0;       % shape parameter
PDF_I = gevpdf(X,k,sigma,mu);
CDF_I = gevcdf(X,k,sigma,mu)
% k = 0, corresponding to the Type I case
% Gumbel law

k = 0.5;
PDF_II = gevpdf(X,k,sigma,mu);
CDF_II = gevcdf(X,k,sigma,mu);
% k > 0 corresponds to the Type II case
% Frechet Law

k = -0.5;
PDF_III = gevpdf(X,k,sigma,mu);
```

```
CDF_III = gevcdf(X,k,sigma,mu);
% k < 0 corresponds to the Type III case
% Weibull law

figure(1)
plot(X,PDF_I, X,PDF_II, X,PDF_III)
legend({'k = 0, Type I: Gumbel law' ...
        'k > 0, Type II: Frechet Law'....
        'k < 0, Type III: Weibull law'},...
        'location','best')
box off; xlabel('X'); ylabel('PDF')

figure(2)
plot(X,CDF_I, X,CDF_II, X,CDF_III)
legend({'k = 0, Type I: Gumbel law' ...
        'k > 0, Type II: Frechet Law'....
        'k < 0, Type III: Weibull law'},...
        'location','best')
box off; xlabel('X'); ylabel('CDF')
```

广义极值分布的参数一般通过**极大似然估计** (maximum likelihood estimation) 获得。MATLAB的gevfit()命令可以用来实现广义极值分布参数估计。广义极值分布的尾部数据是通过区域极值 [**区域最大值** (block maxima) 或**区域最小值** (block minima)] 获得的。如图3.3所示是250个损失数据。如果以25个数据为一个区域，在区域不重叠情况下，这250个数据被分成10个区域。如图3.4所示是用区域极值方法在这10个区域的每个区域找到最大损失。

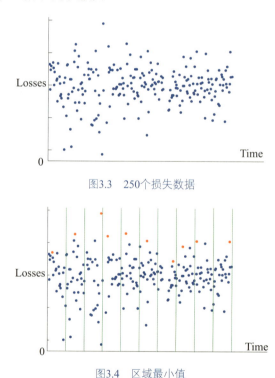

图3.3　250个损失数据

图3.4　区域最小值

如图3.5所示是用学生分布得到的尾部数据。学生分布自由度为3，一共有300个区域 (相当于200个样本集合)，每个区域有50个随机数。每个区域得到一个区域极值 (最小值)。如图3.6所示是图3.5数据的实际数据和拟合的CDF。

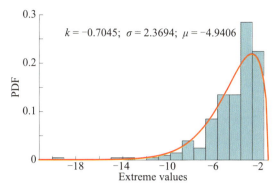

图3.5　随机模拟得到的尾部数据和广义极值PDF分布

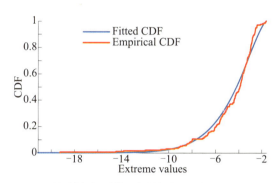

图3.6　随机模拟得到的尾部数据和广义极值CDF分布

以下代码可以获得图3.5和图3.6。

```
B3_Ch3_2.m
clc; clear all; close all
rng default
blocksize = 50;
nblocks = 200;
X = trnd(3,blocksize,nblocks);
extreme_minma = min(X,[],1);

[paramEsts,paramCIs] = gevfit(extreme_minma);

k_MLE     = paramEsts(1);    % Shape parameter
sigma_MLE = paramEsts(2);    % Scale parameter
mu_MLE    = paramEsts(3);    % Location parameter

lowerBnd = mu_MLE-sigma_MLE./k_MLE;

ymin = 1.1*min(extreme_minma);
```

```
bins = floor(ceil(ymin)):floor(lowerBnd);

figure(1)

bar(bins,histc(extreme_minma,bins)/length(extreme_minma),'histc');
hold on
xgrid = linspace(lowerBnd,ymin,100);
PDF = gevpdf(xgrid,k_MLE,sigma_MLE,mu_MLE);
plot(xgrid,PDF,'r');
xlabel('Extreme values'); ylabel('PDF');
xlim([ymin lowerBnd]); box off
title(['k = ',num2str(k_MLE),'; \sigma = ',...
    num2str(sigma_MLE),'; \mu = ',num2str(mu_MLE)])

figure(2)
[CDF_empirical,xi] = ecdf(extreme_minma);
plot(xgrid,gevcdf(xgrid,k_MLE,sigma_MLE,mu_MLE),'-');
hold on;
stairs(xi,CDF_empirical,'r');
hold off;
xlabel('Extreme values'); ylabel('CDF');
xlim([ymin lowerBnd]); box off
legend('Fitted CDF','Empirical CDF','location','best');
```

另外一个尾部建模的方法采用**广义帕累托分布** (generalized Pareto distribution)。广义帕累托分布的概率密度函数如下：

$$\text{pdf}(x) = \begin{cases} \dfrac{1}{\beta}\left(1+k\left(\dfrac{x-u}{\beta}\right)\right)^{\left(\frac{-1-k}{k}\right)} & k \neq 0 \\ \dfrac{1}{\beta}\exp\left(-\dfrac{x-u}{\beta}\right) & k = 0 \end{cases} \tag{3.6}$$

式中：k被称作形状参数；u被称为**阈值** (threshold)；β被称作尺度参数。

MATLAB中广义帕累托PDF和CDF的命令为gppdf()和gpcdf()。如图3.7所示为广义帕累托分布PDF（注意，X大于0）。如图3.8所示为广义帕累托分布CDF。

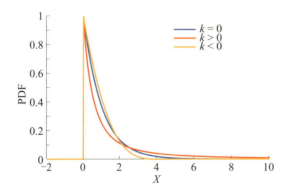

图3.7　广义帕累托分布PDF，($u = 0$，$\beta = 1$，$k = -0.25$、0和1)

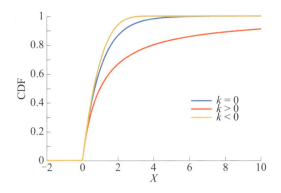

图3.8　广义帕累托分布CDF，($u=0$，$\beta=1$，$k=-0.25$、0和1)

如果令：

$$z = \frac{x-u}{\beta} \tag{3.7}$$

GPD概率密度函数可以写作：

$$\text{pdf}(z) = \begin{cases} \dfrac{1}{\beta}(1+kz)^{\left(\frac{-1-k}{k}\right)} & k \neq 0 \\ \dfrac{1}{\beta}\exp(-z) & k = 0 \end{cases} \tag{3.8}$$

GPD的累积概率密度函数为：

$$\text{cdf}(z) = \begin{cases} 1-(1+kz)^{\frac{-1}{k}} & k \neq 0 \\ 1-\exp(-z) & k = 0 \end{cases} \tag{3.9}$$

式 (3.9) 还有一个更常见的形式：

$$\text{cdf}(\hat{x}) = \begin{cases} 1-\left(1+k\dfrac{\hat{x}}{\beta}\right)^{\frac{-1}{k}} & k \neq 0 \\ 1-\exp\left(-\dfrac{\hat{x}}{\beta}\right) & k = 0 \end{cases} \tag{3.10}$$

其中：

$$\hat{x} = x - u \tag{3.11}$$

对尾部数据处理的方法是**峰值过阈值法** (peak over threshold)。对实际数据的尾部建模，只需确定阈值u。超越 (大于/小于) 阈值的所有尾部数据用来拟合得到广义帕累托分布。广义帕累托分布的参数也是由极大似然估计得到。

如图3.9所示是图3.3原始数据经过POT方法获得的尾部数据。请读者注意亏损的数学表达在这里是整数。将这些满足条件的尾部数据各自减去u得到超过u的部分，然后再用这些处理后的数据拟合得到广义帕累托分布的参数。MATLAB用gpfit()来获得广义帕累托分布参数。请读者注意，gpfit()不估算u，也就是位置参数。gpfit()默认位置参数为0。

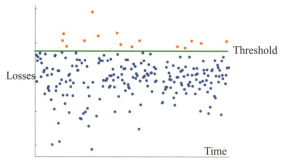

图3.9　峰值过阈值法

随机模拟得到的尾部数据和广义帕累托PDF分布如图3.10所示。

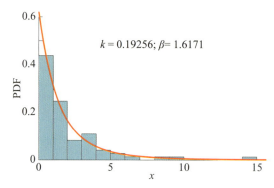

图3.10　随机模拟得到的尾部数据和广义帕累托PDF分布

随机模拟得到的尾部数据和广义帕累托CDF如图3.11所示。

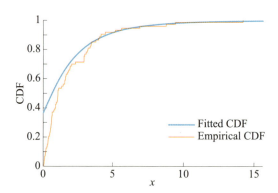

图3.11　随机模拟得到的尾部数据和广义帕累托CDF

以下代码可以获得图3.10和图3.11。

`B3_Ch3_3.m`

```
clc; clear all; close all
rng default
blocksize = 50;
nblocks = 200;
X = trnd(3,blocksize*nblocks,1);
```

```
u = 5;
% u = -quantile(X,.0075)
X_hat = -X(X < -u) - u;

[paramEsts,paramCIs] = gpfit(X_hat);

k_MLE    = paramEsts(1);      % Shape parameter
beta_MLE = paramEsts(2);      % Scale parameter

lowerBnd = 0;

ymax = 1.1*max(X_hat);
bins = lowerBnd:ceil(ymax);

figure(1)

bar(bins,histc(X_hat,bins)/length(X_hat),'histc');
hold on
xgrid = linspace(lowerBnd,ymax,100);
PDF = gppdf(xgrid,k_MLE,beta_MLE);
plot(xgrid,PDF,'r');
xlabel('$$\hat{x}$$','Interpreter','Latex'); ylabel('PDF');
xlim([lowerBnd ymax]); box off
title(['k = ',num2str(k_MLE),'; \beta = ',...
    num2str(beta_MLE)])

figure(2)
[CDF_empirical,xi] = ecdf(X_hat);
plot(xgrid,gevcdf(xgrid,k_MLE,beta_MLE),'-');
hold on;
stairs(xi,CDF_empirical,'r');
hold off;
xlabel('$$\hat{x}$$','Interpreter','Latex'); ylabel('CDF');
xlim([lowerBnd ymax]); box off
legend('Fitted CDF','Empirical CDF','location','best');
```

MATLAB的函数paretotails()可以构造两个尾部均为广义帕累托分布的分段分布。如图3.12所示为一组肥尾数据。这组数据可以用paretotails()构造如下三段分布。

```
Piecewise distribution with 3 segments
     -Inf < x < -1.84875    (0 < p < 0.1): lower tail, GPD(0.183032,1.00347)
  -1.84875 < x < 2.07662    (0.1 < p < 0.9): interpolated empirical cdf
      2.07662 < x < Inf     (0.9 < p < 1): upper tail, GPD(0.333239,1.19705)
```

如图3.13所示就是这个三段分布，这个分布的首尾是广义帕累托分布。本节极值内容将会在本书后文风险度量中得到应用。

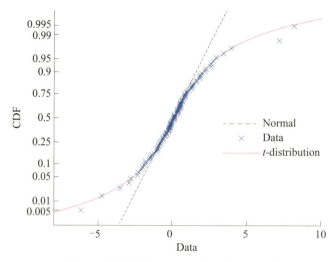

图3.12 肥尾数据、正态分布、学生t-分布的关系

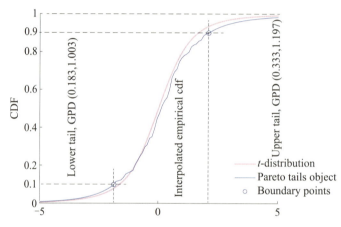

图3.13 肥尾数据和paretotails()构造的分段分布

以下代码可以获得图3.12和图3.13。

```
B3_Ch3_4.m
```

```matlab
rng('default');
% For reproducibility
data = trnd(3,100,1);
pd_obj = paretotails(data,0.1,0.9)
% paretotails(x,pl,pu) returns the piecewise distribution
% object pd, which consists of the empirical distribution
% in the center and generalized Pareto distributions in the tails.
% Specify the boundaries of the tails using the lower and upper tail
% cumulative probabilities pl and pu, respectively.

figure(1)
probplot(data)
p = fitdist(data,'tlocationscale');
```

```
h = probplot(gca,p);
set(h,'color','r','linestyle','-');
title('Probability plot')
legend('Normal','Data','t location-scale','Location','SE')
box off

figure(2)
x = linspace(-5,5);
plot(x,tcdf(x,3),'r')
hold on
plot(x,cdf(pd_obj,x),'b')

[p,q] = boundary(pd_obj);
plot(q,p,'bo')
legend('t distribution','Pareto tails object',...
    'Boundary points','Location','best')
hold off; box off; legend boxoff
```

3.2 连接函数介绍

丛书第二册第2章和第12章简单提及了**连接函数** (copula)。连接函数是一种描述时间序列**协同运动** (co-movement) 的方法。定义如下 N 组随机数构成的向量：

$$[X_1, X_2, \cdots, X_N] \tag{3.12}$$

它们各自的边缘累积概率分布值可以构成式 (3.13) 所示向量：

$$[U_1, U_2, \cdots, U_N] = [F_1(X_1), F_2(X_2), \cdots, F_N(X_N)] \tag{3.13}$$

其中，F_i 为 X_i 的边缘累积概率分布函数，U_i 的取值范围为 [0, 1]。而从反方向来看，U_i 可以用来获得 X_i：

$$[X_1, X_2, \cdots, X_N] = [F_1^{-1}(U_1), F_2^{-1}(U_2), \cdots, F_N^{-1}(U_N)] \tag{3.14}$$

连接函数 C 可以被定义为：

$$C(u_1, u_2, \cdots, u_N) = F\left(F_1^{-1}(u_1), F_2^{-1}(u_2), \cdots, F_N^{-1}(u_N)\right) \tag{3.15}$$

其中，F 为联合累积概率分布函数。连接函数的密度函数，也就是copula PDF可以通过式 (3.16) 求得：

$$c(u_1, u_2, \cdots, u_N) = \frac{\partial^N}{\partial u_1 \cdot \partial u_2 \cdot \ldots \cdot \partial u_N} C(u_1, u_2, \cdots, u_N) \tag{3.16}$$

如图3.14所示是几种常见连接函数的分类。

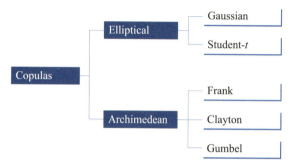

图3.14 主要连接函数分类

如图3.15所示是两个椭圆copula密度函数的等高线图。如图3.16所示是常见的三种阿基米德copula密度函数的等高线图。

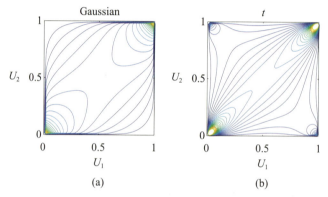

图3.15 椭圆copula PDF的等高线图

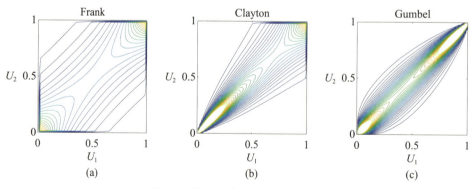

图3.16 阿基米德copula PDF等高线图

讲到这里，有些读者可能还是会疑惑copula连接函数C和原数据X之间到底有怎样的关系。下面通过几幅图像来更形象地理解copula。如图3.17所示是X_1和X_2与F_1和F_2的关系，首先有两组股票数据S_1和S_2，分别计算它们的日对数回报率可以得到X_1和X_2。可以从PDF和CDF两个角度分别研究X_1和X_2。图3.17给出X_1和X_2的PDF和CDF的直方图。CDF的直方图的变化趋势可以理解为F_1和F_2。

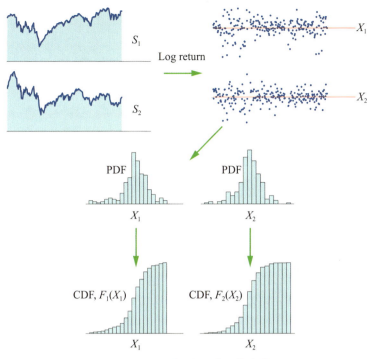

图3.17　X_1和X_2与F_1和F_2的关系

有了对X_1和X_2的研究，可以研究X_1和X_2两者之间的联系。如图3.18所示是X_1和X_2的散点图，通过这个散点图可以得到X_1和X_2的线性相关性系数。对于X_1而言，通过F_1进行一一映射，可以将X_1转化为U_1；同样，通过F_2进行一一映射，可以将X_2转化为U_2。这样就可以用U_1和U_2来进行建模活动。

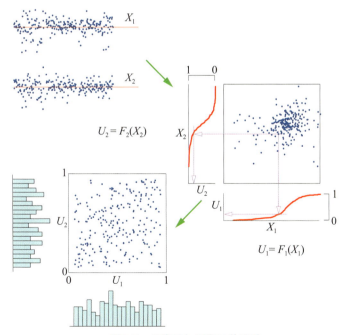

图3.18　X_1和X_2与U_1和U_2的关系

如图3.19所示是通过模拟获得U_1和U_2以及F_1和F_2的逆运算，得到的X_1和X_2。另外，F_1和F_2可以为不同的分布运算。

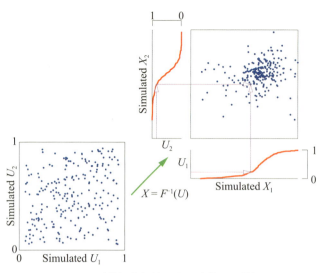

图3.19 通过模拟获得的U_1和U_2计算得到模拟X_1和X_2

MATLAB中可以用copularnd()函数产生符合高斯copula的随机数组 $[U_1, U_2]$。如图3.20所示是随机数组 $[U_1, U_2]$ 的散点图，以及边缘U_1和U_2 PDF直方图。通过学生t-分布累积概率分布逆运算tinv()，可以把 $[U_1, U_2]$ 转化为均服从t-分布的随机数组 $[X_1, X_2]$，如图3.21所示。如图3.22所示是随机数组 $[X_1, X_2]$，其中X_1服从Gamma分布，X_2服从t-分布。

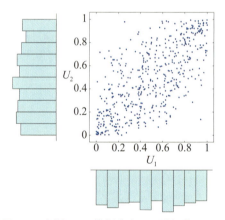

图3.20 高斯copula模拟产生二元随机数 $[U_1, U_2]$

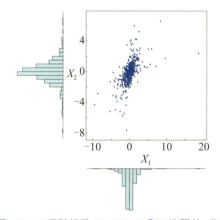

图3.21 二元随机数 $[X_1, X_2]$，X_1和X_2均服从t-分布

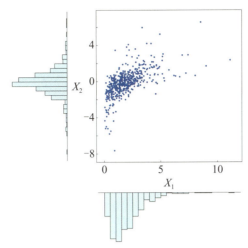

图3.22　二元随机数 $[X_1, X_2]$，X_1服从Gamma分布，X_2服从t-分布

以下代码可以获得图3.20、图3.21和图3.22。

```
B3_Ch3_5.m

clc; close all; clear all
num_sim = 500; rho = .7;
SIGMA = [1 rho; rho 1];
rng default
Z = mvnrnd([0 0],SIGMA,num_sim);
U = normcdf(Z);
% U = copularnd('Gaussian',SIGMA,num_sim);

figure(1)
scatterhist(U(:,1),U(:,2),'Direction','out')
set(get(gca,'children'),'marker','.')
xlabel('U_1'); ylabel('U_2');

figure(2)
X = [tinv(U(:,1),3) tinv(U(:,2),3)];
scatterhist(X(:,1),X(:,2),'Direction','out')
set(get(gca,'children'),'marker','.')
xlabel('X_1'); ylabel('X_2')

figure(3)
X = [gaminv(U(:,1),2,1) tinv(U(:,2),3)];
scatterhist(X(:,1),X(:,2),'Direction','out')
set(get(gca,'children'),'marker','.')
xlabel('X_1'); ylabel('X_2')
```

本章3.3、3.4两节会介绍常用的两个连接函数：高斯连接函数和t-连接函数。

这里再看一个三维copula随机数组。如图3.23所示是三元高斯copula随机数 $[U_1, U_2, U_3]$。如图3.24所示是三元高斯copula随机数 $[U_1, U_2, U_3]$ 转化成三元随机数 $[X_1, X_2, X_3]$，X_1和X_2均服从Gamma分布，X_3服从t-分布。

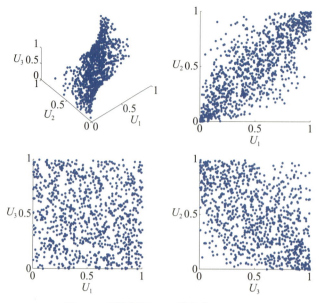

图3.23 三元高斯copula随机数 $[U_1, U_2, U_3]$

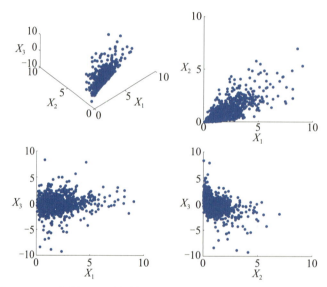

图3.24 三元高斯copula随机数 $[U_1, U_2, U_3]$ 转化成三元随机数 $[X_1, X_2, X_3]$，
X_1和X_2均服从Gamma分布，X_3服从t-分布

以下代码可以获得图3.23和图3.24。

`B3_Ch3_6.m`

```
clc; close all; clear all
num_sim = 1000;

rho_12 = 0.8; rho_13 = 0.1; rho_23 = -0.5;
SIGMA = [1 rho_12 rho_13;
         rho_12 1 rho_23;
         rho_13 rho_23 1];
```

```matlab
rng default
% Z = mvnrnd([0 0 0],SIGMA,num_sim);
% U = normcdf(Z);
U = copularnd('Gaussian',SIGMA,num_sim);

figure(1)
subplot(2,2,1)
scatter3(U(:,1),U(:,2),U(:,3),'.')
xlabel('U_1'); ylabel('U_2'); zlabel('U_3');
grid off; box off

subplot(2,2,2)
scatter3(U(:,1),U(:,2),U(:,3),'.')
xlabel('U_1'); ylabel('U_2'); zlabel('U_3');
grid off; box off; view([0,0,1])

subplot(2,2,3)
scatter3(U(:,1),U(:,2),U(:,3),'.')
xlabel('U_1'); ylabel('U_2'); zlabel('U_3');
grid off; box off; view([0,1,0])

subplot(2,2,4)
scatter3(U(:,1),U(:,2),U(:,3),'.')
xlabel('U_1'); ylabel('U_2'); ylabel('U_3');
grid off; box off; view([1,0,0])

X = [gaminv(U(:,1),2,1),gaminv(U(:,2),1,1),tinv(U(:,3),3)];

figure(2)
subplot(2,2,1)
scatter3(X(:,1),X(:,2),X(:,3),'.')
xlabel('X_1'); ylabel('X_2'); zlabel('X_3');
grid off; box off
xlim([0,10]); ylim([0,10]); zlim([-10,10])

subplot(2,2,2)
scatter3(X(:,1),X(:,2),X(:,3),'.')
xlabel('X_1'); ylabel('X_2'); zlabel('X_3');
grid off; box off; view([0,0,1])
xlim([0,10]); ylim([0,10]); zlim([-10,10])

subplot(2,2,3)
scatter3(X(:,1),X(:,2),X(:,3),'.')
xlabel('X_1'); ylabel('X_2'); zlabel('X_3');
grid off; box off; view([0,-1,0])
xlim([0,10]); ylim([0,10]); zlim([-10,10])
```

```
subplot(2,2,4)
scatter3(X(:,1),X(:,2),X(:,3),'.')
xlabel('X_1'); ylabel('X_2'); zlabel('X_3');
grid off; box off; view([1,0,0])
xlim([0,10]); ylim([0,10]); zlim([-10,10])
```

3.3 高斯连接函数

首先来聊一下高斯copula。定义 $\boldsymbol{R}$ 为相关性系数矩阵：

$$\boldsymbol{R} = \begin{bmatrix} 1 & \rho_{1,2} & \cdots & \rho_{1,n} \\ \rho_{2,1} & 1 & \cdots & \rho_{2,n} \\ \vdots & \vdots & \ddots & \vdots \\ \rho_{n,1} & \rho_{n,2} & \cdots & 1 \end{bmatrix} \tag{3.17}$$

高斯连接函数 C 可以写作：

$$C(u_1, u_2, \cdots, u_N | \boldsymbol{R}) = N_R(N^{-1}(u_1), N^{-1}(u_2), \cdots, N^{-1}(u_N)) \tag{3.18}$$

式中：N_R 为标准正态分布的联合累积概率密度函数；N^{-1} 是标准正态分布累积概率密度函数的逆运算。

高斯连接函数密度 c 可以写作：

$$c(u_1, u_2, \ldots u_N | \boldsymbol{R}) = \frac{1}{|\boldsymbol{R}|^{1/2}} \exp\left(-\frac{1}{2} \begin{bmatrix} N^{-1}(u_1) \\ N^{-1}(u_2) \\ \vdots \\ N^{-1}(u_N) \end{bmatrix}^{\mathrm{T}} (\boldsymbol{R}^{-1} - \boldsymbol{I}) \begin{bmatrix} N^{-1}(u_1) \\ N^{-1}(u_2) \\ \vdots \\ N^{-1}(u_N) \end{bmatrix}\right) \tag{3.19}$$

二元高斯连接函数 C 可以写作：

$$\begin{aligned} C(u_1, u_2 | \rho) &= N_R(N^{-1}(u_1), N^{-1}(u_2)) \\ &= \int_{-\infty}^{N^{-1}(u_1)} \int_{-\infty}^{N^{-1}(u_2)} \frac{1}{2\pi\sqrt{1-\rho^2}} \exp\left(\frac{x^2 + y^2 - 2\rho xy}{-2(1-\rho^2)}\right) \mathrm{d}x \mathrm{d}y \end{aligned} \tag{3.20}$$

其中，ρ 为二元随机数的线性相关系数，和 $\boldsymbol{R}$ 的关系为：

$$\boldsymbol{R} = \begin{bmatrix} 1 & \rho \\ \rho & 1 \end{bmatrix} \tag{3.21}$$

另外，标准正态分布累积函数的逆运算为：

$$N^{-1}(u) = \sqrt{2}\,\mathrm{erf}^{-1}(2u-1), \quad u \in (0,1) \tag{3.22}$$

如图3.25所示是二元标准正态分布联合概率PDF等高线和服从线性相关系数为0.6的二元正态分布随机数 $[X_1, X_2]$。可以看到这些PDF等高线为椭圆形状。此外，图3.25还给出了X_1和X_2边缘PDF直方图和拟合曲线。

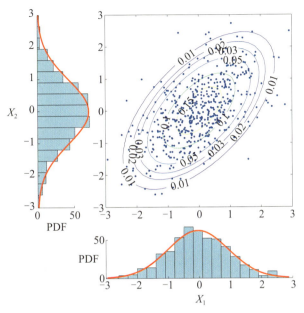

图3.25　二元联合标准正态分布，$[X_1, X_2]$ 随机点，联合PDF等高线图，边缘拟合PDF (线性相关系数为0.6)

如图3.26所示为二元标准正态分布联合概率CDF等高线和二元随机数组 $[X_1, X_2]$。图3.26还给出了X_1和X_2边缘CDF拟合曲线。

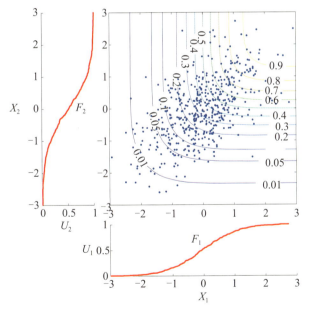

图3.26　二元联合标准正态分布，$[X_1, X_2]$ 随机点，联合CDF等高线图，边缘拟合CDF (线性相关系数为0.6)

如图3.27所示是经过$X \to U$一一映射得到的二元随机数组 $[U_1, U_2]$ 以及copula密度函数c等高线。如图3.28所示是这个二元高斯copula PDF三维网格图。如图3.29所示是二元高斯copula CDF等高线图。如图3.30所示是图3.29的三维网格图。

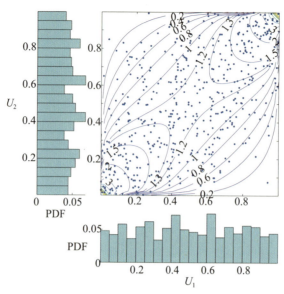

图3.27　二元高斯copula PDF等高线图，[U_1, U_2] 随机点，和边缘概率直方图 (线性相关系数为0.6)

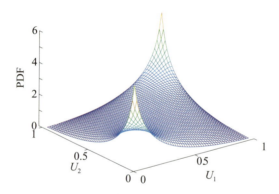

图3.28　二元高斯copula PDF三维网格图

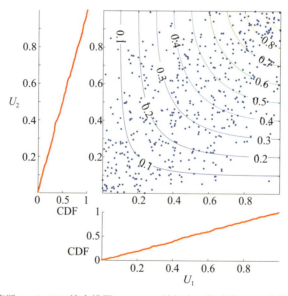

图3.29　二元高斯copula CDF等高线图，[U_1, U_2] 随机点，和边缘CDF (线性相关系数为0.6)

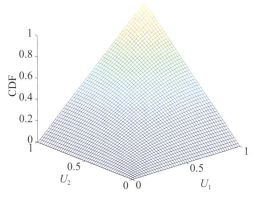

图3.30 二元高斯copula CDF三维网格图

以下代码可以获得图3.25到图3.30。

```
B3_Ch3_7.m

clc; clear all; close all
mu = [0 0];
rho = 0.6;
SIGMA = [1 rho;rho 1];
rng default
x1_grid = -3:.2:3;
x2_grid = -3:.2:3;
[X1_grid,X2_grid] = meshgrid(x1_grid,x2_grid);
X_grid = [X1_grid(:) X2_grid(:)];

PDF_X = mvnpdf(X_grid,mu,SIGMA);
num_sim = 500;
XX_rnd = mvnrnd(mu,SIGMA,num_sim);
X1_rnd = XX_rnd(:,1);
X2_rnd = XX_rnd(:,2);
PDF_X = reshape(PDF_X,length(x2_grid),length(x1_grid));

%% X PDF
index = 1;
figure(index); index = index + 1;

subplot(4,4,[2:4 6:8 10:12]); % Top right square
levels = [0.01,0.02,0.03,0.05,0.1,0.15];
contour(x1_grid,x2_grid,...
    PDF_X,levels,'ShowText','on'); hold on
plot(X1_rnd,X2_rnd,'.')
set(gcf,'color','white')
xlim([-3,3]); ylim([-3,3])
yl=get(gca,'ylim'); xl=get(gca,'xlim');

num_bins = 20;
```

```matlab
subplot(4,4,[1 5 9]); % Top left
histfit(X2_rnd,num_bins);
xlim(yl); view(90,-90); box off;
xlabel('X_2'); ylabel('PDF')

subplot(4,4,[14:16]); % Btm right
histfit(X1_rnd,num_bins)
xlim(xl); box off
xlabel('X_1'); ylabel('PDF')
%% X CDF
CDF_X = mvncdf(X_grid,mu,SIGMA);
CDF_X = reshape(CDF_X,length(x2_grid),length(x1_grid));
figure(index); index = index + 1;

subplot(4,4,[2:4 6:8 10:12]); % Top right square
levels = [0.01,0.05,0.1:0.1:1];
contour(x1_grid,x2_grid,CDF_X,levels,'ShowText','on'); hold on
plot(X1_rnd,X2_rnd,'.')
xlim([-3,3]); ylim([-3,3])
set(gcf,'color','white')
yl=get(gca,'ylim'); xl=get(gca,'xlim');

subplot(4,4,[1 5 9]); % Top left
[CDF_emprical_2,xi_2] = ecdf(X2_rnd);
stairs(xi_2,CDF_emprical_2,'r');
xlim(yl); view(90,-90); box off;
xlabel('X_2'); ylabel('U_2')

subplot(4,4,[14:16]); % Btm right
[CDF_emprical_1,xi_1] = ecdf(X1_rnd);
stairs(xi_1,CDF_emprical_1,'r');
xlim(xl); box off
xlabel('X_1'); ylabel('U_1')

%% One-to-one mapping, U to X

U_1_rnd = ksdensity(X1_rnd,X1_rnd,'function','cdf');
U_2_rnd = ksdensity(X2_rnd,X2_rnd,'function','cdf');

u1_grid = linspace(1e-3,1-1e-3,50);
u2_grid = linspace(1e-3,1-1e-3,50);
[U1,U2] = meshgrid(u1_grid,u2_grid);

U_PDF = copulapdf('Gaussian',[U1(:) U2(:)],SIGMA);
U_CDF = copulacdf('Gaussian',[U1(:) U2(:)],SIGMA);
U_PDF = reshape(U_PDF,size(U1));
```

```matlab
U_CDF = reshape(U_CDF,size(U1));


%% Copula Density (PDF), density

figure(index); index = index + 1;

subplot(4,4,[2:4 6:8 10:12]); % Top right square
contour(u1_grid,u2_grid,U_PDF,...
    [0:0.2:1,1.2,1.3,1.5,2:10],'ShowText','on'); hold on
scatter(U_1_rnd,U_2_rnd,'.')
zlabel('PDF')
set(gcf,'color','white')
yl=get(gca,'ylim'); xl=get(gca,'xlim');

subplot(4,4,[1 5 9]); % Top left
h = histogram(U_2_rnd,num_bins);
h.Normalization = 'probability';

xlim(yl); view(90,-90); box off;
xlabel('U_2'); ylabel('PDF')

subplot(4,4,[14:16]); % Btm right
h = histogram(U_1_rnd,num_bins);
h.Normalization = 'probability';

xlim(xl); box off
xlabel('U_1'); ylabel('PDF')

figure(index); index = index + 1;

mesh(u1_grid,u2_grid,U_PDF); hold on
zlabel('PDF'); xlabel('U_1'); ylabel('U_2')
set(gcf,'color','white'); grid off
%% Copula CDF

figure(index); index = index + 1;
subplot(4,4,[2:4 6:8 10:12]); % Top right square
contour(u1_grid,u2_grid,U_CDF,...
    [0:0.1:1],'ShowText','on'); hold on
scatter(U_1_rnd,U_2_rnd,'.')
zlabel('CDF')
set(gcf,'color','white')
yl=get(gca,'ylim'); xl=get(gca,'xlim');

subplot(4,4,[1 5 9]); % Top left
[CDF_emprical_2,xi_2] = ecdf(U_2_rnd);
```

```
stairs(xi_2,CDF_emprical_2,'r');
xlim(yl); view(90,-90); box off;
xlabel('U_2'); ylabel('CDF')

subplot(4,4,[14:16]); % Btm right
[CDF_emprical_1,xi_1] = ecdf(U_1_rnd);
stairs(xi_1,CDF_emprical_1,'r');
xlim(xl); box off
xlabel('U_1'); ylabel('CDF')

figure(index); index = index + 1;

mesh(u1_grid,u2_grid,U_CDF); hold on
zlabel('CDF'); xlabel('U_1'); ylabel('U_2')
set(gcf,'color','white'); grid off
```

如图3.31所示为四个分图，其中图3.31(a)是二元联合标准正态分布PDF等高线，线性相关系数为0.9；图3.31(b)是二元联合标准正态分布CDF等高线；图3.31(c)是高斯copula PDF等高线；图3.31(d)是高斯copula CDF等高线图。二元联合标准正态分布PDF等高线为椭圆，但是高斯copula PDF并非为椭圆。图3.31到图3.35给出的是相同图组，唯一不同的就是线性相关系数。特别的，当线性相关系数为0时，copula PDF定值为1。

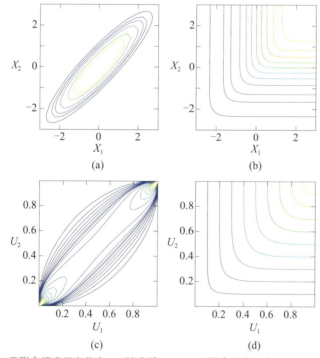

(a) 二元联合标准正态分布PDF等高线；(b) 二元联合标准正态分布CDF等高线；
(c) 高斯copula PDF等高线；   (d) 高斯copula CDF等高线

图3.31 四个分图(线性相关系数0.9)

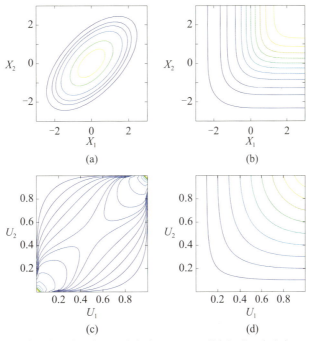

(a) 二元联合标准正态分布PDF等高线; (b) 二元联合标准正态分布CDF等高线;
(c) 高斯copula PDF等高线; (d) 高斯copula CDF等高线

图3.32 四个分图(线性相关系数0.6)

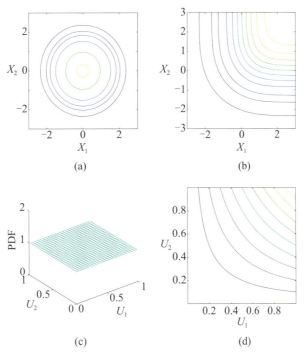

(a) 二元联合标准正态分布PDF等高线; (b) 二元联合标准正态分布CDF等高线;
(c) 高斯copula PDF等高线; (d) 高斯copula CDF等高线

图3.33 四个分图(线性相关系数0)

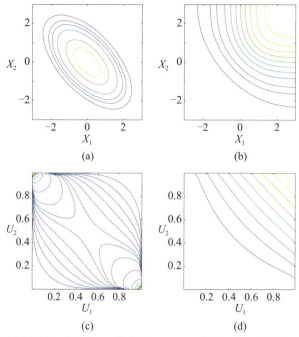

(a) 二元联合标准正态分布PDF等高线；(b) 二元联合标准正态分布CDF等高线；
(c) 高斯copula PDF等高线；　　　　　(d) 高斯copula CDF等高线

图3.34　四个分图(线性相关系数-0.6)

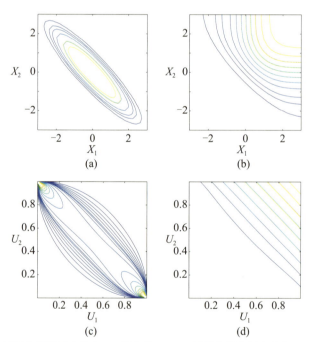

(a) 二元联合标准正态分布PDF等高线；(b) 二元联合标准正态分布CDF等高线；
(c) 高斯copula PDF等高线；　　　　　(d) 高斯copula CDF等高线

图3.35　四个分图(线性相关系数-0.9)

3.4 t-连接函数

在探讨t-连接函数值之前，先来看看多元学生t-分布。X服从t-分布可以记作：

$$X \sim t_v(\boldsymbol{\mu}, \boldsymbol{\Sigma}_t) \tag{3.23}$$

多元学生t-分布PDF可以表达为：

$$\text{PDF}(X) = \frac{\Gamma\left[\frac{v+p}{2}\right]}{\Gamma\left(\frac{v}{2}\right)(v\pi)^{\frac{p}{2}}|\boldsymbol{\Sigma}_t|^{1/2}} \left[1 + \frac{1}{v}(\boldsymbol{x}-\boldsymbol{\mu})^{\mathrm{T}}(\boldsymbol{\Sigma}_t)^{-1}(\boldsymbol{x}-\boldsymbol{\mu})\right]^{-\frac{(v+p)}{2}} \tag{3.24}$$

式中：v为**自由度** (degrees of freedom)；p为X的维度，比如二元t-分布，$p=2$；$\boldsymbol{\mu}$为X在各维度上均值构成的列向量；$\boldsymbol{\Sigma}_t$为t-方差协方差矩阵。

首先请读者注意这一项：

$$(\boldsymbol{x}-\boldsymbol{\mu})^{\mathrm{T}}(\boldsymbol{\Sigma}_t)^{-1}(\boldsymbol{x}-\boldsymbol{\mu}) \tag{3.25}$$

式 (3.25) 所示**椭圆分布** (elliptical distribution) 重要的数学构造。多元正态分布和多元t分布都是椭圆分布。另外，请读者注意，$\boldsymbol{\Sigma}_t$并不是X的方差协方差矩阵$\boldsymbol{\Sigma}$。两者关系式 (3.26) 所示：

$$\boldsymbol{\Sigma} = \frac{v}{v-2}\boldsymbol{\Sigma}_t \tag{3.26}$$

丛书第二本第7章在讨论tVaR时，讲过式 (3.27) 所示公式：

$$\sigma_t = \sigma_{1-\text{day}}\sqrt{\frac{v-2}{v}} \text{ for } v > 2 \tag{3.27}$$

也用式 (3.27) 得到计算tVaR的式 (3.28)：

$$\text{tVaR}(\alpha)_{J-\text{days}} = \left(t_{\alpha,v} \times \sqrt{\frac{v-2}{v}}\sigma_{1-\text{day}}\sqrt{J} - \mu J\right) \times P \tag{3.28}$$

式 (3.27)、式 (3.28) 所示就是X的t-方差协方差矩阵$\boldsymbol{\Sigma}_t$和X的方差协方差矩阵$\boldsymbol{\Sigma}$两者关系。下面为了更好了解多元t-分布，要讨论Gamma分布和t-分布关系。下面为了更好了解多元t-分布，要探讨以下Gamma分布和t-分布关系。Gamma分布的PDF为：

$$\text{PDF}(x) = \frac{\beta^\alpha}{\Gamma(\alpha)}x^{(\alpha-1)}\exp(-\beta x) \tag{3.29}$$

其中，α被称作形状参数，β被称作速率参数，$\Gamma()$为Gamma函数。$\beta = 1$时，上式为标准Gamma分布。Gamma分布的期望和方差为：

$$E(X) = \frac{\alpha}{\beta}, \quad \text{var}(X) = \frac{\alpha}{\beta^2} \tag{3.30}$$

而MATLAB中Gamma分布函数gampdf(x, a, b)则采用的是Gamma分布的第二种表达形式。

$$\text{PDF}(x) = \frac{1}{\Gamma(a)b^a} x^{(a-1)} \exp\left(\frac{-x}{b}\right) \tag{3.31}$$

其中，a同样是形状参数，$a = \alpha$；而，b被称作形状参数，$b = 1/\beta$。图3.36和图3.37所示为参数 (a 和b) 不同情况下Gamma分布的PDF和CDF。

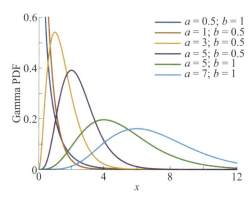

图3.36　Gamma分布PDF

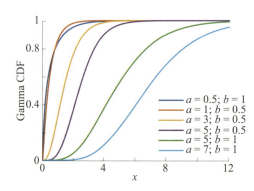

图3.37　Gamma分布CDF

以下代码可以获得图3.36和图3.37。

B3_Ch3_8.m

```
clc; close all; clear all
x = 0:0.01:12;
a = [0.5,1,3,5,5,7]; b = [1,0.5,0.5,0.5,1,1];

figure(1)

for i = 1:length(a)
    a_i = a(i); b_i  = b(i);
    pdf_x = gampdf(x,a_i,b_i);
```

```
    plot(x,pdf_x); hold on
    legendCell{i} = ['a = ',num2str(a_i),'; b = ',num2str(b_i)];
end

ylim([0,0.6]); box off; legend boxoff
xlabel('x'); ylabel('Gamma PDF'); legend(legendCell)

figure(2)

for i = 1:length(a)
    a_i = a(i); b_i = b(i);
    pdf_x = gamcdf(x,a_i,b_i);
    plot(x,pdf_x); hold on
    legendCell{i} = ['a = ',num2str(a_i),'; b = ',num2str(b_i)];
end

ylim([0,1]); box off; legend boxoff;
xlabel('x'); ylabel('Gamma CDF'); legend(legendCell)
```

和Gamma密不可分的是**逆Gamma分布** (inverse gamma distribution, IGam)。逆Gamma分布的PDF为：

$$\text{PDF}(x) = \frac{\beta^\alpha}{\Gamma(\alpha)} x^{(-\alpha-1)} \exp\left(\frac{-\beta}{x}\right) \tag{3.32}$$

逆Gamma分布的期望和方差为：

$$E(X) = \frac{\beta}{\alpha-1} \quad (\alpha > 1); \quad \text{var}(X) = \frac{\beta^2}{(\alpha-1)^2(\alpha-2)} \quad (\alpha > 2) \tag{3.33}$$

逆Gamma分布的期望仅仅在$\alpha > 1$时存在；而逆Gamma分布方差仅仅在$\alpha > 2$时存在。逆Gamma分布的PDF和CDF如图3.38和图3.39所示。可以推导得到，t-分布可以由高斯分布和逆Gamma分布构造：

$$X = \mu + \sqrt{W} Y \tag{3.34}$$

其中：

$$X \sim t_\nu(\mu, \Sigma_t), \quad Y \sim N(0, \Sigma_t), \quad W \sim IGam(\alpha, \beta) \tag{3.35}$$

对X求协方差：

$$\text{cov}(X) = \frac{\beta}{\alpha-1} \Sigma_t \tag{3.36}$$

因此，可以用高斯随机数和逆Gamma随机数构造"厚尾"随机数。

逆Gamma分布参数和t-分布自由度参数关系如下：

$$\alpha = \beta = \frac{v}{2} \tag{3.37}$$

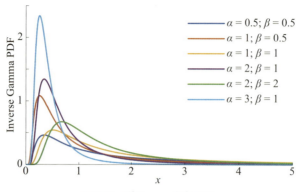

图3.38 逆Gamma分布PDF

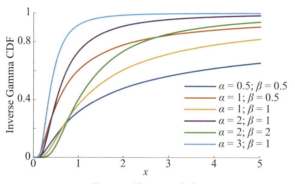

图3.39 逆Gamma分布CDF

以下代码可以获得图3.38和图3.39。

`B3_Ch3_9.m`

```
clc; close all; clear all

x = 0:0.01:5;
Alphas = [0.5,1,1,2,2,3];
Betas  = [0.5,0.5,1,1,2,1];

figure(1)

for i = 1:length(Alphas)
    alpha = Alphas(i);
    beta  = Betas(i);
    pdf_x = inv_gampdf(x,alpha,beta);
    plot(x,pdf_x); hold on
    legendCell{i} = ['\alpha = ',num2str(alpha),...
        '; \beta = ',num2str(beta)];
end
```

```
legend(legendCell)

ylim([0,2.5]); box off; legend boxoff
xlabel('x'); ylabel('Inverse Gamma PDF')

figure(2)

for i = 1:length(Alphas)
    alpha = Alphas(i);
    beta  = Betas(i);
    pdf_x = inv_gamcdf(x,alpha,beta);
    plot(x,pdf_x); hold on
    legendCell{i} = ['\alpha = ',num2str(alpha),...
        '; \beta = ',num2str(beta)];
end

legend(legendCell)

ylim([0,1]); box off; legend boxoff
xlabel('x'); ylabel('Inverse Gamma CDF')

function PDF = inv_gampdf(X,A,B)

PDF = B^A/gamma(A)*X.^(-A-1).*exp(-B./X);

end

function CDF = inv_gamcdf(X,A,B)

CDF = gammainc(B./X,A,'upper');

end
```

通过上文讲到的t-分布、正态分布和逆Gamma分布之间的关系，读者可能会发现分别服从正态分布和逆Gamma分布的随机数，可以用来产生肥尾随机数。如图3.40所示就是通过上述方法得到的肥尾数据构成的分布。

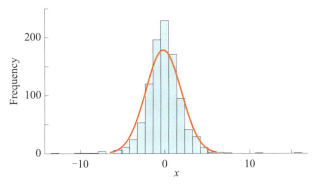

图3.40　正态分布和逆Gamma分布的随机数合成得到的肥尾数据

以下代码可以获得图3.40。

```
B3_Ch3_10.m
clc; clear all; close all
df = 4;
num_draws = 1000;
inv_gam_rnd = 1./gamrnd(df/2,2/df,num_draws,1);
t_mu = 0; t_var = 2;

t_rnd = t_mu + sqrt(inv_gam_rnd).*normrnd(0,sqrt(t_var),num_draws,1);

figure(1)
histfit(t_rnd); box off
xlabel('x'); ylabel('Frequency')
var(t_rnd)
```

学生t-连接函数，即t-copula。t-copula可以写作：

$$C(u_1,u_2,...u_N|\nu,\Sigma_t) = t_\nu\left(t_\nu^{-1}(u_1),t_\nu^{-1}(u_2),...,t_\nu^{-1}(u_N)|\Sigma_t\right) \tag{3.38}$$

图3.41(a) 是二元学生t-分布PDF的等高线图，t-相关系数为-0.6，自由度为4。图3.41(b) 是这个二元学生分布CDF的等高线图。图3.41(c) 为对应的t-copula分布的PDF等高线图，图3.41(d) 为t-copula分布的CDF等高线图。图3.42为t-相关性系数为0，自由度为4。图3.43为t-相关性系数为0.6，自由度为4。

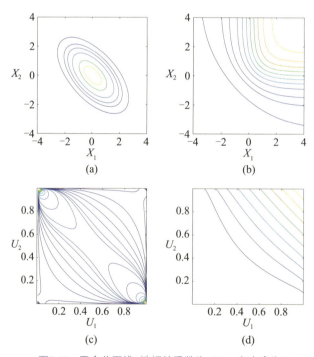

图3.41　四个分图线 (性相关系数为-0.6，自由度为4)

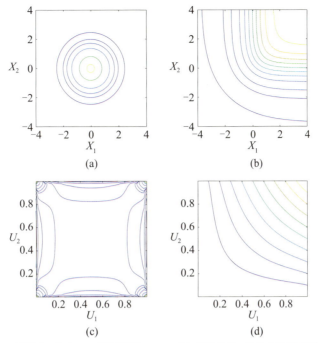

(a) 二元学生t-分布PDF等高线图； (b) 二元学生t-分布CDF等高线图；
(c) 学生t-copula分布PDF等高线图； (d) 学生t-copula分布CDF等高线图

图3.42　四个分图 (线性相关系数为0，自由度为4)

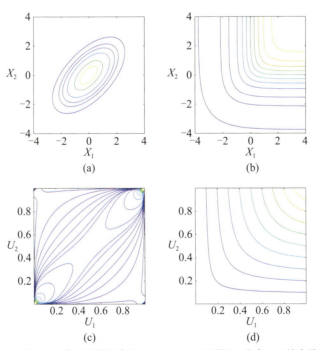

(a) 二元学生t-分布PDF等高线图； (b) 二元学生t-分布CDF等高线图；
(c) 学生t-copula分布PDF等高线图； (d) 学生t-copula分布CDF等高线图

图3.43　四个分图 (线性相关系数为0.6，自由度为4)

下面把 $[X_1, X_2]$ 转化为式 (3.38) 所示的数值点：

$$[X_1 \quad X_2] \Rightarrow \left[N^{-1}(t_\nu(X_1)) \quad N^{-1}(t_\nu(X_2)) \right] \tag{3.39}$$

经过以上转化，边缘分布为标准正态分布，这样高斯分布和学生t-分布可以更容易相互比较。如图3.44所示就是坐标转换后的二元学生t-分布PDF和CDF等高线图。

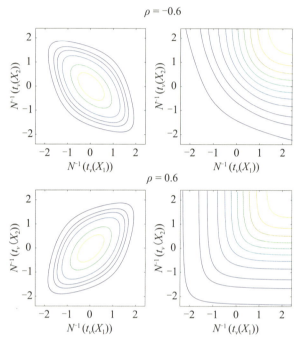

图3.44　坐标转换后的二元学生t-分布PDF和CDF等高线图

以下代码获得图3.41、图3.42和图3.43。

```
B3_Ch3_11.m
```

```
clc; clear all; close all

index = 1;

rho_series = [-0.6,0,0.6];
df = 4;

for i = 1:length(rho_series)
    mu = [0 0];
    rho = rho_series(i);
    
    SIGMA = [1 rho;rho 1];
    rng default
    x1_grid = -4:.1:4;
    x2_grid = -4:.1:4;
    [X1_grid,X2_grid] = meshgrid(x1_grid,x2_grid);
```

```matlab
    X_grid = [X1_grid(:) X2_grid(:)];

    PDF_X = mvtpdf(X_grid,SIGMA,df);

    num_sim = 500;
    XX_rnd = mvtrnd(SIGMA,df,num_sim);
    X1_rnd = XX_rnd(:,1);
    X2_rnd = XX_rnd(:,2);
    PDF_X = reshape(PDF_X,length(x2_grid),length(x1_grid));

    % X PDF

    figure(index); index = index + 1;

    subplot(2,2,1)
    levels = [0.01,0.02,0.03,0.05,0.1,0.15];

    %%%% Normalizing transformations of Student's t distribution
    x1_grid = norminv(tcdf(x1_grid,df));
    x2_grid = norminv(tcdf(x2_grid,df));
    %%%%

    contour(x1_grid,x2_grid,PDF_X,levels); hold on
    % plot(X1_rnd,X2_rnd,'.')
    set(gcf,'color','white')
    xlim([min(x1_grid(:)),max(x1_grid(:))]);
    ylim([min(x1_grid(:)),max(x1_grid(:))]);

    xlabel('X1'); ylabel('X2')
    hYLabel = get(gca,'YLabel');
    set(hYLabel,'rotation',0,'VerticalAlignment','middle')

    CDF_X = mvtcdf(X_grid,SIGMA,df);
    CDF_X = reshape(CDF_X,length(x2_grid),length(x1_grid));

    subplot(2,2,2)
    levels = [0.01,0.05,0.1:0.1:1];
    contour(x1_grid,x2_grid,CDF_X,levels); hold on
    % plot(X1_rnd,X2_rnd,'.')
    xlim([min(x1_grid(:)),max(x1_grid(:))]);
    ylim([min(x1_grid(:)),max(x1_grid(:))]);
    set(gcf,'color','white')

    xlabel('X1'); ylabel('X2')
    hYLabel = get(gca,'YLabel');
    set(hYLabel,'rotation',0,'VerticalAlignment','middle')
```

```matlab
    % One-to-one mapping, U to X

    U_1_rnd = ksdensity(X1_rnd,X1_rnd,'function','cdf');
    U_2_rnd = ksdensity(X2_rnd,X2_rnd,'function','cdf');

    u1_grid = linspace(1e-3,1-1e-3,50);
    u2_grid = linspace(1e-3,1-1e-3,50);
    [U1,U2] = meshgrid(u1_grid,u2_grid);

    U_PDF = copulapdf('t',[U1(:) U2(:)],SIGMA,df);
    U_CDF = copulacdf('t',[U1(:) U2(:)],SIGMA,df);
    U_PDF = reshape(U_PDF,size(U1));
    U_CDF = reshape(U_CDF,size(U1));

    % Copula Density (PDF)

    subplot(2,2,3)
    contour(u1_grid,u2_grid,U_PDF,[0:0.2:1,1.2,1.3,1.5,2:10]); hold on
    % scatter(U_1_rnd,U_2_rnd,'.')
    zlabel('Probability Density')
    set(gcf,'color','white')

    xlabel('U1'); ylabel('U2')
    hYLabel = get(gca,'YLabel');
    set(hYLabel,'rotation',0,'VerticalAlignment','middle')
    grid off

    % Copula CDF

    subplot(2,2,4)
    contour(u1_grid,u2_grid,U_CDF,[0:0.1:1]); hold on
    % scatter(U_1_rnd,U_2_rnd,'.')
    zlabel('Probability Density')
    set(gcf,'color','white')
    yl=get(gca,'ylim'); xl=get(gca,'xlim');

    xlabel('U1'); ylabel('U2')
    hYLabel = get(gca,'YLabel');
    set(hYLabel,'rotation',0,'VerticalAlignment','middle')
    grid off
end
```

如图3.45所示是自由度为2不同相关系数条件下 t-copula PDF三维网格。如图3.46所示是不同相关系数条件下服从 t-copula的随机数组。

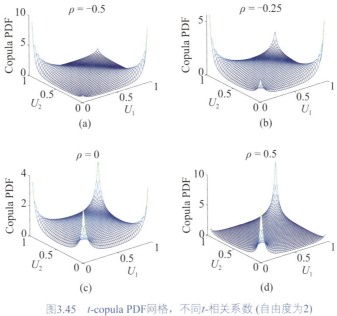

图3.45 *t*-copula PDF网格，不同*t*-相关系数(自由度为2)

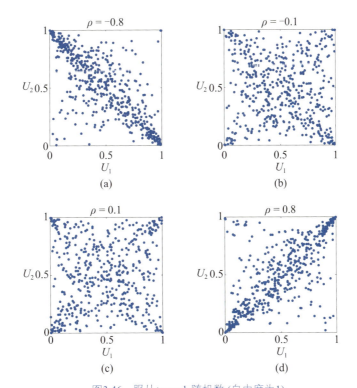

图3.46 服从*t*-copula随机数(自由度为1)

以下代码可以绘制图3.45和图3.46。

`B3_Ch3_12.m`

```
num_sim = 500;
nu = 1;
```

```
rho_series = [-0.8,-0.1,0.1,0.8];

figure(1)
for i = 1:length(rho_series)
    rho = rho_series(i);
    T = mvtrnd([1 rho; rho 1], nu, num_sim);
    U = tcdf(T,nu);
    subplot(2,2,i);
    plot(U(:,1),U(:,2),'.');
    title(['rho = ',num2str(rho)]);
    xlabel('U1'); ylabel('U2');
end

figure(2)
for i = 1:length(rho_series)
    rho = rho_series(i);
    U = copularnd('t',[1 rho; rho 1], nu, num_sim);
    
    subplot(2,2,i);
    plot(U(:,1),U(:,2),'.');
    title(['rho = ',num2str(rho)]);
    xlabel('U1'); ylabel('U2');
end
```

3.5 阿基米德连接函数

二元Clayton连接函数的表达式为：

$$C_\alpha(u_1,u_2) = \left(u_1^{-\alpha} + u_2^{-\alpha} - 1\right)^{-1/\alpha} \tag{3.40}$$

其中，α大于等于-1，且不为0；Clayton连接函数取值大于等于0。Clayton连接函数的PDF表达式为：

$$c_\alpha(u_1,u_2) = \frac{\partial^2 C_\alpha(u_1,u_2)}{\partial u_1 \partial u_2} = (\alpha+1)(u_1 u_2)^{-(\alpha+1)}\left(u_1^{-\alpha} + u_2^{-\alpha} - 1\right)^{-\frac{2\alpha+1}{\alpha}} \tag{3.41}$$

如图3.47、图3.48和图3.49所示是α取不同数值的二元Clayton连接函数PDF和随机点。

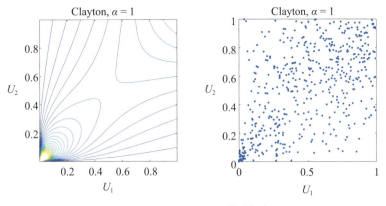

图3.47 Clayton copula PDF和随机点 ($\alpha = 1$)

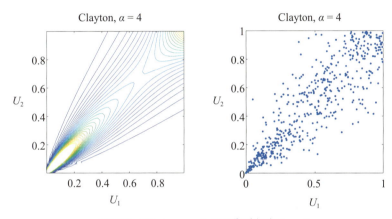

图3.48 Clayton copula PDF和随机点 ($\alpha = 4$)

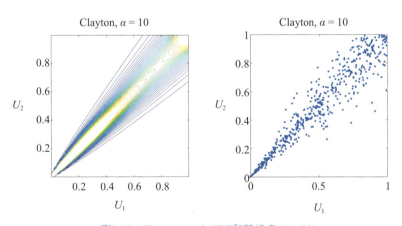

图3.49 Clayton copula PDF和随机点 ($\alpha = 10$)

二元Frank连接函数的表达式为：

$$C_\alpha(u_1, u_2) = -\frac{1}{\alpha} \ln\left(1 + \frac{(\exp(-\alpha u_1) - 1)(\exp(-\alpha u_2) - 1)}{\exp(-\alpha) - 1}\right) \tag{3.42}$$

其中，α不为0。如图3.50、图3.51和图3.52所示是α取不同数值的二元Frank连接函数PDF和随机点。

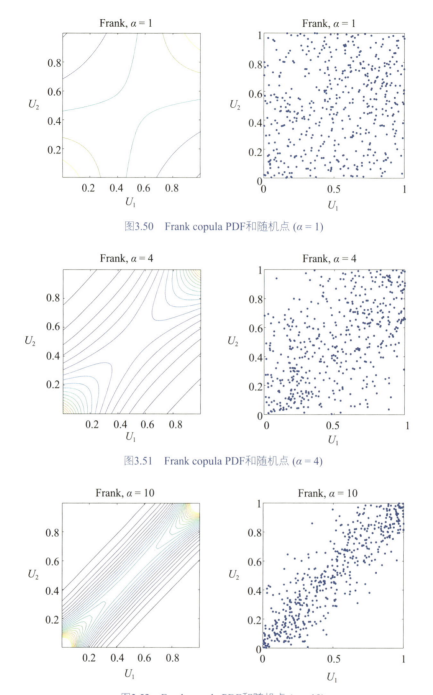

图3.50　Frank copula PDF和随机点 ($\alpha = 1$)

图3.51　Frank copula PDF和随机点 ($\alpha = 4$)

图3.52　Frank copula PDF和随机点 ($\alpha = 10$)

二元Gumbel连接函数的表达式如下：

$$C_\alpha(u_1, u_2) = \exp\left(-\left((-\log(u_1))^\alpha + (-\log(u_2))^\alpha\right)^{1/\alpha}\right) \tag{3.43}$$

其中，α大于等于1。如图3.53和图3.54所示是α取不同数值的二元Frank连接函数PDF和随机点。

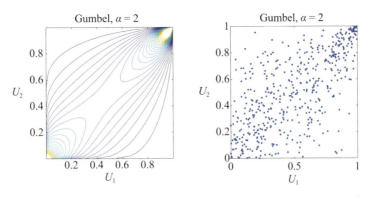

图3.53 Gumbel copula PDF和随机点 ($\alpha = 2$)

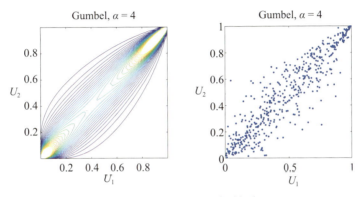

图3.54 Gumbel copula PDF和随机点 ($\alpha = 4$)

以下代码可以获得图3.47至图3.54。

B3_Ch3_13.m

```matlab
clc; clear all; close all
families = {'Clayton','Frank','Gumbel'};

rnd_u = linspace(0.001,1-0.001,50);
[u1,u2] = meshgrid(rnd_u,rnd_u);
num_sim = 500;

alphas = 1:1:10;
index = 1;
for j = 1:length(families)
    family = families(j);
    for i = 1:length(alphas)
        alpha = alphas(i);
        pdf_u = copulapdf(family,[u1(:),u2(:)],alpha);
        
        pdf_u = reshape(pdf_u,size(u1));
        rnd_u = copularnd(family,alpha,num_sim);
        
        figure(index); index = index + 1;
```

```
            subplot(1,2,1)
            contour(u1,u2,pdf_u,[0:0.2:5]);
            daspect([1,1,1])
            % mesh(u1,u2,pdf_u);
            xlabel('U1'); ylabel('U2'); zlabel('Copula PDF')
            zlim([0,10])
            title([[family{:}] '; \alpha = ',num2str(alpha)])

            subplot(1,2,2)
            plot(rnd_u(:,1),rnd_u(:,2),'.');
            xlabel('U1'); ylabel('U2');
            grid off; daspect([1,1,1])
            title([[family{:}] '; \alpha = ',num2str(alpha)])
    end
end
```

3.6 相关性

丛书第一本统计部分介绍了三个度量来量化相关性，它们是：

◀ **皮尔逊线性相关系数** (Pearson correlation coefficient)，也就是大家熟知的线性相关系数；
◀ **斯皮尔曼相关系数** (Spearman correlation coefficient)；
◀ **肯德尔相关系数** (Kendall correlation coefficient)。

Spearman相关系数和Kendall相关系数的具体计算方法，请读者参考丛书第一本第8章。对于二元正态分布，线性相关系数ρ、Spearman相关系数ρ_s和Kendall相关系数τ之间存在式 (3.43) 所示关系 (图3.55)：

$$\begin{cases} \tau = \dfrac{2}{\pi}\arcsin(\rho) \\ \rho_s = \dfrac{6}{\pi}\arcsin\left(\dfrac{\rho}{2}\right) \end{cases} \tag{3.44}$$

MATLAB函数copulastat()可以用来完成不同相关系数转换。

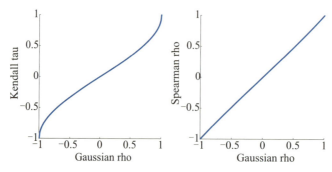

图3.55 相关性系数关系

以下代码可以获得图3.55。

```
B3_Ch3_14.m
clc; clear all; close all
rho_pearson = -1:0.01:1;
tau_kendall = nan(size(rho_pearson));
rho_spearman = nan(size(rho_pearson));

for i = 1:length(rho_pearson)
    tau_kendall(i) = copulastat('Gaussian',...
        rho_pearson(i),'type','kendall');

    rho_spearman(i) = copulastat('Gaussian',...
        rho_pearson(i),'type','spearman');
end

figure(1)
subplot(1,2,1)
plot(rho_pearson,tau_kendall)
xlabel('Gaussian rho'); ylabel('Kendall tau')
grid off; box off

subplot(1,2,2)
plot(rho_pearson,rho_spearman)
xlabel('Gaussian rho'); ylabel('Spearman tau')
grid off; box off
```

下面用Kendall相关系数将前文讲到的五个copula联系起来。五个copula的Kendall相关系数为0.5903。如图3.56到图3.60所示是五个copula的随机数分布和copula PDF等高线图。

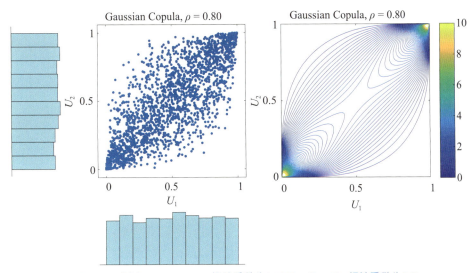

图3.56　高斯copula (Kendall相关系数为0.5903，Gaussian相关系数为0.8)

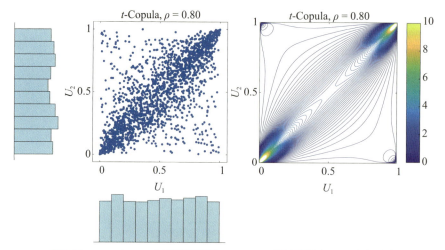

图3.57 t-copula (Kendall相关系数为0.5903，t-相关系数为0.8，自由度为1.5)

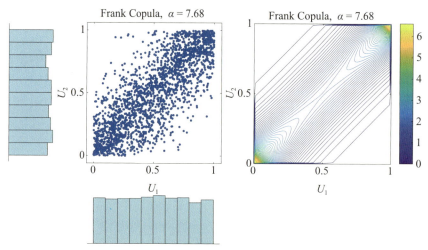

图3.58 Frank copula (Kendall相关系数为0.5903，α为7.68)

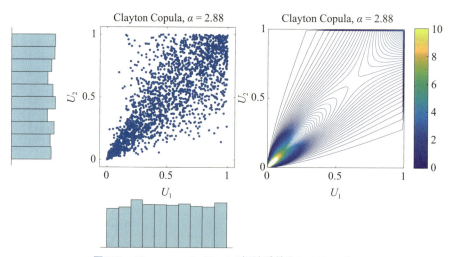

图3.59 Clayton copula (Kendall相关系数为0.5903，α为2.88)

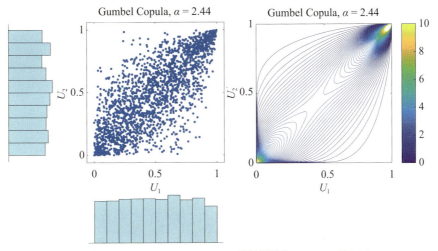

图3.60　Gumbel copula (Kendall相关系数为0.5903，α为2.44)

以下代码可以获得图3.56到图3.60。

```matlab
B3_Ch3_15.m
%% Gaussian copula
clc; close all; clear all

num_rnd = 2000;

tau = copulastat('Gaussian',.8 ,'type','kendall')

num_steps = 100;
u = linspace(0,1,num_steps);
[u1,u2] = meshgrid(u,u);

rho = copulaparam('Gaussian',tau,'type','kendall')
U = copularnd('Gaussian',rho,num_rnd);
index = 1;
figure(index); index = index + 1;
scatterhist(U(:,1),U(:,2));
set(get(gca,'children'),'marker','.')
title(['Gaussian Copula, {\it\rho} = ',sprintf('%0.2f',rho)])
xlabel('U1'); ylabel('U2'); daspect([1,1,1])
xticks([0, 0.5, 1]); yticks([0, 0.5, 1]);

PDF = copulapdf('Gaussian',[u1(:),u2(:)],rho);
PDF = reshape(PDF,num_steps,num_steps);
figure(index); index = index + 1;
contour(u1,u2,PDF,[0:0.1:10]); colorbar
title(['Gaussian Copula, {\it\rho} = ',sprintf('%0.2f',rho)])
xlabel('U1'); ylabel('U2');
xticks([0, 0.5, 1]); yticks([0, 0.5, 1]);
```

```matlab
%% t copula
nu = 1.5;
rho = copulaparam('t',tau,nu,'type','kendall')
U = copularnd('t',rho,nu,num_rnd);

figure(index); index = index + 1;
scatterhist(U(:,1),U(:,2));
set(get(gca,'children'),'marker','.')
title(['t Copula, {\it\rho} = ',sprintf('%0.2f',rho)])
xlabel('U1'); ylabel('U2');
xticks([0, 0.5, 1]); yticks([0, 0.5, 1]);

PDF = copulapdf('t',[u1(:),u2(:)],rho,nu);
PDF = reshape(PDF,num_steps,num_steps);
figure(index); index = index + 1;
contour(u1,u2,PDF,[0:0.1:10]); colorbar
title(['t Copula, {\it\rho} = ',sprintf('%0.2f',rho)])
xlabel('U1'); ylabel('U2');
xticks([0, 0.5, 1]); yticks([0, 0.5, 1]);

%% Clayton copula

alpha = copulaparam('Clayton',tau,'type','kendall')
U = copularnd('Clayton',alpha,num_rnd);
figure(index); index = index + 1;
scatterhist(U(:,1),U(:,2));
set(get(gca,'children'),'marker','.')
title(['Clayton Copula, {\it\alpha} = ',sprintf('%0.2f',alpha)])
xlabel('U1'); ylabel('U2');
xticks([0, 0.5, 1]); yticks([0, 0.5, 1]);

PDF = copulapdf('Clayton',[u1(:),u2(:)],alpha);
PDF = reshape(PDF,num_steps,num_steps);

figure(index); index = index + 1;
contour(u1,u2,PDF,[0:0.1:10]); colorbar
title(['Clayton Copula PDF, {\it\alpha} = ',sprintf('%0.2f',alpha)])
xlabel('U1'); ylabel('U2'); daspect([1,1,1])
xticks([0, 0.5, 1]); yticks([0, 0.5, 1]);
%% Frank copula

alpha = copulaparam('Frank',tau,'type','kendall');
U = copularnd('Frank',alpha,num_rnd);

figure(index); index = index + 1;
scatterhist(U(:,1),U(:,2));
set(get(gca,'children'),'marker','.')
```

```matlab
title(['Frank Copula, {\it\alpha} = ',sprintf('%0.2f',alpha)])
xlabel('U1'); ylabel('U2');
xticks([0, 0.5, 1]); yticks([0, 0.5, 1]);

PDF = copulapdf('Frank',[u1(:),u2(:)],alpha);
PDF = reshape(PDF,num_steps,num_steps);

figure(index); index = index + 1;
contour(u1,u2,PDF,[0:0.1:10]); colorbar
title(['Frank Copula PDF, {\it\alpha} = ',sprintf('%0.2f',alpha)])
xlabel('U1'); ylabel('U2'); daspect([1,1,1])
xticks([0, 0.5, 1]); yticks([0, 0.5, 1]);
%% Gumbel copula

alpha = copulaparam('Gumbel',tau,'type','kendall');
U = copularnd('Gumbel',alpha,num_rnd);

figure(index); index = index + 1;
scatterhist(U(:,1),U(:,2));
set(get(gca,'children'),'marker','.')
title(['Gumbel Copula, {\it\alpha} = ',sprintf('%0.2f',alpha)])
xlabel('U1'); ylabel('U2');
xticks([0, 0.5, 1]); yticks([0, 0.5, 1]);

PDF = copulapdf('Gumbel',[u1(:),u2(:)],alpha);
PDF = reshape(PDF,num_steps,num_steps);

figure(index); index = index + 1;
contour(u1,u2,PDF,[0:0.1:10]); colorbar
title(['Gumbel Copula PDF, {\it\alpha} = ',sprintf('%0.2f',alpha)])
xlabel('U1'); ylabel('U2'); daspect([1,1,1])
xticks([0, 0.5, 1]); yticks([0, 0.5, 1]);
```

本章是丛书最后专门介绍概率统计的一章；之后，任何概率统计内容都将结合矩阵在数学章节中进行讲解。

第4章 数据基础 I
Fundamentals of Data Analysis

Information is the oil of the 21st century, and analytics is the combustion engine.

——彼得·山得盖得 (Peter Sondergaard)

Core Functions and Syntaxes
本章核心命令代码

- ◀ atan() 以弧度为单位的反正切
- ◀ datetick(tickaxis) 使用日期标记 tickaxis 所指定轴的刻度线,并替换默认数值标签
- ◀ detrend() 去除线性趋势
- ◀ erf() 误差函数
- ◀ fft() 快速傅里叶分解
- ◀ fillmissing() 填充数据缺失值。fillmissing(A,method) 使用 method 指定的方法填充缺失的条目,该方法可能是下列各项之一:'previous'(上一个非缺失值)、'next'(下一个非缺失值)、'nearest'(距离最近的非缺失值)、'linear'(相邻非缺失值的线性插值)和'spline'(分段三次样条插值)等等
- ◀ filloutliers() 查找输入向量或矩阵中的离群值并根据指定方法替换它们
- ◀ griddedInterpolant() 对一维、二维、三维或 N 维网格数据集进行插值
- ◀ interp1() 一维数据插值
- ◀ interp2() meshgrid 格式的二维网格数据的插值
- ◀ interp3() meshgrid 格式的三维网格数据的插值
- ◀ interpn() ndgrid 格式的一维、二维、三维和 N 维网格数据的插值
- ◀ ismissing() 用来查找数组或矩阵中 NaN
- ◀ isoutlier() 查找数据中的离群值
- ◀ mad() 计算平均绝对离差
- ◀ mldivide() 用来求解 $A*x = B$ 中 x 值
- ◀ nancov() 忽略 NaN 计算方差-协方差矩阵
- ◀ nanmax() 忽略 NaN 计算最大值
- ◀ nanmean() 忽略 NaN 计算平均值
- ◀ nanmedian() 忽略 NaN 计算中值
- ◀ nanmin() 忽略 NaN 计算最小值
- ◀ nanstd() 忽略 NaN 计算标准差
- ◀ nansum() 忽略 NaN 计算和
- ◀ nanvar() 忽略 NaN 计算方差
- ◀ scatteredInterpolant() 对散点数据的二维或三维数据集执行插值
- ◀ smoothdata() 对含噪数据进行平滑处理
- ◀ tanh(X) 返回 X 的元素的双曲正切

4.1 有关数据

Garbage in, garbage out, GIGO。没有优质的数据，模型再好也无济于事。本章内容相当于是对丛书前两本有关数据处理方面内容的总结和扩展。到本章为止，我们已经接触了各类金融数据，例如：

◂ 利率曲面 (利率期限结构随时间变化)；
◂ 股价数据、市场股票指数；
◂ 汇率数据；
◂ 期权市场价格数据；
◂ 隐含波动率曲面 (BSM隐含波动率随到期时间和执行价格变化)；
◂ 公司评级和违约概率随时间变化，等等。

如图4.1所示，数据可以分为**量化数据** (quantitative data) 和**定性数据** (qualitative data)。量化数据又可以分为：**连续数据** (continuous data) 和**离散数据** (discrete data)。这几种数据类型对于区分监督学习中的分类和回归至关重要，丛书第五本介绍机器学习中监督学习和非监督学习。

图4.1　数据分类

空间某点的温度和湿度随时间变化的数据本质上是连续数据；但是，如果这些数据一分钟、一小时或一天记录一次，得到的数据就是离散数据。例如，如果某只股票的交易规模很大，而且交易活跃，这只股票的价格数据可以近似看作是连续数据；**高频交易** (high-frequency trading) 需要采样点密集的**日间股价** (intraday stock price)。如果仅仅记录每天收盘时股票的价格，得到的数据就是以**营业日** (business day) 为单位的离散数据。对于很多流动性差的产品，能拿到的交易数据的频率可能以月为单位，甚至以年为单位 (如凡·高作品拍卖成交价格)。如图4.2所示是标普500数据在不同采样 (每日、每周、每两周和每月) 条件下的趋势图。

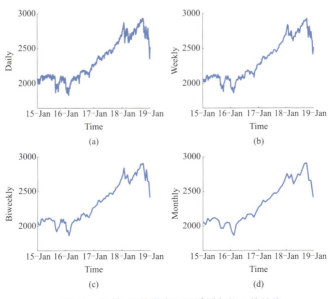

图4.2　标普500数据在不同采样条件下的趋势

定性数据分为：**定类数据** (nominal data)；**定序数据** (ordinal data)。定类数据指的是，数据的不同取值代表不同类事物，如男性和女性，吸烟者和非吸烟者，等等。定序数据是按照某种特性将事物排序，如疼痛级别、公司评级，等等。

很多数据可以直接从市场上观测得到，如股票价格、债券价格、大宗期货价格等。有些宏观经济数据可以通过统计得到。很多金融数据需要经过一系列复杂的计算得到。丛书第一本讲到的例子：

> ◂ 通过**息票剥离法** (bootstrapping method) 获得当前时刻的无风险利率期限结构；
> ◂ 结合息票剥离法、**回归拟合法** (regression method) 和**插值法** (interpolation) 获得公司债利率期限结构；
> ◂ 利用期权价格反求**隐含波动率** (implied volatility)，在经过一系列数据处理得到隐含波动率曲线和曲面；
> ◂ 以标普500期权价格计算出来的隐含波动率为基础计算出来的芝加哥期权交易所市场的**波动率指数** (CBOE Volatility Index)，又称VIX指数；
> ◂ 通过各种**加权方法** (weighting method) 计算的**股票市场指数** (stock market index)；
> ◂ 通过**指数加权移动平均方法** (exponentially weighted moving average) 计算波动率和VaR；
> ◂ 通过各种利率或价格之间的关系计算**利差** (spread)。

数据分析的方法林林总总，丛书在第一本的概率统计部分和读者探讨了很多数据分析的方法。本章及之后章节会介绍更多的数据分析方法，例如：**发现并剔除异常值** (detect and remove data outliers)；**填充缺失值** (fill missing values)；**数据转换** (data transformation)；**样条插值** (spline interpolation)；**移动窗口** (moving window)；**消除趋势** (detrending)；**数据降噪与平滑** (smooth noisy data)；**季节数据调整** (seasonal adjustment)；构建利率期限结构的Nelson-Siegel插值等；**主成分分析** (principal component analysis)；**回归分析** (regression analysis)；**时间序列分析** (time series analysis)。

另外，请读者参考MATLAB官方文档*Data Analysis*和*Econometrics Toolbox*：

> https://www.mathworks.com/help/pdf_doc/matlab/data_analysis.pdf
> https://www.mathworks.com/help/pdf_doc/econ/econ.pdf

丛书第一本介绍过离散数据也是一种函数形式。在讲解数据处理之前，先回顾一些函数性质，有利于后续的讨论。关于函数性质的内容，尽量避免数学公式，而是通过图像来建立直观印象。

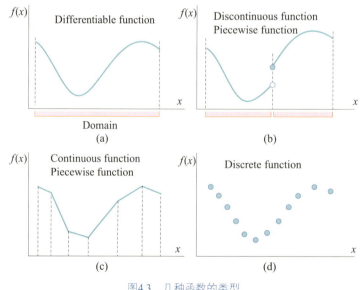

图4.3 几种函数的类型

一个实变量函数在定义域内是**可导函数** (differentiable function),如图4.3(a),简单地说,函数图像在其定义域每一点处是相对平滑的,不包含任何尖点、断点,如图4.3(b) 和 (c)。函数在某点可导则一定连续,如果某个函数是**连续函数** (continuous function) 则未必意味着它是可导函数,如图4.3(c)。**分段函数** (piecewise function),就是对于自变量*x*的不同的取值范围,有着不同的解析式的函数,如图4.3(b) 和 (c)。piecewise()是MATLAB中专门定义分段函数的命令。定义域是离散集合的函数,称为**离散函数** (discrete function),如图4.3(d)。

处理离散数据有两种最常见的方法:差值和回归。如图4.4给出的是数据拟合和数据插值的区分。本章后三节集中讨论数据插值方法;更多关于拟合的知识,请读者参考本书回归分析内容。

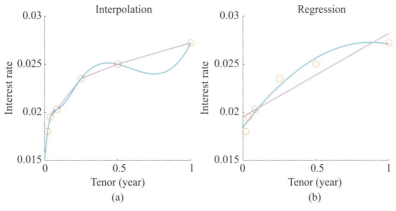

图4.4 数据差值和回归比较

以下代码可以获得图4.4。

```
B3_Ch4_1.m

x_points = [0.019231,0.038462,0.083333,0.25,0.5,1]';
y_points = [0.0180 0.0195 0.0203 0.0235 0.0250 0.0272]';

x_fine = 0:0.01:1;

figure(1)

subplot(1,2,1)

method = 'spline';
y_interpolated = interp1(x_points,y_points,x_fine,method);
plot(x_points,y_points,'o'); hold on
plot(x_fine, y_interpolated);box off

method = 'linear';
y_interpolated = interp1(x_points,y_points,x_fine,method);
plot(x_fine, y_interpolated);box off
xlabel('Tenor (year)'); ylabel('Interest rate');
title('Interpolation')
xlim([0 1]); ylim([0.015 0.03])

subplot(1,2,2)
```

```
% linear regression
F1 = [ones(size(x_points)),x_points];
b1 = regress(y_points,F1);

% quadratic regression
F2 = [ones(size(x_points)),x_points, x_points.^2];
b2 = regress(y_points,F2);

y_regressed2 = b2(1) + b2(2)*x_fine + b2(3)*x_fine.^2;
y_regressed1 = b1(1) + b1(2)*x_fine;

plot(x_points,y_points,'o'); hold on
plot(x_fine,y_regressed1); hold on
plot(x_fine,y_regressed2)

xlabel('Tenor (year)'); ylabel('Interest rate');
title('Regression'); box off
xlim([0 1]); ylim([0.015 0.03])
```

函数的**单调性** (monotonicity) 也可以叫作函数的增减性。当函数自变量x在其定义区间内增大 (或减小) 时，函数值$f(x)$也随其增大 (或减小)，则称该函数为在该区间上是**单调函数** (monotonic function)。如图4.5所示为以下几种单调性。

◀ **单调递增函数** (monotonically increasing function)，一阶导数大于等于0；
◀ **严格单调递增函数** (strictly monotonically increasing function)，一阶导数严格大于0；严格单调递增函数是一类**严格单调函数** (strictly monotone function)；
◀ **单调递减函数** (monotonically decreasing function)，一阶导数小于等于0；
◀ **严格单调递减函数** (strictly monotonically decreasing function)，一阶导数严格小于0。

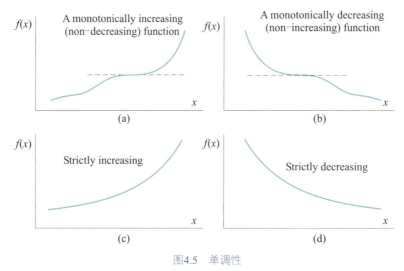

图4.5　单调性

丛书第一本中讨论过函数的凸凹性，如图4.6所示。**凸函数** (convex function) 在多数国内的数学教材被定义为凹函数，而**凹函数** (concave function) 则被定义成凸函数。本书，要把函数的凸凹性和函数的**极值** (extrema) 联系到一起。函数的极值可以分为区域**最大值** (maxima) 和**最小值** (minima)，如图

4.7所示。有关优化方法和投资组合优化,请读者参考丛书第四本。如图4.8所示是利用MATLAB命令islocalmax()和islocalmin()发现区域最大值和区域最小值。

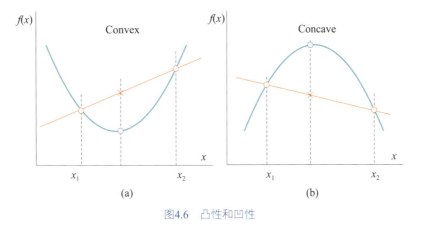

图4.6 凸性和凹性

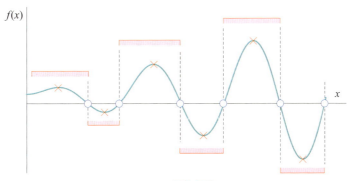

图4.7 根和极值

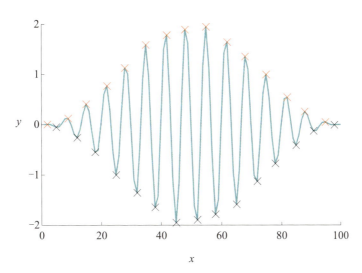

图4.8 利用islocalmax()和islocalmin()发现极值

以下代码可以获得图4.8。

```
x = 1:100;
fx = (1-cos(2*pi*0.01*x)).*sin(2*pi*0.15*x);
```

```
index_local_max = islocalmax(fx);
index_local_min = islocalmin(fx);

figure(1)
plot(x,fx,'b'); hold on
plot(x(index_local_max),fx(index_local_max),'rx')
plot(x(index_local_min),fx(index_local_min),'kx')
hold off; xlabel('x'); ylabel('y'); box off
```

简单地说，**周期函数** (periodic function) 是函数数值在变量经过一个周期之后皆能重复。如图4.9所示，这个周期的最小值T叫作**最小正周期** (fundamental period, primitive period, basic period, prime period)：

$$f(x+T) = f(x) \tag{4.1}$$

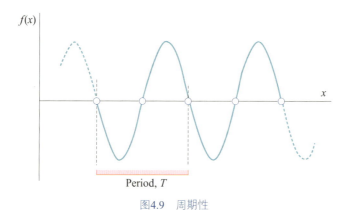

图4.9 周期性

如图4.10所示是四个周期数据。MATLAB有square()和sawtooth()可以用来绘制方波和三角波周期波图像。

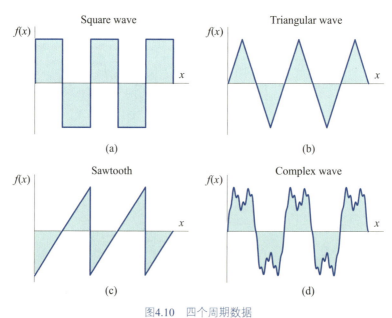

图4.10 四个周期数据

丛书第一本提到的**快速傅里叶变换** (fast Fourier transform) 方法是分析数据波动性的一个重要工具。如图4.11所示是快速傅里叶分解的原理图。$f(t)$ 为一个复杂周期波动数据，$f(t)$ 可以分级为若干余弦波动成分，公式为：

$$f(t) = A_0 + \sum_{u=1}^{\infty}\left[A_u \cos(2\pi fut + \phi_u)\right]$$
$$= A_0 + A_1 \cos(2\pi ft + \phi_1) + A_2 \cos(2\pi f \times 2t + \phi_2) + A_3 \cos(2\pi f \times 3t + \phi_3) + \ldots \tag{4.2}$$

式中：A_0 为平移成分；A_u ($u > 0$) 为第 u 个谐波成分的**波幅** (amplitude)；f 为基础频率；ϕ_u 为第 u 个谐波成分的**相角** (phase angle)。

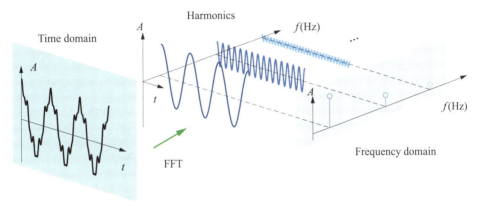

图4.11　快速傅里叶分解原理 (来自丛书第一本第5章)

$f(t)$ 也可以写作正弦和余弦成分，如式 (4.3)：

$$f(t) = a_0 + \sum_{u=1}^{\infty}\left[a_u \cos(2\pi fut) + b_u \sin(2\pi fut)\right]$$
$$= a_0 + a_1 \cos(2\pi ft) + a_2 \cos(2\pi f \times 2t) + a_3 \cos(2\pi f \times 3t) + \ldots$$
$$+ b_1 \sin(2\pi ft) + b_2 \sin(2\pi f \times 2t) + b_3 \sin(2\pi f \times 3t) + \ldots \tag{4.3}$$

波幅 A_u 可以通过式 (4.4) 计算得到：

$$A_u = \sqrt{a_u^2 + b_u^2} \tag{4.4}$$

相角 Φ_u 可以用式 (4.5) 计算：

$$\phi_u = \arctan\left(-\frac{b_u}{a_u}\right) \tag{4.5}$$

现在给出一个例子，如图4.12所示是一个由几个成分构造的周期数据。除了平移成分，也叫直流成分之外，图4.12由四个周期数据构成，这四个周期数据如图4.13所示。下面用MATLAB的fft()函数来分析图4.12数据。如图4.14所示是经过fft()函数运算得到的谐波波幅和相角。

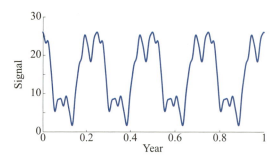

图4.12　某个周期数据

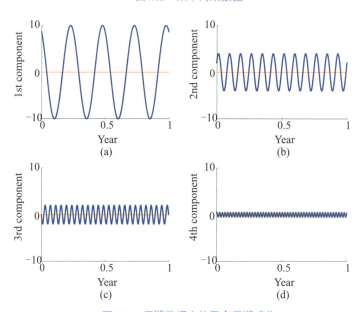

图4.13　周期数据中的四个周期成分

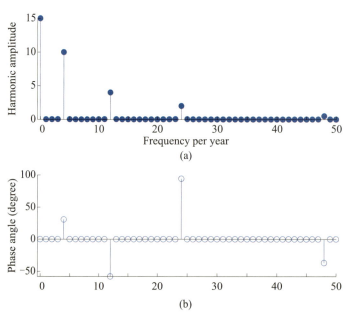

图4.14　周期信号经过fft()处理得到的成分

以下代码可以获得图4.12、图4.13和图4.14。

```matlab
B3_Ch4_2.m

clc; clear all; close all
time_end = 1; % years
step = 1/1024; % year
time_array = 0:step:time_end;

% component 1
freq_1 = 4; shift_1 = pi/6; A_1 = 10;
comp_1 = A_1*cos(2*pi*freq_1*time_array + shift_1);

% component 2
freq_2 = 12; shift_2 = -pi/3; A_2 = 4;
comp_2 = A_2*cos(2*pi*freq_2*time_array + shift_2);

% component 3
freq_3 = 24; shift_3 = pi/2; A_3 = 2;
comp_3 = A_3*cos(2*pi*freq_3*time_array + shift_3);

% component 4
freq_4 = 48; shift_4 = -pi/4; A_4 = 0.5;
comp_4 = A_4*cos(2*pi*freq_4*time_array + shift_4);

DC = 15;
signal = DC + comp_1 + comp_2 + comp_3 + comp_4;

figure(1)
plot(time_array,signal)
xlabel('Year'); ylabel('Signal')
box off; grid off

figure(2)
subplot(2,2,1)
plot(time_array,comp_1); hold on
plot(time_array,zeros(size(time_array)),'r')
xlabel('Year'); ylabel('Component'); title('1st component')
ylim([-10,10]); xlim([0,1]); box off

subplot(2,2,2)
plot(time_array,comp_2); hold on
plot(time_array,zeros(size(time_array)),'r')
xlabel('Year'); ylabel('Component'); title('2nd component')
ylim([-10,10]); xlim([0,1]); box off

subplot(2,2,3)
plot(time_array,comp_3); hold on
```

```
plot(time_array,zeros(size(time_array)),'r')
xlabel('Year'); ylabel('Component'); title('3rd component')
ylim([-10,10]); xlim([0,1]); box off

subplot(2,2,4)
plot(time_array,comp_4); hold on
plot(time_array,zeros(size(time_array)),'r')
xlabel('Year'); ylabel('Component'); title('4th component')
ylim((-10,10)); xlim((0,1)); box off

time_num = length(signal);
F_series=2*abs(fft(signal)/time_num);
% DC amplitude is doubled
Ang_series = angle(fft(signal)).*(F_series > 0.1)*180/pi;
figure (3)
time_order_limit = 50;
subplot (2,1,1)
stem([0:1/time_end:time_order_limit],[F_series(1)/2,...
    F_series(2:time_order_limit+1)],'filled')
xlabel ('Frequency per year')
ylabel ('Harmonic magnitude')
xlim([-0.5 time_order_limit])
box off; grid off

subplot (2,1,2)

stem([0:time_order_limit],Ang_series (1:time_order_limit+1)...
    .*(abs(Ang_series (1:time_order_limit+1))>0.01))

xlabel ('Frequency per year')
ylabel ('Phase angle')
xlim([-0.5 time_order_limit])
box off; grid off
```

4.2 异常值和缺失值

数据中有**异常值** (outlier) 是在所难免的问题。异常值，即在数据集中存在不合群的值，异常值又称离群点。MATLAB有一个很重要的命令：isoutlier()，可以用来发现数据中的异常值。这个命令可以使用滑动窗口检测离群值。如图4.15所示就是利用isoutlier()发现并标记离散值。如图4.16所示是用filloutliers()发现并修正异常值。图4.16中给出几种修正异常值的方法。

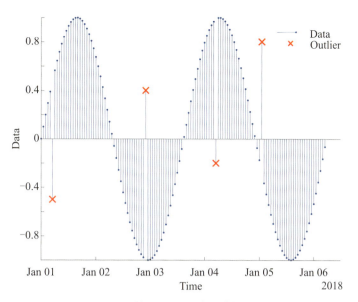

图4.15 利用isoutlier()发现数据中异常值

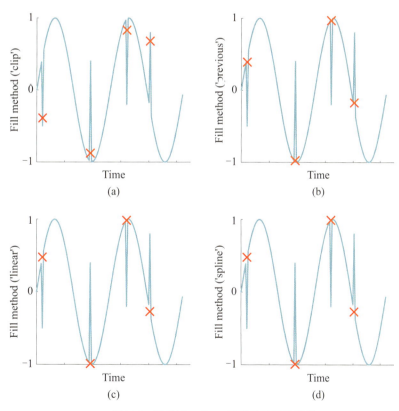

图4.16 利用filloutliers()发现并修正异常值

以下代码可以获得图4.15和图4.16。

`B3_Ch4_3.m`

```
%% Remove outliers from data
```

```matlab
clc; close all; clear all

time = -2*pi:0.1:2*pi;
A = sin(time);
% outliers
A(47) = 0.4;
A(78) = -0.2;
A(98) = 0.8;
A(6) = -0.5;

t = datetime(2018,1,1,0,0,0) + hours(0:length(time)-1);

figure(1)
TF = isoutlier(A,'movmedian',hours(5),'SamplePoints',t);

% TF = isoutlier(A,movmethod,window) specifies a moving method
% for detecting local outliers according to
% a window length defined by window.
% For example, isoutlier(A,'movmedian',5) returns true for
% all elements more than three local scaled MAD from the local
% median within a sliding window containing five elements.

stem(t,A,'.'); hold on
plot(t(TF),A(TF),'x')
legend('Data','Outlier'); box off
xlabel('Time'); ylabel('Data')

%% Replace outliers from data

figure(2)

subplot(2,2,1)
fill_method = 'clip';
plot_fcn(A,fill_method,t)

subplot(2,2,2)
fill_method = 'previous';
plot_fcn(A,fill_method,t)

subplot(2,2,3)
fill_method = 'linear';
plot_fcn(A,fill_method,t)

subplot(2,2,4)
fill_method = 'spline';
plot_fcn(A,fill_method,t)
```

```
% utitlities
function plot_fcn(A,fill_method,t)
B = filloutliers(A,fill_method,...
    'movmedian',hours(5),'SamplePoints',t);
% B = filloutliers(A,fillmethod) finds outliers
% in A and replaces them according to fillmethod.

plot(t,A,'-'); hold on
index_equal = find(A == B);
index_not_equal = find(A ~= B);
% or use (B,TF,L,U,C) = filloutliers()
plot(t(index_not_equal),B(index_not_equal),'x');
legend('Original',fill_method); box off
xlabel('Time'); ylabel('Data')
end
```

另外，**数据缺失** (missing data) 也是数据处理中重要的问题之一。NaN是MATLAB中表达数据缺失的最主要的符号。另外，从适用性角度，missing更普遍，如以下几个例子：

```
xDouble = [missing 1 2 3 4]
% xDouble =
% NaN    1    2    3    4


xDatetime = [missing datetime(2014,1:4,1)]
% xDatetime =
% 1×5 datetime array
% NaT   01-Jan-2014 00:00:00
% 01-Feb-2014 00:00:00   01-Mar-2014 00:00:00   01-Apr-2014 00:00:00

xString = [missing "a" "b" "c" "d"]
% xString =
% 1×5 string array
%  <missing>    "a"    "b"    "c"    "d"

xCategorical = [missing categorical({'cat1' 'cat2' 'cat3' 'cat4'})]
% xCategorical =
% 1×5 categorical array
% <undefined>    cat1    cat2    cat3    cat4
```

丛书之前在处理缺失数据的问题通常采用的办法是，删除NaN。例如，用fred()下载数据时，周末的数据常常是NaN，为了方便计算和绘图，通常将NaN所在的数据点直接删掉。ismissing()用来查找数组或矩阵中NaN。表4.1总结一些NaN存在情况下统计计算MATLAB命令。

表4.1 NaN存在情况下的一些统计计算

命令	说明
nancov()	忽略NaN计算方差-协方差矩阵
nanmax()	忽略NaN计算最大值
nanmean()	忽略NaN计算平均值

命令	说明
nanmedian()	忽略NaN计算中值
nanmin()	忽略NaN计算最小值
nanstd()	忽略NaN计算标准差
nansum()	忽略NaN计算和
nanvar()	忽略NaN计算方差

删除，是处理数据比较粗暴的办法；下面介绍其他几种处理数据缺失的办法。如图4.17所示是一组存在数据缺失的数组。

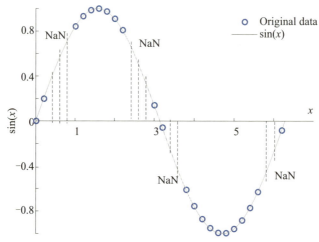

图4.17 数据缺失

如图4.18所示是使用线性插值填充缺失数据。利用缺失值附近的已知值进行线性插值。请读者自己用样条插值填充缺失数据。如图4.19所示是使用移动中位数填充缺失的数值数据。图4.19中使用移动窗口长度为4计算出的中位数替换NaN值。

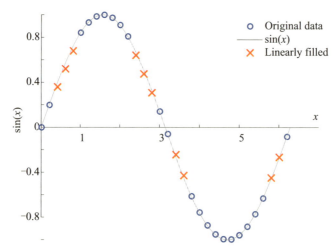

图4.18 线性插值处理数据缺失

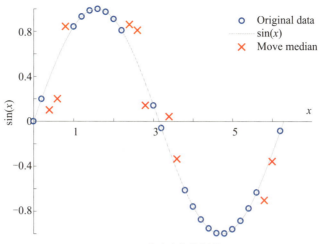

图4.19　移动中位数插补

如图4.20所示是用位于NaN之前的已知数值来直接填充。类似地，如图4.21所示就是采用NaN之后的已知数值来直接填充。和这两种方法类似的是如图4.22所示的就近填充。

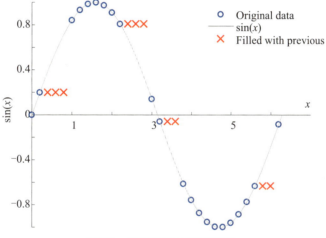

图4.20　前值填充处理数据缺失

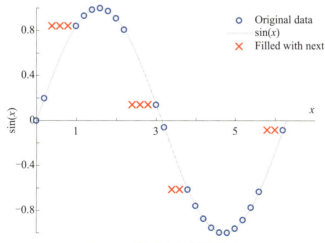

图4.21　后值填充处理数据缺失

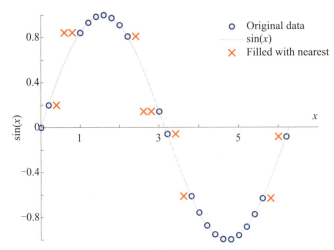

图4.22 就近填充处理数据缺失

以下代码可以获得图4.17至图4.22。

```
B3_Ch4_4.m

clc; close all; clear all

x = 0:0.2:2*pi;
y = sin(x);
xx = 0:0.01:2*pi;
yy = sin(xx);

y(y < 0.8 & y > 0.3) = NaN;
y(y > -0.6 & y < -0.1) = NaN;

% linear interpolation
[F,TF] = fillmissing(y,'linear','SamplePoints',x);
% 'spline' can be used as well

figure(1)
plot(x,y,'o'); hold on
plot(xx,yy,'k'); hold on
plot(x(TF),F(TF),'x','MarkerSize',10)
xlabel('x'); ylabel('sin(x)')
legend('Original data','sin(x)','Linearly filled')
set(gca, 'XAxisLocation', 'origin'); box off

% movmedian

[F,TF] = fillmissing(y,'movmedian',4);

figure(2)
plot(x,y,'o'); hold on
plot(xx,yy,'k'); hold on
```

```
plot(x(TF),F(TF),'x','MarkerSize',10)
xlabel('x'); ylabel('sin(x)')
legend('Original data','sin(x)','Move median')
set(gca, 'XAxisLocation', 'origin'); box off

% previous

[F,TF] = fillmissing(y,'previous');

figure(3)
plot(x,y,'o'); hold on
plot(xx,yy,'k'); hold on
plot(x(TF),F(TF),'x','MarkerSize',10)
xlabel('x'); ylabel('sin(x)')
legend('Original data','sin(x)','Filled with previous')
set(gca, 'XAxisLocation', 'origin'); box off

% next

[F,TF] = fillmissing(y,'next');

figure(4)
plot(x,y,'o'); hold on
plot(xx,yy,'k'); hold on
plot(x(TF),F(TF),'x','MarkerSize',10)
xlabel('x'); ylabel('sin(x)')
legend('Original data','sin(x)','Filled with next')
set(gca, 'XAxisLocation', 'origin'); box off

% nearest

[F,TF] = fillmissing(y,'nearest');

figure(5)
plot(x,y,'o'); hold on
plot(xx,yy,'k'); hold on
plot(x(TF),F(TF),'x','MarkerSize',10)
xlabel('x'); ylabel('sin(x)')
legend('Original data','sin(x)','Filled with nearest')
set(gca, 'XAxisLocation', 'origin'); box off
```

除了数据内会出现异常值和缺失值之外，常见的一种情况是历史数据的长度不够。例如，如果VaR计算需要用到某只股票十年的历史数据，但是这只股票2018年才首次**公开募股** (initial public offering)，因此历史数据很短，此时就可以采用这一股票同一行业的其他股票的价格变化来补充历史数据。对于股票，也常采用股票指数价格变化来补充历史数据，如图4.23所示。先采用对数回报率来补足价格，假设某只股票IPO时价格为S_k，IPO前一天 ($t = k - 1$) 数据可以通过式 (4.6) 估算：

$$\begin{cases} r_k = \ln\left(\dfrac{PROXY_k}{PROXY_{k-1}}\right) \\ \hat{S}_{k-1} = S_k \exp(-r_k) \\ \Rightarrow \hat{S}_{k-1} = S_k \dfrac{PROXY_{k-1}}{PROXY_k} \end{cases} \quad (4.6)$$

前两天 ($t = k - 2$) 数据可以通过式 (4.7) 估算：

$$\hat{S}_{k-2} = S_k \frac{PROXY_{k-1}}{PROXY_k} \frac{PROXY_{k-2}}{PROXY_{k-1}} = S_k \frac{PROXY_{k-2}}{PROXY_k} \quad (4.7)$$

以此类推，补足股票历史数据。

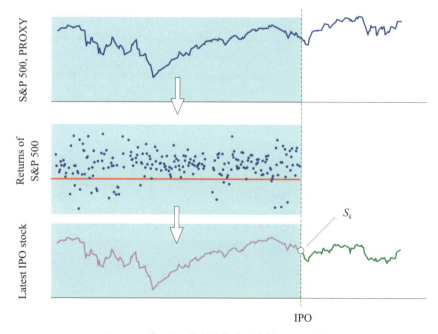

图4.23　采用股票指数价格变化来补足股票数据

更常见的是采用简单回报率来补足数据，以IPO前一天 ($t = k - 1$) 股价水平为例，通过式 (4.8) 计算：

$$\begin{cases} y_k = \dfrac{PROXY_k - PROXY_{k-1}}{PROXY_{k-1}} \\ \hat{S}_{k-1} = S_k \dfrac{1}{y_k + 1} \\ \Rightarrow \hat{S}_{k-1} = S_k \dfrac{PROXY_{k-1}}{PROXY_k} \end{cases} \quad (4.8)$$

另外，式 (4.8) 方便引入 β，来缩放收益率，IPO前一天 ($t = k - 1$) 股价水平可以通过式 (4.9) 计算得到：

$$\begin{cases} y_k = \dfrac{PROXY_k - PROXY_{k-1}}{PROXY_{k-1}} \\ \hat{S}_{k-1} = S_k \dfrac{1}{\beta y_k + 1} \end{cases}$$
$$\Rightarrow \hat{S}_{k-1} = S_k \dfrac{1}{\beta\left(\dfrac{PROXY_k}{PROXY_{k-1}} - 1\right) + 1} \tag{4.9}$$

注意，引入β后需满足$\beta y_k + 1 > 0$，否则$\hat{S}_{k-1}$为负值。

4.3 数据转换

数据转换 (data transformation) 是数据处理重要的一环。数据转换的方法有很多，本节要介绍以下几种方法：

◂ **求差值** (differencing)；
◂ **基本数学运算** (乘幂、反比例、对数、指数等)；
◂ **逻辑函数** (logistic function) 等；
◂ **基本概率运算** (均值、标准差、取值范围等)。

首先介绍采用基本数学运算来转换数据。数据转换中最简单的就是求差值。丛书前两本反复使用diff()、price2ret()和tick2ret()等命令计算各种形式差值。连续差值是最简单的一种：

$$\Delta x_i = x_i - x_{i-1} \tag{4.10}$$

对于股票等，以上连续差值又叫每日PnL。式(4.10) 数值除以x_{i-1}得到的小数叫作相对差值：

$$r_i = \frac{\Delta x_i}{x_{i-1}} = \frac{x_i - x_{i-1}}{x_{i-1}} = \frac{x_i}{x_{i-1}} - 1 \tag{4.11}$$

给式 (4.11) 乘以100%，得到百分数。对于股票和股指最常用的差值是日对数回报率，计算方法为：

$$r_i = \log\left(\frac{x_i}{x_{i-1}}\right) \tag{4.12}$$

另外还有以周、半月、月、半年和年等为单位的差值。这些内容在丛书第二本第1章已经详细讲过，本章不再赘述。欢迎读者阅读MATLAB以下两个有关数据处理页面：

https://www.mathworks.com/help/econ/data-transformations.html
https://www.mathworks.com/help/finance/data-transformation-and-frequency-conversion.html

如图4.24所示是用乘幂进行数据转换的四个例子。x为原始数据，y为转换后数据，利用**抛物线数**

据转换 (parabolic transformation)，x和y的关系为：

$$y = ax^2 + bx + c \quad a \neq 0$$
$$= a\left(x - \frac{-b}{2a}\right)^2 + \left(c - \frac{b^2}{4a}\right) \tag{4.13}$$

抛物线函数在x取值范围为全域时并非单调。当$a > 0$时，$x > (-b/(2a))$ 区间，y是单调递增；当$a < 0$，$x < (-b/(2a))$ 区间，y是单调递减。如图4.25所示就是用平方将横坐标x_1平方处理，得到近似线性关系的数组。另外，可以把x_2开方，也能得到类似线性关系的数组。如图4.26所示是另外四个常见的数学转换。特别是对数坐标转换经常使用。丛书第一本中讲到的semilogx()、semilogy()和loglog()函数就经常用来展示数据。

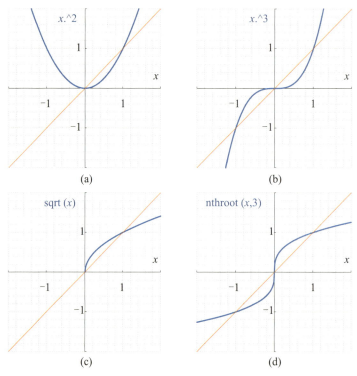

图4.24 乘幂用来转换数据

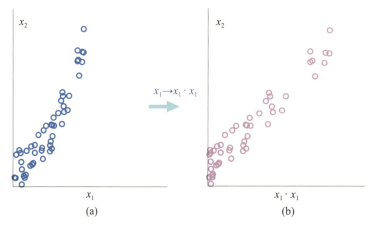

图4.25 平方法用来转换数据

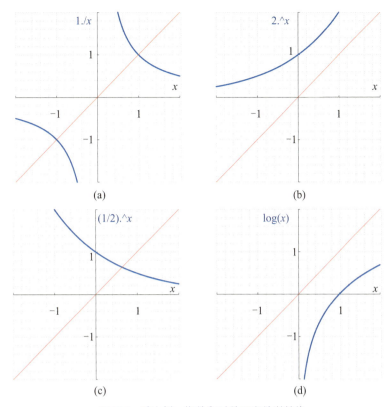

图4.26 反比例、指数和对数用来数学转换

下面用一些稍微复杂的函数处理数据。逻辑函数可以把取值范围调整为正负无穷的数值 x 转化在 $(0,L)$ 之间：

$$y = \frac{L}{1+e^{-k(x-x_0)}} \tag{4.14}$$

式中：k 影响曲线陡峭程度；x_0 为中心点位置。

如图4.27(a) 所示就是 L 为2、k 为4、x_0 为0的逻辑函数图像。**S函数** (sigmoid function) 是逻辑函数的一种，它可以把取值范围在正负无穷的数值 x 转化在 $(0, 1)$ 之间：

$$y = \frac{1}{1+e^{-x}} = \frac{e^x}{e^x+1} \tag{4.15}$$

如图4-27(b) 所示就是 S 函数图像。另外，反正切函数 $Y = \text{atan}(X)$ 也有类似的作用。
双曲线正切函数 (hyperbolic tangent) 可以把取值范围在正负无穷的数值 x 转化在 $(-1, 1)$ 之间

$$y = \tanh x = \frac{e^x - e^{-x}}{e^x + e^{-x}} \tag{4.16}$$

MATLAB的命令为tanh()。如图4.27(c) 所示是tanh(x)函数图像。

大家应该知道，标准正态分布的CDF图像，也可以达到类似的数据转换需求。其实，标准正态函数分布CDF也叫作**高斯误差函数**、**误差函数** (error function)：

$$y(x) = \text{erf}(x) = \frac{2}{\sqrt{\pi}} \int_0^x e^{-t^2} dt \tag{4.17}$$

如图4.27(d) 所示是误差函数图像。

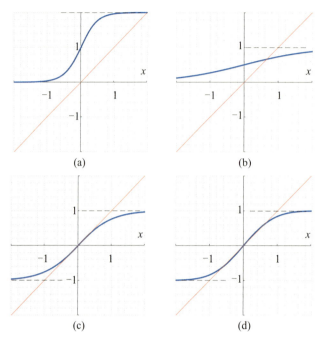

图4.27　逻辑函数用来数学转换

图4.27所示四幅图像都是递增函数，x取负，函数就变成递减函数。而这些函数的反函数，可以把在一定范围内的数据转化成值域在正负无穷的数值，如图4.28所示。

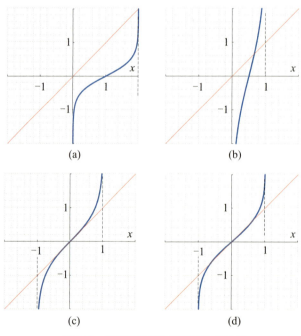

图4.28　逻辑函数反函数用来数学转换

另外，第3章讲到的连接函数，也可以归类为数据转换。经验累积概率密度函数为桥梁，随机数组X和copula数组U之间可以很容易进行转换，如图4.29所示。

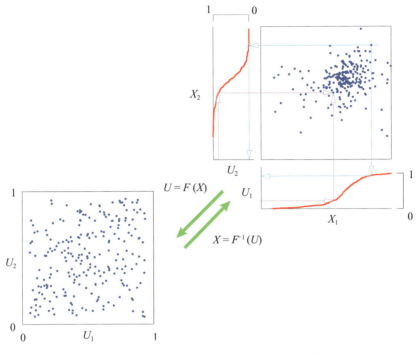

图4.29　随机数组X和copula数组U之间转换

统计方法处理数据非常常见。最基本的方法就是**去均值** (demeaning, centering)。x_i代表X中的第i个数据，**去均值数据** (demeaned data, centered data) 为：

$$\tilde{x}_i = x_i - \text{mean}(X) \tag{4.18}$$

对于均值几乎为0的数据，去均值处理效果并不明显。如图4.30(a) 所示是标普500指数日对数回报率，图4.30(b) 所示是取均值。因为标普500指数日对数回报率长期均值几乎为0，因此去均值处理对其影响并不明显。

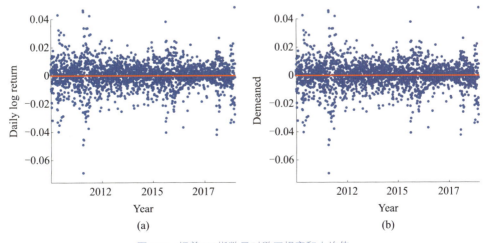

图4.30　标普500指数日对数回报率和去均值

为了让数据的分布在一定可控范围内，用标准差来处理数据可以达到效果。标准差的公式为：

$$s = \sqrt{\frac{1}{N-1}\sum_{i=1}^{N}(x_i - \bar{x})^2} \tag{4.19}$$

另外，**平均绝对离差** (mean absolute deviation, average absolute deviation) 可以代替标准差得到类似的效果。MAD的运算公式为：

$$\text{MAD}(X) = \text{m}(|X - \text{m}(X)|) \tag{4.20}$$

MATLAB对应的命令为mad()；默认情况，m(X) 运算为 mean(X)，mad(X) 相当于mean(abs (X - mean (X)))；mad()还支持median(X) 运算，也就是mad(X)相当于采用median(abs(X - median(X)))。下面就具体介绍几种用标准差转换数据的方法。

第一种方法是，数据首先去均值，然后再除以标准差：

$$\tilde{x}_i = \frac{x_i - \text{mean}(X)}{\text{std}(X)} \tag{4.21}$$

处理得到的数值表达若干倍的标准差偏移。可以理解为把任意分布转化在标准正态分布的框架内。例如，处理得到的数值为3，也就是说这个数据是距离均值3倍标准差偏移。数值的正负表达偏移的方向。如图4.31(a) 所示就是采用这种方法转换的标普500指数对数回报率。这种操作又叫作正规化，也有人称之为数据标准化。MATLAB计算正规化数据的函数为normalize(x)，括号中x为向量，得到的结果也是向量 (均值为0，标准差为1)。如果X为矩阵，normalize(X) 标准化列向量数据；normalize(X，2) 标准化行向量数据。

第二种方法是，数据去均值，然后再除以range (X)，也就是max(X) - min(X)：

$$\tilde{x}_i = \frac{x_i - \text{mean}(X)}{\max(X) - \min(X)} \tag{4.22}$$

这种数据处理的特点是，处理得到的数据取值范围在 (-0.5，0.5) 之间。

如图4.31(b) 所示是这种方法转换的标普500指数对数回报率。这种方法的缺陷很明显，处理得到的数据容易受到离群值 (超级大、超级小) 数值影响。

对式 (4.22) 稍作修改，数据首先减去其最小值，然后再除以range(X)，得到的数据取值范围在 (0，1) 之间：

$$\tilde{x}_i = \frac{x_i - \min(X)}{\max(X) - \min(X)} \tag{4.23}$$

如图4.31(c) 所示就是采用这种方法得到的数据。这种方法是一种**归一化** (normalization)。

最后介绍一种**帕累托缩放** (Pareto-scaling)，数据减去均值，然后再除以标准差的平方根：

$$\tilde{x}_i = \frac{x_i - \text{mean}(X)}{\sqrt{\text{std}(X)}} \tag{4.24}$$

如图4.31(d) 所示就是处理后的数据。该方法也是十分常用的归一化方法，针对数据自身的期望值进行中心化，然后根据数据自身的方差进行缩放。

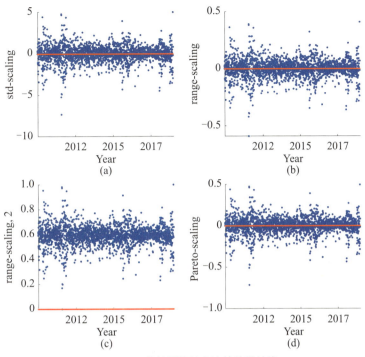

图4.31　几种基于统计方法的数据转换

机器学习模型结果和所使用的的数据直接相关，以上介绍的数据清理和数据转换都有助于提升机器学习模型的准确性。丛书第五本将会专门介绍机器学习相关内容。

4.4 一次样条插值

丛书第一本在数学部分已经介绍过线性插值，本节再次深入讨论这一话题。下面用图4.32所示的三个已知点结合矩阵运算讲解三种插值。

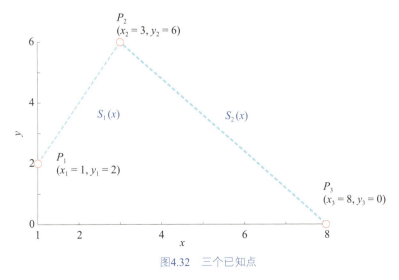

图4.32　三个已知点

线性样条插值或**线性插值** (linear interpolation, linear spline interpolation) 是最简单的插值方法。线性插值是指插值函数为**一次多项式** (first-degree polynomial, linear polynomial) 的插值方式，其在插值节点上的插值误差为零。简单地说，线性插值就是从头到尾用线段把已知点连接在一起。$P_1(x_1, y_1)$ 和 $P_2(x_2, y_2)$ 两点通过 $S_1(x)$ 连接；$P_2(x_2, y_2)$ 和 $P_3(x_3, y_3)$ 两点通过 $S_2(x)$ 连接。对于线性样条插值，$S_1(x)$ 和 $S_2(x)$ 解析式可以表达为：

$$\begin{cases} S_1(x) = a_1 + b_1 x & x \in [1,3] \\ S_2(x) = a_2 + b_2 x & x \in [3,8] \end{cases} \tag{4.25}$$

把已知三个点坐标表达式代入式 (4.25)，可以得到式 (4.26)：

$$\begin{cases} 1 \times a_1 + x_1 \times b_1 = y_1 \\ 1 \times a_1 + x_2 \times b_1 = y_2 \\ 1 \times a_2 + x_2 \times b_2 = y_2 \\ 1 \times a_2 + x_3 \times b_2 = y_3 \end{cases} \tag{4.26}$$

用矩阵式表达：

$$\begin{bmatrix} 1 & x_1 & & \\ 1 & x_2 & & \\ & & 1 & x_2 \\ & & 1 & x_3 \end{bmatrix} \begin{bmatrix} a_1 \\ b_1 \\ a_2 \\ b_2 \end{bmatrix} = \begin{bmatrix} y_1 \\ y_2 \\ y_2 \\ y_3 \end{bmatrix} \tag{4.27}$$

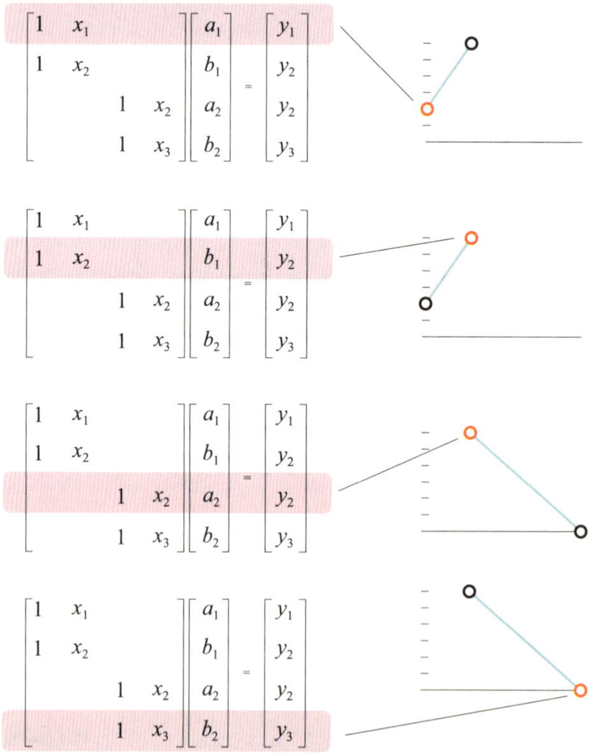

图4.33　矩阵式和图像对应关系

如图4.33所示是矩阵式和图像中四个点对应关系。将矩阵式代入具体坐标值可以得到：

$$\begin{bmatrix} 1 & 1 & & \\ 1 & 3 & & \\ & & 1 & 3 \\ & & 1 & 8 \end{bmatrix} \begin{bmatrix} a_1 \\ b_1 \\ a_2 \\ b_2 \end{bmatrix} = \begin{bmatrix} 2 \\ 6 \\ 6 \\ 0 \end{bmatrix} \qquad (4.28)$$

MATLAB函数mldivide (A, b) 可以用来求解 $Ax = b$：

```
A = (1 1 0 0; 1 3 0 0; 0 0 1 3; 0 0 1 8);
b = (2; 6; 6; 0);
x = mldivide(A,b)
```

解如下：

$$\begin{bmatrix} a_1 \\ b_1 \\ a_2 \\ b_2 \end{bmatrix} = \begin{bmatrix} 0 \\ 2 \\ 9.6 \\ -1.2 \end{bmatrix}$$

这样，$S_1(x)$ 和 $S_2(x)$ 解析式具体求解为：

$$\begin{cases} S_1(x) = 2x & x \in [1,3] \\ S_2(x) = 9.6 - 1.2x & x \in [3,8] \end{cases} \qquad (4.29)$$

如图4.34所示是图4.32已知三点的一次线性插值的结果。

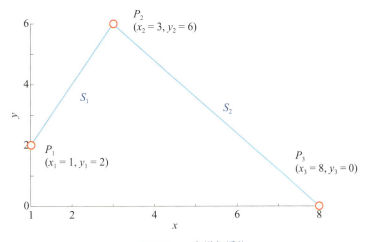

图4.34　一次样条插值

下面用两组数据进行一次样条插值测试。数组A的数据如下：

```
x_points=(0,1,2, 3,4,5);
y_points=(1 1 1 -1 -1 -1);
```

如图4.35所示是数组A一次样条插值的结果。

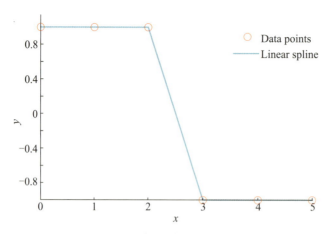

图4.35 数组A的一次样条插值

数组B的数据如下：

```
x_points = (0.019231,0.038462,0.083333,0.25,0.5,1);
y_points = (0.0180 0.0195 0.0203 0.0235 0.0250 0.0272);
```

如图4.36所示是数组B一次样条插值的结果。

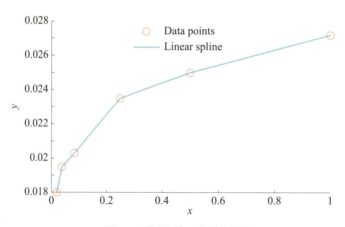

图4.36 数组B的一次样条插值

以下代码可以获得图4.34、图4.35和图4.36。

B3_Ch4_5.m

```
clc; clear all; close all

% x_points = [1, 3, 8];
% y_points = [2, 6, 0];

% x_points = [0.019231,0.038462,0.083333,0.25,0.5,1];
% y_points = [0.0180 0.0195 0.0203 0.0235 0.0250 0.0272];

x_points=[0,1,2, 3,4,5];
y_points=[1 1 1 -1 -1 -1];
```

```
figure(1)
plot(x_points,y_points,'o');
hold on

num_int=11;

for i=1:length(x_points)-1

    bin_i=linspace(x_points(i),x_points(i+1),num_int);

    for i_bin=1:num_int
y_linear(i_bin)=linear_spline(x_points,y_points,bin_i(i_bin));

        % interp1 can also be used, linear spline is the default
% y_interp1(i_bin)=interp1(x_points,y_points,bin_i(i_bin));
    end
    plot(bin_i,y_linear,'k');
    %  plot(bin_i,y_interp1,'k+');
end

legend('Data points','Linear spline');
% legend('data points','linear spline','interp1, linear');
xlabel('x'), ylabel('y'),title('Linear Spline Interpolation');


%%

function f = linear_spline(x,y,x_bin)

n=length(x);
if (x_bin<x(1)) || (x_bin>x(n))
    error('out of x range!');
    % Extropolation is not allowed
end

for i = 1:n-1
    if (x_bin>=x(i)) && (x_bin<=x(i+1))
        m=i;
        break
    end
end

f = y(m)*(x_bin-x(m+1))/(x(m)-x(m+1)) ...
    +y(m+1)*(x_bin-x(m))/(x(m+1)-x(m));
end
```

当数据的步长不均匀时，如图4.37(a) 所示，可以采用线性插值以均匀步长对数据进行**重新采样** (resampling)，如图4.37(b) 所示。resample()可以用来实现计算。

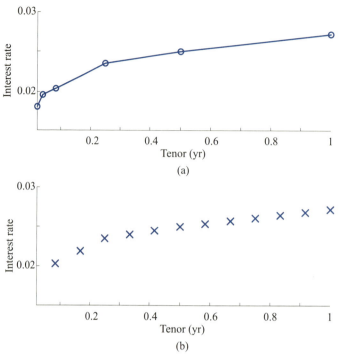

图4.37 重新采样

以下代码获得图4.37。

```matlab
B3_Ch4_6.m

%% Irregular steps
% resample

tenors = [0.019231,0.038462,0.083333,0.25,0.5,1];
IRs = [0.0180 0.0195 0.0203 0.0235 0.0250 0.0272];

ts_in = timeseries(IRs', tenors');
reg_tenors = [1/12:1/12:1];
ts_out = resample(ts_in,reg_tenors);
tsindata = ts_in.Data;

figure(1)
subplot(2,1,1)
plot(tenors, IRs,'o-'); hold on
x_left = min(tenors);
x_right = max(tenors);
y_top = 0.03;
y_btm = 0.015;
xlim([x_left x_right])
ylim([y_btm y_top])
xlabel('Tenor (yr)')
ylabel('Interest rate')
```

```
subplot(2,1,2)
plot(reg_tenors, ts_out.Data,'x','MarkerSize',10)
x_left = min(tenors);
x_right = max(tenors);
y_top = 0.03;
y_btm = 0.015;
xlim([x_left x_right])
ylim([y_btm y_top])
xlabel('Tenor (yr)')
ylabel('Interest rate')
```

4.5 二次样条插值

二次样条插值 (second-order spline interpolation, quadratic spline interpolation) 比一次样条插值稍复杂。$S_1(x)$ 和 $S_2(x)$ 为二次函数。一次样条插值要求 $S_1(x)$ 和 $S_2(x)$ 通过已知点。二次样条插值在此基础之上还要求公共点处一阶可导。通俗地说，也就是公共点处曲线平滑，如图4.32中的 $P_2(x_2, y_2)$ 处左右曲线 $S_1(x)$ 和 $S_2(x)$ 在此点平滑，另外，为了保证方程有解，还要增加边界条件。首先，$S_1(x)$ 和 $S_2(x)$ 为二次函数：

$$\begin{cases} S_1(x) = a_1 + b_1 x + c_1 x^2 & x \in [1,3] \\ S_2(x) = a_2 + b_2 x + c_2 x^2 & x \in [3,8] \end{cases} \tag{4.30}$$

$S_1(x)$ 和 $S_2(x)$ 分别通过已知点：

$$\begin{cases} S_1(x_1) = a_1 + b_1 x_1 + c_1 x_1^2 = y_1 \\ S_1(x_2) = a_1 + b_1 x_2 + c_1 x_2^2 = y_2 \\ S_2(x_2) = a_2 + b_2 x_2 + c_2 x_2^2 = y_2 \\ S_2(x_3) = a_2 + b_2 x_3 + c_2 x_3^2 = y_3 \end{cases} \tag{4.31}$$

$S_1(x)$ 和 $S_2(x)$ 一阶导数式为：

$$\begin{cases} S_1'(x) = b_1 + 2c_1 x & x \in [1,3] \\ S_2'(x) = b_2 + 2c_2 x & x \in [3,8] \end{cases} \tag{4.32}$$

两个导数式相等：

$$S_1'(x_2) = S_2'(x_2) \tag{4.33}$$

式 (4.33) 展开整理得到：

$$b_1 + 2c_1x_2 - b_2 - 2c_2x_2 = 0 \tag{4.34}$$

到这里，一共有5个等式，但是有6个未知数据。因此，需要增加一个边界条件。第一种常见边界条件是初始曲线一阶导数为0，这样即可获得第六个等式：

$$S_1'(x_1) = b_1 + 2c_1x_1 = 0 \tag{4.35}$$

这种二次样条插值也叫作**自然二次样条插值** (natural quadratic spline)。还有，可以用第一条曲线在第一个已知点的导数，等于第二条曲线在第二个点的导数，第二种边界条件也就是：

$$S_1'(x_1) = S_2'(x_2) \tag{4.36}$$

可以获得：

$$b_1 + 2c_1x_1 - b_2 - 2c_2x_2 = 0 \tag{4.37}$$

在第一种边界条件情况下，可以构建式 (4.38) 所示等式组：

$$\begin{cases} a_1 + x_1b_1 + x_1^2c_1 = y_1 \\ a_1 + x_2b_1 + x_2^2c_1 = y_2 \\ a_2 + x_2b_2 + x_2^2c_2 = y_2 \\ a_2 + x_3b_2 + x_3^2c_2 = y_3 \\ b_1 + 2x_2c_1 - b_2 - 2x_2c_2 = 0 \\ b_1 + 2x_1c_1 = 0 \end{cases} \tag{4.38}$$

矩阵式表达式为：

$$\begin{bmatrix} 1 & x_1 & x_1^2 & & & \\ 1 & x_2 & x_2^2 & & & \\ & & & 1 & x_2 & x_2^2 \\ & & & 1 & x_3 & x_3^2 \\ & 1 & 2x_2 & & -1 & -2x_2 \\ & 1 & 2x_1 & & & \end{bmatrix} \begin{bmatrix} a_1 \\ b_1 \\ c_1 \\ a_2 \\ b_2 \\ c_2 \end{bmatrix} = \begin{bmatrix} y_1 \\ y_2 \\ y_2 \\ y_3 \\ 0 \\ 0 \end{bmatrix} \tag{4.39}$$

代入具体已知点数值得：

$$\begin{bmatrix} 1 & 1 & 1 & & & \\ 1 & 3 & 9 & & & \\ & & & 1 & 3 & 9 \\ & & & 1 & 8 & 64 \\ & 1 & 6 & & -1 & -6 \\ & 1 & 2 & & & \end{bmatrix} \begin{bmatrix} a_1 \\ b_1 \\ c_1 \\ a_2 \\ b_2 \\ c_2 \end{bmatrix} = \begin{bmatrix} 2 \\ 6 \\ 6 \\ 0 \\ 0 \\ 0 \end{bmatrix} \tag{4.40}$$

以下代码可以求解式 (4.40) 所示矩阵式：

```
A = [1 1 1 0 0 0; 1 3 9 0 0 0; 0 0 0 1 3 9;
     0 0 0 1 8 64; 0 1 6 0 -1 -6; 0 1 2 0 0 0];
b = [2; 6; 6; 0; 0; 0];
x = mldivide(A,b)
```

结果如下：

$$\begin{bmatrix} a_1 \\ b_1 \\ c_1 \\ a_2 \\ b_2 \\ c_2 \end{bmatrix} = \begin{bmatrix} 3 \\ -2 \\ 1 \\ -15.36 \\ 10.24 \\ -1.04 \end{bmatrix}$$

这样可以计算出 $S_1(x)$ 和 $S_2(x)$ 的解析式为：

$$\begin{cases} S_1(x) = 3 - 2x + x^2 & x \in [1,3] \\ S_2(x) = -15.36 + 10.24x - 1.04x^2 & x \in [3,8] \end{cases} \quad (4.41)$$

两者的一阶导数为：

$$\begin{cases} S_1'(x) = -2 + 2x & x \in [1,3] \\ S_2'(x) = 10.24 - 2.08x & x \in [3,8] \end{cases} \quad (4.42)$$

满足第二种边界条件的矩阵式为：

$$\begin{bmatrix} 1 & x_1 & x_1^2 & & & \\ 1 & x_2 & x_2^2 & & & \\ & & & 1 & x_2 & x_2^2 \\ & & & 1 & x_3 & x_3^2 \\ & 1 & 2x_2 & & -1 & -2x_2 \\ & 1 & 2x_1 & & -1 & -2x_2 \end{bmatrix} \begin{bmatrix} a_1 \\ b_1 \\ c_1 \\ a_2 \\ b_2 \\ c_2 \end{bmatrix} = \begin{bmatrix} y_1 \\ y_2 \\ y_2 \\ y_3 \\ 0 \\ 0 \end{bmatrix} \quad (4.43)$$

代入已知点具体数值得到：

$$\begin{bmatrix} 1 & 1 & 1 & & & \\ 1 & 3 & 9 & & & \\ & & & 1 & 3 & 9 \\ & & & 1 & 8 & 64 \\ & 1 & 6 & & -1 & -6 \\ & 1 & 2 & & -1 & -6 \end{bmatrix} \begin{bmatrix} a_1 \\ b_1 \\ c_1 \\ a_2 \\ b_2 \\ c_2 \end{bmatrix} = \begin{bmatrix} 2 \\ 6 \\ 6 \\ 0 \\ 0 \\ 0 \end{bmatrix} \quad (4.44)$$

通过以下命令可得式 (4.44)：

```
A = [1 1 1 0 0 0; 1 3 9 0 0 0; 0 0 0 1 3 9;
     0 0 0 1 8 64; 0 1 6 0 -1 -6; 0 1 2 0 -1 -6];
b = [2; 6; 6; 0; 0; 0];
x = mldivide(A,b)
```

计算得到：

$$\begin{bmatrix} a_1 \\ b_1 \\ c_1 \\ a_2 \\ b_2 \\ c_2 \end{bmatrix} = \begin{bmatrix} 0 \\ 2 \\ 0 \\ -5.76 \\ 5.84 \\ -0.64 \end{bmatrix}$$

满足第二种边界条件的$S_1(x)$和$S_2(x)$的解析式为：

$$\begin{cases} S_1(x) = 2x & x \in [1,3] \\ S_2(x) = -5.76 + 5.84x - 0.64x^2 & x \in [3,8] \end{cases} \tag{4.45}$$

$S_1(x)$和$S_2(x)$的一阶导数为：

$$\begin{cases} S_1'(x) = 2 & x \in [1,3] \\ S_2'(x) = 5.84 - 1.28x & x \in [3,8] \end{cases} \tag{4.46}$$

如图4.38所示是比较两种不同的边界条件的二次样条插值结果。如图4.39和图4.40所示分别是数组A和B的两种不同边界条件的二次样条插值结果。

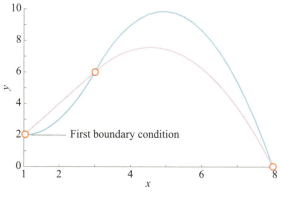

图4.38　二次样条插值

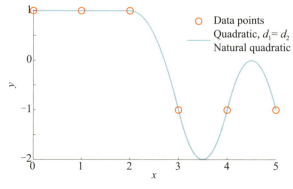

图4.39　数组A的二次样条插值

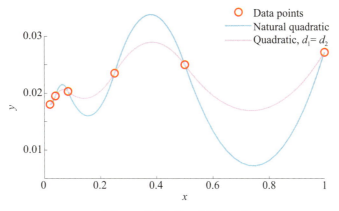

图4.40 数组B的二次样条插值

以下代码可以获得图4.38、图4.39和图4.40。

```matlab
clc; clear all; close all

% x_points = [1, 3, 8];
% y_points = [2, 6, 0];

x_points = [0.019231,0.038462,0.083333,0.25,0.5,1];
y_points = [0.0180 0.0195 0.0203 0.0235 0.0250 0.0272];

% x_points=[0,1,2, 3,4,5];
% y_points=[1 1 1 -1 -1 -1];

figure(1)
plot(x_points,y_points,'o');
hold on

num_int=21;

for i=1:length(x_points)-1
    
    bin_i=linspace(x_points(i),x_points(i+1),num_int);
    
    for i_bin=1:num_int
        % Natural spline d(1) = 0
        y_quadratic(i_bin)=quadratic_spline(x_points,y_points,bin_i(i_bin),1);
        % Quadratic spline with d(1) = d(2)
        y_quadratic_2(i_bin)=quadratic_spline(x_points,y_points,bin_i(i_bin),2);
    end
    
    plot(bin_i,y_quadratic,'k');
    plot(bin_i,y_quadratic_2,'k--')
end
```

```
legend('Data points','Natural quadratic', ...
    'Quadratic, d_1 = d_2')

xlabel('x'), ylabel('y'),title('Quadratic Spline Interpolation');

%%

function f = quadratic_spline(x,y,xx,ioption)

n=length(x);

if (xx<x(1)) || (xx>x(n))
    error('out of x range!');
end

d=1:1:n;

if ioption==1
    d(1)=0.0; % Natural quadratic spline condition
else
    d(1)=(y(2)-y(1))/(x(2)-x(1)); % for d(1) = d(2)
end

for i = 2:n
    d(i)=2.0*(y(i)-y(i-1))/(x(i)-x(i-1))-d(i-1);
end

for i = 1:n-1
    if (xx>=x(i)) && (xx<=x(i+1))
        m=i;
        break
    end
end

f = (xx-x(m))*(0.5*(d(m+1)-d(m))*(xx-x(m))/(x(m+1)-x(m)) ...
    +d(m)) + y(m);
end
```

4.6 三次样条插值

三次样条插值 (cubic spline interpolation) 在二次样条插值基础之上又增加二阶导数相关条件。顾名思义，三次样条插值的曲线使用三次多项式，$S_1(x)$ 和 $S_2(x)$ 的表达式为：

$$\begin{cases} S_1(x) = a_1 + b_1 x + c_1 x^2 + d_1 x^3 & x \in [1,3] \\ S_2(x) = a_2 + b_2 x + c_2 x^2 + d_2 x^3 & x \in [3,8] \end{cases} \qquad (4.47)$$

两个三次多项式共有八个未知量。$S_1(x)$和$S_2(x)$通过各自左右两点，可以构建四个等式：

$$\begin{cases} S_1(x_1) = a_1 + b_1 x_1 + c_1 x_1^2 + d_1 x_1^3 = y_1 \\ S_1(x_2) = a_1 + b_1 x_2 + c_1 x_2^2 + d_1 x_2^3 = y_2 \\ S_2(x_2) = a_2 + b_2 x_2 + c_2 x_2^2 + d_2 x_2^3 = y_2 \\ S_2(x_3) = a_2 + b_2 x_3 + c_2 x_3^2 + d_2 x_3^3 = y_3 \end{cases} \qquad (4.48)$$

$S_1(x)$ 和 $S_2(x)$ 的一阶导数为：

$$\begin{cases} S_1'(x) = b_1 + 2c_1 x + 3d_1 x^2 & x \in [1,3] \\ S_2'(x) = b_2 + 2c_2 x + 3d_2 x^2 & x \in [3,8] \end{cases} \qquad (4.49)$$

类似二次样条插值，两个一阶导数在共用点值相同：

$$S_1'(x_2) = S_2'(x_2) \qquad (4.50)$$

可以得到式 (4.51)：

$$b_1 + 2c_1 x_2 + 3d_1 x_2^2 - b_2 - 2c_2 x_2 - 3d_2 x_2^2 = 0 \qquad (4.51)$$

另外在共用点，二阶导数值相同：

$$\begin{cases} S_1''(x) = 2c_1 + 6d_1 x & x \in [1,3] \\ S_2''(x) = 2c_2 + 6d_2 x & x \in [3,8] \end{cases} \qquad (4.52)$$

也就是：

$$S_1''(x_2) = S_2''(x_2) \qquad (4.53)$$

可以得到：

$$2c_1 + 6d_1 x_2 - 2c_2 - 6d_2 x_2 = 0 \qquad (4.54)$$

采用自然边界条件：

$$\begin{cases} S_1''(x_1) = 0 \\ S_2''(x_2) = 0 \end{cases} \qquad (4.55)$$

从而，又获得式 (4.56)：

$$\begin{cases} 2c_1 + 6d_1 x_1 = 0 \\ 2c_2 + 6d_2 x_3 = 0 \end{cases} \tag{4.56}$$

以上8个等式可以构造式 (4.57) 所示矩阵式：

$$\begin{bmatrix} 1 & x_1 & x_1^2 & x_1^3 & & & & \\ 1 & x_2 & x_2^2 & x_2^3 & & & & \\ & & & & 1 & x_2 & x_2^2 & x_2^3 \\ & & & & 1 & x_3 & x_3^2 & x_3^3 \\ & 1 & 2x_2 & 3x_2^2 & & -1 & -2x_2 & -3x_2^2 \\ & & 2 & 6x_2 & & & -2 & -6x_2 \\ & & 2 & 6x_1 & & & & \\ & & & & & & 2 & 6x_3 \end{bmatrix} \begin{bmatrix} a_1 \\ b_1 \\ c_1 \\ d_1 \\ a_2 \\ b_2 \\ c_2 \\ d_2 \end{bmatrix} = \begin{bmatrix} y_1 \\ y_2 \\ y_2 \\ y_3 \\ 0 \\ 0 \\ 0 \\ 0 \end{bmatrix} \tag{4.57}$$

代入具体值得：

$$\begin{bmatrix} 1 & 1 & 1 & 1 & & & & \\ 1 & 3 & 9 & 27 & & & & \\ & & & & 1 & 3 & 9 & 27 \\ & & & & 1 & 8 & 64 & 512 \\ & 1 & 6 & 27 & & -1 & -6 & -27 \\ & & 2 & 18 & & & -2 & -18 \\ & & 2 & 6 & & & & \\ & & & & & & 2 & 48 \end{bmatrix} \begin{bmatrix} a_1 \\ b_1 \\ c_1 \\ d_1 \\ a_2 \\ b_2 \\ c_2 \\ d_2 \end{bmatrix} = \begin{bmatrix} 2 \\ 6 \\ 6 \\ 0 \\ 0 \\ 0 \\ 0 \\ 0 \end{bmatrix} \tag{4.58}$$

同样用MATLAB求解得到：

$$\begin{bmatrix} a_1 \\ b_1 \\ c_1 \\ d_1 \\ a_2 \\ b_2 \\ c_2 \\ d_2 \end{bmatrix} = \begin{bmatrix} -0.3429 \\ 2.1143 \\ 0.3429 \\ -0.1143 \\ -4.6629 \\ 6.4343 \\ -1.0971 \\ 0.0457 \end{bmatrix} \tag{4.59}$$

$S_1(x)$ 和 $S_2(x)$ 的表达式为：

$$\begin{cases} S_1(x) = -0.3429 + 2.1143x + 0.3429x^2 - 0.1143x^3 & x \in [1,3] \\ S_2(x) = -4.6629 + 6.4343x - 1.0971x^2 + 0.0457x^3 & x \in [3,8] \end{cases} \tag{4.60}$$

如图4.41所示是三次样条插值结果。数组A和数组B的三次样条插值的结果如图4.42和图4.43所示。

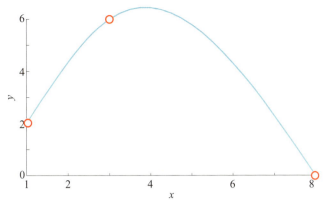

图4.41 三次样条插值曲线

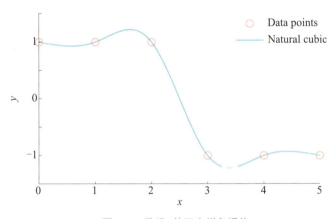

图4.42 数组A的三次样条插值

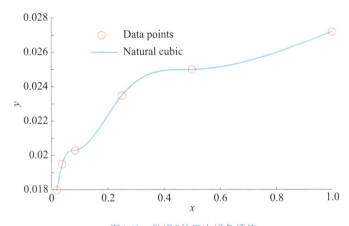

图4.43 数组B的三次样条插值

以下代码可以获得图4.41、图4.42和图4.43。

```
clc; clear all; close all

% x_points = [1, 3, 8];
```

```matlab
% y_points = [2, 6, 0];

x_points = [0.019231,0.038462,0.083333,0.25,0.5,1];
y_points = [0.0180 0.0195 0.0203 0.0235 0.0250 0.0272];

% x_points=[0,1,2, 3,4,5];
% y_points=[1 1 1 -1 -1 -1];

figure(1)
plot(x_points,y_points,'o');
hold on

num_int=21;
whole_bins = linspace(x_points(1),x_points(end),(num_int-1)*length(x_points)+1);
for i=1:length(x_points)-1

    bins=linspace(x_points(i),x_points(i+1),num_int);

    for i_bin=1:num_int

c_cubic(i_bin)=cubic_spline(x_points,y_points,bins(i_bin));

        %
c3(i_bin)=interp1(x_points,y_points,bins(i_bin),'cubic');
        % vq = interp1(x,v,xq,method)
        % specifies an alternative interpolation method:
      % 'nearest', 'next', 'previous',
'linear','spline','pchip', 'makima', or 'cubic'.
        % The default method is 'linear'.
    end
    plot(bins,c_cubic,'k');
    hold on
     % plot(bins,c3,'k-.'); hold on
end
hold on
% MATLAB function, spline can also be used
% c_cubic_2=spline(x_points,y_points,whole_bins);
% plot(whole_bins,c_cubic_2,'k--')
legend('Data points','Natural cubic')

xlabel('x'), ylabel('y'),title('Cubic Spline Interpolation');

%%

function f = cubic_spline(x,y,xx)

n=length(x);
if (xx<x(1)) || (xx>x(n))
```

```matlab
        error('out of x range!');
end

h=1:1:n;
b=1:1:n;
u=1:1:n;
v=1:1:n;

for i=1:n-1
    h(i)=x(i+1)-x(i);
    b(i)=(y(i+1)-y(i))/h(i);
end

u(2)=2.0*(h(1)+h(2));
v(2)=6.0*(b(2)-b(1));
for i=3:n-1
    u(i)=2.0*(h(i)+h(i-1))-h(i-1)^2/u(i-1);
    v(i)=6.0*(b(i)-b(i-1))-h(i-1)*v(i-1)/u(i-1);
end;

% Natural cubic spline conditions
e(1)=0.0;
e(n)=0.0;

for i=n-1:-1:2;
    e(i)=(v(i)-h(i)*e(i+1))/u(i);
end

for i = 1:n-1
    if (xx>=x(i)) && (xx<=x(i+1))
        m=i;
        break;
    end
end

hm=x(m+1)-x(m);
xt1=xx-x(m);
xt2=x(m+1)-xx;

f = (e(m+1)*xt1^3+e(m)*xt2^3)/(6.0*hm) ...
    +xt1*( y(m+1)/hm-hm*e(m+1)/6.0 ) ...
    +xt2*( y(m)/hm-hm*e(m)/6.0 );
end
```

MATLAB对应的插值命令为interp1()，这个命令支持一系列的插值方法，具体插值方法，请读者参考以下链接：

https://www.mathworks.com/help/matlab/ref/interp1.html

如图4.44和图4.45所示是用四种不同方法对数组A和数组B进行插值获得的结果。

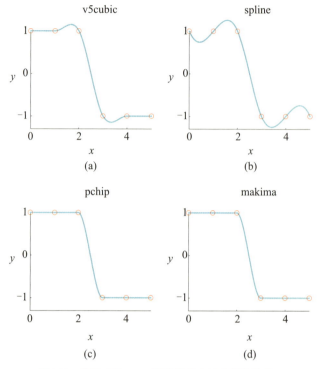

图4.44　数组A用interp()四种插值方法获得的结果

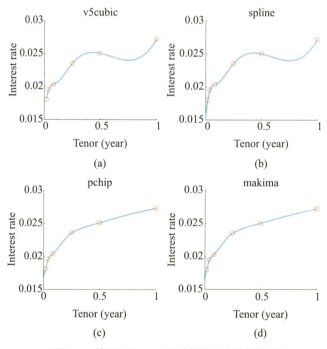

图4.45　数组B用interp()四种插值方法获得的结果

MATLAB提供的其他主要的插值函数有：

- interp2() meshgrid 格式的二维网格数据的插值；
- interp3() meshgrid 格式的三维网格数据的插值；
- interpn() ndgrid 格式的一维、二维、三维和 N 维网格数据的插值；
- griddedInterpolant() 对一维、二维、三维或 N 维网格数据集进行插值；
- scatteredInterpolant() 对散点数据的二维或三维数据集执行插值。

本章讨论数据相关内容，比如如何处理异常值和缺失值，转换数据的常用数学方法和几种常见的插值方法。下一章将继续其他相关数据处理话题的讨论。

第 5 章 数据基础 II

Fundamentals of Data Analysis

> *Big data is at the foundation of all of the megatrends that are happening today, from social to mobile to the cloud to gaming.*
>
> ——克里斯·林奇 (Chris Lynch)

Core Functions and Syntaxes
本章核心命令代码

- cellfun() 对元胞数组中的每个元胞应用函数
- chol() 对矩阵进行 Cholesky 分解；R = chol(A) 基于矩阵 A 的对角线和上三角形生成上三角矩阵 R，满足方程 R'*R=A
- conv(u,v,shape) 返回如 shape 指定的卷积的分段。例如，conv(u,v,'same') 仅返回与 u 等大小的卷积的中心部分，而 conv(u,v,'valid') 仅返回计算的没有补零边缘的卷积部分
- conv2(A,B) 返回矩阵 A 和 B 的二维卷积
- detrend() 从向量或矩阵中删除均值或去除线性 (n次多项式) 趋势
- eig() 求解特征值和特征向量。(V,D) = eig(A) 返回特征值的对角矩阵 D 和矩阵 V，其列是对应的右特征向量，使得 A*V = V*D
- floor() 朝负无穷大四舍五入
- mode(A) 返回 A 的样本众数，即 A 中出现次数最多的值
- movmad() 计算移动平均绝对离差
- movmax() 计算移动最大值
- movmean() 计算移动平均数
- movmedian() 计算移动中位数
- movmin() 计算移动最小值
- movprod() 计算移动乘积
- movstd() 计算移动标准差
- movsum() 计算移动和
- movvar() 计算移动方差
- norm(v) 返回向量 v 的欧几里得范数。此范数也称为 2-范数、向量模或欧几里得长度
- randn(n) 返回由正态分布的随机数组成的 n×n 矩阵
- smoothdata(A,method,window) 指定平滑处理方法使用的窗口长度。例如，smoothdata(A,'movmedian',5) 通过求五元素移动窗口的中位数，来对 A 中的数据进行平滑处理

5.1 移动窗口

如图5.1所示是**移动窗口** (moving window, rolling window, lookback window) 的应用，回望窗口不断移动，窗口之内的数据用来做各种运算。丛书在第二本采用移动窗口计算过波动率、EWMA波动率、VaR值、ES值等。本书采用EWMA计算方差-协方差矩阵和相关性矩阵。

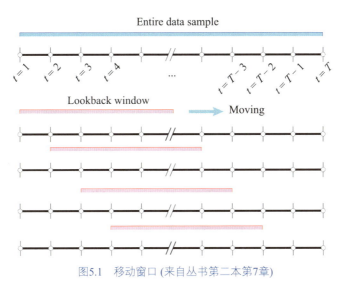

图5.1　移动窗口 (来自丛书第二本第7章)

如图5.2所示是某一时刻 $t = k$ 移动窗口。

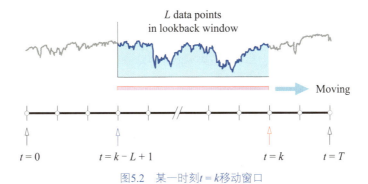

图5.2　某一时刻 $t = k$ 移动窗口

简单移动平均数 (simple moving average)，用来计算平均数的回望窗口内的每个样本的权重完全一致。MATLAB的计算命令为movmean()，数学计算公式为：

$$\begin{aligned}\overline{x}_{\text{SMA}\_k} &= \frac{x_{k-L+1} + x_{k-L+2} + \ldots + x_{k-2} + x_{k-1} + x_k}{L} \\ &= \frac{x_{(k-L)+1} + x_{(k-L)+2} + \ldots + x_{(k-L)+L-2} + x_{(k-L)+L-1} + x_{(k-L)+L}}{L} \\ &= \frac{1}{L}\sum_{i=1}^{L} x_{(k-L)+i}\end{aligned} \tag{5.1}$$

MATLAB有一系列移动窗口运算，用标普数据和移动窗口长度为252来计算大部分移动窗口数值：

- movmean() 计算移动平均数，如图5.3(a) 所示；
- movmedian() 计算移动中位数，如图5.3(b) 所示；
- movmax() 计算移动最大值，如图5.3(c) 所示；
- movmin() 计算移动最小值，如图5.3(d) 所示；
- movstd() 计算移动标准差，如图5.4(a) 所示；
- movmad() 计算移动平均绝对离差，如图5.4(b) 所示；
- movsum() 计算移动和；
- movvar() 计算移动方差；
- movprod() 计算移动乘积。

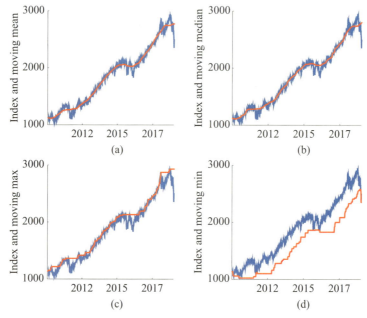

图5.3 标普500指数移动平均数、移动中位数、移动最大和移动最小

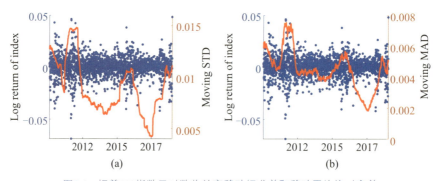

图5.4 标普500指数日对数收益率移动标准差和移动平均绝对离差

实际上移动窗口的概念就是数学概念**卷积** (convolution) 的特例。MATLAB函数在处理数据首尾方法略有不同，但是从概念本身上来讲，以下两段代码得到的结果基本上一致。

```
A = [4 8 6 -1 -2 -3 -1 3 4 5];
M = movmean(A,3)
filter = [1/3,1/3,1/3];
M2 = conv(A,filter,'same')
```

指数加权移动 (exponentially-weighted moving) 可以用来计算平均值、标准差、方差、协方差和相关性等。**指数加权移动平均数** (exponential moving average, or exponentially weighted moving average)：

$$\begin{aligned}\bar{x}_{\mathrm{EMA}\_k} &= \frac{x_{(k-L)+1}w_1 + x_{(k-L)+2}w_2 + \ldots + x_{(k-L)+L-2}w_{L-2} + x_{(k-L)+L-1}w_{L-1} + x_{(k-L)+L}w_L}{W} \\ &= \frac{1}{L}\sum_{i=1}^{L} x_{(k-L)+i} w_i\end{aligned} \quad (5.2)$$

如图5.5所示就是这种指数加权移动权重和原始数据的关系。

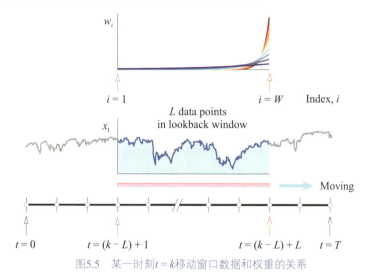

图5.5 某一时刻 $t = k$ 移动窗口数据和权重的关系

通过丛书第一本和第二本的讨论，已经知道回望窗口的长度、衰减因子以及窗口内的数据采样频率 (日对数回报率、周对数回报率等) 等对计算平均值、标准差、方差、协方差和相关性都有影响。下面就用一组数据来讨论回望窗口长度和采样频率的影响。

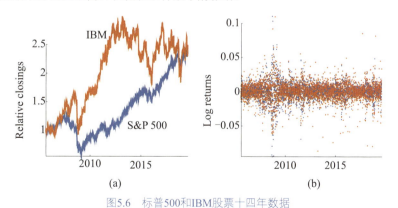

图5.6 标普500和IBM股票十四年数据

如图5.6(a) 所示是标普500和IBM初始值归一的数据；图5.6(b) 所示是两者日对数回报率。为了计算标普500年化波动率变化情况，产生12种参数组合，4种窗口长度 (60营业日、125营业日、250营业日和500营业日)，3种采样频率 (日对数回报率、周对数回报率和双周对数回报率)。数据采用等权重法，计算指数加权方法结果。计算结果以窗口长度分组，如图5.7所示。图5.7(a) 所示是窗口长度为60营业日的结果。相比其他窗口长度，窗口长度越短，波动率变化越剧烈。对于等权重方法，窗口内的数据相当于一种平均效应，窗口越长平均效果越明显。如图5.7(d) 所示，当回望窗口长度为500营业日时，会发现图5.7(a) 中的"棱角"全部被打磨掉。图5.7中周对数回报率和双周对数回报率都是采用重叠回报率。通过图5.7四个分图比较，发现当窗口长度一定条件下，日对数回报率计算得到的年化波动率最大，这一点也符合丛书前文有关内容的讨论。

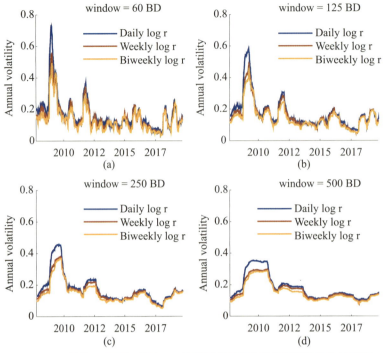

图5.7　标普500不同回望窗口、不同采样频率条件下得到的年化波动率

如图5.8所示是图5.7波动率数据的波动率随时间变化情况，也就是波动率。具体计算方法为：首先求解图5.7波动率数据的日对数回报率，然后采用250营业日作为回望窗口长度，滚动计算波动率。

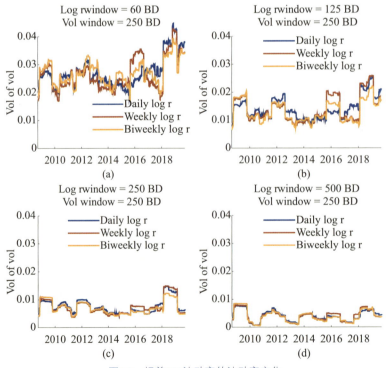

图5.8　标普500波动率的波动率变化

可见，波动率的计算结果受到很多因素影响。回望窗口长度和回报率采样对线性相关系数也有影响。如图5.9所示是回望窗口长度为125营业日的相关性计算结果。有意思的是，当市场风平浪静的时候，各种产品回报率相关性小；但是，当市场恐慌下跌时，这种相关性急剧增大。如图5.10和图5.11所示分别是回望窗口为250营业日和500营业日的相关性系数的计算。

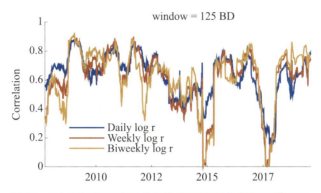

图5.9　IBM和标普500相关性系数 (回望窗口长度为125营业日)

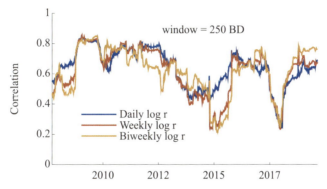

图5.10　IBM和标普500相关性系数 (回望窗口长度为250营业日)

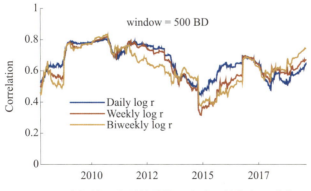

图5.11　IBM和标普500相关性系数 (回望窗口长度为500营业日)

请读者根据自己的需求，仔细分析数据特点，选取合适的参数估算波动率、相关性系数等等。以下代码给出的是获得图5.7到图5.11数据的自定义函数。

```
function [S_freq_before,log_returns] = log_r(S,freq)

S_freq_before = nan(size(S));
```

```
S_freq_before(freq+1:end,:) = S(1:end-freq,:);
log_returns = log(S) - log(S_freq_before);

end

function rolling_annual_vol = movannualvol(r1,window,freq)

rolling_annual_vol = nan(size(r1));
first_non_NaN = find(~isnan(r1),1);

for i = 1:length(r1)
    i_start = i;
    i_end   = window + i - 1;

    if (i_end <= length(r1)) && (i_start >= first_non_NaN)
        vol_temp = nanstd(r1(i_start:i_end))/sqrt(freq)*sqrt(250);
        rolling_annual_vol(i_end) = vol_temp;
    else
    end

end
end

function rolling_corr = movcorr(r1,r2,window)
if length(r1) ~= length(r2)
    error('Vectors must have same length');
end

rolling_corr = nan(size(r1));
first_non_NaN_1 = find(~isnan(r1),1);
first_non_NaN_2 = find(~isnan(r2),1);
first_non_NaN = max(first_non_NaN_1,first_non_NaN_2);

for i = 1:length(r1)
    i_start = i;
    i_end   = window + i - 1;

    if (i_end <= length(r1)) && (i_start >= first_non_NaN)
        corr_temp = corrcoef(r1(i_start:i_end),r2(i_start:i_end));
        rolling_corr(i_end) = corr_temp(2,1);
    else
    end

end
end
```

本节最后，用1996—2018年21年历史的标普500数据做年度分析。窗口长度还是一年，但是移动频率不是按天移动，而是按照自然年移动，也就是窗口内的数据从一年的年初到年末。如图5.11所示是指数重要的统计参数。年度收益指的是，指数从某一年年初到该年年末的相对收益率。图5.12之后给出的是日对数回报率的最大值、最小值、平均值、95%损失分位点 (类似于95% VaR)、标准差、偏度和峰度。特别值得注意的是，平均值在0附近波动；另外，回报率分布并非一致保持"尖峰、肥尾"的统计现象，如2002年日对数收益分布明显正偏，1999年日对数收益明显低峰态。如图5.13和图5.14所示是标普500指数1998—2018年指数、日对数回报率变化和回报率分布，特别值得关注的是日对数回报率分布情况差异明显，2008年回报率的波动最为剧烈。

年份	年度收益	日对数收益						Kurtosis = 3
		最大	最小	平均	95%损失点	标准差	偏度	峰度
1998	0.2607	0.0496	−0.0704	0.000923	−0.0200	0.0128	−0.616	7.697
1999	0.1964	0.0347	−0.0285	0.000714	−0.0182	0.0114	0.060	2.854
2000	−0.0927	0.0465	−0.0600	−0.000388	−0.0217	0.0140	−0.006	4.385
2001	−0.1053	0.0489	−0.0505	−0.000451	−0.0206	0.0135	0.032	4.510
2002	−0.2380	0.0557	−0.0424	−0.001083	−0.0251	0.0164	0.429	3.654
2003	0.2232	0.0348	−0.0359	0.000803	−0.0153	0.0106	−0.016	3.692
2004	0.0933	0.0162	−0.0165	0.000355	−0.0130	0.0070	−0.116	2.857
2005	0.0384	0.0195	−0.0169	0.000150	−0.0102	0.0065	−0.023	2.865
2006	0.1178	0.0213	−0.0185	0.000446	−0.0104	0.0062	0.072	4.192
2007	0.0365	0.0288	−0.0353	0.000144	−0.0183	0.0101	−0.495	4.432
2008	−0.3758	0.1096	−0.0947	−0.001870	−0.0477	0.0259	−0.039	6.662
2009	0.1967	0.0684	−0.0543	0.000715	−0.0295	0.0171	−0.063	4.913
2010	0.1100	0.0430	−0.0398	0.000416	−0.0173	0.0114	−0.207	4.995
2011	−0.0112	0.0463	−0.0690	−0.000045	−0.0253	0.0147	−0.509	5.856
2012	0.1168	0.0246	−0.0250	0.000444	−0.0128	0.0080	0.035	3.869
2013	0.2639	0.0216	−0.0253	0.000933	−0.0122	0.0068	−0.525	4.172
2014	0.1239	0.0237	−0.0231	0.000465	−0.0126	0.0072	−0.437	4.342
2015	−0.0069	0.0383	−0.0402	−0.000028	−0.0154	0.0098	−0.224	4.883
2016	0.1124	0.0245	−0.0366	0.000424	−0.0125	0.0082	−0.431	5.452
2017	0.1842	0.0136	−0.0183	0.000676	−0.0055	0.0042	−0.481	6.008
2018	−0.0701	0.0484	−0.0418	−0.000291	−0.0210	0.0108	−0.494	6.006

图5.12　标普500指数1998—2018年重要统计参数

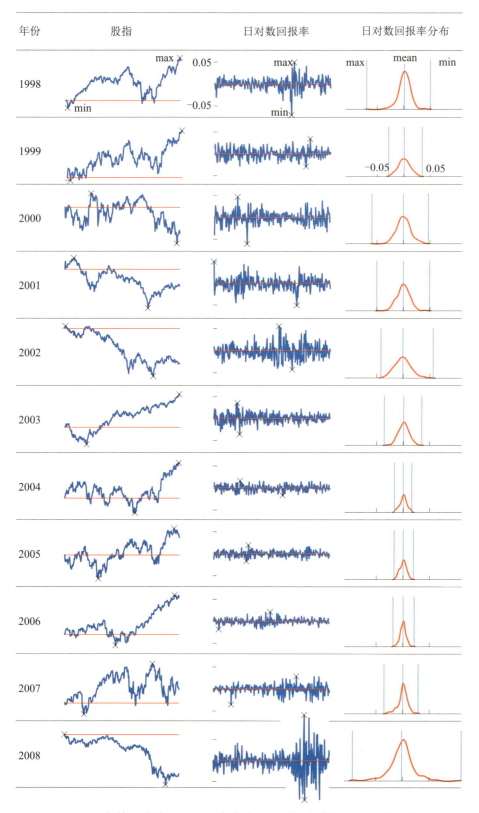

图5.13 标普500指数1998—2008年指数、日对数回报率变化和回报率分布

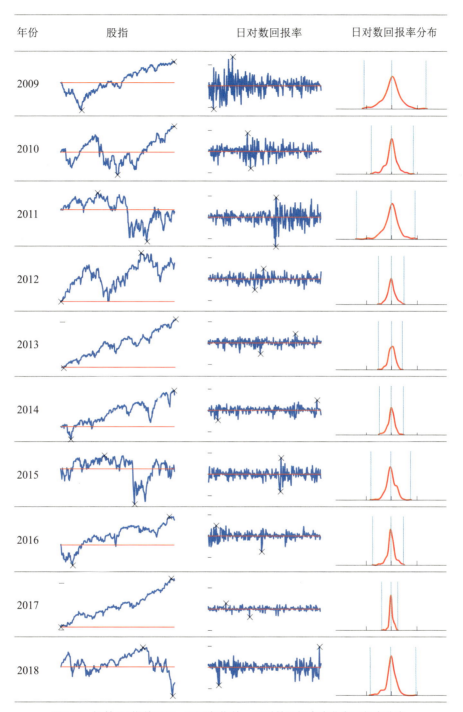

图5.14 标普500指数2009—2018年指数、日对数回报率变化和回报率分布

以下代码可以获得以上两图中各个分图。

```
B3_Ch5_1.m
```

```
clc; close all; clear all
results = []; years = 1998:2018;
```

```matlab
for i = 1:length(years)
    year = years(i)
    start_date = ['0101',num2str(year)]
    end_date   = ['0101',num2str(year+1)]
    price = hist_stock_data(start_date,end_date,'^GSPC');
    
    % the function can be downloaded from:
    % https://www.mathworks.com/matlabcentral/fileexchange/
    % 18458-hist_stock_data-start_date-end_date-varargin
    
    dates_cells = price(1).Date;
    dates = datetime(dates_cells, ...
        'InputFormat', 'yyyy-MM-dd');
    SP500   = price(1).AdjClose;
    
    index = i;
    
    
    figure(index);
    
    subplot(3,1,1)
    
    plot(dates, SP500); hold on
    plot(dates,SP500(1)*ones(size(SP500)),'r')
%   plot(dates,SP500(end)*ones(size(SP500)),'r')
    
    datetick('x')
    yticks(sort((SP500(1),SP500(end))))
    tix=get(gca,'ytick')';
    set(gca,'yticklabel',num2str(tix,'%.1f'))
    [max_level,loc_max] = max(SP500);
    [min_level,loc_min] = min(SP500);
    plot(dates(loc_max),max_level,'xk','MarkerSize',12)
    plot(dates(loc_min),min_level,'xk','MarkerSize',12)
    set(gca,'xticklabel',{()}); set(gca,'XTick',())
    box off; axis tight
    title(['Year: ',num2str(year)])
    
    annual_r   = (SP500(end) - SP500(1))/SP500(1);
    SP500_daily_r = diff(log(SP500));
    SP500_daily_r = [NaN; SP500_daily_r];
    [max_r,max_r_loc] = max(SP500_daily_r);
    [min_r,min_r_loc] = min(SP500_daily_r);
    mean_r = nanmean(SP500_daily_r);
    std_r  = nanstd(SP500_daily_r);
    skew_r = skewness(SP500_daily_r);
```

```
kurt_r = kurtosis(SP500_daily_r);
Q95 = quantile(SP500_daily_r,0.05)
Q99 = quantile(SP500_daily_r,0.01)
y = quantile(SP500_daily_r,(0.25, 0.5, 0.75))

results(i,:) = [year,max_level,min_level,annual_r,...
    max_r,min_r,mean_r,Q95,Q99,std_r,skew_r,kurt_r];

subplot(3,1,2)
plot(dates, SP500_daily_r); hold on
plot(dates, zeros(size(dates)),'r'); hold on
plot(dates(max_r_loc), max_r,'xk','MarkerSize',12); hold on
plot(dates(min_r_loc), min_r,'xk','MarkerSize',12); hold on
yticks(-0.05:0.05:0.05); ylim([-0.11,0.11])
box off; datetick('x')
set(gca,'xticklabel',{[]}); set(gca,'XTick',[])

subplot(3,1,3)
nbins = 50;
h = histfit(SP500_daily_r,nbins,'kernel'); hold on
y_lim = (0,30);
plot([mean_r,mean_r],y_lim,'b'); hold on
plot([max_r,max_r],y_lim,'b'); hold on
plot([min_r,min_r],y_lim,'b'); hold on
delete(h(1));
box off; axis tight
xlim([-0.11,0.11]); ylim(y_lim);
xticks(-0.05:0.05:0.05); set(gca,'YTick',[])
set(gca,'yticklabel',{[]})

end
```

5.2 降噪与平滑

数据中**噪声** (noise) 在所难免，清除数据噪声是数据处理的重要工作之一。噪声处理，简单地说就是卷积的方法对原始数据平滑处理。图5.15所示是不同维度的原始数据、滤波序列和输出序列的关系。图5.16所示是本章中采用的一维滤波序列。图5.17所示是本章采用的二维滤波矩阵。

MATLAB函数smoothdata()可用来处理噪声，下面给大家介绍常用的四种。如图5.18(a) 所示是用移动平均'movmean'平滑数据，移动平均这种方法在第4章已经讲过。图5.18(b) 所示是用高斯加权法'gaussian'平滑数据。图5.18(c) 所示的红色曲线使用线性回归方法平滑数据'lowess'。图5.18(d) 所示的是二次回归'loess'平滑数据。

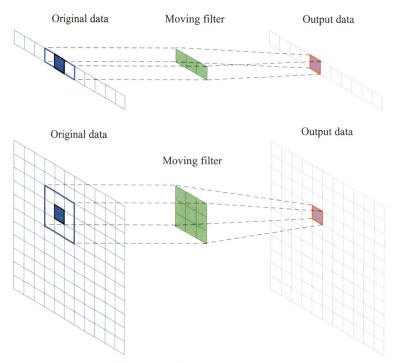

图5.15 一维和二维数据滤波的原理

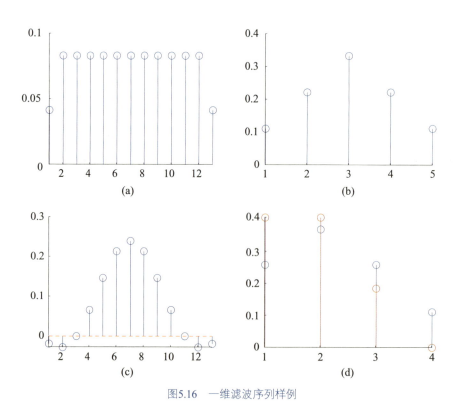

图5.16 一维滤波序列样例

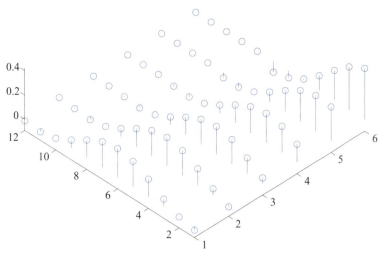

图5.17 二维滤波矩阵样例

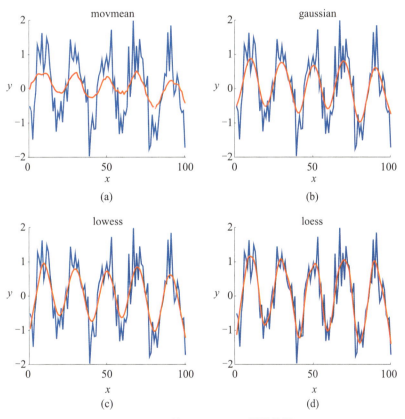

图5.18 利用smoothdata()平滑数据

更多关于MATLAB平滑数据方法介绍，请读者参考下文：

https://www.mathworks.com/help/curvefit/smoothing-data.html

以下代码可以获得图5.18。请读者自行绘制噪声成分随x变化图像，并且绘制噪声成分的统计分布。另外，请读者研究MATLAB另外一个用来平滑数据的命令smooth()。

`B3_Ch5_2.m`

```matlab
close all; clear all; clc
original_data = [];
x = 1:100;
original_data.x = x;
original_data.y = cos(2*pi*0.05*x+2*pi*rand) + 0.5*randn(1,100);
moving_w = 15; % moving window

figure(1)
subplot(2,2,1)
method = 'movmean'; % or movmedian
% Moving average over each window of A.
% This method is useful for reducing periodic trends in data.
plot_smooth(original_data, method, moving_w)


subplot(2,2,2)
method = 'gaussian';
% Gaussian-weighted moving average over each window of A.
plot_smooth(original_data, method, moving_w)

subplot(2,2,3)
method = 'lowess';
% Linear regression over each window of A.
% This method can be computationally expensive,
% but results in fewer discontinuities.

plot_smooth(original_data, method, moving_w)

subplot(2,2,4)
method = 'loess';
% Quadratic regression over each window of A.
% This method is slightly more computationally expensive than 'lowess'.

plot_smooth(original_data, method, moving_w)


function plot_smooth(original_data, method, window)
plot(original_data.x,original_data.y,'b'); hold on
[smoothed_data, ~] = smoothdata(original_data.y,method,window);

plot(original_data.x,smoothed_data,'r')
xlabel('x'); ylabel('y'); box off
title(method)
end
```

5.3 去趋势

时间序列分解 (decomposition of time series) 是分析数据的重要手段之一。在丛书第二本中研究标普500指数长期来看随时间增长,按照经济周期涨跌,短期来看指数每天波动不止。长期**趋势成分** (trend component) $TR(t)$ 就可以描述这种时间序列的长期行为,而**不规则成分** (irregular component) $IR(t)$ 描述的就是噪声成分,或者说是随机运动成分。

对于**累加分解** (additive decomposition),原始数据可以按式 (5.3) 分解:

$$O(t) = TR(t) + IR(t) \tag{5.3}$$

如图5.19所示就是累加分解。需要注意到$IR(t)$成分在0上下波动。对于**累乘分解** (multiplicative decomposition),原始数据可以按式(5.4)分解:

$$O(t) = TR(t) \cdot IR(t) \tag{5.4}$$

如图5.20所示是累乘分解。在累乘分解下,$IR(t)$ 成分在1上下波动。另外,时间序列还展示出其他的趋势成分,比如5.4介绍的**季节性成分** (seasonal component)。因此,一般情况下把原始数据中除去趋势成分的结果叫作**去趋势数据**、**去趋势成分** (detrended series, detrended component),计算方法为:

$$\begin{aligned} DeTR(t) &= O(t) - TR(t) \\ DeTR(t) &= \frac{O(t)}{TR(t)} \end{aligned} \tag{5.5}$$

用累加分解对标普500指数进行分解。标普500数据长期以来有不断上涨的趋势,可以通过线性回归得到一条表达长期上涨的一次函数图像。去趋势,简单地说就是用标普500指数数据减去这个一次函数每一个对应点。MATLAB有专门去线性趋势的命令:detrend()。如图5.21所示是标普500指数的原数据和去趋势后的数据。

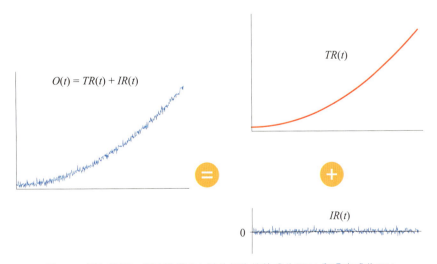

图5.19 累加分解:原始数据$O(t)$被分解为趋势成分$TR(t)$和噪声成分$IR(t)$

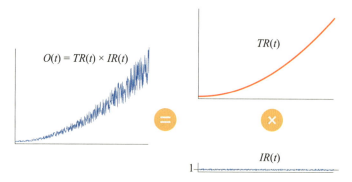

图5.20 累乘分解：原始数据$O(t)$被分解为趋势成分$TR(t)$和噪音成分$IR(t)$

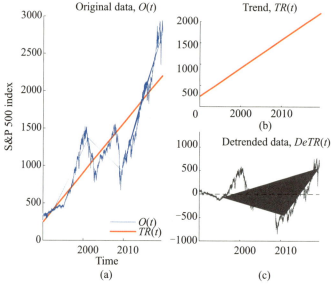

图5.21 线性函数表达数据趋势$TR(t)$

如图5.22所示是二次函数表达数据趋势。

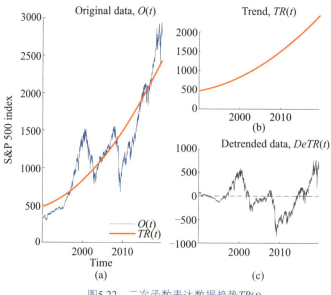

图5.22 二次函数表达数据趋势$TR(t)$

如图5.23所示是用移动平均去趋势。

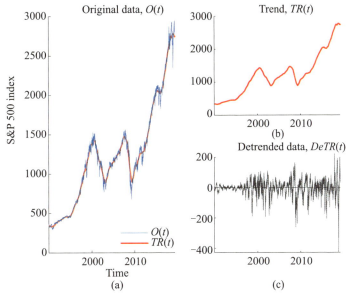

图5.23 用移动平均去趋势$TR(t)$

图5.24是采用smoothdata()函数，利用高斯平滑方法去趋势。请读者尝试不同窗口数据长度。

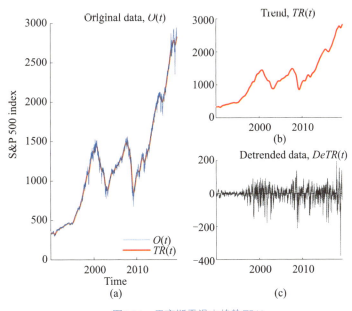

图5.24 用高斯平滑去趋势$TR(t)$

请读者下载数据结合一下代码绘制图5.21~图5.24。请读者绘制$DeTR(t)$成分的统计分布。

`B3_Ch5_3.m`

```
clc; close all; clear all

price = hist_stock_data('01011990','31052019','^GSPC');
% the function can be downloaded from:
```

```matlab
% https://www.mathworks.com/matlabcentral/fileexchange/
% 18458-hist_stock_data-start_date-end_date-varargin

dates_cells = price(1).Date;
dates = datetime(dates_cells, 'InputFormat', 'yyyy-MM-dd');
SP500 = price(1).AdjClose;

%% Detrend data, linear regression

figure(1)

detrend_data = detrend(SP500);
trend = SP500 - detrend_data;
plot_trends(dates,SP500,trend,detrend_data)
%% Detrend data, quadratic regression

figure(2)
N = length(SP500);
t = [1:N]'; X = [ones(N,1) t t.^2];
B = X\SP500;
trend = X*B;
% detrend_data = detrend(SP500,2);
plot_trends(dates,SP500,trend,detrend_data)

%% Detrend using moving mean

figure(3)
window = 252;
trend = movmean(SP500, window);
detrend_data = SP500 - trend;

plot_trends(dates,SP500,trend,detrend_data)
%% Detrend using Gaussian smoothing

figure(4)
window = 252;
method = 'gaussian';

[trend, ~] = smoothdata(SP500,method,window);
detrend_data = SP500 - trend;

plot_trends(dates,SP500,trend,detrend_data)

%%

figure(5)
window = 100;
method = 'gaussian';
```

```matlab
[trend, ~] = smoothdata(SP500,method,window);
detrend_data = SP500 - trend;
```

```matlab
plot_trends(dates,SP500,trend,detrend_data)

%% utilities

function plot_trends(dates,X,X_trend,X_detrend)
subplot(2,2,[1,3])
plot(dates,X,'b'); hold on
plot(dates,X_trend,'r')
title('Original data, O(t)')
legend('O(t)','TR(t)','location','best')
xlabel('Time');ylabel('S&P index');
grid off; box off; legend boxoff
datetick('x','yyyy')
xlim([dates(1),dates(end)])

subplot(2,2,2)
plot(dates,X_trend,'r')
title('Trend, TR(t)')
grid off; box off,
datetick('x','yyyy')
xlim([dates(1),dates(end)])

subplot(2,2,4)
plot(dates,X_detrend,'b'); hold on
plot([dates(1), dates(end)],(0,0),'k')
title('Detrended data, DeTR(t)')
grid off; box off;
datetick('x','yyyy')
xlim([dates(1),dates(end)])
end
```

5.4 季节性调整

很多数据都展现出**季节性** (seasonality)，例如以下几个例子：

◀ **消费者价格指数** (consumer price index)，如图5.25所示；
◀ **非农就业人口总数** (All Employees: Total Nonfarm Payrolls)，如图5.26所示；
◀ **公民失业率** (Civilian Unemployment Rate)，如图5.27所示；
◀ **美国房屋月供应量** (Monthly Supply of Houses in the United States)，待售房屋和已售房屋比例，如图5.28所示。

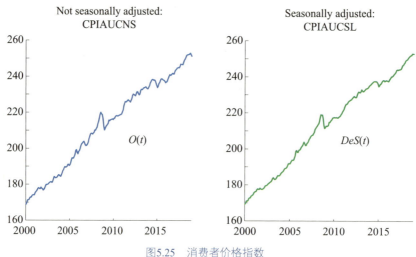

图5.25　消费者价格指数

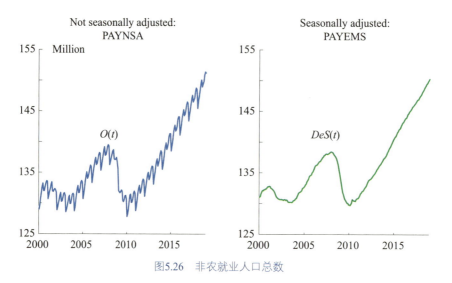

图5.26　非农就业人口总数

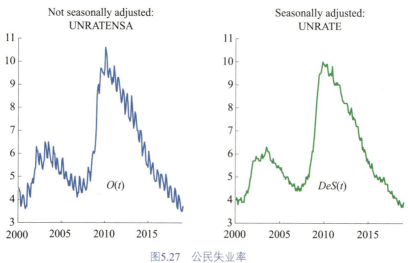

图5.27　公民失业率

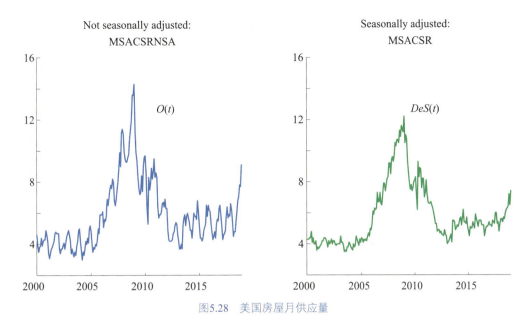

图5.28　美国房屋月供应量

这四组图中，$O(t)$ 表示**原始数据** (original data, not seasonally adjusted)，$DeS(t)$ 表示**季节调整后数据** (seasonally adjusted data)。对于累加分解，原始数据可以按式 (5.6) 分解：

$$O(t) = DeS(t) + S(t) \tag{5.6}$$

对于累乘分解，原始数据可以按式 (5.7) 分解：

$$O(t) = DeS(t) \cdot S(t) \tag{5.7}$$

去季节性序列 (deseasonalized series) 是原始数据和季节性成分之差或之比：

$$DeS(t) = O(t) - S(t)$$
$$DeS(t) = \frac{O(t)}{S(t)} \tag{5.8}$$

一般情况，含有季节性成分的原始数据 $O(t)$ 可以分为三个组分：

◀ $TR(t)$ 是**趋势成分** (trend component)；
◀ $S(t)$ 是**季节成分** (seasonal component)；
◀ $IR(t)$ 是**不规则成分** (irregular component)，也叫作噪声成分。

如图5.29所示，对于累加分解，原始数据可以按式 (5.9) 分解为三个部分：

$$O(t) = TR(t) + S(t) + IR(t) \tag{5.9}$$

图5.29中季节成分是稳定的，也就是不随时间变化。如图5.30所示，季节成分也可以是动态的，随时间变化。

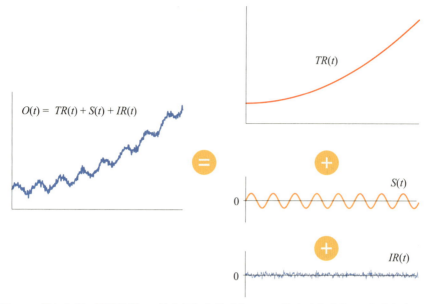

图5.29 累加分解：原始数据$O(t)$被分解为趋势成分$TR(t)$、静态季节成分$S(t)$和噪声成分$IR(t)$

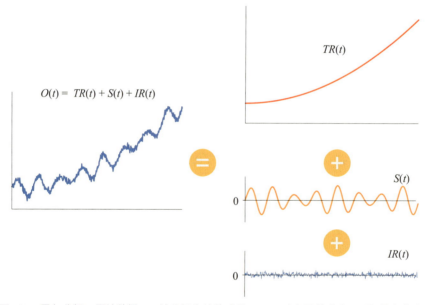

图5.30 累加分解：原始数据$O(t)$被分解为趋势成分$TR(t)$、动态季节成分$S(t)$和噪声成分$IR(t)$

如图5.31所示，对于累乘分解，原始数据可以按式 (5.10) 分解：

$$O(t) = TR(t) \cdot S(t) \cdot IR(t) \tag{5.10}$$

或者写作：

$$\log O(t) = \log TR(t) + \log S(t) + \log IR(t) \tag{5.11}$$

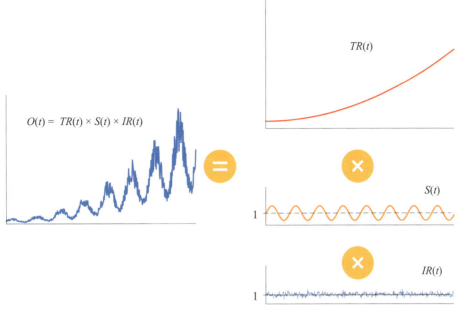

图5.31 累乘分解：原始数据$O(t)$被分解为趋势成分$TR(t)$、静态季节成分$S(t)$和噪声成分$IR(t)$

当然时间数据中还可能存在其他成分，如图5.32所示。本节不考虑这些数据成分。

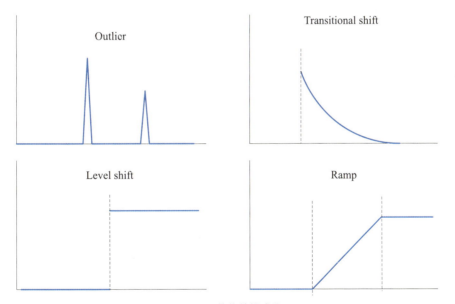

图5.32 其他数据成分

下面用MATLAB的例子讲解数据的季节性处理。关于季节性处理请参考以下网页地址：

https://www.mathworks.com/help/econ/seasonal-adjustment-using-snxd7m-seasonal-filters.html
https://www.mathworks.com/help/econ/nonseasonal-and-seasonal-differencing.html
https://www.mathworks.com/help/econ/seasonal-adjustment.html

如图5.33所示是时间数据分解前期处理步骤。

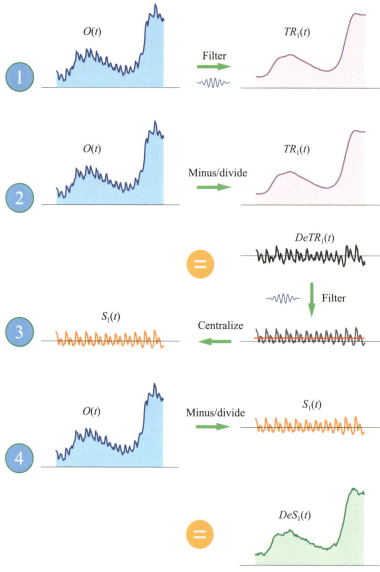

图5.33 时间数据分解前期处理

第一步：利用回归或平滑方法估算**趋势成分** (trend component) $TR(t)$：

$$O(t) \stackrel{filter}{\Rightarrow} TR(t) \tag{5.12}$$

第二步：对原始数据$O(t)$去趋势处理，获得**去趋势成分** (detrended series), $DeTR(t)$。对于累加分解：

$$DeTR(t) = O(t) - TR(t) \tag{5.13}$$

对于累乘分解：

$$DeTR(t) = \frac{O(t)}{TR(t)} \tag{5.14}$$

第三步：将**季节性滤波** (seasonal filter) 用在 $DeTR(t)$，获得**中心化季节成分** (centered seasonal component) $S(t)$：

$$DeTR_1(t) \stackrel{\text{filter}}{\Rightarrow} \tilde{S}(t) \stackrel{\text{centralize}}{\Rightarrow} S(t) \tag{5.15}$$

第四步：对原始数据 $O(t)$ **去季节化** (deseasonalize)，获得**去季节性成分** (deseasonalized series, seasonally adjusted series) $DeS(t)$。对于累加分解：

$$DeS(t) = O(t) - S(t) \tag{5.16}$$

对于累乘分解：

$$DeS(t) = \frac{O(t)}{S(t)} \tag{5.17}$$

最后获得噪声成分。

将美国近20年公民失业率数据，用上文讲到的数据分解进行前期处理。分解中，季节成分采用固定周期成分。如图5.34所示是原始数据和利用 (1/24; repmat (1/12,11,1); 1/24) [图5.16(a)] 作为滤波序列得到的趋势成分。如图5.35所示是利用叠加分解获得的去趋势成分。如图5.36所示是利用最小二乘获得的稳定季节成分。如图5.37所示是原始数据的噪声成分。

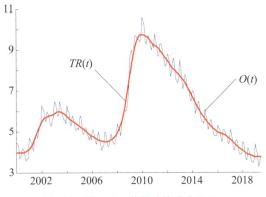

图5.34　第一步：获得趋势成分 $TR(t)$

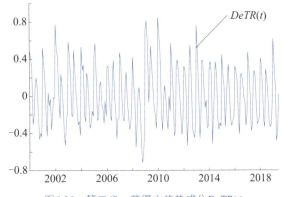

图5.35　第二步：获得去趋势成分 $DeTR(t)$

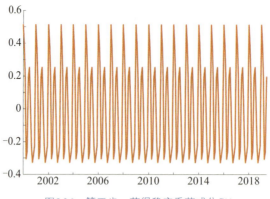

图5.36　第三步：获得稳定季节成分$S(t)$

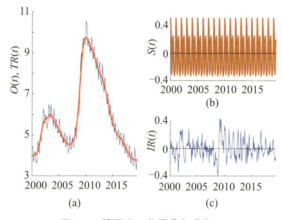

图5.37　第四步：获得噪音成分$S(t)$

以下代码可以获得图5.34至图5.37。另外，请读者利用其他滤波方法获得动态季节成分，然后再获得噪声成分。

```
B3_Ch5_4.m
clc; clear all; close all
url = 'https://fred.stlouisfed.org/';
c = fred(url);
series = 'UNRATENSA';
% Civilian Unemployment Rate (UNRATENSA)
% Units: Percent; Frequency: monthly
% Not Seasonally Adjusted

startdate = '01/01/2000';
% beginning of date range for historical data
enddate = '07/01/2019'; % to be updated
% ending of date range for historical data

d_strc = fetch(c,series,startdate,enddate);
% display description of data structure
```

```matlab
dates = d_strc.Data(:,1);
O_t = d_strc.Data(:,2);

N = length(O_t);

%% STEP 1: apply filter on the original series O(t)
% Obtain the estimate of trend component, TR1(t)

detrend_filter  = [1/24;repmat(1/12,11,1);1/24];
% Apply a 13-term symmetric moving average

TR_t         = conv(O_t,detrend_filter,'same');
TR_t(1:6)    = TR_t(7);
TR_t(N-5:N)  = TR_t(N-6);

figure(1)
plot(dates,O_t,'b'); hold on
plot(dates,TR_t,'r','LineWidth',2);
box off; grid off
datetick('x','yyyy','keeplimits')
xlim([dates(1),dates(end)]);
title('STEP 1: estimate trend component, TR(t)')

%% STEP 2: Detrend the original series O(t) and
%  Obtain the estimate of detrended series, DeTR1(t)

% additive decomposition
DeTR_t = O_t - TR_t;

% multiplicative decomposition
% DeTR_t = O_t./TR_t;

figure(2)
plot(dates,DeTR_t);
box off; grid off
datetick('x','yyyy','keeplimits')
xlim([dates(1),dates(end)]);
title('STEP 2: obtain estimate detrended series, DeTR(t)');

%% STEP 3: obtain stable seasonal filter, S(t)
s = 12;
sidx = cell(s,1);
for i = 1:s
  sidx{i,1} = i:s:N;
end
S_t = cellfun(@(x) mean(DeTR_t(x)),sidx);
```

```matlab
% Put smoothed values back into a vector of length N
nc = floor(N/s); % no. complete years
rm = mod(N,s); % no. extra months
S_t = [repmat(S_t,nc,1);S_t(1:rm)];

% Center the seasonal estimate (additive)
S_t_level = mean(S_t); % for centering
S_t = S_t-S_t_level;
% S1_t = S1_t./S1_t_level;

figure(3)
plot(dates,S_t);
box off; grid off
datetick('x','yyyy','keeplimits')
xlim([dates(1),dates(end)]);
title('STEP 3: obtain stable seasonal component, S(t)');

%% STEP 4: obtain the irregular component, IR(t)

% IR_t = O_t./TR_t./S_t;;
IR_t = O_t - TR_t - S_t;

figure(4)
subplot(2,2,[1,3])
plot(dates,O_t,'b'); hold on
plot(dates,TR_t,'r','LineWidth',2)
box off; grid off
datetick('x','yyyy','keeplimits')
xlim([dates(1),dates(end)]);
ylabel('O(t), TR(t)')

subplot(2,2,2)
plot(dates,S_t,'g'); hold on
plot(dates,zeros(size(dates)),'k')
box off; grid off
datetick('x','yyyy','keeplimits')
xlim([dates(1),dates(end)]);
y_lim = ylim; ylabel('S(t)')

subplot(2,2,4)
plot(dates,IR_t,'k'); hold on
plot(dates,zeros(size(dates)),'k')
box off; grid off
datetick('x','yyyy','keeplimits')
xlim([dates(1),dates(end)]);
ylim(y_lim); ylabel('IR(t)')
```

经典的时间序列分解方法，在图5.33对数据进行前期处理之后，再进行后期处理。后期处理如图

5.38所示。前期和后期处理合并在一起形成的时间序列分解步骤如下：

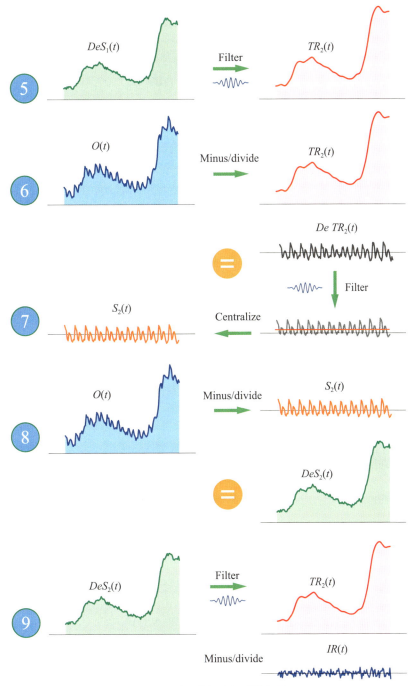

图5.38 时间数据分解后期处理

第一步：利用回归或平滑方法获得粗糙趋势成分$TR_1(t)$：

$$O(t) \stackrel{filter}{\Rightarrow} TR_1(t) \tag{5.18}$$

第二步：对原始数据$O(t)$去趋势处理，获得粗糙去趋势成分$DeTR_1(t)$。对于累加分解：

$$DeTR_1(t) = O(t) - TR_1(t) \tag{5.19}$$

对于累乘分解：

$$DeTR_1(t) = \frac{O(t)}{TR_1(t)} \tag{5.20}$$

第三步：将季节性滤波用在$DeTR_1(t)$，获得中心化季节成分$S_1(t)$：

$$DeTR_1(t) \xrightarrow{filter} S_1(t) \xrightarrow{centralize} S_1(t) \tag{5.21}$$

第四步：对原始数据$O(t)$去季节化，获得粗糙去季节性成分$DeS_1(t)$。对于累加分解：

$$DeS_1(t) = O(t) - S_1(t) \tag{5.22}$$

对于累乘分解：

$$DeS_1(t) = \frac{O(t)}{S_1(t)} \tag{5.23}$$

第五步：对于$DeS_1(t)$，利用平滑方法获得精确趋势成分$TR_2(t)$：

$$DeS_1(t) \xrightarrow{filter} TR_2(t) \tag{5.24}$$

第六步：对原始数据$O(t)$去趋势处理，获得精确的去趋势成分$DeTR_2(t)$。对于累加分解：

$$DeTR_2(t) = O(t) - TR_2(t) \tag{5.25}$$

对于累乘分解：

$$DeTR_2(t) = \frac{O(t)}{TR_2(t)} \tag{5.26}$$

第七步：将季节性滤波用在$DeTR_2(t)$，获得精确的中心化季节成分$S_2(t)$：

$$DeTR_2(t) \xrightarrow{filter} S_2(t) \xrightarrow{centralize} S_2(t) \tag{5.27}$$

第八步：对原始数据$O(t)$去季节化，获得精确的去季节性成分$DeS_2(t)$。对于累加分解：

$$DeS_2(t) = O(t) - S_2(t) \tag{5.28}$$

对于累乘分解：

$$DeS_2(t) = \frac{O(t)}{S_2(t)} \tag{5.29}$$

第九步：分解去季节成分 $DeS_2(t)$，获得噪声成分。对于累加分解：

$$IR_2(t) = DeS_2(t) - TR_2(t) \tag{5.30}$$

对于累乘分解：

$$IR_2(t) = \frac{DeS_2(t)}{TR_2(t)} \tag{5.31}$$

如图5.39到图5.47所示就是用这种方法得到的各个步骤的运算结果。去趋势序列，经过一些滤波方法处理可以获得季节成分 $S(t)$。去季节性序列，经过滤波方法处理可以获得趋势成分 $TR(t)$。讨论到这里可以发现，为了更好地分解原始数据获得其中季节性成分和趋势性成分，需要去趋势和去季节之间连续**迭代处理** (iterative process)，也就是在第八步和第四步进行反复几次迭代处理。

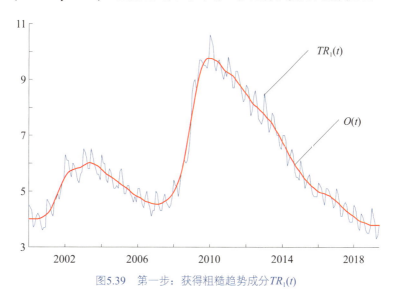

图5.39　第一步：获得粗糙趋势成分 $TR_1(t)$

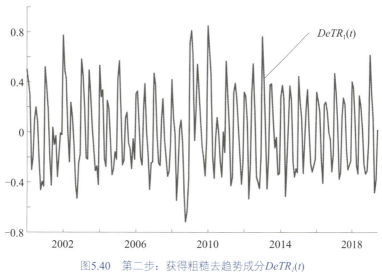

图5.40　第二步：获得粗糙去趋势成分 $DeTR_1(t)$

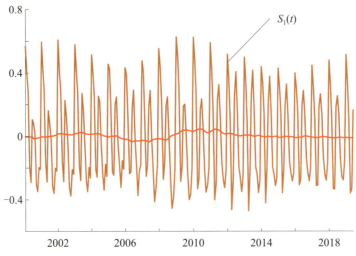

图5.41 第三步：获得粗糙的中心化季节成分$S_1(t)$

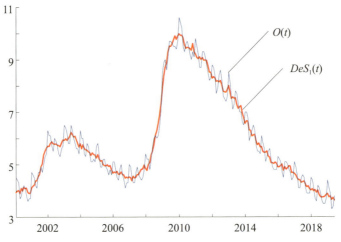

图5.42 第四步：获得粗糙去季节性成分$DeS_1(t)$

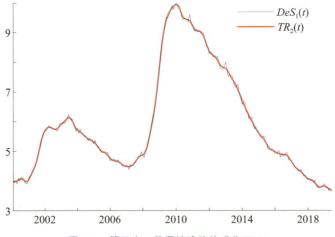

图5.43 第五步：获得精确趋势成分$TR_2(t)$

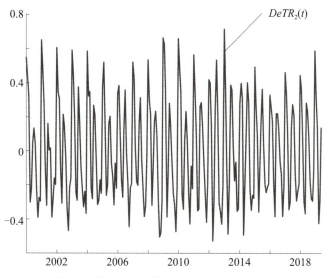

图5.44 第六步：获得精确去趋势成分$DeTR_2(t)$

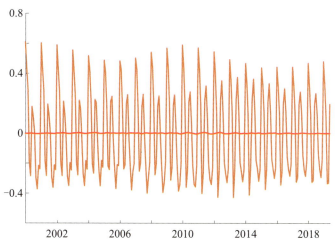

图5.45 第七步：获得精确的中心化季节成分$S_2(t)$

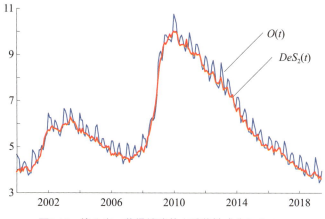

图5.46 第八步：获得精确的去季节性成分$DeS_2(t)$

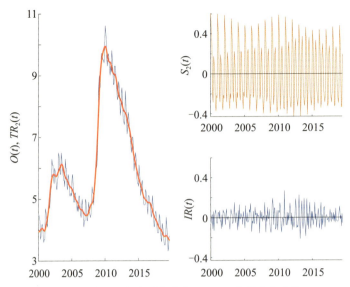

图5.47　第九步：分解去季节成分$DeS_2(t)$，获得噪声成分$IR(t)$

以下代码可以获得图5.39到图5.47。

```matlab
B3_Ch5_5.m
```

```matlab
clc; clear all; close all
url = 'https://fred.stlouisfed.org/';
c = fred(url);

series = 'UNRATENSA';
% Civilian Unemployment Rate (UNRATENSA)
% Units: Percent; Frequency: monthly
% Not Seasonally Adjusted

startdate = '01/01/2000';
% beginning of date range for historical data
enddate = '07/01/2019'; % to be updated
% ending of date range for historical data

d_strc = fetch(c,series,startdate,enddate);

% display description of data structure
dates = d_strc.Data(:,1);
O_t = d_strc.Data(:,2);

N = length(O_t);

%% STEP 1: apply filter on the original series O(t)
% Obtain the coarse estimate of trend component, TR1(t)

detrend_filter1 = [1/24;repmat(1/12,11,1);1/24];
% Apply a 13-term symmetric moving average
```

```matlab
TR1_t        = conv(O_t,detrend_filter1,'same');
TR1_t(1:6)   = TR1_t(7);
TR1_t(N-5:N) = TR1_t(N-6);

figure(1)
plot(dates,O_t,'b'); hold on
plot(dates,TR1_t,'r','LineWidth',2);
box off; grid off
datetick('x','yyyy','keeplimits')
xlim([dates(1),dates(end)]);
title('STEP 1: estimate coarse trend component, TR1(t)')

%% STEP 2: Detrend the original series O(t) and
%  Obtain the coarse estimate of detrended series, DeTR1(t)

% additive decomposition
DeTR1_t = O_t - TR1_t;

% multiplicative decomposition
% Detrended_t_1 = O_t./TR1_t;

figure(2)
plot(dates,DeTR1_t);
box off; grid off
datetick('x','yyyy','keeplimits')
xlim([dates(1),dates(end)]);
title('STEP 2: obtain coarse estimate detrended series, DeTR1(t)');
%% Step 3: obtain centered seasonal component, S1(t)
% Apply a seasonal filter to detrended series, DeTR1(t)
% center the results around 0 (additive component)
% around 1 (multiplicative component)

period_T = 12; % period
seasonal_idx = cell(period_T,1);
% Preallocation

for i = 1:period_T

  seasonal_idx{i,1} = i:period_T:N;
  % seasonal indices

end



% S3x3 seasonal filter
% Symmetric weights
```

```matlab
sym_weights = [1/9;2/9;1/3;2/9;1/9];
% Asymmetric weights for end of series
asym_weights = [.259 .407;.37 .407;.259 .185;.111 0];

% Apply seasonal filter to each month
S1_t = NaN*O_t;

for i = 1:period_T
    ns = length(seasonal_idx{i});
    first = 1:4;
    last = ns - 3:ns;
    dat = DeTR1_t(seasonal_idx{i});

    sd = conv(dat,sym_weights,'same');
    sd(1:2) = conv2(dat(first),1,rot90(asym_weights,2),'valid');
    sd(ns -1:ns) = conv2(dat(last),1,asym_weights,'valid');
    S1_t(seasonal_idx{i}) = sd;
end

% 13-term moving average of filtered series
detrend_filter1 = [1/24;repmat(1/12,11,1);1/24];
S1_t_level = conv(S1_t,detrend_filter1,'same');
S1_t_level(1:6) = S1_t_level(period_T+1:period_T+6);
S1_t_level(N-5:N) = S1_t_level(N-period_T-5:N-period_T);

% center final estimate
% S1_t = S1_t ./ S1_t_level;
S1_t = S1_t - S1_t_level;

figure(3)
plot(dates,S1_t,'b'); hold on
plot(dates,S1_t_level,'r','LineWidth',2);
box off; grid off
datetick('x','yyyy','keeplimits')
xlim([dates(1),dates(end)]);
title('STEP 3: obtain coarse estimate of seasonal component, S1(t)');

%% STEP 4: deseasonalize the original series
% obtain the coarse estimate of seasonally adjusted series, DeS1(t)

% Deseasonalize series
% DeS1_t = O_t./S1_t;
DeS1_t = O_t - S1_t;

figure(4)

plot(dates,DeS1_t,'r','LineWidth',2); hold on
```

```matlab
plot(dates,O_t,'b');
box off; grid off
datetick('x','yyyy','keeplimits')
xlim([dates(1),dates(end)]);
title('STEP 4: obtain deseasonalized series, DeS1(t)');

%% STEP 5: obtain improved estimate of the trend component,
TR2(t)
% Apply noise filter on DeS1(t)
% Apply a 13-term Henderson filter.
% Henderson filter weights
sym_filter = [-0.019;-0.028;0;.066;.147;.214;
       .24;.214;.147;.066;0;-0.028;-0.019];
% Asymmetric weights for end of series
asym_filter = [-.034   -.017   .045    .148    .279    .421;
        -.005   .051    .130    .215    .292    .353;
        .061    .135    .201    .241    .254    .244;
        .144    .205    .230    .216    .174    .120;
        .211    .233    .208    .149    .080    .012;
        .238    .210    .144    .068    .002    -.058;
        .213    .146    .066    .003    -.039   -.092;
        .147    .066    .004    -.025   -.042   0   ;
        .066    .003    .020    -.016   0       0   ;
        .001    -.022   -.008   0       0       0   ;
        -.026   -.011   0       0       0       0   ;
        -.016   0       0       0       0       0   ];

% Apply 13-term Henderson filter
first = 1:12;
last = N-11:N;
TR2_t = conv(DeS1_t,sym_filter,'same');
TR2_t(N-5:end) = conv2(DeS1_t(last),1,asym_filter,'valid');
TR2_t(1:6) = conv2(DeS1_t(first),1,rot90(asym_filter,2),'valid');

figure(5)

plot(dates,DeS1_t,'b'); hold on
plot(dates,TR2_t,'r','LineWidth',2);
box off; grid off
datetick('x','yyyy','keeplimits')
xlim([dates(1),dates(end)]);
title ('STEP 5: obtain improved estimate of the trend component, TR2(t)')

%% STEP 6: obtain an improved estimate of detrended series,
DeTR2(t)
%   Detrend the origianl series using TR2(t)
```

```matlab
% DeTR2_t = O_t./TR2_t;
DeTR2_t = O_t - TR2_t;

figure(6)

plot(dates,DeTR2_t,'b');
box off; grid off
datetick('x','yyyy','keeplimits')
xlim([dates(1),dates(end)]);
title 'STEP 6: improved estimate of detrended data, DeTR2(t)';
%% STEP 7: obtain centered seasonal component, S2(t)
% Apply a seasonal filter to detrended series, DeTR2(t)
% center the results around 0 (additive component)
% around 1 (multiplicative component)

% Apply an S(3,5) seasonal filter.
% S3x5 seasonal filter
% Symmetric weights
sym_filter_2 = [1/15;2/15;repmat(1/5,3,1);2/15;1/15];
% Asymmetric weights for end of series
asym_filter_2 = [.150 .250 .293;
        .217 .250 .283;
        .217 .250 .283;
        .217 .183 .150;
        .133 .067   0;
        .067   0    0];

% Apply filter to each month
S2_t = NaN*O_t;

for i = 1:period_T
    ns = length(seasonal_idx{i});
    first = 1:6;
    last = ns-5:ns;
    dat = DeTR2_t(seasonal_idx{i});

    sd = conv(dat,sym_filter_2,'same');
    sd(1:3) = conv2(dat(first),1,rot90(asym_filter_2,2),'valid');
    sd(ns-2:ns) = conv2(dat(last),1,asym_filter_2,'valid');
    S2_t(seasonal_idx{i}) = sd;

end

% 13-term moving average of filtered series
detrend_filter1 = (1/24;repmat(1/12,11,1);1/24);
S2_t_level = conv(S2_t,detrend_filter1,'same');
S2_t_level(1:6) = S2_t_level(period_T+1:period_T+6);
```

```matlab
S2_t_level(N-5:N) = S2_t_level(N-period_T-5:N-period_T);


% Center to get final estimate
% S2_t = S2_t./S2_t_level;
S2_t = S2_t - S2_t_level;

figure(7)

plot(dates,S2_t,'b'); hold on
plot(dates,S2_t_level,'r','LineWidth',2)
box off; grid off
datetick('x','yyyy','keeplimits')
xlim([dates(1),dates(end)]);
title 'STEP 7: obtain improved estimate of seasonal component, S2(t)';

%% STEP 8: obtain an improved deseasonalized series, DeS2(t)
% Deseasonalize the original series O(t)

% Deseasonalized series
% DeS2_t = O_t./S2_t;
DeS2_t = O_t - S2_t;

figure(8)

plot(dates,DeS2_t,'r','LineWidth',2); hold on
plot(dates,O_t,'b')
box off; grid off
datetick('x','yyyy','keeplimits')
xlim([dates(1),dates(end)]);
title('STEP 8: obtain improved deseasonalized series, DeS2(t)');

%% STEP 9: obtain the irregular component, IR(t)

% IR_t = DeS2_t./TR2_t;
IR_t = DeS2_t - TR2_t;

figure(9)
subplot(2,2,[1,3])
plot(dates,O_t,'b'); hold on
plot(dates,TR2_t,'r','LineWidth',2)
box off; grid off
datetick('x','yyyy','keeplimits')
xlim([dates(1),dates(end)]);
ylabel('O(t), TR2(t)')

subplot(2,2,2)
```

```
plot(dates,S2_t,'g'); hold on
plot(dates,zeros(size(dates)),'k')
box off; grid off
datetick('x','yyyy','keeplimits')
xlim([dates(1),dates(end)]);
y_lim = ylim; ylabel('S2(t)')

subplot(2,2,4)
plot(dates,IR_t,'k'); hold on
plot(dates,zeros(size(dates)),'k')
box off; grid off
datetick('x','yyyy','keeplimits')
xlim([dates(1),dates(end)]);
ylim(y_lim); ylabel('IR(t)')
```

5.5 非参数法检验

本节介绍三个**非参数法统计检验** (nonparametric statistical test)。这三个检验常用来检测数据样本是否来自某个给定概率分布。它们分别是：

- Kolmogorov-Smirnov检验，简称KS检验，**单样本KS检验** (one-sample Kolmogorov-Smirnov test)，对应MATLAB命令为kstest()；**双样本KS检验** (two-sample Kolmogorov-Smirnov test)，对应MATLAB命令为kstest2()；
- Anderson-Darling检验，简称AnDar检验，MATLAB命令为adtest()；
- 还有一种类似的检验叫作CvM检验，全称 Cramér-von-Mises-Test；MATLAB暂时没有对应官方命令，但是有用户上传自定义函数。

单样本KS检验的原理为：

$$D_{K-S} = \max_x \left(|\hat{F}(x) - G(x)| \right) \tag{5.32}$$

式中：$\hat{F}(x)$ 为数据的经验CDF；$G(x)$ 为假设分布 (如正态分布) 的CDF。

如图5.48所示是某数据经验CDF和正态分布CDF的关系。采用的是MATLAB的kstest()命令检验数据是否来自标准正态分布。双样本KS检验的原理为：

$$D_{K-S} = \max_x \left(|\hat{F}_1(x) - \hat{F}_2(x)| \right) \tag{5.33}$$

式中：$\hat{F}_1(x)$ 为第一组数据的经验CDF；$\hat{F}_2(x)$ 为第二组数据的经验CDF。

如图5.49所示是两组数据的经验CDF关系。采用的是MATLAB的kstest2()命令检验两组数据是否来自同一分布。

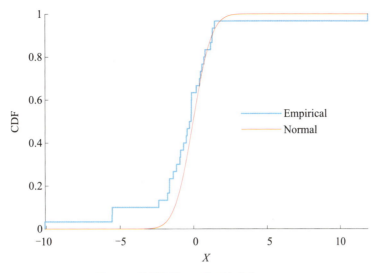

图5.48　数据经验CDF和正态分布CDF

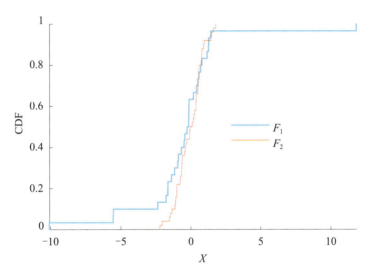

图5.49　两个数据经验CDF关系

以下代码可以获得图5.48和图5.49。

`B3_Ch5_6.m`

```matlab
%% one-sample K-S test
close all; clear all; clc
% rng default
X1 = trnd(1,30,1);
X2 = normrnd(0,1,50,1);
(h,p) = kstest(X1,'alpha',0.001)

(F1,x_1_values) = ecdf(X1);

figure(1)
```

```
x_grid = linspace(min(X1),max(X1),100);
G = normcdf(x_grid);
stairs(x_1_values,F1,'b'); hold on;
plot(x_grid,G,'r'); grid off; box off
legend('Empirical','Normal','Location','best');
xlabel('X'); ylabel('CDF'); axis tight
%% two-sample K-S test
(h,p) = kstest2(X1,X2,'Alpha',0.01)
(F2,x_2_values) = ecdf(X2);

figure(2)
stairs(x_1_values,F1,'b'); hold on;
stairs(x_2_values,F2,'r');
legend('F1','F2','Location','best');
xlabel('X'); ylabel('CDF'); axis tight
box off; grid off
```

AnDar检验和CvM检验都是基于同一理论：

$$n\int_{-\infty}^{\infty}\left(F_n(x)-G(x)\right)^2 w(x)\mathrm{d}G(x) \tag{5.34}$$

式中：$w(x)$ 为权重。

当等权重时，式 (5.34) 变为CvM检验：

$$D_{\mathrm{CvM}} = \frac{1}{12n} + \sum_{i=1}^{n}\left[\frac{2i-1}{2n}-F(x_i)\right]^2 \tag{5.35}$$

式中：$x_1, x_2, \ldots, x_n$ 为测量值。

当权重为：

$$w(x) = \left(G(x)(1-G(x))\right)^{-1} \tag{5.36}$$

就是AnDar检验：

$$D_{\mathrm{AnDar}} = -n - \frac{1}{n}\sum_{i=1}^{n}(2i-1)\left(\ln F(x_i) + \ln\left(1-F(x_{n+1-i})\right)\right) \tag{5.37}$$

可以看出，AnDar检验对尾部数据赋予的权重更大。

第6章 回归分析
Regression Analysis

Essentially, all models are wrong, but some are useful.

——乔治·博克斯 (George E. P. Box)

回归分析 (regression model) 作为基本的统计分析方法之一普遍应用于各类金融建模中。常用的回归模型包括一元线性回归、多元线性回归以及逻辑回归。其中，又以线性回归模型较为简单，应用最为广泛。一些高级的复杂模型往往也是在线性回归模型的基础上搭建起来的。

Core Functions and Syntaxes
本章核心命令代码

- ◂ datetime() 读取特定格式的时间数据
- ◂ fitglm() 用来构建回归模型的函数之一
- ◂ fitlm() 用来构建回归模型的函数之一
- ◂ format 指定变量类型
- ◂ glmfit() 用来构建回归模型的函数之一
- ◂ hist() 生成直方图
- ◂ innerjoin() 对table数据通过关键字"key variables"进行合并
- ◂ normplot() 生成QQ图
- ◂ polyfit() 用来构建回归模型的函数之一
- ◂ predict() 根据模型信息计算预测值
- ◂ readtable() 读取表格数据
- ◂ regress() 用来构建回归模型的函数之一
- ◂ stepwiselm() 进行逐步回归模型搭建
- ◂ table2array() 将table数据转化成array数据
- ◂ yyaxis 生成双Y轴图

6.1 线性回归介绍

简单的**一元线性回归模型** (univariate linear regression) 包括一个**自变量** (independent variable) x，**因变量** (dependent variable) y，系数 b_0 和 b_1，以及残差项 ε。研究的对象是，因变量 y 的变化有多少可以通过自变量 x 的变化来解释。它们之间的关系首先通过一个简单的线性方程来定义：

$$y = b_0 + b_1 x + \varepsilon \tag{6.1}$$

式中：y 和 x 分别是因变量事件和自变量事件的向量；截距项 b_0 和斜率项 b_1 是未知的模型参数；残差项 $\varepsilon:\{\varepsilon_1, \varepsilon_2, \cdots, \varepsilon_n\}$ 代表着因变量 y 中无法通过自变量 x 在模型中诠释的部分。

可以将 $b_0 + b_1 x$ 看作系统性因素，而这个系统由 x 所描述；剩下的残差项 ε 则看作是非系统性因素，具有随机性。残差项的大小直接体现了模型性能：残差项越大，模型解释力度越小；残差项越小，模型解释力度越大。

b_0 和 b_1 的求解基于向量 y 和 x 所包含的 n 个**样本** (sample)：$y:\{y_1, y_2, \cdots, y_n\}$，$x:\{x_1, x_2, \cdots, x_n\}$。在残差项 ε 服从独立相同高斯分布时，对于一元回归模型，系数 b_0 和 b_1 可以由式 (6.2) 计算：

$$\begin{cases} b_1 = \dfrac{\mathrm{cov}(x, y)}{\mathrm{var}(x)} = \rho_{xy} \dfrac{\sigma_y}{\sigma_x} \\ b_0 = \bar{y} - b_1 \bar{x} \end{cases} \tag{6.2}$$

式中：ρ_{xy} 是 y 和 x 的相关系数；σ_y 和 σ_x 分别是 y 和 x 的标准方差；$\bar{y}$ 和 $\bar{x}$ 分别是 y 和 x 期望。

将 b_0 和 b_1 解析式带入原来的回归方程，可以得到：

$$\begin{aligned} y &= \bar{y} - \rho_{xy} \dfrac{\sigma_y}{\sigma_x} \bar{x} + \rho_{xy} \dfrac{\sigma_y}{\sigma_x} x \\ &= \bar{y} + \rho_{xy} \dfrac{\sigma_y}{\sigma_x} (x - \bar{x}) \end{aligned} \tag{6.3}$$

从式 (6.3) 可以看出，对期望和标准方差的估计会决定模型的准确性。而这些参数的度量很大程度上取决于已有的采样标本。然而，已有的样本往往只是**总体** (population) 中的一部分，通常无法携带所有的总体信息。因此，基于样本所获得的模型系数往往会与基于总体所求得的结果不一定完全一致。在后面的例子中还会看到，基于不同的样本所获得的模型系数也往往不尽相同。假如 y 和 x 是标准随机事件，那么样本模型系数与总体模型系数之间的差别也服从随机分布。从实际的角度来讲，通常更关注模型是否能满足应用要求。有时也会对已有的样本信息进行筛选和调整，对模型的性能进行跟踪与评估，并适时地对模型做出调整，以此来减小由于样本信息不完整所造成的模型误差与不确定性。

此外，实际中也会常常遇到对自变量和因变量一些其他的称呼，根据涉及的学科和应用不同而产生不一致的情况。总结了一些常见的名称，以便大家在不同语境下依旧了然于胸，见表6.1。

表6.1 自变量和因变量的不同名称

x	自变量 (independent variable)	解释变量 (explanatory variable)	控制变量 (control variable)	预测元 (predictor)	回归元 (regressor)
y	因变量 (dependent variable)	被解释变量 (explained variable)	响应变量 (response variable)	预测子 (predictand)	回归子 (regressand)

如图6.1所示是**标普500指数** (S&P500 index) 和**苹果公司股票价格** (Apple Inc. Stock) 每月的历史数据。可以看出两者之间在波动变化上有一定联系。这里，将标普500指数看作是市场波动的一个指标，近似表征市场的系统性风险，当作自变量 x；将苹果公司股票当作因变量 y，并试图用标普500指数进行解释。

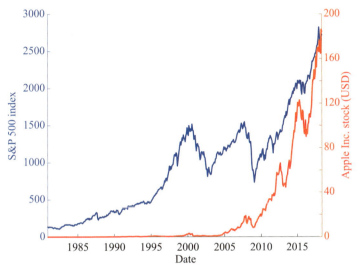

图6.1　标普500指数和苹果公司股票每月的历史数据

如图6.2所示是基于过去10年数据 (2008年6月1日至2018年6月1日) 所获得带有截距项和不带截距项的不同回归模型。可以看出截距项的有无，对求解模型系数有很大的影响。后面会详细说明如何判定模型是否应该含有截距项。

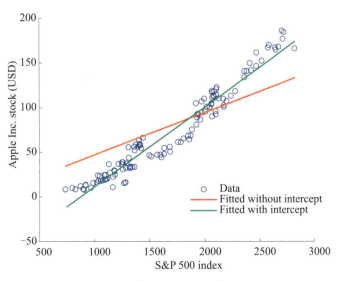

图6.2　标普500指数与苹果公司股票价格线性回归模型的散点图 (基于过去10年数据)

图6.1和图6.2可由以下代码产生。

`B3_Ch6_1_A.m`

```matlab
close all
clear all
clc
%%
% Read in historical monthly data of S&P500 index (^GSPC)
% and Apple Inc. (AAPL)
filename_sp500 = ...
    '^GSPC_SP500_Monthly_YahooFinance_1950_2018.csv';
filename_aapl = ...
    'AAPL_AppleStock_Monthly_YahooFinance_1980_2018.csv';

table_sp500 = readtable(filename_sp500, ...
    'Delimiter', ',', 'ReadVariableNames', ...
    true, 'ReadRowNames', false, ...
    'Format', '%{yyyy-MM-dd}D%f%f%f%f%f%f');
table_aapl = readtable(filename_aapl, ...
    'Delimiter', ',', 'ReadVariableNames', ...
    true, 'ReadRowNames', false, ...
    'Format', '%{yyyy-MM-dd}D%f%f%f%f%f%f');

% Take common period
mindate = max(min(table_aapl.Date), min(table_sp500.Date));
maxdate = min(max(table_aapl.Date), max(table_sp500.Date));

table_sp500 = table_sp500(table_sp500.Date >= mindate &...
    table_sp500.Date <= maxdate, :);
table_aapl = table_aapl(table_aapl.Date >= mindate &...
    table_aapl.Date <= maxdate, :);

% Historical S&P 500 and Apple Inc. Stock
figure(1)
yyaxis left
plot(table_sp500.Date, table_sp500.AdjClose)
xlabel('Date');
ylabel('S&P 500 Index, USD');

yyaxis right
plot(table_aapl.Date, table_aapl.AdjClose);
ylabel('Apple Inc. Stock, USD');
hold on;
set(gcf,'color','w');

%%
% Extract data from specific table field within
```

```matlab
% specific time horizon

% past 20 years
% startdate = datetime('1998-06-01');
% enddate = datetime('2018-06-01');

% past 10 years
startdate = datetime('2008-06-01');
enddate = datetime('2018-06-01');

% past 5 years
% startdate = datetime('2013-06-01');
% enddate = datetime('2018-06-01');

data_sp500 = table_sp500(table_sp500.Date >= startdate & ...
    table_sp500.Date <= enddate,{'Date','AdjClose'});
data_aapl = table_aapl(table_aapl.Date >= startdate & ...
    table_aapl.Date <= enddate,{'Date','AdjClose'});

% Fit into regressional model
x = data_sp500.AdjClose;
y = data_aapl.AdjClose;

% Without intercept b0
format long

b1 = x\y;
ycal_1 = b1*x;

% Regression of Apple Inc. Stock over S&P500 Index without
% intercept b0
figure(2)
scatter(x, y)
hold on
plot(x, ycal_1)
xlabel('S&P Index, USD')
ylabel('Apple Inc. Stock, USD')
set(gcf,'color','w');

% With intercept b0
X = [ones(length(x), 1), x];
b = X\y;
ycal_2 = X*b;

% Regression of Apple Inc. Stock over S&P500 Index
% with intercept b0
hold on
```

```
plot(x, ycal_2, '--')
legend('Data', 'Fitted without intercept', ...
    'Fitted with intercept','Location','best');
```

在MATLAB中还能使用一些已有函数程序建造和求解线性回归模型，一定程度上减少编程负担。例如，以下是使用polyfit()函数构建一元线性回归模型的代码。

B3_Ch6_1_B.m

```
% Using the function "polyfit"
p = polyfit(x, y, 1);
ycal_3 = polyval(p, x);
```

但是polyfit()函数有一个不足之处，是不能直接提供无截距项的回归模型。

另一个较常用的是regress()函数，可以直接处理有截距项和无截距项的回归模型，其相应的代码如下。

B3_Ch6_1_C.m

```
%%
% Using the function "regress"
% With intercept
[b2,bint,r,rint,stats] = regress(y,x);

% Without intercept
X = [ones(length(x), 1), x];
[b3,bint,r,rint,stats] = regress(y,X);
```

还有fitlm()函数：

B3_Ch6_1_D.m

```
% Using the function "fitlm"
% With intercept b0
data_xy = table(data_sp500.Date, ...
    data_sp500.AdjClose, data_aapl.AdjClose);
data_xy.Properties.VariableNames = {'Date','SP500','AAPL'};

% Without intercept b0
mdl = fitlm(data_xy, 'AAPL ~ SP500', 'Intercept', false);
mdl = fitlm(data_xy, 'AAPL ~ SP500-1');

% With intercept b0
mdl = fitlm(data_xy, 'AAPL ~ SP500');
```

使用以上不同的Matlab函数，基于同样的数据可以得到一样的模型参数。但是正如前面提到的，基于不同的数据，模型也会发生一定的变化。表6.2给出了基于不同时间段 (过去5年，过去10年，过去20年)的数据,使用fitlm()函数程序所得到不同的模型系数。其差别还是显而易见的。这说明,选择合适的样本数据建模是十分重要的。准确的模型很大程度上依赖于数据的挑选和使用。

表6.2 不同时间段的模型系数解

时段		截距项b_0	斜率项b_1
过去5年	无截距回归	—	0.0534211849138276
	有截距回归	−136.7255603869	0.115876038529068
过去10年	无截距回归	—	0.0471979999951375
	有截距回归	−77.5384715981653	0.0890610868479512
过去20年	无截距回归	—	0.0328702516212695
	有截距回归	−105.038927584537	0.0985309565324963

多元线性回归模型 (multivariate linear regression)与一元回归的主要区别在于多元线性回归考虑不止一个自变量x,而是多个自变量:$x_1, x_2, \cdots, x_q$。在回归分析中引入多个相关的解释因子,是减小模型的残差项,提高模型的解释力度常用的方法。多元线性回归的数学表达为:

$$y = b_0 + b_1 x_1 + b_2 x_2 + \cdots + b_q x_q + \varepsilon \tag{6.4}$$

其矩阵形式为:

$$y = Xb + \varepsilon \tag{6.5}$$

其中:

$$\begin{aligned} y &= (y_1, y_2, \cdots, y_n)^T \\ b &= (b_0, b_1, b_2, \cdots, b_q)^T \\ X &= (1, x_1, x_2, \cdots, x_q) = \begin{pmatrix} 1 & x_{11} & \cdots & x_{1q} \\ 1 & x_{21} & \cdots & x_{2q} \\ \vdots & \vdots & \ddots & \vdots \\ 1 & x_{n1} & \cdots & x_{nq} \end{pmatrix} \\ \varepsilon &= (\varepsilon_1, \varepsilon_2, \cdots, \varepsilon_n)^T \end{aligned} \tag{6.6}$$

"**1**"是只含有1的列向量;"T"表示转置。这里,一共考虑了q个自变量,一个因变量;每个变量都有n个观察到的采样。b含有需要求解的模型系数;不考虑截距项时,系数向量b中不包括b_0,自变量矩阵X中不包括列向量**1**;或者相当于$b_0 = 0$。考虑到自变量矩阵X通常并不是方形矩阵,求解式(6.6)所示矩阵方程,解的形式并不是直接利用X的逆矩阵,而是:

$$X(X^T X)^{-1} y = b \tag{6.7}$$

接着前面标普500和苹果公司股票的例子,这里再引入另一个自变量**美国失业率**(US unemployment rate)来构建多元回归模型。如图6.3所示是美国失业率与苹果公司股票每月价格历史数据。可以看到,美国失业率并不像标普500指数那样,随时间有明显的增长趋势。

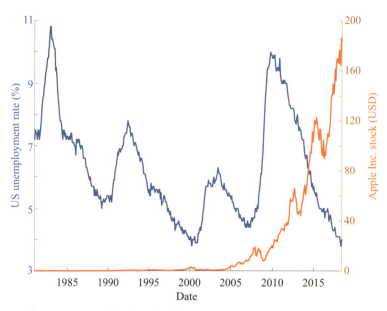

图6.3 美国失业率和苹果公司股票每月的历史数据

首先利用数学公式，直接求解模型系数，代码如下 (图6.3也可由以下代码生成)。

B3_Ch6_2_A.m

```matlab
close all
clear all
clc
%%
% Read in historical monthly data of S&P500 index (^GSPC,
% Apple Inc. (AAPL) and US Unemployment Rate
filename_sp500 = ...
    '^GSPC_SP500_Monthly_YahooFinance_1950_2018.csv';
filename_aapl = ...
    'AAPL_AppleStock_Monthly_YahooFinance_1980_2018.csv';
filename_usur = ...
    'SeriesReport-20180716183946_76b2e9_US_UR.csv';

table_sp500 = readtable(filename_sp500, ...
    'Delimiter', ',', 'ReadVariableNames', ...
    true, 'ReadRowNames', false, ...
    'Format', '%{yyyy-MM-dd}D%f%f%f%f%f%f');
table_aapl = readtable(filename_aapl, ...
    'Delimiter', ',', 'ReadVariableNames', ...
    true, 'ReadRowNames', false, ...
    'Format', '%{yyyy-MM-dd}D%f%f%f%f%f%f');
table_usur = readtable(filename_usur, ...
    'Delimiter', ',', 'ReadVariableNames', ...
    true, 'ReadRowNames', false, ...
    'Format', '%{yyyy-MM-dd}D%f');
```

```matlab
%% Integrate to one table
data_xy = innerjoin(table_sp500(:,{'Date','AdjClose'}), ...
    table_aapl(:, {'Date','AdjClose'}), 'keys', 'Date');
data_xy = innerjoin(data_xy, table_usur, 'keys', 'Date');
data_xy.Properties.VariableNames = ...
    {'Date','SP500','AAPL', 'UR'};

% Historical US Unemployment and Apple Inc. Stock
figure(1)
yyaxis left
plot(data_xy.Date, data_xy.UR)
xlabel('Date'); ylabel('US Unemployment Rate, %');

yyaxis right
plot(data_xy.Date, data_xy.AAPL);
ylabel('Apple Inc. Stock, USD');
hold on; set(gcf,'color','w');

%% Extract data from specific table field within
% specific time horizon
% past 10 years
startdate = datetime('2008-06-01');
enddate = datetime('2018-06-01');

data_xy = data_xy(data_xy.Date >= startdate & ...
    data_xy.Date <= enddate, :);

%% Fit into regressional model
% Solve matrix-form equation
x = data_xy(:,{'SP500', 'UR'});
y = data_xy.AAPL;
X = [ones(length(y), 1), table2array(x)];

B = X\y;
```

接着,使用函数fitlm()来构建模型,代码如下。

`B3_Ch6_2_B.m`

```matlab
% Using the function "fitlm"
% With intercept b0
mdl = fitlm(data_xy, 'AAPL ~ SP500 + UR');

mdl_UR = fitlm(data_xy, 'AAPL ~ UR');

mdl_SP500 = fitlm(data_xy, 'AAPL ~ SP500');

mdl_SP500_UR = fitlm(data_xy, 'SP500 ~ UR');
```

在上面的代码中，同时构建了几个相关的一元回归模型来探查不同的变量之间的关系。表6.3给出了直接求解矩阵方程以及使用fitlm()函数所获得的模型系数；两者的结果在一定精度上是完全一样的。

表 6-3 不同方法求解得到的模型系数

时段		直接求解	fitlm()函数
截距项 b_0		−81.426756225742310	−81.426756225742350
斜率项	美国失业率	0.313686777059794	0.313686777059797
	标普500指数	0.090085359862815	0.090085359862815

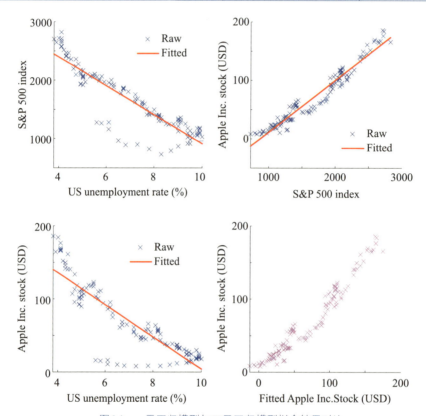

图6.4 一元回归模型与二元回归模型拟合结果对比

如图6.4将几个一元回归模型与二元回归模型的结果放在一起进行了对比。可以看出不同的自变量之间，以及不同的自变量与因变量之间所展现出的不同线性关系。

绘制图6.4的代码如下。

```matlab
%% Plotting
figure(2)
subplot(2,2,1)
plot(data_xy.UR, data_xy.SP500, 'bx', ...
    data_xy.UR, mdl_SP500_UR.Fitted, 'r-')
legend('Raw', 'Fitted', 'Location', 'best')
xlabel('US Unemployment Rate, %')
```

```
ylabel('S&P 500 Index, USD')
title('')

subplot(2,2,2)
plot(data_xy.SP500, data_xy.AAPL, 'bx', ...
    data_xy.SP500, mdl_SP500.Fitted, 'r-')
legend('Raw', 'Fitted', 'Location', 'best')
xlabel('S&P 500 Index, USD')
ylabel('Apple Inc. Stock, USD')
title('')

subplot(2,2,3)
plot(data_xy.UR, data_xy.AAPL, 'bx', ...
    data_xy.UR, mdl_UR.Fitted, 'r-')
legend('Raw', 'Fitted', 'Location', 'best')
xlabel('US Unemployment Rate, %')
ylabel('Apple Inc. Stock, USD')
title('')

subplot(2,2,4)
plot(mdl.Fitted, data_xy.AAPL, 'rx')
xlabel('Fitted Apple Inc. Stock, USD')
ylabel('Apple Inc. Stock, USD')
title('')
set(gcf,'color','w');
```

目前，还只是停留在模型系数的求解上。在接下来的章节中，将进一步对模型的拟合优度以及统计显著性进行讨论；并对模型的合理性做进一步的评判。

6.2 拟合优度

在线性回归模型中**拟合优度** (goodness of fit) 是判断模型质量最先考虑的一个标准。拟合优度的量化指标也有一些不同的参数。这里先通过一元线性回归模型进行浅显易懂的介绍。在后面介绍多元线性回归模型的内容中将直接应用这个概念。

对于一元线性回归模型：

$$y = b_0 + b_1 x + \varepsilon \tag{6.8}$$

用 $\hat{\boldsymbol{y}}:\{\hat{y}_1, \hat{y}_2, \cdots, \hat{y}_n\}$ 来表征模型的拟合值，那么：

$$\hat{\boldsymbol{y}} = b_0 + b_1 \boldsymbol{x} \tag{6.9}$$

可以看出 y 和 $\hat{y}$ 的之间的区别就在于残差项：

$$y - \hat{y} = \varepsilon \tag{6.10}$$

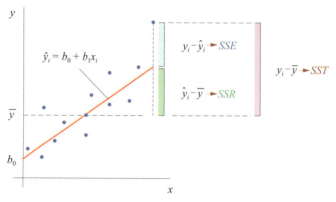

图6.5　通过一元线性回归模型分解因变量的变化

如图6.5所示，因变量 y 相对于其期望 $\bar{y}$ 存在**总离差平方和** (Sum of Squares for Total, SST)。拟合值 $\hat{y}$ 相对于期望 $\bar{y}$ 存在**回归平方和** (Sum of Squares for Regression, SSR)，相当于回归模型所能表达的因变量变化。残差项 ε 单独对应的是**残差平方和** (Sum of Squares for Error, SSE)。总离差平方和 (SST) 可以看作是回归平方和 (SSR) 与残差平方和(SSE)的累加：

$$\underset{SST}{\sum_{i=1}^{n}(y_i - \bar{y})^2} = \underset{SSR}{\sum_{i=1}^{n}(\hat{y}_i - \bar{y})^2} + \underset{SSE}{\sum_{i=1}^{n}(y_i - \hat{y}_i)^2} \tag{6.11}$$

需要进行区分的是，不同的资料中也有将回归平方和 (SSR) 称为**解释平方和** (Explained Sum of Square, ESS)；将残差平方和SSE缩写为RSS (Residual Sum of Squares)，或称之为**平方残差和** (Sum of Squared Residuals, SSR)；将总离差平方和SST 缩写为TSS (Total Sum of Squares)。请大家注意区分。

这里，引入**决定系数** (Coefficient of determination)，也称为判定系数，通常记作 R^2 (R Squared)。作为一个判定拟合优度的重要指标，它量化了根据自变量的变异来解释因变量的变异部分。R^2 可通过回归平方和，残差平方和以及总离差平方和进行计算，适合于一元以及多元线性回归模型：

$$R^2 = \frac{SSR}{SST} = 1 - \frac{SSE}{SST} \tag{6.12}$$

对于一元线性回归而言，决定系数是因变量 y 与自变量 x 的**相关系数** (coefficient of correlation) 的平方，与模型系数 b_1 也有直接关系：

$$R^2 = \rho^2 = \left(b_1 \frac{\sigma_x}{\sigma_y}\right)^2$$
$$\rho = \pm\sqrt{R^2} = b_1 \frac{\sigma_x}{\sigma_y} \tag{6.13}$$

由于 $R^2 \leq |\rho|$，可以避免相关系数对相关性做过度的解释。

无论是一元回归模型还是多元回归模型，决定系数的大小决定了因变量与自变量相关的密切程度。当 R^2 越接近1时，表示模型的拟合度越好，参考价值越高；反之，当 R^2 越接近0时，表示模型的拟合度越差，参考价值越低。

但是，R^2 有一个明显的不足：随着自变量个数的增加，即模型的复杂度增加，R^2 的值也有相应增大的趋势。这意味着模型质量会依赖自变量个数的多少以及样本的大小，而导致过度拟合的出现。样本越小而自变量越多，越容易出现高估的现象。因此，需要对决定系数进行 R^2 调整，将残差平方和SSE与总离差平方和SST都除以其对应的**自由度** (degree of freedom)，以得到**修正决定系数** (adjusted R squared)，修正 R^2：

$$Adjusted\ R^2 = 1 - \frac{\frac{SSE}{df_{\text{error}}}}{\frac{SST}{df_{\text{total}}}} = 1 - \frac{\frac{SSE}{n-k-1}}{\frac{SST}{n-1}} \tag{6.14}$$

式中：k 为自变量的个数，n 为自变量的样本个数。

简化后的形式为：

$$Adjusted\ R^2 = 1 - \left(\frac{n-1}{n-k-1}\right) \times (1 - R^2) \tag{6.15}$$

如图6.6所示是一个在特定情况下 R^2 和修正 R^2 随自变量个数增加而变化的趋势。可以看到，R^2 会随自变量个数的增加而持续增大；而修正 R^2 会在自变量样本大到一定程度后开始下降，暗示着自变量的继续增多正在加重模型的过度拟合。

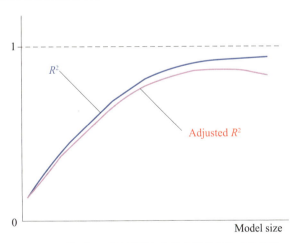

图6.6　R^2 与修正 R^2 随模型自变量个数增多的变化趋势

除了 R^2 以及修正 R^2，其他常用的拟合度指标还有以下的一些。**均方根误差** (Root-Mean-Square Error, RMSE)：

$$RMSE = \sqrt{\frac{\sum_{i=1}^{n} \varepsilon_i^2}{n-k-1}} \tag{6.16}$$

赤池信息量准则 (Akaike Information Criterion, AIC)：评估统计模型的复杂度和衡量统计模型拟合优度的一种标准，是由日本统计学家赤池弘次创立和发展的。

贝叶斯信息准则 (Bayesian Information Criterion, BIC)：与赤池信息量准则AIC类似，同样考虑模型复杂度和拟合优度的一种指标，是由德国数学家吉迪思·施瓦兹 (Gideon E. Schwarz) 提出来的。

赤池信息量准则AIC和贝叶斯信息准则BIC都针对过度拟合。AIC和BIC为模型的复杂度在指标计算中引入相应的判罚项。BIC相较于AIC而言采用了更重的判罚项；两者的值越小，说明模型越好。

回顾之前用标普500指数来解释苹果公司股票的例子，对一些拟合度指标分别直接计算和使用fitlm()函数求解。表6.4将结果进行了总结和比较。可以看出，两者所得的计算值是一致的。

表6.4 不同方法求解得到常用模型拟合度指标 (苹果公司股票 ~ 标普500指数)

拟合度指标	直接计算	fitlm()函数
残差平方和 (SSE)	1.5720e+04	1.5720e+04
回归平方和 (SSR)	2.7440e+05	2.74401e+05
总离差平方和 (SST)	2.9012e+05	2.9012e+05
决定系数 R^2	0.9458	0.9458
修正决定系数 R^2	0.9453	0.9453
均方根误差 (RMSE)	11.4935	11.4935

表6.4的结果可以由以下代码获得。

```matlab
close all
clear all
clc

%%
% Read in historical monthly data of S&P500 index (^GSPC)
% and Apple Inc. (AAPL)
filename_sp500 = ...
    '^GSPC_SP500_Monthly_YahooFinance_1950_2018.csv';
filename_aapl = ...
    'AAPL_AppleStock_Monthly_YahooFinance_1980_2018.csv';

table_sp500 = readtable(filename_sp500, ...
    'Delimiter', ',', 'ReadVariableNames', ...
    true, 'ReadRowNames', false, ...
    'Format', '%{yyyy-MM-dd}D%f%f%f%f%f%f');
table_aapl = readtable(filename_aapl, ...
    'Delimiter', ',', 'ReadVariableNames', ...
    true, 'ReadRowNames', false, ...
    'Format', '%{yyyy-MM-dd}D%f%f%f%f%f%f');

%%
% Extract data from specific table field within
% specific time horizon
% past 10 years
```

```matlab
startdate = datetime('2008-06-01');
enddate = datetime('2018-06-01');

data_sp500 = table_sp500(table_sp500.Date >= startdate & ...
    table_sp500.Date <= enddate,{'Date','AdjClose'});
data_aapl = table_aapl(table_aapl.Date >= startdate & ...
    table_aapl.Date <= enddate,{'Date','AdjClose'});

% Fit into regressional model
x = data_sp500.AdjClose;
y = data_aapl.AdjClose;

% With intercept b0
X = [ones(length(x), 1), x];
b = X\y;
ycal_2 = X*b;
k = 1;
n = length(y);

%%
% Goodness of fitting
yresid = y - ycal_2;
% Sum of Squares for Regression (SSR)
SSR = sum((ycal_2-mean(y)).^2);
% Sum of Squares for Error (SSE)
SSE = sum(yresid.^2);
% Sum of Squares for Total (SST)
SST = (length(y)-1)*var(y);

% R-squared & Adjusted R-squared
Rsquared = SSR/SST;
Rsquared_Adjusted = 1-SSE/SST*(n-1)/(n-k-1);

%RMSE
RMSE = sqrt(SSE/(n-k-1));

%%
% Using the function "fitlm"
% With intercept b0
data_xy = table(data_sp500.Date, ...
    data_sp500.AdjClose, data_aapl.AdjClose);
data_xy.Properties.VariableNames = {'Date','SP500','AAPL'};

% With intercept b0
mdl = fitlm(data_xy, 'AAPL ~ SP500');

mdl.SSE
```

SSE	
mdl.SSR	
SSR	
mdl.SST	
SST	
mdl.Rsquared.Ordinary	
Rsquared	
mdl.Rsquared.Adjusted	
Rsquared_Adjusted	
mdl.RMSE	
RMSE	

AIC与BIC的直接计算相对比较复杂，可以直接从fitlm()函数提取，其代码如下。

`B3_Ch6_3_B.m`

```
mdl.ModelCriterion.AIC
mdl.ModelCriterion.AICc
mdl.ModelCriterion.CAIC
mdl.ModelCriterion.BIC
```

6.3 相关假设检验

在线性回归模型中常用的两个假设检验是**学生*t*-检验** (Student's *t*-Test) 和**方差齐性检验** (*F*检验) (*F*-Test)。两者都可以用来检测模型系数是否具有统计意义上的显著性。

对于一个随机变量 x，如果它服从正态分布或者其样本集合足够大时，样本均值 $\bar{x}$ 也服从正态分布：

$$\bar{x} \sim N\left(\mu, \frac{\sigma}{\sqrt{n}}\right) \tag{6.17}$$

式中：n 为样本个数；μ 为总体均值；σ 为总体标准误差。

$\sigma/\sqrt{n}$ 称为样本**均值的估计标准误差** (Standard Error of the Mean, SEM)。在概率论中，其理论支持是**中心极限定理** (central limit theorem)。这里先引入**z检验** (z-test)。H_0 是**零假设** (null hypothesis)；H_1 是**备择假设**或**对立假设** (alternative hypothesis)：

$$\begin{aligned} H_0 &: \mu = \mu_0 \\ H_1 &: \mu \neq \mu_0 \end{aligned} \tag{6.18}$$

然后计算：

$$z = \frac{\bar{x} - \mu}{\sigma/\sqrt{n}} \tag{6.19}$$

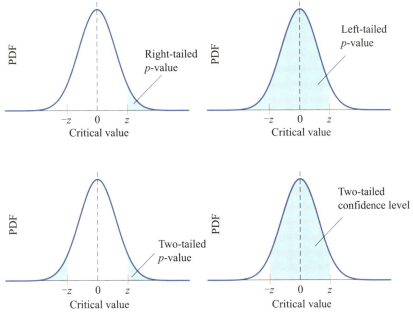

图6.7 不同假设检验中p值在正态分布中的计算

将 z 与在一定的**置信水平** (confidence level) α 上或者是**显著性水平** (significance level) $(1-\alpha)$ 上的**临界值** (critical value) z_c 进行比较。如果 $z > z_c$，在该置信水平上拒绝零假设 H_0；否则接受 H_0。或者，比较 z 对应的**p值** (p-value)。如图6.7所示是不同的单尾和双尾假设检验中p值的计算，即取正态分布上相应的**百分位** (percentile)。这里考查双尾的情况：如果p值小于显著性水平 $(1-\alpha)$ 拒绝零假设 H_0；否则接受 H_0。

t-检验与Z检验十分类似，同样是在正态分布的前提下建立的。t-检验与Z检验不同之处在于总体的标准误差 σ 是未知的，采用样本的标准误差 s 来近似。对于样本 $\boldsymbol{x}:\{x_1, x_2, \cdots, x_n\}$，样本的标准误差 s 需要考虑 $(n-1)$ 自由度来避免测算偏差。在线性回归模型中还要额外考虑自变量的个数 k：

$$s = \sqrt{\frac{1}{n-k-1}\sum_{i=1}^{n}(x_i - \bar{x})^2} \tag{6.20}$$

与计算z值的方法一样来计算：

$$t = \frac{\bar{x} - \mu}{s/\sqrt{n}} \tag{6.21}$$

在线性回归模型中，t-检验针对求得的模型系数 $b = (b_0, b_1, b_2, \cdots, b_q)^{\mathrm{T}}$，检测这些系数在一定置信水平上是否显著地与0不同。是的话，就说明该系数对应的自变量在该置信水平上具有显著性，否则就不具备显著性。对应的 t-检验假设为：

$$H_0: b_i = 0$$
$$H_1: b_i \neq 0 \tag{6.22}$$

比较t值与置信水平α上$(n-k-1)$自由度下学生t-分布的临界值t_c进行比较：如果$t > t_c$，在该置信水平上拒绝零假设H_0，自变量系数具有显著性；否则接受H_0，自变量系数不具有显著性。或者，比较t对应的p值，同样考查双尾的情况：如果p值小于显著性水平$(1-\alpha)$拒绝零假设H_0，自变量系数具有显著性；否则接受H_0，自变量系数具有显著性。

如果t-检验是分别考虑各个自变量的话，F-检验就将所有的自变量都考虑在了显著性的检测中。F-检验是单尾检验，其假设是：

$$H_0: \beta_0 = \beta_1 = \cdots = \beta_m = 0$$
$$H_1: \beta_i \neq 0 \text{ for at least one } i \tag{6.23}$$

计算F值：

$$F = \frac{SSE/k}{TSS/(n-k-1)} \tag{6.24}$$

F值与临界值F_c进行比较。F_c可根据两个自由度以及置信水平查表获得。如果$F > F_c$，在该置信水平上拒绝零假设H_0，不认为自变量系数同时具备非显著性，即所有系数不太可能同时为0；否则接受H_0，自变量系数同时具有非显著性，即所有系数很可能同时为0。使用p值判断显著性的方法与t-检验也是一样的。可以看出，F-检验与t-检验应该配合在一起使用，判定各个自变量的单独以及相关联的显著性。

下面，回顾几个搭建过的线性回归模型：分别用标普500指数，美国失业率以及它们两个一起作为因变量来解释苹果公司股票的市价。代码如下。

```
B3_Ch6_4_A.m
close all
clear all
clc
%%
% Read in historical monthly data of S&P500 index (^GSPC,
% Apple Inc. (AAPL) and US Unemployment Rate
filename_sp500 = ...
    '^GSPC_SP500_Monthly_YahooFinance_1950_2018.csv';
filename_aapl = ...
    'AAPL_AppleStock_Monthly_YahooFinance_1980_2018.csv';
filename_usur = ...
    'SeriesReport-20180716183946_76b2e9_US_UR.csv';

table_sp500 = readtable(filename_sp500, ...
    'Delimiter', ',', 'ReadVariableNames', ...
    true, 'ReadRowNames', false, ...
```

```matlab
    'Format', '%{yyyy-MM-dd}D%f%f%f%f%f%f');
table_aapl = readtable(filename_aapl, ...
    'Delimiter', ',', 'ReadVariableNames', ...
    true, 'ReadRowNames', false, ...
    'Format', '%{yyyy-MM-dd}D%f%f%f%f%f%f');
table_usur = readtable(filename_usur, ...
    'Delimiter', ',', 'ReadVariableNames', ...
    true, 'ReadRowNames', false, ...
    'Format', '%{yyyy-MM-dd}D%f');

%% Integrate to one table
data_xy = innerjoin(table_sp500(:,{'Date','AdjClose'}), ...
    table_aapl(:, {'Date','AdjClose'}), 'keys', 'Date');
data_xy = innerjoin(data_xy, table_usur, 'keys', 'Date');
data_xy.Properties.VariableNames = ...
    {'Date','SP500','AAPL', 'UR'};

%% Extract data from specific table field within
% specific time horizon
% past 10 years
startdate = datetime('2008-06-01');
enddate = datetime('2018-06-01');

data_xy = data_xy(data_xy.Date >= startdate & ...
    data_xy.Date <= enddate, :);

%% Fit into regressional model
% Using the function "fitlm"
% With intercept b0
mdl_AAPL_SP500 = ...
    fitlm(data_xy, 'AAPL ~ SP500');

mdl_AAPL_UR = ...
    fitlm(data_xy, 'AAPL ~ UR');

mdl_AAPL_SP500_UR = ...
    fitlm(data_xy, 'AAPL ~ SP500 + UR');
```

可以使用disp()函数来查看模型的统计检测结果以及其他重要的模型信息：

`B3_Ch6_4_B.m`

```matlab
%% Check statistic tests
disp(mdl_AAPL_SP500)
disp(mdl_AAPL_UR)
disp(mdl_AAPL_SP500_UR)
```

也可以直接输入模型变量来调取同样的结果，例如：

`mdl_AAPL_SP500`

如图6.8到图6.10所示为使用disp()函数显示的不同回归模型拟合优度以及假设检验的结果。表6.5对这些结果进行了总结，可以看到分布使用标普500以及美国失业率作为自变量建模时，模型都能通过两个显著性检验，同时具有较高的修正R^2；但将两者都放在一个模型中作为自变量时，美国失业率并不能通过t-检验，而且模型的修正R^2反而有所下降。在接下来的章节中将讨论如何通过残差分析来进一步提高模型的质量。

```
Command Window
>> disp(mdl_AAPL_SP500)

Linear regression model:
    AAPL ~ 1 + SP500

Estimated Coefficients:
                   Estimate        SE         tStat       pValue
                   _____    _____    _____    _____

    (Intercept)    -77.538       3.4493     -22.479     1.1933e-44
    SP500          0.089061      0.0019541   45.576     3.4729e-77


Number of observations: 121, Error degrees of freedom: 119
Root Mean Squared Error: 11.5
R-squared: 0.946,  Adjusted R-Squared 0.945
F-statistic vs. constant model: 2.08e+03, p-value = 3.47e-77
fx >>
```

图6.8　运行指令disp (mdl_AAPL_SP500) 后指令窗口所显示的结果

```
Command Window
>> disp(mdl_AAPL_UR)

Linear regression model:
    AAPL ~ 1 + UR

Estimated Coefficients:
                   Estimate      SE        tStat       pValue
                   _____   _____    _____    _____

    (Intercept)    223.8      8.1287      27.532     1.9072e-53
    UR             -21.951    1.1336     -19.365     1.3832e-38


Number of observations: 121, Error degrees of freedom: 119
Root Mean Squared Error: 24.2
R-squared: 0.759,  Adjusted R-Squared 0.757
F-statistic vs. constant model: 375, p-value = 1.38e-38
fx >>
```

图6.9　运行指令disp (mdl_AAPL_UR) 后指令窗口所显示的结果

```
Command Window
>> disp(mdl_AAPL_SP500_UR)

Linear regression model:
    AAPL ~ 1 + SP500 + UR

Estimated Coefficients:
                   Estimate        SE         tStat        pValue
                   _____     _____    _____     _____

    (Intercept)     -81.427       15.619      -5.2135     7.9967e-07
    SP500          0.090085     0.0044659      20.172      4.74e-40
    UR              0.31369       1.2287      0.25531       0.79893


Number of observations: 121, Error degrees of freedom: 118
Root Mean Squared Error: 11.5
R-squared: 0.946,  Adjusted R-Squared 0.945
F-statistic vs. constant model: 1.03e+03, p-value = 1.93e-75
```

图6.10 运行指令disp (mdl_AAPL_SP500_UR) 后指令窗口所显示的结果

表6.5 不同回归模型拟合优度以及假设检验结果的比较 (置信水平95%)

模型	自变量/截距	t-检验	F-检验	修正R^2
APPL ~ 1 + SP500	截距	√	√	0.9453
	标普500指数	√		
APPL ~ 1 + UR	截距	√	√	0.7570
	美国失业率	√		
APPL ~ 1 + SP500 + UR	截距	√	√	0.9449
	标普500指数	√		
	美国失业率	×		

*"√"表示通过显著性检验；"×"表示未通过显著性检验。

6.4 残差分析

目前为止，对于线性回归模型系数的求解，都是直接采用**普通最小二乘法** (ordinary least square)来求解。这必须基于线性回归模型的几个基本统计假设：

◂ 因变量与自变量之间存在线性关系；
◂ 残差项呈现**正态分布** (normal distribution)，并有稳定的均值与标准差；
◂ 残差项之间呈现各自独立性。

对模型残差分析，有利于检验以上的假设是否在建模中得到了恰当的考虑。当样本数够大时，检查残差项正态分布可使用简单的**直方图** (histogram)；样本数较小时，可使用**正态概率图** (normal probability plot)。

回顾之前的两个线性模型AAPL ~ SP500和AAPL ~ SP500 + UR，首先画出它们的残差图，如

图6.11和图6.12所示。可以明显看出，残差项成"U"形分布，不具有随机性；虽然回归模型的修正R^2很高，但残差项并不满足一些基本假设。

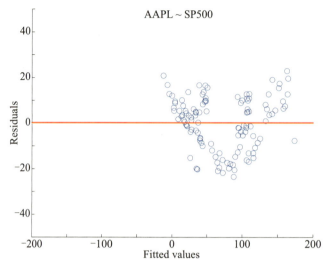

图6.11　线性模型 (AAPL ~ SP500) 的残差图

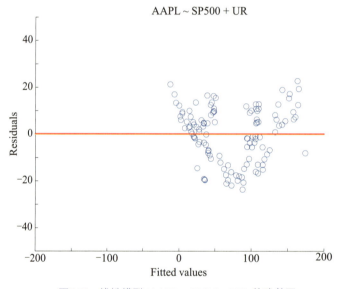

图6.12　线性模型 (AAPL ~ SP500 + UR) 的残差图

这里，对模型变量进行一些变化，可以明显提高残差项的表现。不直接使用标普500和苹果公司股票数据进行建模，而改用股票收益 (百分比变化)。

以下的代码，重复了之前的回归模型；计算了股票收益并重新建模画出了残差图，如图6.13和图6.14所示。

```
B3_Ch6_5_A.m
close all
clear all
clc
%%
```

```matlab
% Read in historical monthly data of S&P500 index (^GSPC,
% Apple Inc. (AAPL) and US Unemployment Rate
filename_sp500 = ...
    '^GSPC_SP500_Monthly_YahooFinance_1950_2018.csv';
filename_aapl = ...
    'AAPL_AppleStock_Monthly_YahooFinance_1980_2018.csv';
filename_usur = ...
    'SeriesReport-20180716183946_76b2e9_US_UR.csv';

table_sp500 = readtable(filename_sp500, ...
    'Delimiter', ',', 'ReadVariableNames', ...
    true, 'ReadRowNames', false, ...
    'Format', '%{yyyy-MM-dd}D%f%f%f%f%f%f');
table_aapl = readtable(filename_aapl, ...
    'Delimiter', ',', 'ReadVariableNames', ...
    true, 'ReadRowNames', false, ...
    'Format', '%{yyyy-MM-dd}D%f%f%f%f%f%f');
table_usur = readtable(filename_usur, ...
    'Delimiter', ',', 'ReadVariableNames', ...
    true, 'ReadRowNames', false, ...
    'Format', '%{yyyy-MM-dd}D%f');

%% Integrate to one table
data_xy = innerjoin(table_sp500(:,{'Date','AdjClose'}), ...
    table_aapl(:, {'Date','AdjClose'}), 'keys', 'Date');
data_xy = innerjoin(data_xy, table_usur, 'keys', 'Date');
data_xy.Properties.VariableNames = ...
    {'Date','SP500','AAPL', 'UR'};

% Calculatate return of SP500 and APPL
data_xy.SP500_Return = ...
    [NaN; diff(data_xy.SP500)]./data_xy.SP500;

data_xy.AAPL_Return = ...
    [NaN; diff(data_xy.AAPL)]./data_xy.AAPL;

%% Extract data from specific table field within
% specific time horizon
% past 10 years
startdate = datetime('2008-06-01');
enddate = datetime('2018-06-01');

data_xy = data_xy(data_xy.Date >= startdate & ...
    data_xy.Date <= enddate, :);

%% Fit into regressional model
% Using the function "fitlm"
% With intercept b0
```

```matlab
mdl_AAPL_SP500 = ...
    fitlm(data_xy, 'AAPL ~ SP500');

mdl_AAPL_Return_SP500_Return = ...
    fitlm(data_xy, 'AAPL_Return ~ SP500_Return');

mdl_AAPL_SP500_UR = ...
    fitlm(data_xy, 'AAPL ~ SP500 + UR');

mdl_AAPL_Return_SP500_Return_UR = ...
    fitlm(data_xy, 'AAPL_Return ~ SP500_Return + UR');

%% Plotting
figure(1)
scatter(mdl_AAPL_SP500.Fitted, mdl_AAPL_SP500.Residuals.Raw)
xlabel('Fitted Values')
ylabel('Residuals')
title('AAPL ~ SP500')
xlim([-200 200])
ylim([-50 50])
hold on
plot([-200, 200], [0, 0], 'r-')
set(gcf,'color','w');

figure(2)
scatter(mdl_AAPL_SP500_UR.Fitted, ...
    mdl_AAPL_SP500_UR.Residuals.Raw)
xlabel('Fitted Values')
ylabel('Residuals')
title('AAPL ~ SP500 + UR')
xlim([-200 200])
ylim([-50 50])
hold on
plot([-200, 200], [0, 0], 'r-')
set(gcf,'color','w');

figure(3)
scatter(mdl_AAPL_Return_SP500_Return.Fitted, ...
    mdl_AAPL_Return_SP500_Return.Residuals.Raw)
xlabel('Fitted Values')
ylabel('Residuals')
title('AAPL Return ~ SP500 Return')
xlim([-0.2 0.2])
ylim([-0.4 0.4])
hold on
plot([-0.4, 0.4], [0, 0], 'r-')
set(gcf,'color','w');
```

```
figure(4)
scatter(mdl_AAPL_Return_SP500_Return_UR.Fitted, ...
    mdl_AAPL_Return_SP500_Return_UR.Residuals.Raw)
xlabel('Fitted Values')
ylabel('Residuals')
title('AAPL Return ~ SP500 Return + UR')
xlim([-0.2 0.2])
ylim([-0.4 0.4])
hold on
plot([-0.4, 0.4], [0, 0], 'r-')
set(gcf,'color','w');
```

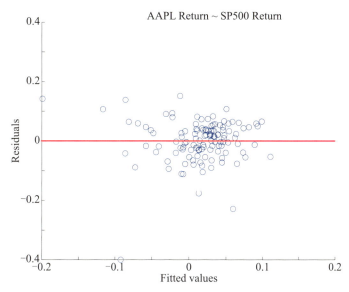

图6.13 线性模型 (AAPL Return ~ SP500 Return) 的残差图

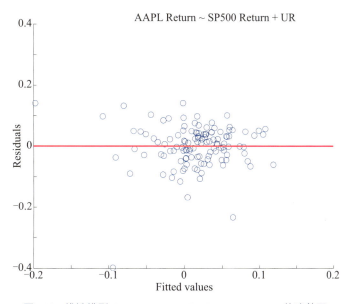

图6.14 线性模型 (AAPL Return ~ SP500 Return + UR) 的残差图

与图6.11和图6.12相比较，新模型的残差项呈现更大的随机性。用以下的代码画出它们的直方图，可以进一步观察比较模型残差项是否接近正态分布，如图6.15所示。

```
B3_Ch6_5_B.m
```

```
figure(5)
binnum = 20;
subplot(2,2,1)
hist(mdl_AAPL_SP500.Residuals.Raw, binnum)
title('AAPL ~ SP500')
xlim([-25 25])
ylim([0, 30])
hold on
plot([0, 0], [0, 30], 'r-')

subplot(2,2,3)
hist(mdl_AAPL_SP500_UR.Residuals.Raw, binnum)
title('AAPL ~ SP500 + UR')
xlim([-25 25])
ylim([0, 30])
hold on
plot([0, 0], [0, 30], 'r-')

subplot(2,2,2)
hist(mdl_AAPL_Return_SP500_Return.Residuals.Raw, binnum)
title('AAPL Return ~ SP500 Retrun')
xlim([-0.5 0.5])
ylim([0, 30])
hold on
plot([0, 0], [0, 30], 'r-')

subplot(2,2,4)
hist(mdl_AAPL_Return_SP500_Return_UR.Residuals.Raw, binnum)
title('AAPL Return ~ SP500 Return + UR')
xlim([-0.5 0.5])
ylim([0, 30])
hold on
plot([0, 0], [0, 30], 'r-')
set(gcf,'color','w');
```

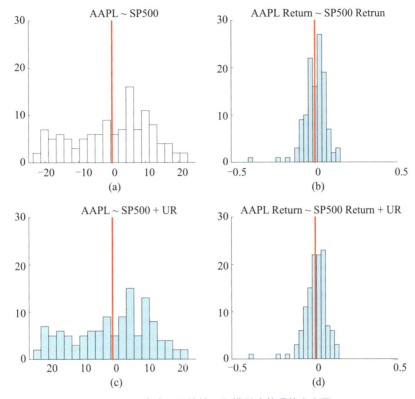

图6.15 各个不同线性回归模型残差项的直方图

使用下面的代码画出各个不同回归模型的残差项正态概率图。如图6.16所示,红色虚直线表征服从正态分布的残差项应该呈现的分布;蓝色十字表征模型实际的残差项分布。两者越相吻合,表示模型残差项越呈现正态分布。可以看出,使用股票收益建模,模型的残差项会更接近正态分布。

```
B3_Ch6_5_C.m

figure(6)
subplot(2,2,1)
normplot(mdl_AAPL_SP500.Residuals.Raw)
title('AAPL ~ SP500')
hold on

subplot(2,2,3)
normplot(mdl_AAPL_SP500_UR.Residuals.Raw)
title('AAPL ~ SP500 + UR')
hold on

subplot(2,2,2)
normplot(mdl_AAPL_Return_SP500_Return.Residuals.Raw)
title('AAPL Return ~ SP500 Retrun')
hold on
```

```
subplot(2,2,4)
normplot(mdl_AAPL_Return_SP500_Return_UR.Residuals.Raw)
title('AAPL Return ~ SP500 Return + UR')
hold on
set(gcf,'color','w');
```

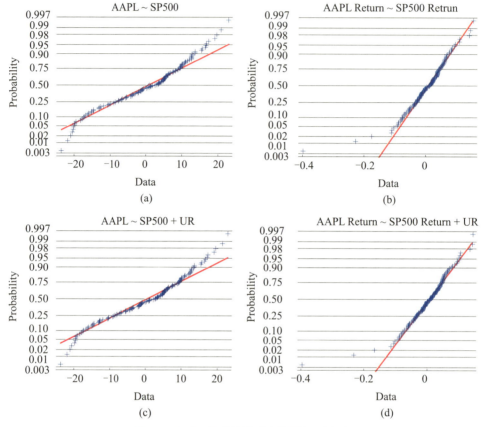

图6.16　各个不同线性模型残差项的正态概率图

表6.6　不同股票收益回归模型拟合优度以及假设检验结果的比较 (置信水平95%)

模型	自变量/截距	t-检验	F-检验	修正R^2
APPL_Return ~ 1 + SP500_Return	截距	×	√	0.2892
	标普500指数收益	√		
APPL_Return ~ 1 + SP500_Return+UR	截距	×	√	0.2956
	标普500指数收益	√		
	美国失业率	×		
APPL_Return ~ SP500_Return+UR	标普500指数收益	√	√	0.2914
	美国失业率	√		

*"√"表示通过显著性检验；"×"表示未通过显著性检验。

表6.6总结了使用股票收益的两个回归模型，APPL_Return ~ 1 + SP500_Return和APPL_Return ~ 1 + SP500_Return+UR，相关的假设检验结果和修正R^2。可以看出，两个模型都含有截距项，都通过了F-检验。引入UR可以稍稍提高模型的拟合度，但是UR并没有通过t-检验，不具有显著性。这时候，如果将模型的截距项去掉，即有Return ~ SP500_Return+UR，运行如下的代码：

```
mdl_AAPL_Return_SP500_Return_UR_pro = ...
fitlm(data_xy, 'AAPL_Return ~ SP500_Return + UR -1');
```

对应表6.6第三行，可以发现此时UR就是一个显著的自变量了，与此同时，模型的拟合度并没有太大变化。

6.5 逻辑回归模型

逻辑回归模型 (logistic regression)，也称为对数概率回归模型，在金融风险分析中也有广泛的应用，例如**信用评分** (credit scoring)、**数据分类** (data classification)、**违约损失率建模** (LGD modeling) 等。并且，在后面的章节中也会看到，逻辑回归更常见于**机器学习** (machine learning) 和**人工智能** (Artificial Intelligence, AI) 技术中。逻辑回归的基本数学形式是：

$$P(y=1|x_1,x_2,\ldots,x_q) = \frac{\exp(b_0 + b_1 x_1 + b_2 x_2 + \cdots + b_q x_q)}{1+\exp(b_0 + b_1 x_1 + b_2 x_2 + \cdots + b_q x_q)} \quad (6.25)$$

其中，$P(y=1|x_1,x_2,\ldots,x_q)$ 表示在自变量 $x_1,x_2,\ldots,x_q$ 的作用下，因变量 $y=1$ 的概率；而 $b_0,b_1,b_2,\cdots,b_q$ 是需要求解的模型系数。

以肥胖与体重的关系为例。通常认为体重越大的人，越可能有肥胖的问题，即肥胖的概率会越大。套用逻辑回归的形式，即有 $P(y=1|x_1)$：其中 $y=1$ 表示肥胖，$y=0$ 表示不肥胖，$P(y=1)$ 即为样本肥胖的概率，而 x_1 代表体重。如图6.17所示，区域Ⅰ对应体重较轻的人群，肥胖的样本明显相对较少，尤其在最左端概率几乎趋近于0。随着体重增加，在区域Ⅱ中，肥胖的样本开始增加，非肥胖的样本逐渐减少，肥胖的概率从左至右开始渐渐变大。直至区域Ⅲ，对应体重偏高的人群，肥胖样本的个数占据了绝大多数，肥胖的概率开始趋近于100%。当然了，肥胖的因素表现可以有很多，这个例子里的自变量还可以有其他的 x_2、x_3、x_4 等。在逻辑回归中，往往研究的是这些变量对某个定性的变量 y 的影响，除了判断肥胖问题外，还可以是股票的涨跌、公司是否破产、客户是否合格等。

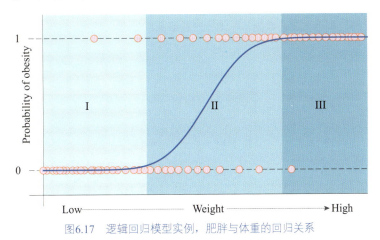

图6.17　逻辑回归模型实例，肥胖与体重的回归关系

如果将 $P(y=1|x_1,x_2,...,x_q)$ 视为一个单调连续的概率函数，赋予变量 p：

$$p \equiv P(y=1|x_1,x_2,\cdots,x_q) \tag{6.26}$$

再进行一下对数转化，逻辑回归原本的指数形式就变为：

$$\ln\frac{p}{1-p} = b_0 + b_1 x_1 + b_2 x_2 + \cdots + b_q x_q \tag{6.27}$$

这个形式是不是与前面的线性回归模型看上去很一致呢？通过对逻辑回归原式 (6.27) 左边的变形，就成功地将其转化为了线性问题。如图6.18所示，原本在逻辑回归中，只限定于0到1的概率自变量，在变化后转移到了没有界限的数值域，即从正无穷到负无穷。

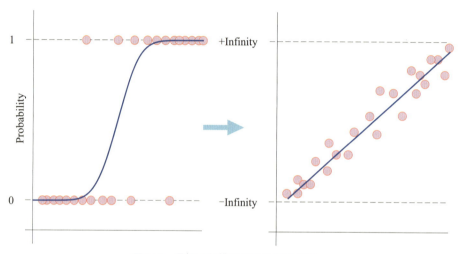

图6.18 逻辑回归模型到线性回归模型

如果因变量本身就是连续变量 p，可以直接使用模型的结果。如果因变量是定性的二择一问题，如前面提到的是否肥胖的例子或者股票的涨跌，则往往需要定义一个分界值 η 来进行判断。如果 $p > \eta$，判定事件 $y = 1$ 发生；如果 $p \leq \eta$，该事件未发生。

这里用2001年到2005年标普500每日数据来做一个逻辑回归：自变量是每日股指的涨跌，涨为1，跌为0；因变量将使用前一天、前两天、前三天股指数据。这个模型可以研究每日涨跌是否与股票指数自身有关。成功的话，就可以利用前三天的股指来预测接下来的一天股指是涨还是跌。在MATLAB中先运行下边的代码导入所需要的数据，并进行一些必要的处理：

B3_Ch6_6_A.m

```
clear all
close all
clc

% Read in historicaldata of S&P500 index
filename = ...
    'SP500_2001_2005.csv';
table_sp500 = readtable(filename, ...
```

```
        'Delimiter', ',', 'ReadVariableNames', ...
     true, 'ReadRowNames', false);
numrow = size(table_sp500,1);

table_model = table_sp500(1:numrow-10,:);
table_test = table_sp500(numrow-9:numrow,:);

% Take data for regression
Y = table_model.Direction_Digit;
X = [table_model.Lag1, table_model.Lag2, table_model.Lag3];
Xt = [table_test.Lag1, table_test.Lag2, table_test.Lag3];
```

这里有几种不同的方法来实现逻辑回归模型。首先,可以根据前面的公式将逻辑回归的非线性表达式直接转化成线性表达式,然后调用线性回归的MATLAB函数命令regress(),具体执行代码如下:

`B3_Ch6_6_B.m`

```
% Logistic regression using regress()
Y1 = 0.5*Y+0.25;
Y1 = log(Y1./(1-Y1));
X1 = [ones(size(X, 1), 1), X];

b1 = regress(Y1, X1);
Ypred1 = [ones(size(Xt,1), 1), Xt]*b1;
Ypred1 = exp(Ypred1)./(1+exp(Ypred1)) > 0.5;
```

注意这一行代码:Y1 = 0.5*Y+0.25。这个操作的目的是,将只含有"0"和"1"的Y值限定到"0.25"和"0.75"上,以便后边使用log()函数命令进行转换,否则会出现无穷大值。因为此处的模型只做定性分析以给出"上涨"或"下降"的结论;如果是定量分析,那么就不推荐这样的操作,或者小心使用为好。

除了第一个方法,还可以使用glmfit()函数来编程。这里无须人为进行非线性到线性的转换。使用合适的输入变量,函数可以自行进行操作,具体代码如下:

`B3_Ch6_6_C.m`

```
% Logistic regression using glmfit()
[b2,dev,stats] = glmfit(X,Y, 'binomial', 'link', 'logit');

Ypred2 = glmval(b2, Xt,'logit');
Ypred2 = Ypred2>0.5;
```

注意,此处的输入指令'binomial', 'link'和'logit',指定了函数glmfit()进行逻辑回归。其他的设置,感兴趣的同学可以参考MATLAB的说明文档:

https://www.mathworks.com/help/stats/glmfit.html

与glmfit()函数类似地,还可以使用fitglm()函数来编程,具体的代码如下:

`B3_Ch6_6_D.m`

```
% Logistic regression using fitglm()
mdl_a = fitglm(X, Y, 'Distribution', 'binomial');

mdl_b = fitglm(table_model,...
    'Direction_Digit ~ Lag1+Lag2+Lag3',...
    'Distribution', 'binomial');

Ypred3 = predict(mdl_a, Xt);
Ypred3 = Ypred3>0.5;
```

注意，在使用模型进行预测时，对应glmfit()使用的是MATLAB函数glmval()，而对应fitglm()使用的是predict()。继续运行下面的代码，可以比较三种方法获得的模型系数：

`B3_Ch6_6_E.m`

```
% Display coefficients
[b1,b2,mdl_a.Coefficients.Estimate]
```

结果显示如图6.19所示。

```
>> % Display coefficients
[b1,b2,mdl_a.Coefficients.Estimate]

ans =

    0.042826052081274    0.078185216768431    0.078185216768431
   -0.039664045349295   -0.072618310918665   -0.072618310918665
   -0.024301800729791   -0.044502537022556   -0.044502537022556
    0.005295126342392    0.009652734314001    0.009652734314001
```

图6.19　比较三种方法获得的模型系数

因为第一种方法中人为改变了Y的值，所以用该方法得到的模型系数与其他两种不同；而后两种方法给出的模型系数是完全一致的。再来看看，对未来几天股票涨跌的预测，几种方法的结论是否一致呢？运行以下代码：

`B3_Ch6_6_F.m`

```
% Display forecast
[Ypred1, Ypred2, Ypred3]
```

结果显示如图6.20所示。

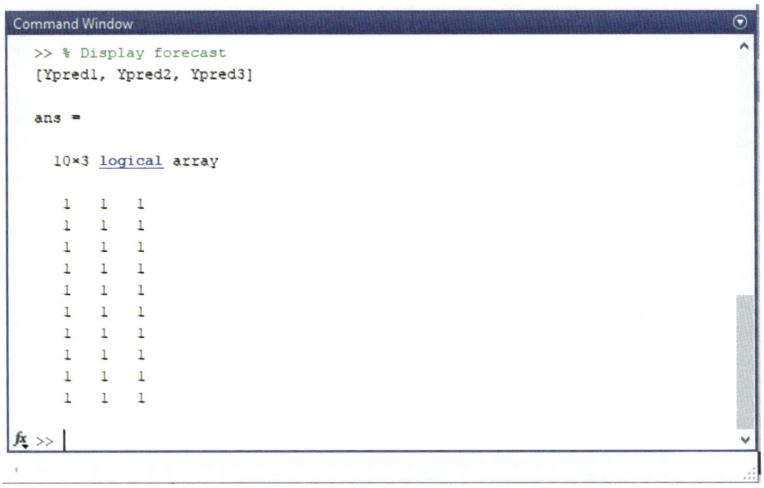

图6.20 三种方法对未来几天股票涨跌的预测结果

可以发现，三种方法的预测结果是完全一样的，都显示在未来10天里，股票会持续上涨。表6.7将模型的结论与实际情况进行了比较。实际数据中，股票价格在第1、2、3、7、9、10这几天都经历了下跌，这与模型的预测不相符。所以，很遗憾地发现这个逻辑回归模型，可能并不胜任预测的工作。但是，希望大家通过这个例子了解如何在MATLAB中搭建逻辑回归。感兴趣的话，大家还可以查看一下模型输出stats中t-检验的结果，根据之前介绍的相关知识，对模型性能做个评判。

表6.7 不同股票收益回归模型拟合优度以及假设检验结果的比较 (置信水平95%)

天数	涨跌	Regress()	Glmfit()	Fitglm()
1	Down	Up	Up	Up
2	Down	Up	Up	Up
3	Down	Up	Up	Up
4	Up	Up	Up	Up
5	Up	Up	Up	Up
6	Up	Up	Up	Up
7	Down	Up	Up	Up
8	Up	Up	Up	Up
9	Down	Up	Up	Up
10	Down	Up	Up	Up

6.6 求解模型系数

在本章的开始就提到过，对于一个简单的一元线性回归：

$$y = b_0 + b_1 x + \varepsilon \tag{6.28}$$

其系数的解可以通过式 (6.29) 计算获得：

$$\begin{cases} b_1 = \dfrac{\text{cov}(\pmb{x},\pmb{y})}{\text{var}(\pmb{x})} = \rho_{xy}\dfrac{\sigma_y}{\sigma_x} \\ b_0 = \bar{y} - b_1\bar{x} \end{cases} \tag{6.29}$$

在残差分析中也有提及的是，这个解是基于**普通最小二乘法** (ordinary least squared) 得到的。普通最小二乘法可能是最常用的求解系数的方法，其核心思想是在接近如下的优化问题：

$$\underset{b_0,b_1}{\text{minimize}}\sum e_i^2 = \sum\left[y_i - (b_0 + b_1 x_i)\right]^2 \tag{6.30}$$

即通过找到合适的系数值 b_0 和 b_1，使得样本值 y_i 与模型计算值 $(b_0+b_1x_i)$ 之间误差的平方和最小。最后得到的模型一定会通过样本的均值点 $(\bar{x},\bar{y})$，即满足：

$$\bar{y} = b_0 + b_1\bar{x} \tag{6.31}$$

同样的原理也适用于多元线性回归中。丛书将会在第四册继续深入讨论回归分析和优化方法之间的关系。

除了普通最小二乘法，还有**加权最小二乘法** (Weighted Least Square，WLS)。后者主要是为了减少等权重和常量标准差的影响，对观测的数据赋予不同的权重，体现不同因变量值的影响。此时，原来普通最小二乘法的优化问题就变成了：

$$\underset{b_0,b_1}{\arg\max}\sum w_i e_i^2 = \sum w_i\left[y_i - (b_0 + b_1 x_i)\right]^2 \tag{6.32}$$

其中，w_i 就是引入的权重值。在OLS回归中，$w_i=1$；而在WLS中，w_i 不再完全一样，可以自行定义。丛书第四册将从优化角度进一步深入讲解最小二乘法。

在MATLAB中，WLS回归可以通过函数robust(x, y, wfun, tune, const)来实现。对应这个函数的名称，把这种回归方法称为**稳健回归** (robust regression)。输入指令命令"wfun"定义权重，MATLAB会提供用户一些选择项。其默认设置是"bisquare"；如果定义为"ols"，则与普通最小二乘法一样。"tune"是调节参数，MATLAB根据不同的"wfun"设置提供对应的默认值。"const"控制模型是否含有截距项(常数项)。如果是"on"，则含有截距项；如果是"off"，则不含有截距项。具体的细节可以参考MATLAB文档：

https://www.mathworks.com/help/stats/robustfit.html

以前面残差分析中的回归模型APPL_Return ~ 1 + SP500_Return为例，运行以下的代码获得OLS回归和RLS回归的结果。

```
B3_Ch6_7_A.m
close all
clear all
clc
%%
% Read in historical monthly data of S&P500 index (^GSPC,
% Apple Inc. (AAPL) and US Unemployment Rate
filename_sp500 = ...
```

```matlab
    '^GSPC_SP500_Monthly_YahooFinance_1950_2018.csv';
filename_aapl = ...
    'AAPL_AppleStock_Monthly_YahooFinance_1980_2018.csv';
filename_usur = ...
    'SeriesReport-20180716183946_76b2e9_US_UR.csv';

table_sp500 = readtable(filename_sp500, ...
    'Delimiter', ',', 'ReadVariableNames', ...
    true, 'ReadRowNames', false, ...
    'Format', '%{yyyy-MM-dd}D%f%f%f%f%f%f');
table_aapl = readtable(filename_aapl, ...
    'Delimiter', ',', 'ReadVariableNames', ...
    true, 'ReadRowNames', false, ...
    'Format', '%{yyyy-MM-dd}D%f%f%f%f%f%f');
table_usur = readtable(filename_usur, ...
    'Delimiter', ',', 'ReadVariableNames', ...
    true, 'ReadRowNames', false, ...
    'Format', '%{yyyy-MM-dd}D%f');

%% Integrate to one table
data_xy = innerjoin(table_sp500(:,{'Date','AdjClose'}), ...
    table_aapl(:, {'Date','AdjClose'}), 'keys', 'Date');
data_xy = innerjoin(data_xy, table_usur, 'keys', 'Date');
data_xy.Properties.VariableNames = ...
    {'Date','SP500','AAPL', 'UR'};

% Calculatate return of SP500 and APPL
data_xy.SP500_Return = ...
    [NaN; diff(data_xy.SP500)]./data_xy.SP500;

data_xy.AAPL_Return = ...
    [NaN; diff(data_xy.AAPL)]./data_xy.AAPL;

%% Extract data from specific table field within
% specific time horizon
% past 10 years
startdate = datetime('2008-06-01');
enddate = datetime('2018-06-01');

data_xy = data_xy(data_xy.Date >= startdate & ...
    data_xy.Date <= enddate, :);

% Take matrix form
x=data_xy{:,5};
X = (ones(length(x), 1), x);

y=data_xy{:,6};
```

```matlab
%% Fit into regressional model
% OLS with intercept
[b_ols, stats_ols] = regress(y, X);

% RLS
[b_rls, stats_rls] = robustfit(x, y, 'bisquare',4.685,'on');

%% Plot
figure
scatter(x, y, 'fill');
hold on
plot(x,b_ols(1)+b_ols(2)*x,'r');
plot(x,b_rls(1)+b_rls(2)*x,'g');
xlabel('S&P Index Return')
ylabel('Apple Inc. Stock Return')
legend('Data','Ordinary Least Squares','Robust Regression', 'location', 'Best')
set(gcf,'color','w');
```

注意在代码中，需要将数据类型为"table"的自变量因变量值转化为"array"类型，以满足回归函数regress()和robustfit()的输入要求。这里可以使用函数table2array()；或者像此处的代码一样处理，在引用table数据时使用"{}"。两个回归模型都含有截距，所以robustfit()对应的输入指令是"on"；"wfun"输入指令使用的是MATLAB默认项，对应的"tune"默认值为4.685。

如图6.21所示，两种回归的结果明显不同。以这个简单的一元线性回归为例，明显系数b_0和b_1的解是不一样的。大家可以在MATLAB中自行查看。这是因为RLS回归会通过赋予观测值不同的权重来减少异常值对估计结果的影响。例如，对于距离拟合线较近的观测值赋予较大的权重；对于离得较远的观测值赋予较小的权重，以此来提高模型系数估计值的稳定性。在图6.21中，标记了一个很突出的**异常值** (outlier)，距离拟合线相对很远，它如同一个砝码一样，会将拟合线向下拽。因为RLS回归具有比OLS回归更强的稳定性，所以RLS回归的拟合线左侧下坠得就没有OLS拟合线下坠得厉害。也可以说，在这个情况下普通最小二乘法的解对于异常观测值更加敏感。

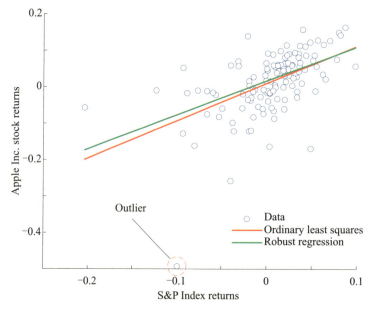

图6.21 普通最小二乘法回归 (OLS regression) 与稳健回归 (robust regression) 的结果

最大似然估计 (Maximum Likelihood Estimation，MLE) 求解模型系数的出发点是将对数似然函数进行最大化。与普通最小二乘法相比，MLE进一步假设了误差项的分布情况。

当误差项分布服从正态分布 $N(\mu_\varepsilon, \sigma_\varepsilon^2)$ 时，对于n组观察数据 (x_i, y_i)，相应的对数似然函数为：

$$\log L(\beta, \mu_\varepsilon, \sigma_\varepsilon) = \sum_{i=1}^{n} \left[\log\left(\frac{1}{\sqrt{2\pi\sigma_\varepsilon^2}}\right) - \frac{1}{2\sigma_\varepsilon^2}(y_i - \beta_0 - \beta_1 x_i - \mu_\varepsilon)^2 \right] \tag{6.33}$$

这里$\beta = [\beta_0, \beta_1]$，还是一个一元问题；$\varepsilon_i = y_i - \beta_0 - \beta_1 x_i$对应的就是误差项。MLE就是通过找到合适的$\beta$、$\mu_\varepsilon$和$\sigma_\varepsilon^2$值，使得上面这个函数的值最大。图6.22和图6.23分别演示了调节μ_ε和σ_ε^2时，对应的似然函数值的变化。对β的最优值的寻找也是类似的原理。通常，也直接假设误差期望μ_ε为0，这样会减少一些计算量。

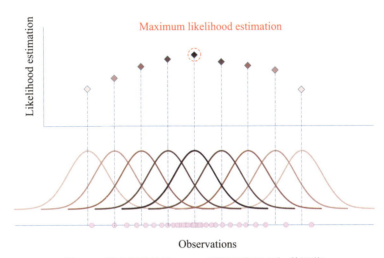

图6.22 最大似然估计 (MLE) 原理示意图 (对μ_ε的调节)

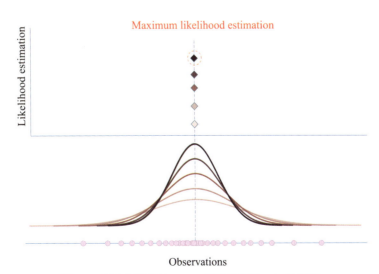

图6.23 最大似然估计 (MLE) 原理示意图 (对σ_ε的调节)

当误差分布假定为正态分布时,MLE与OLS对系数的估算结果是一致的。在MATLAB中,MLE可以通过glmfit (x,y,distr) 函数实现。其中输入指令"distr"指定误差分布,默认设置是"normal",用户也可以有其他选择,例如"binomial""gamma""poisson"等。如果使用刚刚相同的例子,运行如下的代码:

```
B3_Ch6_7_B.m
```

```
%% GLM with intercept
[b_mle, dev_mle, stats_mle] = glmfit(x, y);
```

就是进行一个简单的线性回归,但是基于最大似然估计的方法,结果"b_mle"与OLS的解"b_ols"是一样的。大家可以自行验证一下。在前面的逻辑回归里,也同样提到了glmfit()函数的使用,同样也是基于MLE的方法求解的模型系数。不同之处是,对误差项的分布假定的是"binomial"。

逐步回归 (stepwise regression) 是对多元线性回归原理的技巧性应用,是用来选择自变量的一种常用方法。其基本的思想是,根据自变量对因变量的影响能力,从大到小逐个地引入回归方程,并随时通过假设检验来判断其显著性,如果显著就保留,不显著就将其剔除,直至回归方程里所有的自变量都显著,再考虑引入新的变量。

在MATLAB中,用作逐步回归的函数有stepwiselm()。该函数可以直接输入"table"类型的数据,即stepwiselm(tbl),例如下面的代码:

```
B3_Ch6_7_C.m
```

```
%% Stepwise regression
mdl_stepwise = stepwiselm(data_xy(:, 2:6));
```

这里直接使用了前面例子中已经提取的数据data_xy(:, 2:6),包括"SP500""AAPL""UR""SP500_Return"和"AAPL_Return"的数据。也可以在stepwiselm()中分别定义自变量和因变量,即stepwiselim(x,y),例如下面的代码:

```
B3_Ch6_7_D.m
```

```
mdl_stepwise = stepwiselm(data_xy{:, 2:5}, data_xy{:, 6});
```

稍微复杂一些的话,还可以设定在stepwiselm()函数,具体包括哪些自变量和哪个是因变量,例如以下的代码:

```
B3_Ch6_7_E.m
```

```
mdl_stepwise = stepwiselm(data_xy(:, 2:6), ...
    'ResponseVar','AAPL_Return', 'PredictorVars',...
{'SP500','SP500_Return','AAPL','UR'});
```

以上三个代码例子,大家可以试试,其运行结果应该是一样的。另外,stepwiselm()也可以定义逐步回归从哪个具体的回归模型开始,例如下面的代码:

```
B3_Ch6_7_F.m
```

```
mdl_stepwise = stepwiselm(data_xy(:, 2:6), ...
    'AAPL_Return ~ 1 + SP500_Return + SP500 + AAPL + UR');
```

运行结果如图6.24所示。

```
Command Window
>> stepwiselm(data_xy(:, 2:6), ...
    'AAPL_Return ~ 1 + SP500_Return + SP500 + AAPL + UR')
1. Removing SP500, FStat = 1.9948, pValue = 0.16051

ans = 


Linear regression model:
    AAPL_Return ~ 1 + AAPL + UR + SP500_Return

Estimated Coefficients:
                           Estimate                  SE                  tStat                 pValue
                     ____________________    ____________________    ________________    ____________________

    (Intercept)        -0.197741568370824      0.0671748492105972     -2.94368458872     0.00391252703077485
    AAPL             0.000779954089540203    0.000279986210352178    2.7856875113926     0.00623297504774769
    UR                 0.0221867949218155     0.00702820265750148    3.15682344448828     0.00202881895769624
    SP500_Return        0.857732792241547       0.151680878892151    5.6548511487161    1.12183366631241e-07


Number of observations: 121, Error degrees of freedom: 117
Root Mean Squared Error: 0.0689
R-squared: 0.35,  Adjusted R-Squared 0.334
F-statistic vs. constant model: 21, p-value = 5.67e-11
fx >> 
```

图6.24　定义逐步回归开始的回归模型

有时，选择不同的起始模型会得到不同的选择结果。这主要是因为stepwiselm()使用的是局部优化算法，对起始点比较敏感。例如下面的代码：

B3_Ch6_7_G.m

```
mdl_stepwise = stepwiselm(data_xy(:, 2:6), ...
'AAPL_Return ~ SP500_Return - 1');
```

起始模型“AAPL_Return ~ SP500_Return – 1”只含有一个自变量，并且拿掉了截距项，这时运行结果就与之前不一样了，如图6.25所示。

```
Command Window
>> mdl_stepwise = stepwiselm(data_xy(:, 2:6), ...
    'AAPL_Return ~ SP500_Return - 1')
1. Adding UR, FStat = 4.1235, pValue = 0.044521

mdl_stepwise = 


Linear regression model:
    AAPL_Return ~ UR + SP500_Return

Estimated Coefficients:
                           Estimate                   SE                    tStat                  pValue
                     ____________________    _____________________    ________________    ____________________

    UR               0.00183641644676092    0.000904355909687186     2.03063465068319      0.0445208935520394
    SP500_Return        1.01755457777748       0.145029512173597     7.01618975701639    1.49994687454816e-10


Number of observations: 121, Error degrees of freedom: 119
Root Mean Squared Error: 0.0708
fx >> 
```

图6.25　拿掉截距项的运行结果

这也是在使用逐步回归时，需要留心的一个地方，尽量改变不同的起始模型，从总体上进行甄别结果的好坏，选择最合适的模型。从书第四本和第五本将会介绍更多回归方法。

第7章 数据基础 III
Fundamentals of Data Analysis

> We live on an island surrounded by a sea of ignorance. As our island of knowledge grows, so does the shore of our ignorance.

——约翰·惠勒 (John Wheeler)

本章讲的是本书前面讨论的矩阵、统计、数据等内容在金融方面的应用和延伸。

Core Functions and Syntaxes
本章核心命令代码

- `biplot()` 创建矩阵系数的双标图
- `boxplot()` 绘制箱形图
- `cellfun()` 对元胞数组中的每个元胞应用函数
- `chol()` 对矩阵进行Cholesky分解；R = chol(A) 基于矩阵 A 的对角线和上三角形生成上三角矩阵 R，满足方程 R'*R=A
- `copulacdf()` 连接函数copula的累积概率密度函数
- `copulapdf()` 连接函数copula的概率密度函数
- `copularnd()` 产生服从指定copula的随机数
- `ecdf()` 经验累积概率密度函数
- `eig()` 求解特征值和特征向量。(V,D) = eig(A) 返回特征值的对角矩阵 D 和矩阵 V，其列是对应的右特征向量，使得 A*V = V*D
- `fitNelsonSiegel()` 根据债券信息，用Nelson-Siegel模型拟合得到利率期限结构
- `fitSvensson()` 根据债券信息，用Svensson模型拟合得到利率期限结构
- `floor()` 朝负无穷大四舍五入
- `getParYields()` 根据IRFunctionCurvecollapse获得收益率
- `ksdensity()` 用Kernel方法返回向量或两列矩阵中的样本数据的概率密度估计
- `kstest()` 单一样本Kolmogorov-Smirnov (KS) 测试
- `kstest2()` 双样本Kolmogorov-Smirnov (KS) 测试
- `norm(v)` 返回向量 v 的欧几里得范数。此范数也称为 2-范数、向量模或欧几里得长度
- `pareto()` 绘制帕累托图
- `pca()` 主成分分析命令
- `randn(n)` 返回由正态分布的随机数组成的 n×n 矩阵

7.1 利率结构拟合

本节特别介绍两种专门用来利率期限拟合的方法：Nelson-Siegel模型；Svensson模型。这两个模型的特点是用债券数据来获得利率期限结构。本节主要代码和数据参考MATLAB以下两个网页：

https://www.mathworks.com/help/fininst/fitnelsonsiegelirfunctioncurve.html
https://www.mathworks.com/help/fininst/fitsvenssonirfunctioncurve.html

Nelson-Siegel模型提出，某个时刻**远期利率期限结构** (forward rate term structure) 为：

$$f(\tau) = \beta_0 + \beta_1 \exp\left(-\frac{\tau}{\lambda}\right) + \beta_2 \frac{\tau}{\lambda} \exp\left(-\frac{\tau}{\lambda}\right) \tag{7.1}$$

式中：β_0可以理解为长期利率水平因子；β_1可以理解为影响利率期限结构的短期因子；β_2可以理解为影响利率期限结构的中期因子；τ为**期限** (tenor, time to maturity)；λ为**衰减因子** (decay factor)。

用矩阵表达式 (7.1)，可以得到：

$$f(\tau) = \begin{bmatrix} \beta_0 \\ \beta_1 \\ \beta_2 \end{bmatrix}^{\mathrm{T}} \begin{bmatrix} 1 \\ \exp\left(-\dfrac{\tau}{\lambda}\right) \\ \dfrac{\tau}{\lambda} \exp\left(-\dfrac{\tau}{\lambda}\right) \end{bmatrix} = \begin{bmatrix} \beta_0 \\ \beta_1 \\ \beta_2 \end{bmatrix}^{\mathrm{T}} \begin{bmatrix} f_0 \\ f_1 \\ f_2 \end{bmatrix} \tag{7.2}$$

其中：

$$\begin{cases} f_0 = 1 \\ f_1 = \exp\left(-\dfrac{\tau}{\lambda}\right) \\ f_2 = \dfrac{\tau}{\lambda} \exp\left(-\dfrac{\tau}{\lambda}\right) \end{cases} \tag{7.3}$$

因此，$f(\tau)$ 可以表达为：

$$f(\tau) = \beta_0 f_0 + \beta_1 f_1 + \beta_2 f_2 \tag{7.4}$$

除了τ以外其他四个因子，可以通过最小二乘等或类似算法获得。所以这种方法是拟合，而不是插值。

Nelson-Siegel模型下，**即期利率期限结构** (spot rate term structure) 是：

$$z(\tau) = \beta_0 + \beta_1 \frac{\lambda}{\tau}\left[1 - \exp\left(-\frac{\tau}{\lambda}\right)\right] + \beta_2 \left[\frac{\lambda}{\tau}\left(1 - \exp\left(-\frac{\tau}{\lambda}\right)\right) - \exp\left(-\frac{\tau}{\lambda}\right)\right] \tag{7.5}$$

式 (7.5) 同样可以写成矩阵式：

$$z(\tau) = \begin{bmatrix} \beta_0 \\ \beta_1 \\ \beta_2 \end{bmatrix}^T \begin{bmatrix} 1 \\ \dfrac{\lambda}{\tau}\left[1-\exp\left(-\dfrac{\tau}{\lambda}\right)\right] \\ \dfrac{\lambda}{\tau}\left(1-\exp\left(-\dfrac{\tau}{\lambda}\right)\right)-\exp\left(-\dfrac{\tau}{\lambda}\right) \end{bmatrix} = \begin{bmatrix} \beta_0 \\ \beta_1 \\ \beta_2 \end{bmatrix}^T \begin{bmatrix} z_0 \\ z_1 \\ z_2 \end{bmatrix} \qquad (7.6)$$

其中：

$$\begin{cases} z_0 = 1 \\ z_1 = \dfrac{\lambda}{\tau}\left[1-\exp\left(-\dfrac{\tau}{\lambda}\right)\right] \\ z_2 = \dfrac{\lambda}{\tau}\left(1-\exp\left(-\dfrac{\tau}{\lambda}\right)\right)-\exp\left(-\dfrac{\tau}{\lambda}\right) \end{cases} \qquad (7.7)$$

因此，$z(\tau)$ 可以表达为：

$$z(\tau) = \beta_0 z_0 + \beta_1 z_1 + \beta_2 z_2 \qquad (7.8)$$

$f(\tau)$ 和 $z(\tau)$ 可以看作由三个成分构成，如图7.1所示。$z(\tau)$ 常见的几种结构可以通过组合这三个成分获得。$\beta_0 z_0$ 可以理解为长期利率水平成分。第二个成分 $\beta_1 z_1$，$\beta_1 > 0$，是一个下降的坡度，$\beta_1 < 0$，是一个上升的坡度。β_1 影响坡度的斜度。第三个成分 $\beta_2 z_2$，$\beta_2 > 0$，是一个驼峰 (hump) 形状，$\beta_2 < 0$，是一个波谷 (trough) 形状。β_2 影响驼峰或者波谷的曲度。衰减因子 λ 影响坡度的位置和驼峰或波谷的位置和宽度，如图7.2和图7.3所示。

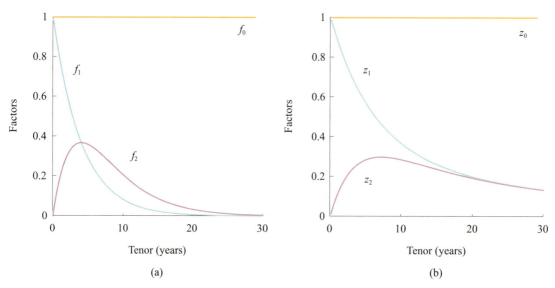

图7.1　远期利率因子和即期利率因子

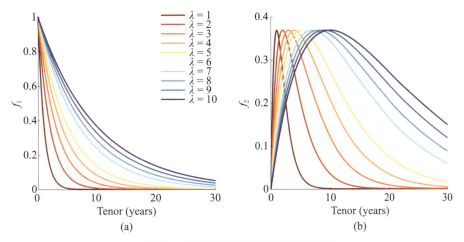

图7.2 远期利率f_1和f_2随衰减因子λ变化

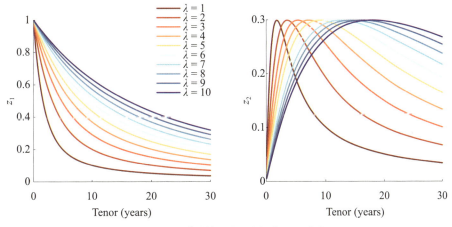

图7.3 即期利率z_1和z_2随衰减因子λ变化

Svensson模型在Nelson-Siegel模型基础之上增加一个"驼峰"，远期利率结构可以表达为：

$$f(\tau) = \beta_0 + \beta_1 \exp\left(-\frac{\tau}{\lambda_1}\right) + \beta_2 \frac{\tau}{\lambda_1} \exp\left(-\frac{\tau}{\lambda_1}\right) + \beta_3 \frac{\tau}{\lambda_2} \exp\left(-\frac{\tau}{\lambda_2}\right) \tag{7.9}$$

用矩阵式来表达，式 (7.9) 可以写成：

$$f(\tau) = \begin{bmatrix} \beta_0 \\ \beta_1 \\ \beta_2 \\ \beta_3 \end{bmatrix}^T \begin{bmatrix} 1 \\ \exp\left(-\frac{\tau}{\lambda_1}\right) \\ \frac{\tau}{\lambda_1}\exp\left(-\frac{\tau}{\lambda_1}\right) \\ \frac{\tau}{\lambda_2}\exp\left(-\frac{\tau}{\lambda_2}\right) \end{bmatrix} = \begin{bmatrix} \beta_0 \\ \beta_1 \\ \beta_2 \\ \beta_3 \end{bmatrix}^T \begin{bmatrix} f_0 \\ f_1 \\ f_2 \\ f_3 \end{bmatrix} \tag{7.10}$$

Svensson模型得到的即期利率期限结构是：

$$z(\tau) = \beta_0 + \beta_1 \frac{\lambda_1}{\tau}\left[1-\exp\left(-\frac{\tau}{\lambda_1}\right)\right] + \beta_2\left[\frac{\lambda_1}{\tau}\left(1-\exp\left(-\frac{\tau}{\lambda_1}\right)\right)-\exp\left(-\frac{\tau}{\lambda_1}\right)\right] +$$
$$\beta_3\left[\frac{\lambda_2}{\tau}\left(1-\exp\left(-\frac{\tau}{\lambda_2}\right)\right)-\exp\left(-\frac{\tau}{\lambda_2}\right)\right] \quad (7.11)$$

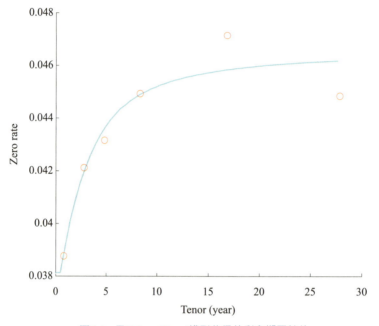

图7.4 用Nelson-Siegel模型获得的利率期限结构

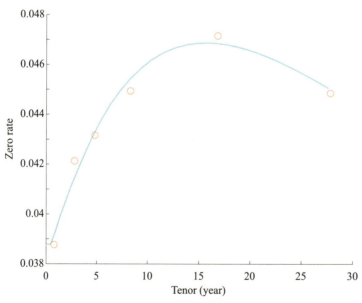

图7.5 用Svensson模型获得的利率期限结构

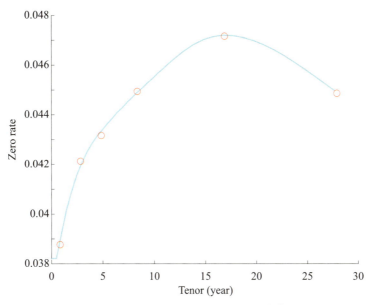

图7.6 用fitSmoothingSpline模型获得的利率期限结构

如图7.4和图7.5所示就是利用Nelson-Siegel模型和Svensson模型获得的利率期限结构,如图7.6所示是用fitSmoothingSpline模型获得的利率期限结构。以下代码可以用来获得图7.4至图7.6。

```
B3_Ch7_1.m

clc; clear all; close all
t_current = repmat(datenum('30-Apr-2008'),(6 1));
T_maturity = [datenum('07-Mar-2009');datenum('07-Mar-2011');...
datenum('07-Mar-2013');datenum('07-Sep-2016');...
datenum('07-Mar-2025');datenum('07-Mar-2036')];
% 6 bonds in the market
tau_array = datenum(T_maturity - t_current)/365;
% between(t_current,T_maturity,'years')

CleanPrice = [100.1;100.1;100.8;96.6;103.3;96.3];
CouponRate = [0.0400;0.0425;0.0450;0.0400;0.0500;0.0425];
Instruments = [t_current T_maturity CleanPrice CouponRate];
tenor_points = datenum('30-Apr-2008'):180:datenum('07-Mar-2036');
Yield = bndyield(CleanPrice,CouponRate,t_current,T_maturity);

tenors_array = datenum(tenor_points - t_current)/365;

NSModel = IRFunctionCurve.fitNelsonSiegel...
    ('Zero',datenum('30-Apr-2008'),Instruments);

NSModel.Parameters
% [Beta0,Beta1,Beta2,lambda1]

interpolated_IR = getParYields(NSModel, tenor_points);
```

```matlab
% Get par yields for input dates for IRFunctionCurve

figure(1)
plot(tenors_array(1,:), interpolated_IR,'b')
hold on
scatter(tau_array,Yield,'or');
box off; xlabel('Tenor [year]')
ylabel('Zero rate')

SVEModel = IRFunctionCurve.fitSvensson...
    ('Zero',datenum('30-Apr-2008'),Instruments);

SVEModel.Parameters
% (Beta0,Beta1,Beta2,Beta3,lambda,lambda).

interpolated_IR = getParYields(SVEModel, tenor_points);
% Get par yields for input dates for IRFunctionCurve

figure(2)
plot(tenors_array(1,:), interpolated_IR,'b')
hold on
scatter(tau_array,Yield,'or');
box off; xlabel('Tenor [year]')
ylabel('Zero rate')

CustomKnots = augknt(0:5:30,4);
% use the AUGKNT function to construct the knots
% for a cubic spline at every 5 years
Smooth_spline_Model = IRFunctionCurve.fitSmoothingSpline...
    ('Zero',datenum('30-Apr-2008'),Instruments,...
    @(t) 1000,'knots', CustomKnots);

Smooth_spline_Model.Parameters
% [Beta0,Beta1,Beta2,Beta3,lambda,lambda].

interpolated_IR = getParYields(Smooth_spline_Model, tenor_points);
% Get par yields for input dates for IRFunctionCurve

figure(3)
plot(tenors_array(1,:), interpolated_IR,'b')
hold on
scatter(tau_array,Yield,'or');
box off; xlabel('Tenor [year]')
ylabel('Zero rate')
```

7.2 股指数据分析及模拟

本书第3章中讲了如何通过真实数据X获得copula随机数U,并且反向模拟通过U得到X。这一节,要实践这一过程。首先,下载标普500和日经一年的数据,两个股指的变化趋势如图7.7所示。下一步,计算这两个股指的日对数回报率X_1和X_2,如图7.8所示。在进行copula分析建模之前,先对X_1和X_2分别进行分析。

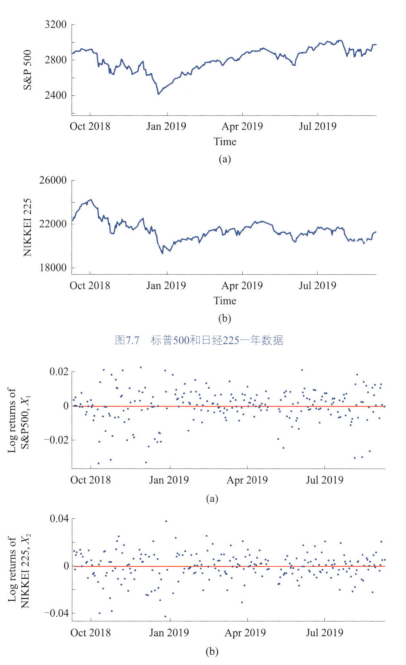

图7.7 标普500和日经225一年数据

图7.8 标普500和日经225一年日对数收益X_1和X_2

以下代码可以获得图7.7和图7.8。

B3_Ch7_2_A.m

```matlab
clc; clear all; close all
url = 'https://fred.stlouisfed.org/';
c = fred(url); series1 = 'SP500';
series2 = 'NIKKEI225'; %
startdate = '09/09/2018';
% beginning of date range for historical data
enddate = '09/09/2019'; % to be updated
% ending of date range for historical data

d1 = fetch(c,series1,startdate,enddate);
d2 = fetch(c,series2,startdate,enddate);
% display description of data structure

SP500 = d1.Data(:,2); date_series = d1.Data(:,1);
NIKKEI225 = d2.Data(:,2);

SP500_non_NaN_index = ~isnan(SP500);
NIKKEI225_non_NaN_index = ~isnan(NIKKEI225);
combined_index = and(SP500_non_NaN_index,NIKKEI225_non_NaN_index);
SP500_rm_NaN = SP500(combined_index);
NIKKEI225_rm_NaN = NIKKEI225(combined_index);
date_series_rm_NaN = date_series(combined_index);

[X1,~] = tick2ret (SP500_rm_NaN,...
    date_series_rm_NaN,'Continuous');

[X2,~] = tick2ret (NIKKEI225_rm_NaN,...
    date_series_rm_NaN,'Continuous');
date_series_rm_NaN2 = date_series_rm_NaN(2:end);
%% Plot two levels

index = 1;
figure(index); index = index + 1;
subplot(2,1,1)
plot(date_series_rm_NaN, SP500_rm_NaN)
datetick('x','mmm yyyy','keeplimits')
xlim([date_series(1)-1,date_series(end)+1])
ylim([min(SP500_rm_NaN)*0.9,max(SP500_rm_NaN)*1.1])
xlabel('Time'); ylabel('S&P 500')
set(gcf,'color','white'); box off

subplot(2,1,2)
plot(date_series_rm_NaN, NIKKEI225_rm_NaN)
datetick('x','mmm yyyy','keeplimits')
```

```
xlim([date_series(1)-1,date_series(end)+1])
ylim([min(NIKKEI225_rm_NaN)*0.9,max(NIKKEI225_rm_NaN)*1.1])
xlabel('Time'); ylabel('NIKKEI 225')
set(gcf,'color','white'); box off
ax = gca; ax.YAxis.Exponent = 0;

%% Plot two log returns: X1 and X2

figure(index); index = index + 1;
subplot(2,1,1)
plot(date_series_rm_NaN2, X1,'.'); hold on
plot(date_series_rm_NaN2, zeros(size(date_series_rm_NaN2)),'r')
datetick('x','mmm yyyy','keeplimits')
xlim([date_series(1)-1,date_series(end)+1])
ylim([min(X1)*1.1,max(X1)*1.1])
xlabel('Time'); ylabel('Log returns of S&P 500, X_1')
set(gcf,'color','white'); box off

subplot(2,1,2)
plot(date_series_rm_NaN2, X2,'.'); hold on
plot(date_series_rm_NaN2, zeros(size(date_series_rm_NaN2)),'r')
datetick('x','mmm yyyy','keeplimits')
xlim([date_series(1)-1,date_series(end)+1])
ylim([min(X2)*1.1,max(X2)*1.1])
xlabel('Time'); ylabel('Log returns of NIKKEI 225, X_2')
set(gcf,'color','white'); box off
```

如图7.9所示是X_1和X_2数据分布直方图和正态拟合，如预想的那样，X_1和X_2分布左端肥尾严重。图7.9同时给出数据各自期望、方差、偏斜度和峰度。图7.10可以明显看到左端肥尾情况。

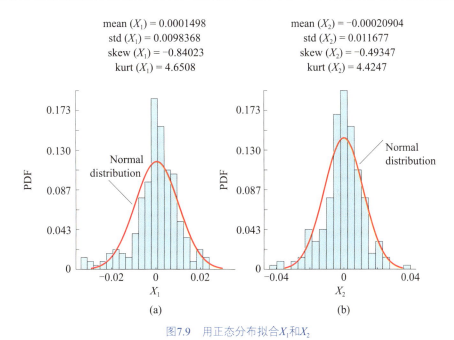

图7.9　用正态分布拟合X_1和X_2

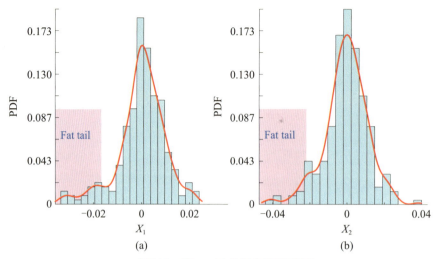

图7.10 用kernel方法拟合得到X_1和X_2

配合本节前文代码，以下代码可以获得图7.9和图7.10，以及数据经验和拟合CDF。

B3_Ch7_2_B.m

```matlab
%% Histogram of log returns

figure(index); index = index + 1;
X1_mean = mean(X1);
X2_mean = mean(X2);
X1_std = std(X1);
X2_std = std(X2);
X1_skew = skewness(X1);
X2_skew = skewness(X2);
X1_kurt = kurtosis(X1);
X2_kurt = kurtosis(X2);

subplot(1,2,1)
histfit(X1,20,'normal'); hold on
yt = get(gca, 'YTick');
set(gca, 'YTick', yt, 'YTickLabel', yt/numel(X1))
ylabel('PDF'); xlabel('X_1')
set(gcf,'color','white'); box off
line_1 = ['mean(X1) = ',num2str(X1_mean),...
    '; std(X1) = ',num2str(X1_std)];
line_2 = ['skew(X1) = ',num2str(X1_skew),...
    '; kurt(X1) = ',num2str(X1_kurt)];
title({line_1,line_2})

subplot(1,2,2)
histfit(X2,20,'normal'); hold on
yt = get(gca, 'YTick');
set(gca, 'YTick', yt, 'YTickLabel', yt/numel(X1))
ylabel('PDF'); xlabel('X_2')
```

```
set(gcf,'color','white'); box off
line_1 = ['mean(X2) = ',num2str(X2_mean),...
    '; std(X2) = ',num2str(X2_std)];
line_2 = ['skew(X2) = ',num2str(X2_skew),...
    '; kurt(X2) = ',num2str(X2_kurt)];
title({line_1,line_2})

figure(index); index = index + 1;
subplot(1,2,1)
histfit(X1,20,'kernel'); hold on
yt = get(gca, 'YTick');
set(gca, 'YTick', yt, 'YTickLabel', yt/numel(X1))
ylabel('PDF'); xlabel('X_1')
set(gcf,'color','white'); box off

subplot(1,2,2)
histfit(X2,20,'kernel'); hold on
yt = get(gca, 'YTick');
set(gca, 'YTick', yt, 'YTickLabel', yt/numel(X1))
ylabel('PDF'); xlabel('X_2')
set(gcf,'color','white'); box off


%% CDF of log returns

figure(index); index = index + 1;
subplot(1,2,1)
histogram(X1,20,'Normalization','CDF')
ylabel('CDF'); xlabel('X_1')
set(gcf,'color','white'); box off

subplot(1,2,2)
histogram(X2,20,'Normalization','CDF')
ylabel('CDF'); xlabel('X_2')
set(gcf,'color','white'); box off

%% Empirical and fitted CDF

figure(index); index = index + 1;
subplot(1,2,1)
[CDF_empirical_1,xi_1] = ecdf(X1);
x_grid = linspace(min(xi_1),max(xi_1),100);
CDF_fitted_1 = ksdensity(X1,x_grid,'function','cdf');
plot(x_grid,CDF_fitted_1,'b'); hold on
stairs(xi_1,CDF_empirical_1,'r');
hold off; xlabel('X_1'); ylabel('Empirical CDF');
set(gcf,'color','white'); box off
legend('Fitted CDF','Empirical CDF','location','best');
```

```
subplot(1,2,2)
[CDF_empirical_2,xi_2] = ecdf(X2);
x_grid = linspace(min(xi_2),max(xi_2),100);
CDF_fitted_2 = ksdensity(X2,x_grid,'function','cdf');
plot(x_grid,CDF_fitted_2,'b'); hold on
stairs(xi_2,CDF_empirical_2,'r');
hold off;
xlabel('X_2'); ylabel('Empirical CDF');
set(gcf,'color','white'); box off
legend('Fitted CDF','Empirical CDF','location','best');
```

下一步通过F_1和F_2，将X_1和X_2一一映射获得U_1和U_2。如图7.11所示是X_1到U_1映射。如图7.12所示是X_2到U_2映射。通过转化可获得一个全新的二维随机数组U_1和U_2。如图7.13所示是U_1和U_2边缘分布直方图。通过图7.13，可看出U_1和U_2边缘分布近似均匀分布。

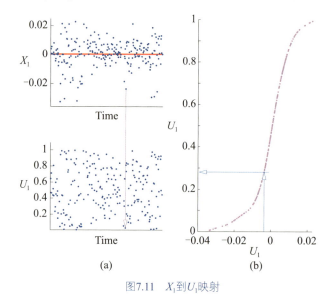

图7.11　X_1到U_1映射

图7.12　X_2到U_2映射

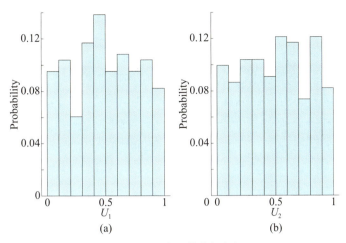

图7.13　U_2和U_2的分布直方图

配合前文代码，以下代码可以绘制图7.11、图7.12和图7.13。

`B3_Ch7_2_C.m`

```
%% X1 to U1 mapping

U_1 = ksdensity(X1,X1,'function','cdf');
U_2 = ksdensity(X2,X2,'function','cdf');

figure(index); index = index + 1;
subplot(2,2,1)
plot(date_series_rm_NaN2, X1,'.'); hold on
plot(date_series_rm_NaN2, zeros(size(date_series_rm_NaN2)),'r')
datetick('x','mmm yyyy','keeplimits')
xlim([date_series(1)-1,date_series(end)+1])
ylim([min(X1)*1.1,max(X1)*1.1]); box off
xlabel('Time'); ylabel('Log returns, X_1')

subplot(2,2,3)
plot(date_series_rm_NaN2, U_1,'.'); hold on
plot(date_series_rm_NaN2, zeros(size(date_series_rm_NaN2)),'r')
datetick('x','mmm yyyy','keeplimits')
xlim([date_series(1)-1,date_series(end)+1])
ylim([min(U_1)*1.1,max(U_1)*1.1])
xlabel('Time'); ylabel('U_1')
set(gcf,'color','white'); box off

subplot(2,2,[2,4])
plot(X1,U_1,'.')
xlabel('X_1'); ylabel('U_1'); box off

%% X2 to U2 mapping
```

```matlab
figure(index); index = index + 1;
subplot(2,2,1)
plot(date_series_rm_NaN2, X2,'.'); hold on
plot(date_series_rm_NaN2, zeros(size(date_series_rm_NaN2)),'r')
datetick('x','mmm yyyy','keeplimits')
xlim([date_series(1)-1,date_series(end)+1])
ylim([min(X2)*1.1,max(X2)*1.1]); box off
xlabel('Time'); ylabel('Log returns, X_2')

subplot(2,2,3)
plot(date_series_rm_NaN2, U_2,'.'); hold on
plot(date_series_rm_NaN2, zeros(size(date_series_rm_NaN2)),'r')
datetick('x','mmm yyyy','keeplimits')
xlim([date_series(1)-1,date_series(end)+1])
ylim([min(U_2)*1.1,max(U_2)*1.1])
xlabel('Time'); ylabel('U_2')
set(gcf,'color','white'); box off

subplot(2,2,(2,4))
plot(X2,U_2,'.')
xlabel('X_2'); ylabel('U_2'); box off

%% Histograms of U1 and U2

figure(index); index = index + 1;

subplot(1,2,1)
nbins = 10; % number of buckets or bins
h = histogram(U_1,nbins);
h.Normalization = 'probability';

ylabel('Probability'); xlabel('U_1')
set(gcf,'color','white'); box off

subplot(1,2,2)
nbins = 10; % number of buckets or bins
h = histogram(U_2,nbins);
h.Normalization = 'probability';
ylabel('Probability'); xlabel('U_2')
set(gcf,'color','white'); box off
```

X_1和X_2的协同运动关系可以通过 (X_1, X_2) 散点图得到，如图7.14所示。如图7.15所示 (X_1, X_2) 协同运动关系可以通过F_1和F_2变成 (U_1, U_2) 的协同运动关系，也就是如图7.16所示的 (U_1, U_2) 平面散点图。如图7.17所示是 (U_1, U_2) 平面散点图和两个边缘CDF分布图。

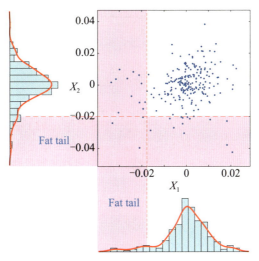

图7.14 X_1和X_2的协同运动情况

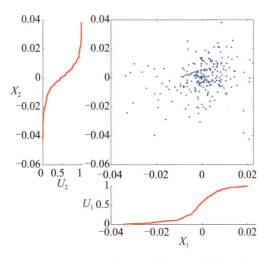

图7.15 X_1和X_2的协同运动和X到U映射关系

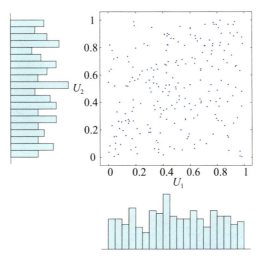

图7.16 U_1和U_2的分布和边缘分布直方图

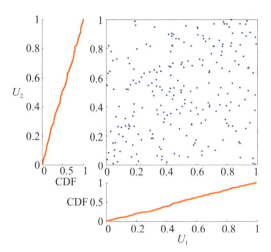

图7.17　U_1和U_2随机数分布和边缘累积CDF

配合本节前文代码，以下代码可以绘制图7.14到图7.17。

B3_Ch7_2_D.m

```matlab
%% Study of comovement
% Scatterhist of X and PDF

figure(index); index = index + 1;
scatterhist(X1,X2,'NBins',20,'Kernel','overlay')
set(get(gca,'children'),'marker','.')
xlabel('X_1')
ylabel('X_2')

%% Scatterhist of X and CDF
figure(index); index = index + 1;

subplot(4,4,[2:4 6:8 10:12]); % Top right square

plot(X1,X2,'.')
set(gcf,'color','white')
yl=get(gca,'ylim'); xl=get(gca,'xlim');

subplot(4,4,[1 5 9]); % Top left
[CDF_empirical_2,xi_2] = ecdf(X2);
stairs(xi_2,CDF_empirical_2,'r');
xlim(yl); view(90,-90); box off;
xlabel('X_2'); ylabel('U_2');
hYLabel = get(gca,'XLabel');
set(hYLabel,'rotation',0);

subplot(4,4,[14:16]); % Btm right
[CDF_empirical_1,xi_1] = ecdf(X1);
stairs(xi_1,CDF_empirical_1,'r');
```

```
xlim(xl); box off
xlabel('X_1'); ylabel('U_1')
hYLabel = get(gca,'YLabel');
set(hYLabel,'rotation',0)

%% Scatterhist of U and PDF
figure(index); index = index + 1;
scatterhist(U_1,U_2,'NBins',20)
set(get(gca,'children'),'marker','.')
xlabel('U_1'); ylabel('U_2')

%% Scatterhist of U and CDF
figure(index); index = index + 1;
subplot(4,4,[2:4 6:8 10:12]); % Top right square

scatter(U_1,U_2,'.')
set(gcf,'color','white')
yl=get(gca,'ylim'); xl=get(gca,'xlim');

subplot(4,4,[1 5 9]); % Top left
[CDF_empirical_2,xi_2] = ecdf(U_2);
stairs(xi_2,CDF_empirical_2,'r');
xlim(yl); view(90,-90); box off;
xlabel('U_2'); ylabel('CDF')

subplot(4,4,(14:16)); % Btm right
[CDF_empirical_1,xi_1] = ecdf(U_1);
stairs(xi_1,CDF_empirical_1,'r');
xlim(xl); box off
xlabel('U_1'); ylabel('CDF')
```

kde2d()函数是MATLAB用户分享用kernel方法估计二元概率密度函数。用这个函数可估算 (U_1, U_2) 散点的二元概率密度，结果如图7.18所示。

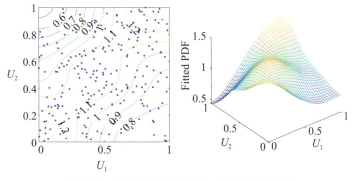

图7.18　kde2d()命令估算 (U_1, U_2) 散点概率密度

利用copulafit()，可估算 (U_1, U_2) 得到 t-copula 的如下参数。

```
Rho =
    1.0000    0.2773
```

```
         0.2773    1.0000
nu =
5.3446
```

通过以上拟合得到的参数，可以绘制 t-copula 的 PDF 图像，如图7.19所示。会发现如图7.19所示的趋势不能很好地描述图7.18。于是改用 Frank copula 拟合。拟合得到 alpha 值为1.7777。如图7.20所示是 frank copula 的 PDF 等高线图和三维网格图。

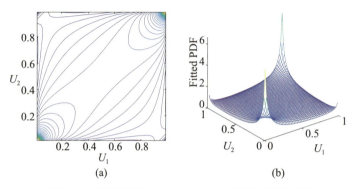

图7.19　拟合得到的 t-copula PDF 等高线图和三维网格图

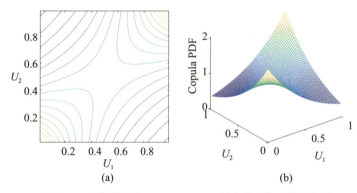

图7.20　拟合得到的 frank copula PDF 等高线图和三维网格图

配合本节前文代码，以下代码可以绘制图7.18、图7.19和图7.20。

```
B3_Ch7_2_E.m
```

```matlab
%% Kernel copula density contour

[b,Copula_PDF_fitted,c_u1,c_u2]=kde2d([U_1,U_2],20,[0,0],[1,1]);
% kde2d can be downloaded from:
% https://www.mathworks.com/matlabcentral/
% fileexchange/17204-kernel-density-estimation
figure(index); index = index + 1;
subplot(1,2,1)
plot(U_1,U_2,'.'); hold on
contour(c_u1,c_u2,Copula_PDF_fitted,[0:0.1:5],'ShowText','on')
xlabel('U_1'); ylabel('U_2')

subplot(1,2,2)
```

```matlab
mesh(c_u1,c_u2,Copula_PDF_fitted)
xlabel('U_1'); ylabel('U_2'); zlabel('Fitted PDF')
grid off; box off
%% Copula fitting, copula PDF and copula CDF
rng default    % For reproducibility
% [Rho,nu] = copulafit('t',[U_1 U_2],'Method','ML')
alpha = copulafit('frank',[U_1 U_2],'Method','ML');

u = linspace(0+0.01,1-0.01,50);
[u1,u2] = meshgrid(u,u);

% Copula_PDF = copulapdf('t',[u1(:),u2(:)],Rho,nu);
Copula_PDF = copulapdf('frank',[u1(:),u2(:)],alpha);
Copula_PDF = reshape(Copula_PDF,size(u1));
% Copula_CDF = copulacdf('t',[u1(:),u2(:)],Rho,nu);
% Copula_CDF = reshape(Copula_CDF,size(u1));

figure(index); index = index + 1;
subplot(1,2,1)
contour(u1,u2,Copula_PDF,[0:0.1:5]);
xlabel('U1'); ylabel('U2')

subplot(1,2,2)
mesh(u1,u2,Copula_PDF);
xlabel('U1'); ylabel('U2'); zlabel('Copula PDF')
grid off; box off
```

利用以上参数，通过copularnd()，可以模拟得到5000组符合分布要求的t-copula随机数。如图7.21所示就是这5000组t-copula随机数的平面分布情况。通过ksdensity()命令，能将二元t-copula随机数 (U_1, U_2) 转化为 (X_1, X_2)。模拟得到的 (X_1, X_2) 散点图如图7.22所示。从图7.22中能观察到随机数肥尾现象明显。再用二元KS测试kstest2()函数，验证如图7.23所示数据是否分别来自相同分布。零假设两个分布来自同一分布，95%置信度KS测试不拒绝这个零假设。本册第5章最后一节，介绍了KS测试。

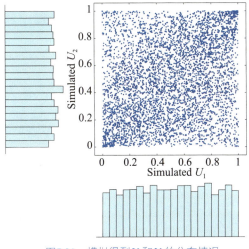

图7.21　模拟得到U_1和U_2的分布情况

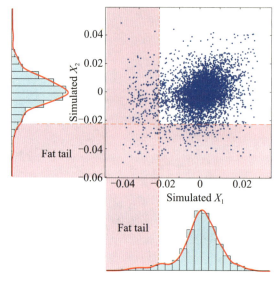

图7.22 模拟得到X_1和X_2的分布情况

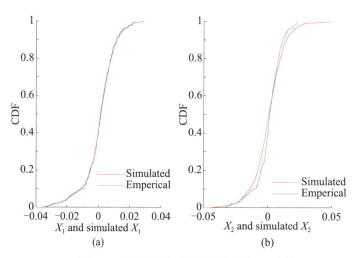

图7.23 原始数据和模拟得到数据的CDF比较

配合前文代码,以下代码可以用来生成图7.21、图7.22和图7.23。

`B3_Ch7_2_F.m`

```matlab
%% Simulations
num_sim = 5000;
% simulated = copularnd('t',Rho,nu,num_sim);
simulated = copularnd('frank',alpha,num_sim);
sim_U1 = simulated(:,1);
sim_U2 = simulated(:,2);

figure(index); index = index + 1;
scatterhist(sim_U1,sim_U2)
set(get(gca,'children'),'marker','.')
xlabel('Simulated U_1')
```

```matlab
ylabel('Simulated U_2')

%% Simulated X

sim_X1 = ksdensity(X1,sim_U1,'function','icdf');
sim_X2 = ksdensity(X2,sim_U2,'function','icdf');

figure(index); index = index + 1;
scatterhist(sim_X1,sim_X2,'NBins',20,'Kernel','overlay')
set(get(gca,'children'),'marker','.')
xlabel('Simulated X_1')
ylabel('Simulated X_2')

%% Compare distributions

[h,p,ks2stat] = kstest2(X1,sim_X1)
[h,p,ks2stat] = kstest2(X2,sim_X2)

% h = kstest2(x1,x2) returns a test decision for the null hypothesis
% that the data in vectors x1 and x2 are from the same continuous distribution,
% using the two-sample Kolmogorov-Smirnov test.

% The alternative hypothesis is that x1 and x2
% are from different continuous distributions.
% The result h is 1 if the test rejects the null hypothesis
% at the 5% significance level,
% and 0 otherwise (fails to reject the null hypothesis).

figure(index); index = index + 1;
subplot(1,2,1)
[CDF_empirical_1,xi_1] = ecdf(sim_X1);
stairs(xi_1,CDF_empirical_1,'r'); hold on
[CDF_empirical_1,xi_1] = ecdf(X1);
stairs(xi_1,CDF_empirical_1,'b'); hold on
xlabel('X_1 and simulated X_1')
ylabel('Emperical CDF'); box off
legend('Simulated','Emperical','Location','Best')

subplot(1,2,2)
[CDF_empirical_2,xi_2] = ecdf(sim_X2);
stairs(xi_2,CDF_empirical_2,'r'); hold on
[CDF_empirical_2,xi_2] = ecdf(X1);
stairs(xi_2,CDF_empirical_2,'b'); hold on
xlabel('X_2 and simulated X_2')
ylabel('Emperical CDF'); box off
legend('Simulated','Emperical','Location','Best')
```

7.3 线性回归与压力测试

对于一个金融机构，或者一个投资组合，大家可能会遇到以下问题：

- 如果经济增长急剧下降、失业率迅速上升、股市房市迅速下挫，该金融机构或投资组合会有怎样表现？
- 类似2008—2009年金融危机再次发生，会对我有怎样影响？
- 如果美联储提高基准利率，我的资产组合价值会升值还是贬值？
- 如果标普500下降5%，我的投资组合损失多少？
- 类似"9·11"这种全球性的事件再次发生，我的投资应该如何应对？

这样的问题可以通过**压力测试** (stress test) 得到量化结果。压力测试考察金融系统或投资组合在极端条件下表现，分析其抵御风险能力，可以用来排除隐患、制定应对措施、预防极端事件。金融进行压力测试的根本目的是确保它们在未来一定时间内有充足资本和流动性，能继续提供消费信贷。本丛书反复提到，VaR等风险度量不能有效描述尾部事件，而压力测试中采用的情景就是一系列极端尾部事件，压力测试有效弥补VaR等风险度量的不足。

压力测试通常会制定一系列的经济和市场金融危机情景，这些场景通常会通过以下参数描述：

- 宏观经济变量，比如GDP、失业率、消费价格、房地产指数；
- 股指变化、短期长期关键利率变化；
- 全球不同区域关键经济金融指数。

这些压力测试场景参数需要转化成具体的参与定价的风险因子变化。线性回归方法可以量化这种关系。第6章中，讨论了线性回归方法，知道了线性回归的矩阵形式为：

$$y = Xb + \varepsilon \tag{7.12}$$

现在用另外一种结构来描述式 (7.12)：

$$\begin{bmatrix} y \\ X \end{bmatrix} \sim N\left(\begin{bmatrix} \mu_y \\ \mu_X \end{bmatrix}, \begin{bmatrix} \Sigma_{yy} & \Sigma_{yX} \\ \Sigma_{Xy} & \Sigma_{XX} \end{bmatrix} \right) \tag{7.13}$$

式 (7.13) 的条件期望可以写作：

$$y|X \sim N(\mu_*, \Sigma_*) \tag{7.14}$$

其中：

$$\mu_* = \mu_y + \Sigma_{yX}(\Sigma_{XX})^{-1}(X - \mu_y)$$
$$\Sigma_* = \Sigma_{yy} - \Sigma_{yX}(\Sigma_{XX})^{-1}\Sigma_{Xy} \tag{7.15}$$

如图7.24所示是压力测试参数和风险因子方差-协方差矩阵。

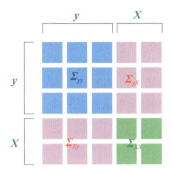

图7.24 压力测试参数和风险因子方差-协方差矩阵

以股价为例，如果把以上讨论中的X和y，换成压力测试参数 (如股指) 和风险因子 (股票股价) 对数回报率r_X和r_y，可以得到式 (7.16)：

$$r = \begin{bmatrix} r_y \\ r_X \end{bmatrix} \sim N\left(\begin{bmatrix} \mu_y \\ \mu_X \end{bmatrix}, \begin{bmatrix} \Sigma_{yy} & \Sigma_{yX} \\ \Sigma_{Xy} & \Sigma_{XX} \end{bmatrix} \right) \tag{7.16}$$

当假设均值均为零的前提下，式 (7.16) 可以写作：

$$r = \begin{bmatrix} r_y \\ r_X \end{bmatrix} \sim N\left(\begin{bmatrix} 0 \\ 0 \end{bmatrix}, \begin{bmatrix} \Sigma_{yy} & \Sigma_{yX} \\ \Sigma_{Xy} & \Sigma_{XX} \end{bmatrix} \right) \tag{7.17}$$

由此，压力测试条件下股指的对数回报率通过式 (7.18) 转换成具体的股票股价对数回报率：

$$r_y^{(s)} = \Sigma_{yX} \left(\Sigma_{XX} \right)^{-1} r_{X \times 1}^{(s)} \tag{7.18}$$

上文数据是行方向，如果数据改为列方向，式 (7.18) 改写为：

$$r_y^{(s)} = r_{1 \times X}^{(s)} \left(\Sigma_{XX} \right)^{-1} \Sigma_{Xy} \tag{7.19}$$

如图7.25所示是式 (7.19) 压力测试计算过程。

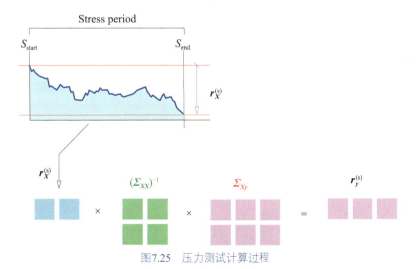

图7.25 压力测试计算过程

下面用以上线性回归方法来做一组压力测试。首先构造一个由股票组成的投资组合。投资组合的成分如图7.26所示。这个投资组合也被用在本书第12章。假设一个这样的压力测试，如果标普500下降15%，同时道琼斯指数下降10% (如图7.27所示)，投资组合中股票每股股价的变化如何？另外，投资组合价值变化如何？回答这两个问题，需要获得这五只股票和两个指数一段时间内的价格走势。请读者注意，为了简化计算，本书采用近期的时间序列。但是，一般情况下，需要选取更适合压力测试场景的历史数据 (股价下跌、波动率增大、相关性上升)。

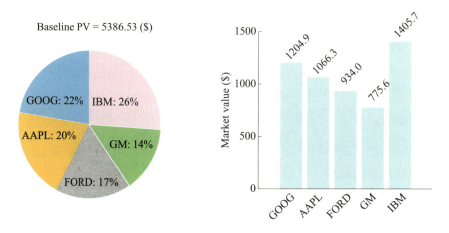

图7.26 投资组合构成

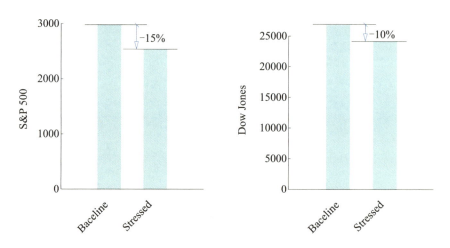

图7.27 压力测试假设标普500指数下降15%，道琼斯指数下降10%

采用一年历史数据，首先计算对数回报率，然后计算方差-协方差矩阵，这个矩阵的热图如图7.28所示。通过上文介绍的线性相关性计算方法，得到五支股票降幅百分比，如图7.29所示。

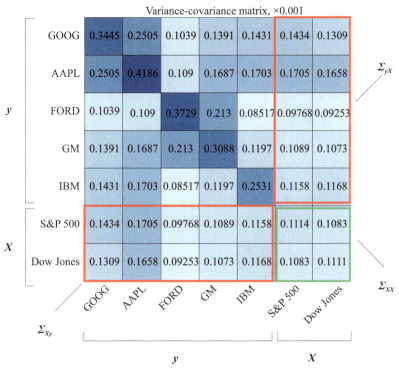

图7.28　方差-协方差矩阵

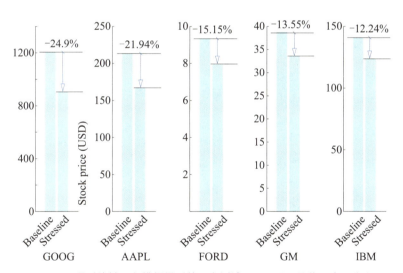

图7.29　通过线性回归模拟得到的压力测试下五只股票股价下降百分比

通过简单计算，可以得到在压力测试条件下，投资组合的现值从5386.5美元下降到4433.8美元，如图7.30所示。

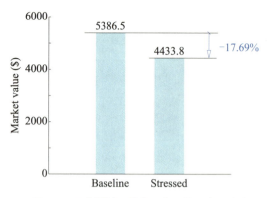

图7.30 压力测试下投资组合现值下降百分比

压力测试条件下投资组合新的头寸构成如图7.31所示。在这个压力测试下，投资组合损失为952.75美元，这个损失的构成如图7.32所示。

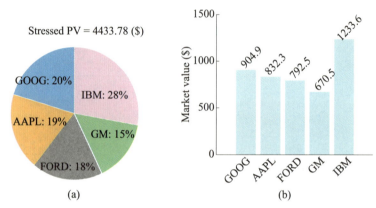

图7.31 压力测试下投资组合表现

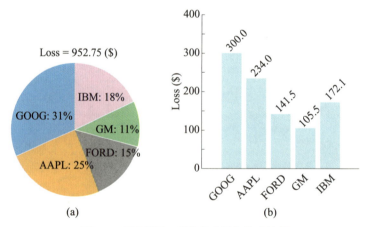

图7.32 压力测试下投资组合损失构成情况

以下代码可以获得图7.26到7.32。

`B3_Ch7_3.m`

```
%% linear regression and stress test
```

```matlab
% Prepare data and download stock prices from Yahoo Finance

clc; close all; clear all

price = hist_stock_data('09092018','09092019'...
    ,'GOOG','AAPL','F','GM','IBM','^GSPC','^DJI');
% the function can be downloaded from:
% https://www.mathworks.com/matlabcentral/fileexchange/
% 18458-hist_stock_data-start_date-end_date-varargin

dates_cells = price(1).Date;
dates = datetime(dates_cells, ...
    'InputFormat', 'yyyy-MM-dd');
GOOG_S = price(1).AdjClose;
AAPL_S = price(2).AdjClose;
F_S    = price(3).AdjClose;
GM_S   = price(4).AdjClose;
IBM_S  = price(5).AdjClose;
SP500_S = price(6).AdjClose;
Dow_J_S = price(7).AdjClose;

GOOG_log_r = diff(log(GOOG_S));
AAPL_log_r = diff(log(AAPL_S));
F_log_r    = diff(log(F_S));
GM_log_r   = diff(log(GM_S));
IBM_log_r  = diff(log(IBM_S));
SP500_log_r = diff(log(SP500_S));
Dow_J_log_r = diff(log(Dow_J_S));

S_baseline = [GOOG_S(end), AAPL_S(end), ...
    F_S(end), GM_S(end),IBM_S(end),...
    SP500_S(end),Dow_J_S(end)];
shares = [1,5,100,20,10];
% calculate position PVs and weights
PV_baseline = sum(S_baseline(1:5).*shares);

Returns = [GOOG_log_r, AAPL_log_r, ...
    F_log_r, GM_log_r, IBM_log_r,  ...
    SP500_log_r,Dow_J_log_r];

SIGMA = cov(Returns);

SIGMA_XX = SIGMA(end-1:end,end-1:end);
SIGMA_Xy = SIGMA(end-1:end,1:end-2);

PV_i_base = S_baseline(1:5).*shares;
```

```matlab
index = 1;
figure(index); index = index + 1;

subplot(1,2,1)
Y = PV_i_base;
p = pie(Y);
pText = findobj(p,'Type','text');
percentValues = get(pText,'String');
txt = {'GOOG: ';'AAPL: ';'FORD: ';'GM: ';'IBM: '};
combinedtxt = strcat(txt,percentValues);
title(['Baseline PV = ',num2str(PV_baseline),' USD'])
pText(1).String = combinedtxt(1);
pText(2).String = combinedtxt(2);
pText(3).String = combinedtxt(3);
pText(4).String = combinedtxt(4);
pText(5).String = combinedtxt(5);

subplot(1,2,2)

bar(PV_i_base,'b')
text([1:length(PV_i_base)], PV_i_base', num2str(PV_i_base','%0.1f'),...
    'HorizontalAlignment','center',...
    'VerticalAlignment','bottom')
ylabel('Market value [USD]'); box off; grid off
name = {'GOOG';'AAPL';'FORD';'GM';'IBM'};
set(gca,'xticklabel',name)
xtickangle(45)

figure(index); index = index + 1;

xvalues = {'GOOG','AAPL','FORD','GM','IBM','S&P 500','Dow Jones'};
yvalues = xvalues;
heatmap(xvalues,yvalues,SIGMA*1000)
title('Variance-covariance matrix, *0.001')

shocks_X = [-0.15,-0.1];
shocks_X = log(shocks_X + 1);

shocks_y = shocks_X*SIGMA_XX^(-1)*SIGMA_Xy

S_stressed = S_baseline(1:5).*exp(shocks_y);
S_stressed(6:7) = S_baseline(6:7).*exp(shocks_X);

percentage_drops = (S_stressed - S_baseline)./S_baseline
figure(index); index = index + 1;
for i = 1:2
    subplot(1,2,i)
```

```
    name_i = xvalues(i+5);
    bar([S_baseline(i+5);S_stressed(i+5)]',0.5)
    ylabel('Stock index'); box off; grid off
    title(name_i)
    name = {'Baseline';'Stressed'};
    set(gca,'xticklabel',name)
    xtickangle(45)
    title(name_i)
    ax = gca;
    ax.YAxis.Exponent = 0;

end

figure(index); index = index + 1;
for i = 1:5
    subplot(1,5,i)
    name_i = xvalues(i);
    bar([S_baseline(i);S_stressed(i)])
    ylabel('Stock [USD]'); box off; grid off
    title(name_i)
    name = {'Baseline';'Stressed'};
    set(gca,'xticklabel',name)
    xtickangle(45)
    ax = gca;
    ax.YAxis.Exponent = 0;

end

PV_stressed = sum(S_stressed(1:5).*shares);
figure(index); index = index + 1;
bar([PV_baseline;PV_stressed],0.5)
ylabel('Market value [USD]')
values = [PV_baseline,PV_stressed];

text([1:2], values',...
    num2str(values','%0.1f'),...
    'HorizontalAlignment','center',...
    'VerticalAlignment','bottom')
box off; grid off
name = {'Baseline';'Stressed'};
set(gca,'xticklabel',name)

PV_drop = (PV_stressed - PV_baseline)/PV_baseline

PV_i_stress = S_stressed(1:5).*shares;

figure(index); index = index + 1;
```

```matlab
subplot(1,2,1)
Y = PV_i_stress;
p = pie(Y);
pText = findobj(p,'Type','text');
percentValues = get(pText,'String');
txt = {'GOOG: ';'AAPL: ';'FORD: ';'GM: ';'IBM: '};
combinedtxt = strcat(txt,percentValues);
title(['Stressed PV = ',num2str(PV_stressed),' USD'])
pText(1).String = combinedtxt(1);
pText(2).String = combinedtxt(2);
pText(3).String = combinedtxt(3);
pText(4).String = combinedtxt(4);
pText(5).String = combinedtxt(5);

subplot(1,2,2)

bar(PV_i_stress,'b')
text([1:length(PV_i_stress)], PV_i_stress', num2str(PV_i_stress','%0.1f'),...
    'HorizontalAlignment','center',...
    'VerticalAlignment','bottom')
ylabel('Market value [USD]'); box off; grid off
name = {'GOOG';'AAPL';'FORD';'GM';'IBM'};
set(gca,'xticklabel',name)
xtickangle(45)
ylim([0,1500])

delta_PV_i = abs(PV_i_stress - PV_i_base);
figure(index); index = index + 1;

subplot(1,2,1)
Y = delta_PV_i;
p = pie(Y);
pText = findobj(p,'Type','text');
percentValues = get(pText,'String');
txt = {'GOOG: ';'AAPL: ';'FORD: ';'GM: ';'IBM: '};
combinedtxt = strcat(txt,percentValues);
title(['\Delta PV = ',num2str(PV_baseline - PV_stressed),' USD'])
pText(1).String = combinedtxt(1);
pText(2).String = combinedtxt(2);
pText(3).String = combinedtxt(3);
pText(4).String = combinedtxt(4);
pText(5).String = combinedtxt(5);

subplot(1,2,2)

bar(delta_PV_i,'b')
text([1:length(delta_PV_i)], delta_PV_i', num2str(delta_PV_i','%0.1f'),...
    'HorizontalAlignment','center',...
```

```
     'VerticalAlignment','bottom')
ylabel('Loss under stress test (USD)'); box off; grid off
name = {'GOOG';'AAPL';'FORD';'GM';'IBM'};
set(gca,'xticklabel',name)
xtickangle(45)
ylim([0,400])
```

7.4 主成分分析

主成分分析 (Pprincipal Component Analysis, PCA) 将原始多维数据通过矩阵变换，转换到一个新的坐标系，是数据降维的重要方法之一。PCA可以消除数据噪声，找到多维数据核心特征。另外对于多维数据，PCA可以作为一种数据可视化的工具。PCA可以用来构造回归模型，用新的主成分作为变量。PCA的计算步骤如下：

◀ 去平均值，即数据每个维度减去各自的平均值；为防止不同方向上的方差差异过大，可以用方差倒数作为权重先对中心化数据进行处理；计算数据协方差矩阵，并通过SVD计算协方差矩阵的特征值与特征向量；
◀ 对特征值从大到小排序，选择其中最大的k，将数据转换到k个特征向量构建的新空间中。

如图7.33所示是原始数据。原始数据有两个维度x_1和x_2。然后分别计算这两个维度的均值，得到的就是数据中心的位置。然后去均值，也就是数据中心化。

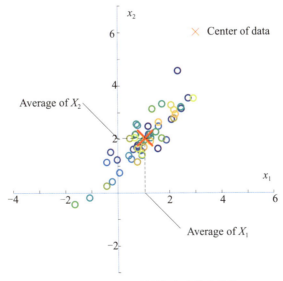

图7.33　求出原始数据每个维度均值

如图7.34所示就是中心化的数据。然后计算数据的方差-协方差矩阵。求解这个矩阵的特征值和特征向量。PC_1的特征值最大，那么这个方向就是第一主成分方向。简单地说，这个方向最能表达数据的集中趋势。以PC_1为横轴，PC_2为纵轴，可以把数据展示在这个新的正交坐标系中。

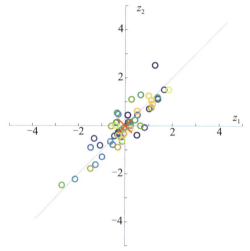

图7.34 对原始数据去均值

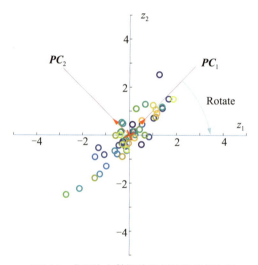

图7.35 求出协方差矩阵特征值和特征向量

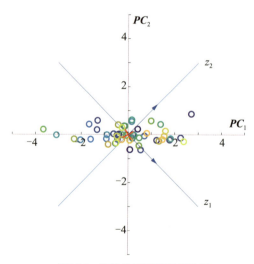

图7.36 旋转坐标系获得新数据

图7.33至图7.36可以通过以下代码获得。请读者根据以下代码绘制三维数据的PCA分解过程的可视化图像。

```matlab
B3_Ch7_4.m

%% STEP 0: generate original data
clear all; close all; clc

rho = 0.75;
std1 = 1; std2 = 2;
cov12 = std1*std2*rho;
SIGMA = [std1^2, cov12
         cov12 , std2^2];

L_matrix = chol(SIGMA);

LL = 200;
D = randn(LL,2);
D = D*L_matrix+repmat([1,2],LL,1);

figure(1)
c = linspace(1,10,length(D));
scatter(D(:,1), D(:,2),[],c); hold on
X_mean = mean(D);
plot(X_mean(1),X_mean(2),'rx','MarkerSize', 12)
daspect([1,1,1]); axis equal
xlabel('x_1'); ylabel('x_2')
set(gca, 'XAxisLocation', 'origin')
set(gca, 'YAxisLocation', 'origin')
xlim([-4,6]); ylim([-3,7]);

%% STEP 1: center the original data

D_centered = bsxfun(@minus, D, mean(D));
% demeaned
% Center the data using mean values

figure(2)
scatter(D_centered(:,1), D_centered(:,2),[],c); hold on
plot(0,0,'rx','MarkerSize', 12)
daspect([1,1,1]); axis equal
xlabel('z_1'); ylabel('z_2')
set(gca, 'XAxisLocation', 'origin')
set(gca, 'YAxisLocation', 'origin')
xlim([-5,5]); ylim([-5,5]);
% C = cov(X);

%% STEP 2: Calculate eigenvectors and eigenvalues
```

```matlab
[eigenVectors,eigenValues] = eig(cov(D_centered));
% eigenvectors V and eigenvalues D of the covariance matrix C

figure(3)
scatter(D_centered(:,1),D_centered(:,2),(),c); hold on
line([0 eigenVectors(1,1)],...
    [0 eigenVectors(2,1)],'Color','r'); hold on
line([0 eigenVectors(1,2)],...
    [0 eigenVectors(2,2)],'Color','r'); hold on
plot(0,0,'rx','MarkerSize', 12)
% eigenvectors are unit vectors and orthogonal

axis equal
xlabel('z_1'); ylabel('z_2')
set(gca, 'XAxisLocation', 'origin')
set(gca, 'YAxisLocation', 'origin')
xlim([-5,5]); ylim([-5,5]);
```

```matlab
norm(eigenVectors(:,1))
norm(eigenVectors(:,2))
%% STEP 3: rotate the centered data
[~,index] = sort(diag(eigenValues),'descend');
eigenVectors_sorted = eigenVectors(:,index);
D_prime = D_centered * eigenVectors_sorted;

figure(4)
scatter(D_prime(:,1),D_prime(:,2),[],c); hold on
plot(0,0,'rx','MarkerSize', 12)
axis equal
xlabel('PC_1'); ylabel('PC_2')
set(gca, 'XAxisLocation', 'origin')
set(gca, 'YAxisLocation', 'origin')
xlim([-5,5]); ylim([-5,5]);

corrcoef(D_prime)
variance = eigenValues/sum(eigenValues(:))
% obtain variances by normalizing the eigenvalues
```

```matlab
[coeff,D_prime3,latend,tsd,variance2] = pca(D)
% variance for the two principal components
```

现在用四只股票('GM', 'F', 'MCD', 'IBM')日对数回报率做主成分分析。下载四只股票两年的股价走势情况，然后计算日对数回报率，构造结构为 $L \times N$ 的数据结构，其中 L 为日对数回报率的长度，N 为股票数量，$N = 4$。如图7.37所示是用boxplot()绘制的日对数回报率的箱形图。丛书第一本中介绍过，箱形图可以用来展示数据分布情况。箱形图中间的红线是数据的中位数的位置。箱形上下界分别对应25和75百分位。因此这三条线分别对应的三条四分位线。箱形的两端红色加号用来表达离群值。

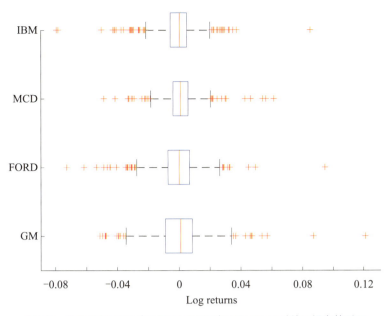

图7.37 四只股票 (2017年1月1日至2019年1月1日) 日对数回报率箱形图

观察完数据之后，用MATLAB函数pca()对数据进行主成分分析。如果不同维度数据之间的方差差异较大，可以用方差的倒数作为处理数据的权重。如图7.38所示是用biplot()绘制的数据在第一主成分和第二主成分构成的正交平面的投影，以及原始数据四个维度在这个平面上的投影。如图7.39和图7.40所示是原始数据各个维度在第一、二主成分方向上的投影分量。

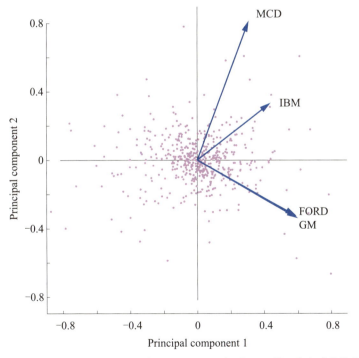

图7.38 四只股票 (2017年1月1日至2019年1月1日) 前两个主成分的构成

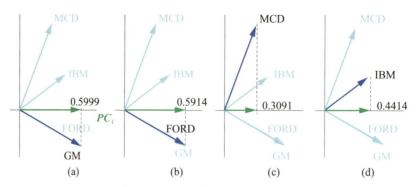

图7.39 四只股票 (2017年1月1日至2019年1月1日) 日对数回报率在第一主成分方向投影

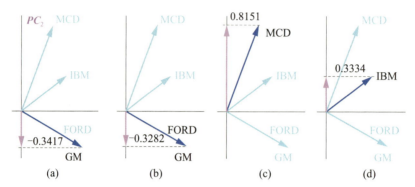

图7.40 四只股票 (2017年1月1日至2019年1月1日) 日对数回报率在第二主成分方向投影

如图7.41所示是PCA分析已释方差和累计已释方差和。这个图又叫作**陡坡图** (Scree plot)。PCA主成分的次序就是根据各个主成分维度方向方差贡献大小排序。第一主成分方向上的方差最大，也就是这个方向最有力地解释了数据的分布。当第一主成分的方差贡献不足 (如小于50%) 时，就要依次引入其他主成分。如图7.41所示，第一和第二主成分两者已释方差之和为72.50%。

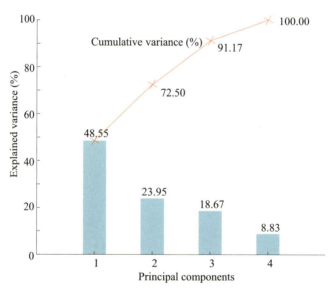

图7.41 四只股票 (2017年1月1日至2019年1月1日) 日对数回报率PCA分析已释方差和累计已释方差和

如图7.42所示是由前三个主成分构造的空间。原始数据和它的四个维度在这个空间的位置。可以将这个空间的元素在三个平面上投影,得到的就是图7.43。

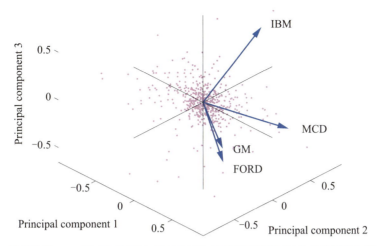

图7.42 四只股票(2017年1月1日至2019年1月1日)日对数回报率PCA分析前三个主成分空间关系

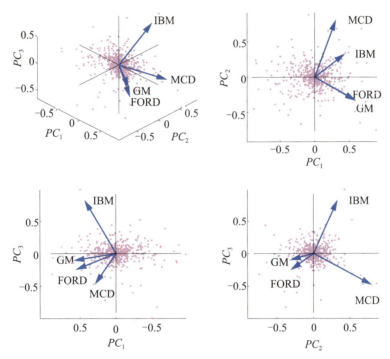

图7.43 四只股票(2017年1月1日至2019年1月1日)日对数回报率PCA分析前三个主成分空间在平面投影

以下代码可以获得图7.38、图7.41、图7.42和图7.43。

`B3_Ch7_5.m`

```
clc; close all; clear all

% tickers list: https://en.wikipedia.org/wiki/List_of_S%26P_500_companies
% GM: General Motors
% F: Ford Motor
% MCD: McDonald's Corp.
```

```matlab
% IBM:    International Business Machines

stocks = {'GM','F','MCD','IBM'};

price = hist_stock_data('01012017','01012019',stocks);
% the function can be downloaded from:
% https://www.mathworks.com/matlabcentral/fileexchange/
% 18458-hist_stock_data-start_date-end_date-varargin

dates_cells = price(1).Date;
dates = datetime(dates_cells, 'InputFormat', 'yyyy-MM-dd');
GM_price = price(1).AdjClose;
Ford_price = price(2).AdjClose;
McDon_price = price(3).AdjClose;
IBM_price = price(4).AdjClose;

GM_daily_log_return=diff(log(GM_price));
% also price2ret can be used
Ford_daily_log_return=diff(log(Ford_price));
McDon_daily_log_return=diff(log(McDon_price));
IBM_daily_log_return=diff(log(IBM_price));
log_returns = (GM_daily_log_return, Ford_daily_log_return,...
    McDon_daily_log_return,IBM_daily_log_return);

%% plot the original data

stocks_label = ['GM   ';'FORD';'MCD ';'IBM '];

figure(1)
boxplot(log_returns,'Orientation','horizontal',...
    'Labels',stocks_label)
xlabel('Log returns'); box off
%% Compute principal components

C = corr(log_returns,log_returns);
% check pairwise correlation

% When all variables are in the same unit,
% it is appropriate to compute principal components for raw data.
% When the variables are in different units or
% the difference in the variance of different columns is substantial,
% scaling of the data or use of weights
% is often preferable.

% Perform the principal component analysis by
% using the inverse variances of the ratings as weights.

var_weights = 1./var(log_returns);
```

```matlab
[wcoeff,score,latent,tsquared,explained,mu] = pca(log_returns,...
    'VariableWeights',var_weights);
% Or equivalently:
%
% [wcoeff,score,latent,tsquared,explained] = pca(ratings,...
% 'VariableWeights','variance');



% The first three principal component coefficient vectors are:
c3 = wcoeff(:,1:3);

% These coefficients are weighted,
% hence the coefficient matrix is not orthonormal.
%
% Transform coefficients.
% Transform the coefficients so that they are orthonormal.

coefforth = inv(diag(std(log_returns)))*wcoeff;

I = coefforth'*coefforth;
I(1:3,1:3)

% Component scores.
% The second output, score, contains the coordinates of
% the original data in the new coordinate system
% defined by the principal components.
% The score matrix is the same size as
% the input data matrix. You can also obtain the
% component scores using the orthonormal coefficients
% and the standardized ratings as follows.

cscores = zscore(log_returns)*coefforth;

% Plot component scores
% Visualize both the orthonormal principal component coefficients
% for each variable and the principal component scores for
% each observation in a single plot.

figure(2)
biplot(coefforth(:,1:2),'Scores',score(:,1:2),...
    'Varlabels',stocks_label);
% stocks = {'GM','F','MCD','IBM'};
box off; grid off
daspect([1 1 1])

%% Create scree plot
% Make a scree plot of the percent variability explained
% by each principal component.
```

```matlab
figure(3)
% pareto(explained)
bar(explained,0.4); hold on
text([1:length(explained)], explained, num2str(explained,'%0.2f'),...
    'HorizontalAlignment','center','VerticalAlignment','bottom')
box off
cum_var = cumsum(explained);
plot(cum_var,'-x'); hold on
unexplained_variance = 100 - cum_var;
plot(unexplained_variance,'-o')
text([1:length(cum_var)], cum_var, num2str(cum_var,'%0.2f'),...
    'HorizontalAlignment','center','VerticalAlignment','bottom')
xlabel('Principal components')
ylabel('Explained/cumulative variance (%)')
box off


%% Create a three-dimensional bi-plot.
% You can also make a bi-plot in three dimensions.

figure(4)
biplot(coefforth(:,1:3),'Scores',score(:,1:3),...
    'Varlabels',stocks_label);
box off; grid off
daspect([1 1 1]); view([45 30]);

figure(5)
subplot(2,2,1)
biplot(coefforth(:,1:3),'Scores',score(:,1:3),...
    'Varlabels',stocks_label);
box off; grid off; daspect([1 1 1]);
daspect([1 1 1]); view([45 30]);

subplot(2,2,2)
biplot(coefforth(:,1:3),'Scores',score(:,1:3),...
    'Varlabels',stocks_label); daspect([1 1 1]);
view([0,0,1]); box off; grid off

subplot(2,2,3)
biplot(coefforth(:,1:3),'Scores',score(:,1:3),...
    'Varlabels',stocks_label); daspect([1 1 1]);
view([0,1,0]); box off; grid off

subplot(2,2,4)
biplot(coefforth(:,1:3),'Scores',score(:,1:3),...
    'Varlabels',stocks_label);daspect([1 1 1]);
view([1,0,0]); box off; grid off
```

下面，再对美国10个不同年限的国债收益率日差值数据做PCA分析。数据序列的长度为两年。如图7.44所示是两年长度的十个不同期限美国国债收益率日差值的箱形图。

如图7.45所示是对于利率日差值PCA分析已释方差和累计已释方差的趋势。前五个主成分几乎解释数据的约95%的分布。如图7.46所示是原始数据和十个原始数据维度在第一、第二主成分构成的正交平面的投影。如图7.47所示是十个期限利率(原始维度)对前三个主成分的贡献情况，也就是十个原始维度对三个主成分的投影量，图7.48给出的是，前三主成分曲线随着时间变化；采样频率为1年，移动窗口长度为252数据。在进行利率建模时，通常都需要对数据进行类似图7.48这样的PCA分解，这样主成分之间的线性相关性为0；然后对主成分建模，最后再通过PCA逆运算，得到模拟的利率平面。请读者参考前文讲到的Nelson-Siegel模型，再来分析图7.48中三个主成分形状。

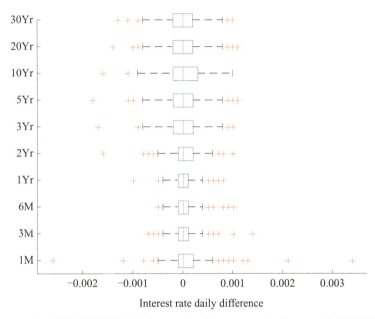

图7.44　十个期限美国国债收益率(2017年1月1日至2019年1月1日)日差值箱形图

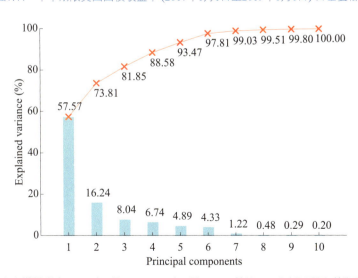

图7.45　十个期限利率(2017年1月1日至2019年1月1日)日差值PCA分析已释方差和累计已释方差

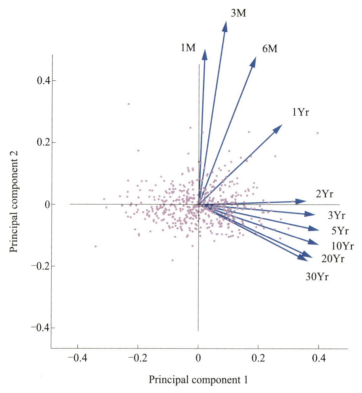

图7.46 十个期限利率(2017年1月1日至2019年1月1日)日差值PCA分析前两个主成分的构成

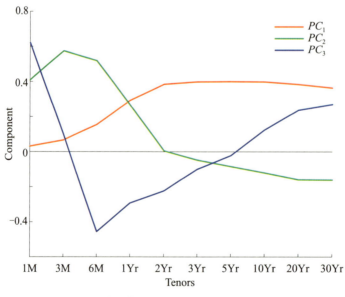

图7.47 十个期限利率对前三个主成分的贡献

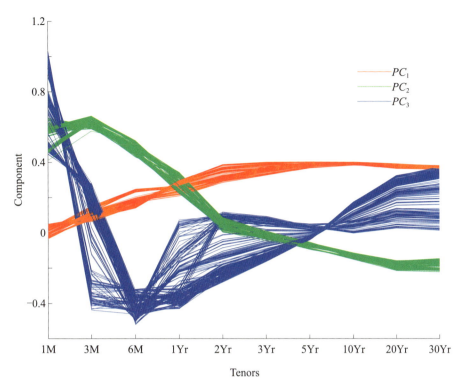

图7.48 十个期限利率对前三个主成分的贡献，以252个数据作为移动窗口

以下代码可绘制图7.44、图7.45、图7.46、图7.47和图7.48。

`B3_Ch7_6.m`

```matlab
%% Interest rate data
clc; close all; clear all

url = 'https://fred.stlouisfed.org/';
c = fred(url);

startdate = '01/01/2017';
% beginning of date range for historical data
enddate = '01/01/2019'; % to be updated
data_IR = [];
series_nodes = {'DGS1MO'; 'DGS3MO'; 'DGS6MO';...
    'DGS1'; 'DGS2'; 'DGS3'; 'DGS5';...
    'DGS10'; 'DGS20'; 'DGS30';};

for i = 1:length(series_nodes)
    
    series = series_nodes(i);
    DATA = fetch(c,series,startdate,enddate);
    data_IR(:,i) = DATA.Data(:,2);
    
end
```

```matlab
data_IR(any(isnan(data_IR),2),:) = [];
data_IR = diff(data_IR)/100;

IR_categories = ['1M  ';'3M  ';'6M  ';'1Yr '; '2Yr ';...
    '3Yr ';'5Yr ';'10Yr';'20Yr';'30Yr'];
%% plot the original data
figure(1)
ax = gca;
boxplot(data_IR,'Orientation','horizontal',...
    'Labels',IR_categories)
xlabel('Daily difference'); box off
ax.XAxis.Exponent = 0;
%% Compute principal components

var_weights = 1./var(data_IR);
[wcoeff,score,latent,tsquared,explained] = pca(data_IR,...
    'VariableWeights',var_weights);

coefforth = inv(diag(std(data_IR)))*wcoeff;

figure(2)
original_dim = 1:10;
xticks(original_dim)
xticklabels({'1M','3M','6M','1Yr','2Yr',...
    '3Yr','5Yr','10Yr','20Yr','30Yr'})
plot(original_dim, coefforth(:,1),'r'); hold on
plot(original_dim, coefforth(:,2),'color',(0,200,75)./255); hold on
plot(original_dim, coefforth(:,3),'b')
legend('PC1','PC2','PC3'); box off
xlabel('Tenors'); ylabel('Component')
legend boxoff


%% Create scree plot

figure(3)
% pareto(explained)
bar(explained,0.4); hold on
text([1:length(explained)], explained, num2str(explained,'%0.2f'),...
    'HorizontalAlignment','center','VerticalAlignment','bottom')
box off
cum_var = cumsum(explained);
plot(cum_var,'-x')
text((1:length(cum_var)), cum_var, num2str(cum_var,'%0.2f'),...
    'HorizontalAlignment','center','VerticalAlignment','bottom')
xlabel('Principal components')
```

```
ylabel('Explained/cumulative variance [%]')
box off

%% Visualize the results

figure(4)
biplot(coefforth(:,1:2),'Scores',score(:,1:2),...
    'Varlabels',IR_categories);
box off; grid off
daspect([1 1 1])


%% moving window
L = 252;

figure(5)

for i = 1:length(data_IR) - 252 + 1

    data_IR_window = data_IR(i:i+L-1,:);
    var_weights = 1./var(data_IR_window);
    (wcoeff,score,latent,tsquared,explained) = pca(data_IR_window,...
        'VariableWeights',var_weights);
    coefforth = inv(diag(std(data_IR)))*wcoeff;

    original_dim = 1:10;
    xticks(original_dim)
    xticklabels({'1M','3M','6M','1Yr','2Yr',...
        '3Yr','5Yr','10Yr','20Yr','30Yr'})
    plot(original_dim, coefforth(:,1),'r'); hold on
    plot(original_dim, coefforth(:,2),'color',(0,200,75)./255); hold on
    plot(original_dim, coefforth(:,3),'b')
    box off
    xlabel('Tenors'); ylabel('Component')

end
```

丛书第四本将会深入介绍主成分分析，以及由主成分分析衍生得到的回归方法和因素分析。

第 8 章 有限差分法
Finite Difference Method

Although this may seem a paradox, all exact science is dominated by the idea of approximation.

——伯特兰·罗索 (Bertrand Russell)

Core Functions and Syntaxes
本章核心命令代码

- `abs()` 函数用来获得输入变量的绝对值
- `blsprice()` 函数运用 BSM 模型计算普通欧式期（看涨或看跌）权现价
- `diag()` 函数用来生成方阵，其对角元素为输入向量中的元素
- `diff()` 函数可计算输入向量或矩阵特定维度上相连元素的差值
- `double()` 函数将符号 (symbolic) 类型变量转化成双精度值
- `interp1()` 函数用于线性插值获得中间值
- `linespce()` 函数产生数据等距分布的向量
- `lu()` 函数用来对输入矩阵进行 LU 分解
- `num2str()` 函数将数据值转化为字符串
- `round()` 函数用来控制数据精度，进行四舍五入近似
- `semilogx()` 函数绘制 x 轴为对数尺度的图像
- `zeros()` 函数产生元素全为零的矩阵

8.1 有限差分基础

有限差分 (finite difference) 作为经典的数值分析方法之一广泛应用于各类微分方程的求解中。其发展可追溯到1928年德裔美籍数学家理查德·库朗 (Richard Courant)，库尔特·福赛斯 (Kurt Friedrichs) 和汉斯·路易 (Hans Lewy) 的基础理论工作，甚至更加久远。

该方法的基本思想是使用有限差分近似微分方程中的**导数** (derivatives)，对原方程中连续变量进行离散化。从而有效地将线性或非线性的**常微分方程** (ordinary differential equation) 或**偏微分方程** (partial differential equation)，转化为可利用矩阵技术求解的线性或非线性系统。这对使用现代计算机求解微分方程具有实质性的意义，也促成了有限差分方法的大范围应用。尤其是在第二次世界大战以后，计算机技术得到大规模推广，使得通过有限差分方法解决时域问题的应用取得了巨大进步。在长期的探索和发展中，数学界、工程界等领域的科学家、学者和工程师都做出了不可忽视的贡献。

在金融模型中，首当其冲的微分方程模型便是**布莱克-舒尔斯模型** (Black-Scholes model)。考虑一个股票的欧式看涨期权，在到期时间T的执行价格为K。若在某时刻t，标的资产价格为$S(t)$，相应的收益函数为：

$$f(S(t),t) = \max\{S(t)-K, 0\} \tag{8.1}$$

并且$f(S(t),t)$满足：

$$\frac{\partial f}{\partial t} + \frac{1}{2}\sigma^2 \cdot S^2 \cdot \frac{\partial^2 f}{\partial S^2} + r \cdot S \cdot \frac{\partial f}{\partial S} - r \cdot f = 0 \tag{8.2}$$

式中：r是无风险利率；σ是波动率。
在时刻T满足边界条件：

$$f(S(T),T) = \max\{S(T)-K, 0\} \tag{8.3}$$

求解以上偏微分方程，可得到在任意时刻t该看涨期权的价值。所谓的边界条件，可以理解成对原问题在观测域边缘上的描述。例如，我们看不见电磁场在空间如何传播，但是知道电场在金属表面上是与金属面垂直的。我们可能不知道一个暖手宝内部的温度是多少，但是暖手宝表面的温度是可以测量的。对于期权定价问题，我们也许不知道此时此刻在到期前期权价值如何，但是在到期时它的价格是可以计算的。打个不恰当的比喻，如果原问题是水，边界条件就像是装水的容器。不同形状、材质的容器，决定了水的形态。同样，不同的边界条件，也会带来不同的原问题的解。

数学上，一个关于x和y的二元函数$\phi(x,y)$，它的**一阶偏微分方程** (first-order partial differential equation) 普遍形式为：

$$a \cdot \frac{\partial \phi}{\partial x} + b \cdot \frac{\partial \phi}{\partial y} + c \cdot \phi + d = 0 \tag{8.4}$$

偏微分方程的**阶次** (order) 由方程中最高偏导的阶次决定。例如式 (8.4) 中对于x和y的偏导$\frac{\partial \phi}{\partial x}$，$\frac{\partial \phi}{\partial y}$都是一阶的。

$\phi(x, y)$ 的**二阶偏微分方程** (second-order partial differential equation) 通式如式 (8.5) 所示：

$$\left(a\frac{\partial^2 \phi}{\partial x^2} + b\frac{\partial^2 \phi}{\partial x \partial y} + c\frac{\partial^2 \phi}{\partial y^2}\right) + d\frac{\partial \phi}{\partial x} + e\frac{\partial \phi}{\partial y} + f\phi + g = 0 \tag{8.5}$$

可以发现在二阶偏微分方程中，对于x和y的偏导最高阶次都是二阶。括号中的部分称为**主项** (principal part)，包含所有最高阶的偏导项。

如果系数项a，b，c，d，e，f，g只取决于独立变量x和y，则称这个偏微分方程是**线性的** (linear)；否则该偏微分方程就是**非线性的** (nonlinear)。式 (8.6) 和式 (8.7) 分别是一阶和二阶非线性方程的例子：

$$\left(\frac{\partial \phi}{\partial x}\right)^2 + \left(\frac{\partial \phi}{\partial y}\right)^2 - 2 = 0 \tag{8.6}$$

$$a\left(x, y, \frac{\partial \phi}{\partial x}\right) \cdot \frac{\partial^2 \phi}{\partial x^2} + f\left(x, y, \frac{\partial \phi}{\partial y}\right)\phi + g = 0 \tag{8.7}$$

在这个二阶非线性偏微分方程中，可以发现系数a和f不光是关于x，y的函数，还与它们的一阶偏导有关。

二阶偏微分方程的通式中，根据主项的系数a，b和c，还可以将此类偏微分方程继续分类为：

◀ 如果$b^2 - 4ac > 0$，该二阶偏微分方程称为**抛物线方程** (parabolic)；
◀ 如果$b^2 - 4ac = 0$，该二阶偏微分方程称为**双曲线方程** (hyperbolic)；
◀ 如果$b^2 - 4ac < 0$，该二阶偏微分方程称为**椭圆方程** (elliptic)。

回到BSM模型，可以发现，它的偏微分方程具有以下特点：

◀ S不为零，最高偏导项$\frac{\partial^2 f}{\partial S^2}$决定了这是一个二阶偏微分方程；
◀ 系数项都只与S，t有关，是一个线性偏微分方程；
◀ 与通式对应，有$a = \frac{1}{2}\sigma^2 \cdot S^2$，$b = 0$和$c = 0$，当$S$不为零时，$b^2 - 4ac = -2\sigma^2 \cdot S^2$显然小于零，所以这是一个双曲线偏微分方程。

同时，该模型是**适定性问题** (well-posed problem)，应满足条件：存在解；解是唯一的；解连续取决于初始边界条件的值。

导数这个概念在丛书的第一本已经探讨过，这里再简单回顾一下。对于一个一元函数$f(x)$，它关于x的导数研究的是函数$f(x)$自身随x变化而产生即时的变化，可定义为：

$$f'(x) = \lim_{h \to 0}\frac{f(x+h) - f(x)}{h} \tag{8.8}$$

其中，h是对函数$f(x)$在点x上进行的扰动，当h无限趋于零时，式 (8.8) 中右边的极限就定义了函数$f(x)$的导数。换言之，当h越来越小时，$f(x+h) - f(x)$与h的比值将越来越接近导数的真实值。

MATLAB函数diff()可以直接计算导数。以$f(x) = x \cdot \sin x + x^2$函数为例，它的导数函数

为 $f'(x) = 2x + \sin x + x \cdot \cos x$；它们在区间 (1, 11) 上的函数图像如图 8.1(a) 所示。当 $x = 6$ 时，$f(6) = 34.3235$，$f'(6) = 17.4816$。表 8.1 展示了当 h 取不同的值并慢慢逼近 0 时，对应的 $f(x+h) - f(x)$ 与 h 的比值，该比值向函数导数值的逼近如图 8.1(b) 所示。

表 8.1 对实例函数导数值的近似极限逼近

实例函数：$f(x) = x \cdot \sin(x) + x^2$；$f'(6) = 17.4816$				
	h	$x+h$	$\dfrac{f(x+h) - f(x)}{h}$	$\dfrac{f(x+h) - f(x)}{h} - f'(x)$
A	0.0001	6.0001	17.4819	0.0003
B	0.001	6.001	17.4844	0.0028
C	0.01	6.01	17.5095	0.0279
D	0.1	6.1	17.753	0.2714
E	1	7	19.2754	1.7938
F	5	11	15.1353	−2.3463
G	10	16	21.707	4.2254

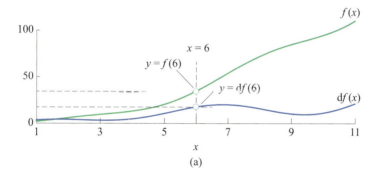

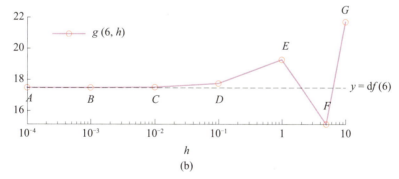

图 8.1 导数定义极限逼近导数

图 8.1 与表 8.1 的相关代码如下。

```
clc;
clear all;

% Define example function
% f(x) = x^2+x*sin(x)
```

```matlab
syms f(x)
f(x)=x^2+x*sin(x)
% Obtain 1st-order differential function
df=diff(f,x)

% Define limitation ratio
syms g(x,h)
g(x,h)=(f(x+h)-f(x))/h;

% Fix x to be 3 and let h vary from 1e-4 to 10
h_val=[0.0001, 0.001, 0.01, 0.1, 1, 5, 10];
x_val=[6, 6, 6, 6, 6, 6, 6];
g_val=double(g(x_val, h_val));

% Plot
figure
% Plot f(x) and its differential function df(x)
x_val_fig = 1:0.1:11;
subplot(2,1,1)
plot(x_val_fig, f(x_val_fig), 'g', 'linewidth', 1.5)
xlabel('x')
set(gcf, 'color', 'w')

hold on
plot(x_val_fig, df(x_val_fig), 'b', 'linewidth', 1.5)
hold on
line([6,6], [0, f(11)], 'color', 'red', 'linestyle', '--')
hold on
line([min(x_val_fig), max(x_val_fig)], [f(6), f(6)], ...
    'color', 'green', 'linestyle', '--')
hold on
line([min(x_val_fig), max(x_val_fig)], [df(6), df(6)], ...
    'color', 'blue', 'linestyle', '--')
legend('f(x)', 'df(x)', 'x=6', 'y=f(6)', 'y=df(6)', ...
    'Location', 'best')

subplot(2,1,2)
semilogx(h_val, g_val, ...
    '--ro', 'markersize', 6, 'linewidth', 1.5)
hold on
line([min(h_val), max(h_val)], [df(6), df(6)], ...
    'color', 'blue', 'linestyle', '--')
legend('g(6, h)', 'y=df(6)', 'Location', 'best')
xlabel('h')
```

丛书反复提到**泰勒近似** (Taylor approximation)，特别是基于它引出**前向有限差分** (forward finite difference)、**逆向有限差分** (backward finite difference) 和**中心有限差分** (central finite difference) 三种差

分技术。泰勒近似提出，函数$f(x)$在点$x+\Delta x$处的值可展开为该函数所有阶导数之和：

$$f(x+\Delta x)=f(x)+\Delta x\cdot f'(x)+\frac{1}{2}(\Delta x)^2\cdot f''(x)+\frac{1}{6}(\Delta x)^3\cdot f'''(x)+\ldots \tag{8.9}$$

如果忽略式(8.9)中的更高阶项，对一阶偏导$f'(x)$的近似可以由$f(x+\Delta x)$、$f(x)$和Δx得到。假设Δx为正，$x+\Delta x>x$，$x-\Delta x<x$。

如图8.2所示，前向有限差分沿轴x方向向前取$x+\Delta x$及其函数值$f(x+\Delta x)$，代入到一阶泰勒近似，计算函数导数$f'(x)$：

$$f'(x)=\frac{f(x+\Delta x)-f(x)}{\Delta x}+O(\Delta x) \tag{8.10}$$

如图8.3所示，逆向有限差分沿轴x逆方向向后取$x-\Delta x$及其函数值$f(x-\Delta x)$，代入到一阶泰勒近似，计算函数导数$f'(x)$：

$$f'(x)=\frac{f(x)-f(x-\Delta x)}{\Delta x}+O(\Delta x) \tag{8.11}$$

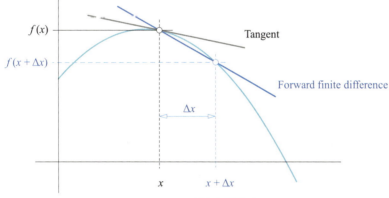

图8.2　前向有限差分

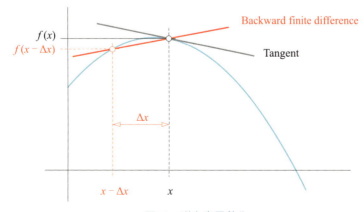

图8.3　逆向有限差分

在前向有限差分和逆向有限差分中，$O(\Delta x)$ 是由于对高阶导数项的忽略所造成的**冗余项**或**误差项** (residual)，又称为**截断误差** (truncation error)，是由于近似不足造成的。同时，它也暗示此处造成的误差与 Δx 是同一当量的。回到表8.1中的例子，Δx 即为 h，最后一列可以是评估 $O(\Delta x)$；能发现这两列数值基本都保持了同样量级。好比第一行中，当 h 等于 0.0001，最后一列对应项等于 0.0003，都是在 10^{-4} 的水平上。因此，通常认为前向有限差分和逆向有限差分具有**一阶精度** (first-order accuracy)。

第三种差分技术是中心有限差分，它具有比前两种更高的精度，即**二阶精度** (second-order accuracy)。在它的推导中，首先利用函数 $f(x)$ 在 $x-\Delta x$ 处的泰勒近似：

$$f(x-\Delta x) = f(x) - \Delta x \cdot f'(x) + \frac{1}{2}(\Delta x)^2 \cdot f''(x) - \frac{1}{6}(\Delta x)^3 \cdot f'''(x) + \ldots \tag{8.12}$$

将式 (8.12) 与之前函数 $f(x)$ 在 $x+\Delta x$ 处的泰勒近似做减法：

$$f(x+\Delta x) - f(x-\Delta x) = 2\Delta x \cdot f'(x) + \ldots \tag{8.13}$$

从而得到中心有限差分的表达式为：

$$f'(x) = \frac{f(x+\Delta x) - f(x-\Delta x)}{2\Delta x} + O\left((\Delta x)^2\right) \tag{8.14}$$

如图8.4所示，中心差分利用前向步长 $x+\Delta x$ 和逆向步长 $x-\Delta x$，以及它们对应的函数值 $f(x+\Delta x)$ 和 $f(x-\Delta x)$，求取的是中间点 x 处的导数。

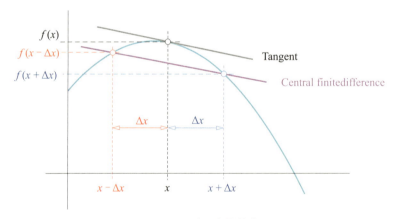

图8.4 中心有限差分

在图8.2至图8.4中，同样画出函数 $f(x)$ 在点 x 处的**切线** (tangent)，该切线的斜率便是该点处原函数的导数值。可以观察到，中心有限差分的连线 (图8.4中的红色实线) 与该切线的平行度，相较于前向有限差分 (图8.4中的蓝色实线) 和逆向有限差分 (图8.4中的绿色实线) 更好。这也直观地体现了中心有限差分对函数导数值的近似具有更好的精确度。

在一阶导数有限差分近似的基础上，可以进一步寻求对函数二阶导的近似。将函数 $f(x)$ 在 $x+\Delta x$ 和 $x-\Delta x$ 处的泰勒近似做加法：

$$f(x+\Delta x)+f(x-\Delta x)=2f(x)+(\Delta x)^2 \cdot f''(x)+\ldots \tag{8.15}$$

忽略较高阶项，可以得到函数二阶导数 $f''(x)$ 表达式为：

$$f''(x)=\frac{f(x+\Delta x)-2f(x)+f(x-\Delta x)}{(\Delta x)^2}+O\left((\Delta x)^2\right) \tag{8.16}$$

并且，其近似度与一阶中心有限差分一样，具有二阶精度。因为有限差分的近似误差与 Δx 相关联，原则上讲通过对 Δx 的适当选择，该方法可以达到任意满意的精度。

理解了一元函数一阶及二阶导数的数值近似，还只是有限差分方法的一小半。剩下的一大半需要用差分代替微分方程中的导数或偏导数，通过**离散网格化** (discretization grid) 将函数定义域分成很多相邻不重合的子区域。这里，将已介绍的三种有限差分方法应用到二元函数的偏微分方程上，即接近了需要解决的实际问题，例如布莱克-舒尔斯模型，也可以对离散网格化进行更直观的演示。

对于一个二元函数 $\phi(x,y)$ 的离散网格化，如图8.5所示是其他几类对计算域进行网格离散化的方法。可以看到，计算域可以是一个任意的区域，具体由微分方程的边界条件所确定。而且网格可以是规则的矩形划分，如图8.5(a) 和图8.5(b) 所示，精细程度不一定相同，取决于实际计算的精度要求。同时，网格也可以是不规则的矩形划分，如图8.5(c) 所示，对同一计算域内不同的区域可以有不同的精细程度。并且网格也可以采用三角形单元，如图8.5(d) 所示；有时也会考虑运用其他坐标系，例如极坐标，如图8.5(e) 所示。网格离散化已经成为一种专门的技术，并发展有相应的算法对网格拓扑结构进行优化，以达到更高的近似度和更少的计算量，本书的例子，将着重于最基本最便于实践的规则矩形网格划分。

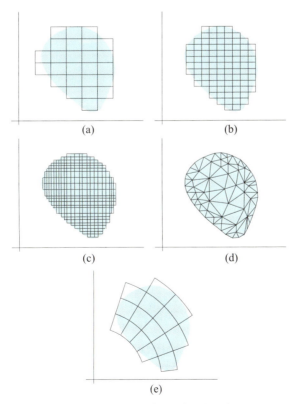

图8.5 各种不同的网格离散化方法

如图8.6所示,最常规的方式就是采用等步长的矩形**网格** (grid) 来描述感兴趣的平面范围,减少计算的复杂性。若计算域是一个规整的矩形,网格可以由一个个更小的矩形组成;沿 x 轴和 y 轴的步长 Δx 和 Δy 不必一致。网格上的交点也称为**节点** (node),数值求解的关键就是要获得特定问题在所有这些节点上的离散值。

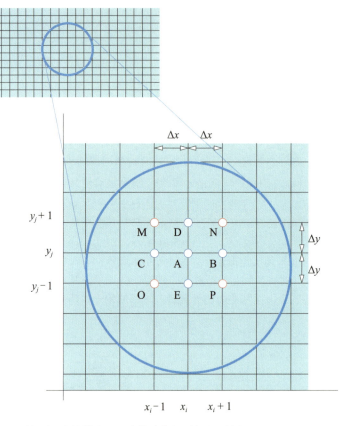

图8.6 二元函数 $\phi(x, y)$ 偏微分方程计算域的规则离散网格化 (uniform discretization grid)

图8.6中,以节点A为例,通过有限差分方法来近似该点处的一二阶偏导数。连同A点一起,将相邻的点B、C、D、E、M、N、O和P,首先做如下的定义:

$$
\begin{aligned}
&A: \phi_A \equiv \phi_{i,j} \equiv \phi(x_i, y_j) \equiv \phi(i \cdot \Delta x, j \cdot \Delta y) \\
&B: \phi_B \equiv \phi_{i-1,j} \equiv \phi(x_{i-1}, y_j) \equiv \phi((i-1) \cdot \Delta x, j \cdot \Delta y) \\
&C: \phi_C \equiv \phi_{i,j} \equiv \phi(x_{i+1}, y_j) \equiv \phi((i+1) \cdot \Delta x, j \cdot \Delta y) \\
&D: \phi_D \equiv \phi_{i,j-1} \equiv \phi(x_i, y_{j-1}) \equiv \phi(i \cdot \Delta x, (j-1) \cdot \Delta y) \\
&E: \phi_E \equiv \phi_{i,j+1} \equiv \phi(x_i, y_{j+1}) \equiv \phi(i \cdot \Delta x, (j+1) \cdot \Delta y) \\
&M: \phi_M \equiv \phi_{i-1,j+1} \equiv \phi(x_{i-1}, y_{j+1}) \equiv \phi((i-1) \cdot \Delta x, (j+1) \cdot \Delta y) \\
&N: \phi_N \equiv \phi_{i+1,j+1} \equiv \phi(x_{i+1}, y_{j+1}) \equiv \phi((i+1) \cdot \Delta x, (j+1) \cdot \Delta y) \\
&O: \phi_O \equiv \phi_{i-1,j-1} \equiv \phi(x_{i-1}, y_{j-1}) \equiv \phi((i-1) \cdot \Delta x, (j-1) \cdot \Delta y) \\
&P: \phi_P \equiv \phi_{i+1,j-1} \equiv \phi(x_{i+1}, y_{j-1}) \equiv \phi((i+1) \cdot \Delta x, (j-1) \cdot \Delta y)
\end{aligned} \quad (8.17)
$$

套用之前有限差分的几种近似方法，表8.2总结了在A点处函数的一阶偏导数和二阶偏导数所有有限差分近似。

表 8-2　对节点A的一阶及二阶偏导数的有限差分近似

x	y
前向有限差分一阶偏导	
$\left.\dfrac{\partial \phi}{\partial x}\right\|_A = \left.\dfrac{\partial \phi}{\partial x}\right\|_{i,j} \approx \dfrac{\phi_B - \phi_A}{\Delta x} = \dfrac{\phi_{i+1,j} - \phi_{i,j}}{\Delta x}$	$\left.\dfrac{\partial \phi}{\partial y}\right\|_A = \left.\dfrac{\partial \phi}{\partial y}\right\|_{i,j} \approx \dfrac{\phi_D - \phi_A}{\Delta y} = \dfrac{\phi_{i,j+1} - \phi_{ij}}{\Delta y}$
逆向有限差分一阶偏导	
$\left.\dfrac{\partial \phi}{\partial x}\right\|_A = \left.\dfrac{\partial \phi}{\partial x}\right\|_{i,j} \approx \dfrac{\phi_A - \phi_C}{\Delta x} = \dfrac{\phi_{i,j} - \phi_{i-1,j}}{\Delta x}$	$\left.\dfrac{\partial \phi}{\partial y}\right\|_A = \left.\dfrac{\partial \phi}{\partial y}\right\|_{i,j} \approx \dfrac{\phi_A - \phi_E}{\Delta y} = \dfrac{\phi_{i,j} - \phi_{i,j-1}}{\Delta y}$
中心有限差分一阶偏导	
$\left.\dfrac{\partial \phi}{\partial x}\right\|_A = \left.\dfrac{\partial \phi}{\partial x}\right\|_{i,j} \approx \dfrac{\phi_B - \phi_C}{2\Delta x} = \dfrac{\phi_{i+1,j} - \phi_{i-1,j}}{2\Delta x}$	$\left.\dfrac{\partial \phi}{\partial y}\right\|_A = \left.\dfrac{\partial \phi}{\partial y}\right\|_{i,j} \approx \dfrac{\phi_D - \phi_E}{2\Delta y} = \dfrac{\phi_{i,j+1} - \phi_{i,j-1}}{2\Delta y}$
二阶偏导	
$\left.\dfrac{\partial^2 \phi}{\partial x^2}\right\|_A = \left.\dfrac{\partial^2 \phi}{\partial x^2}\right\|_{i,j} \approx \dfrac{\phi_B - 2\cdot\phi_A + \phi_C}{(\Delta x)^2} = \dfrac{\phi_{i+1,j} - 2\cdot\phi_{i,j} + \phi_{i-1,j}}{(\Delta x)^2}$	$\left.\dfrac{\partial^2 \phi}{\partial y^2}\right\|_A = \left.\dfrac{\partial^2 \phi}{\partial y^2}\right\|_{i,j} \approx \dfrac{\phi_D - 2\cdot\phi_A + \phi_E}{(\Delta y)^2} = \dfrac{\phi_{i,j+1} - 2\cdot\phi_{i,j} + \phi_{i,j-1}}{(\Delta y)^2}$
$\left.\dfrac{\partial^2 \phi}{\partial x \partial y}\right\|_A = \left.\dfrac{\partial^2 \phi}{\partial x \partial y}\right\|_{i,j} \approx \dfrac{\dfrac{\phi_N - \phi_M}{2\Delta x} - \dfrac{\phi_P - \phi_O}{2\Delta x}}{2\Delta y} = \dfrac{\phi_{i+1,j+1} - \phi_{i-1,j+1} - \phi_{i+1,j-1} + \phi_{i-1,j-1}}{4\Delta x \Delta y}$	

在实际应用，基于对不同近似的选用，又出现了三种有限差分操作技术：**显性法** (explicit method)、**隐性法** (implicit method) 和**克兰克-尼克尔森法** (Crank-Nicolson method)。本章后面的内容，将结合期权定价对其进行详细的介绍。作为微分方程数值求解方法，其误差除了来自方法自身导致的截断误差，也有使用计算机操作产生的舍入误差。后者是由于计算机有限字节长度而造成的数据在计算过程中增加和舍入误差，并且有可能随着运算次数的增加而累积。有限差分方法往往需要多步的迭代，如果总的误差不断积累增大，最终会对计算精度造成致命的影响。如果一个算法存在此类的问题，那么这个算法就是不稳定的；反之，这个算法就是稳定的。在后面的叙述中，对有限差分显性法、隐性法和克兰克-尼克尔森法的**稳定性** (stability) 也会进行讨论。

8.2 显性差分法

回到开始的欧氏期权问题，时刻 t ，标的资产价格为 $S(t)$ ，期权的价值是关于 t 和 $S(t)$ 的一个二元函数 $f(S,t)$ ，并服从**布莱克-舒尔斯方程** (Black-Scholes equation)：

$$\frac{\partial f}{\partial t} + \frac{1}{2}\sigma^2 \cdot S^2 \cdot \frac{\partial^2 f}{\partial S^2} + r \cdot S \cdot \frac{\partial f}{\partial S} - r \cdot f = 0 \qquad (8.18)$$

指定 $0 \leq t \leq T$，T 为期权到期时间；$0 \leq S \leq S_{max}$，S_{max} 是直至期权到期的这段时间内可能达到的最大值，需设置得足够大，理论上接近于无穷大，实际操作中可限定在合理的范围内。对时间 t 和标的资产价格 S 的限定，将该问题计算域定义在了一个矩形区域中。

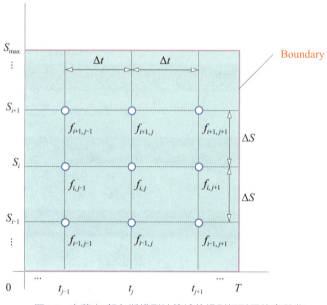

图8.7 布莱克-舒尔斯模型计算域的规则矩形网格离散化

按照之前的规则矩形网格离散化，如图8.7所示，对 S 和 t 分别采用一定步长 ΔS 和 Δt，使得：

$$S = 0, \Delta S, 2\Delta S, \ldots, M\Delta S \quad (M\Delta S \equiv S_{max}) \\ t = 0, \Delta t, 2\Delta t, \ldots, N\Delta t \quad (N\Delta t \equiv T) \tag{8.19}$$

并且，在任意网格节点上的期权值 $f_{i,j}$ 对应第 i 个 S 和第 j 个 t，即有：

$$f_{i,j} = f(i \cdot \Delta S, j \cdot \Delta t), \quad i = 0,1,2,\ldots,M; \ j = 0,1,2,\ldots,N. \tag{8.20}$$

计算域在边界 $t = T$，$S(t) = 0$ 和 $S(t) = S_{max}$ 上存在相应边界条件。

有限差分显性法，对于节点 $(i,j) \equiv (i \cdot \Delta S, j \cdot \Delta t)$，使用逆向有限差分来近似时间 t 的一阶偏导数，即：

$$\left.\frac{\partial f}{\partial t}\right|_{i,j} = \frac{f_{i,j} - f_{i,j-1}}{\Delta t} \tag{8.21}$$

使用中心有限差分来近似标的资产价格 S 的一阶偏导数，即：

$$\left.\frac{\partial f}{\partial S}\right|_{i,j} = \frac{f_{i+1,j} - f_{i-1,j}}{2\Delta S} \tag{8.22}$$

S 的二阶偏导数则近似为：

$$\left.\frac{\partial^2 f}{\partial S^2}\right|_{i,j} = \frac{f_{i+1,j} - 2f_{i,j} + f_{i-1,j}}{(\Delta S)^2} \tag{8.23}$$

如图8.8所示，图中蓝色节点的函数值均被使用到了对节点 (i,j) 处偏导数的差分近似中。

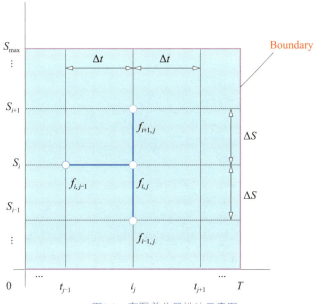

图8.8 有限差分显性法示意图

将布莱克-舒尔斯方程中的偏导数转换成差分的形式，可得到：

$$\frac{f_{i,j} - f_{i,j-1}}{\Delta t} + \frac{1}{2}\sigma^2 \cdot (i \cdot \Delta S)^2 \cdot \frac{f_{i+1,j} - 2f_{i,j} + f_{i-1,j}}{(\Delta S)^2} + r \cdot i \cdot \Delta S \cdot \frac{f_{i+1,j} - f_{i-1,j}}{2\Delta S} - r \cdot f_{i,j} = 0 \tag{8.24}$$

这一步完成了对布莱克-舒尔斯方程自身的离散化。将式 (8.24) 进一步整理能得到一个更简洁的形式：

$$f_{i,j-1} = \alpha_i \cdot f_{i-1,j} + \beta_i \cdot f_{i,j} + \gamma_i \cdot f_{i+1,j} \tag{8.25}$$

其中，常数项 α_i，β_i 和 γ_i 分别为：

$$\begin{aligned}\alpha_i &= \frac{\Delta t \cdot (\sigma^2 \cdot i^2 - r \cdot i)}{2} \\ \beta_i &= 1 - \Delta t \cdot (\sigma^2 \cdot i^2 + r) \\ \gamma_i &= \frac{\Delta t \cdot (\sigma^2 \cdot i^2 + r \cdot i)}{2}\end{aligned} \tag{8.26}$$

均可由已知变量时间步长 Δt，波动率 σ，无风险利率 r 和下标索引 i 计算求得。注意式 (8.25) 两边时间下标 j，可以发现式 (8.25) 右边包含的都是同一时刻函数的值；式 (8.25) 左边是上一个时间步长，即时间 Δt 前函数的值。可见，上一个时间步长函数的值（例如 $f_{i,j-1}$），是由下一个时间步长函数的值

(例如$f_{i-1,j}$、$f_{i,j}$和$f_{i+1,j}$)倒推而来的。这为求解任意时刻t函数的值创造了可能性,因为当$t = T$时,函数的值是可以知道的;可以由这个已知值推导出时间$t < T$时期权的价格。由于是直接的计算,这也是为什么该方法称为显性法。

接下来是对布莱克-舒尔斯方程边界条件的判定。既需要对布莱克-舒尔斯方程自身进行离散化,也需要对它的边界条件离散化。而该方程的边界条件对于欧式看涨期权与看跌期权是不同的。如图8.9所示,是欧式期权在到期时间T时,相对于标的资产价格不同情况下的期权价格。

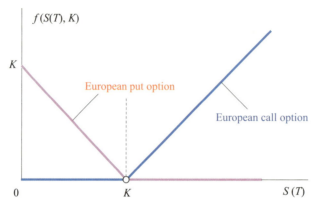

图8.9 到期时间T欧式看涨期权和看跌期权价格图;即$t = T$时布莱克-舒尔斯方程边界条件

以看跌期权为例,该图形展示了期权价格在$t = T$的边界上,期权价格函数需要满足的关于时间t的条件为:

$$f(S,T) = \max\{K - S, 0\} \tag{8.27}$$

再来,就是关于标的资产价格的两个边界条件。在边界$S(t) = 0$上,因为$0 \leq t \leq T$,也有$S(T) = 0$,并且此时的期权收益等于执行价格K,通过无风险利率折算回t时刻,就有:

$$f(0,t) = K \cdot e^{-r(T-t)} \tag{8.28}$$

在边界$S(t) = S_{\max}$上,因为其超过了执行价格,可以肯定的是:

$$f(S_{\max}, t) = 0 \tag{8.29}$$

那么以上刚刚推导出的式(8.27)、式(8.28)、式(8.29)就构成了欧式看跌期权的三个边界条件。具体到离散化的网格中,将按照以下的方式对各个相应的边界节点赋值:

$$\begin{aligned} f_{i,N} &= \max\{K - i \cdot \Delta S,\ 0\},\ i = 0, 1, \cdots, M \\ f_{M,j} &= 0,\ j = 0, 1, \cdots, N \\ f_{0,j} &= K \cdot e^{-r(N-j) \cdot \Delta t},\ j = 0, 1, \cdots, N \end{aligned} \tag{8.30}$$

同样的方法,也可以推出欧式看涨期权同样边界上的三个条件。表8.3将它们都总结到了一起。

表8.3 欧式看跌期权及看涨期权的边界条件

边界	欧式看跌期权	欧式看涨期权
$t=T$	$f_p(S,T)=\max\{K-S,0\}$	$f_c(S,T)=\max\{S-K,0\}$
$S(t)=S_{\max}$	$f_p(S_{\max},t)=0$	$f_c(S_{\max},t)=S_{\max}-K\cdot e^{-r(T-t)}$
$S(t)=0$	$f_p(0,t)=K\cdot e^{-r(T-t)}$	$f_c(0,t)=0$

在MATLAB中实现有限差分显性法，欧式看跌期权价格计算函数Expl_EuPut的代码如下。

```
B3_Ch8_2_A.m
function [price, vetS, val0] = ...
    Expl_EuCal(S0,K,r,T,sigma,Smax,dS,dt)

% Configure grid and increments
M = round(Smax/dS);
dS = Smax/M;
N = round(T/dt);
dt = T/N;

val = zeros(M+1,N+1);
vetS = linspace(0,Smax,M+1)';
veti = 0:M;
vetj = 0:N;

% Configure boundary conditions
% boundary: t=T
val(:,N+1) = max(vetS-K,0);
% boundary: S=0
val(1,:) = 0;
% boudnary: S=Smax
val(M+1,:) = Smax-K*exp(-r*dt*(N-vetj));

% Configure coefficients
% alpha:a; beta:b; gamma:c
a = 0.5*dt*(sigma^2*veti - r).*veti;
b = 1- dt*(sigma^2*veti.^2 + r);
c = 0.5*dt*(sigma^2*veti + r).*veti;

% Solve Black-Scholes backward in time
for j=N:-1:1
   for i=2:M
      val(i,j) = a(i)*val(i-1,j+1) + b(i)*val(i,j+1)+ ...
         c(i)*val(i+1,j+1);
   end
end

% Return price
% Apply linear interpolation value off the grid
```

```
price = interp1(vetS, val(:,1), S0);
val0=val(:,1);
```

有限差分显性法，欧式看涨期权价格计算函数Expl_EuCal的代码如下。

`B3_Ch8_2_B.m`

```
function [price, vetS, val0]= ...
    Expl_EuPut(S0,K,r,T,sigma,Smax,dS,dt)

% Configure grid and increments
M = round(Smax/dS);
dS = Smax/M;
N = round(T/dt);
dt = T/N;

val = zeros(M+1,N+1);
vetS = linspace(0,Smax,M+1)';
veti = 0:M;
vetj = 0:N;

% Configure boundary conditions
% boundary: t=T
val(:,N+1) = max(K-vetS,0);
% boundary: S=0
val(1,:) = K*exp(-r*dt*(N-vetj));
% boudnary: S=Smax
val(M+1,:) = 0;

% Configure coefficients
% alpha:a; beta:b; gamma:c
a = 0.5*dt*(sigma^2*veti - r).*veti;
b = 1- dt*(sigma^2*veti.^2 + r);
c = 0.5*dt*(sigma^2*veti + r).*veti;

% Solve Black-Scholes backward in time
for j=N:-1:1
   for i=2:M
      val(i,j) = a(i)*val(i-1,j+1) + b(i)*val(i,j+1)+ ...
         c(i)*val(i+1,j+1);
   end
end

% Return price
% Apply linear interpolation value off the grid
price = interp1(vetS, val(:,1), S0);
val0=val(:,1);
```

注意，在函数Expl_EuPut和Expl_EuCal最后行使用了MATLAB自带的线性插值函数interp1()。这是为了处理当已知变量S_0不在离散网格节点上时的情况。例如$S_i < S_0 < S_{i+1}$，利用线性插值求出S_0对应的期权价格近似值。还有一点值得提出的是，因为欧式看跌期权和看涨期权的价格，在其他条件相同的情况下，服从**买卖权平价关系** (put-call parity)：

$$f_c(S(t),t) - f_p(S(t),t) = S(t) - Ke^{-r(T-t)} \tag{8.31}$$

在t时刻，如果知道欧式看跌期权的价格$f_p(S(t),t)$时，可以根据式 (8.31) 推导出，相同条件下，欧式看涨期权的价格$f_c(S(t),t)$；反之亦然。灵活地应用该关系，可以有效地减少工作量。

调用上边的函数，来计算某个特定的欧式看跌期权和看涨期权的价格分别为多少，并与MATLAB自带函数blsprice()的值进行比较。该期权的标的资产价格$S_0 = 60$，到期时间$T = 5/12$，执行价格$K = 50$，年化的即时无风险利率$r = 0.2$，波动率$\sigma = 0.3$。运行下面的代码。

`B3_Ch8_2_C.m`

```matlab
clc
clear all
close all

% Initialize variable values
S0=60;
Smax=120;
T=5/12;
K=50;
r=0.2;
sigma=0.3;

% Configure grid steps
vec_dS=[3, 1.5, 0.5];
vec_dt=[1/252, 1/504, 1/1008];

% Call MATLAB and user-defined functions
i=1;
for dS = vec_dS
    for dt = vec_dt
        
        % Explicit method solution: put
        [P_expl, P_vetS, P_val0]=...
            Expl_EuPut(S0, K, r, T, sigma, Smax, dS, dt);
        
        % Explicit method solution: call
        [C_expl, C_vetS, C_val0]=...
            Expl_EuCal(S0, K, r, T, sigma, Smax, dS, dt);
        
        % BLS matlab solution: put and call
```

```
            [C_ref,P_ref]=blsprice(C_vetS, K, r, T, sigma);

            % Calculate mean absolute error
            P_mae = mean(abs(P_val0-P_ref));
            C_mae = mean(abs(C_val0-C_ref));

            % Plotting
            figure(1)
            subplot(3,3,i)
            plot(P_vetS, P_ref, 'r', 'LineWidth', 1)
            hold on
            plot(P_vetS, P_val0, 'b', 'LineWidth', 0.25)
            set(gcf, 'color', 'w')

            if P_mae < 1
                xlabel(['MAE=',num2str(round(P_mae, 6))],...
                    'FontSize', 8)
            end

            figure(2)
            subplot(3,3,i)
            plot(C_vetS, C_ref, 'r', 'LineWidth', 1)
            hold on
            plot(C_vetS, C_val0, 'b', 'LineWidth', 0.25)
            set(gcf, 'color', 'w')

            if C_mae < 1
                xlabel(['MAE=',num2str(round(C_mae, 6))], ...
                    'FontSize', 8)
            end

            i=i+1;

        end
    end
```

注意：在以上代码中r是年化的即时利率，对到期时间T的赋值要与其在单位上保持一致。这里通过对步长ΔS和Δt的调节，来实现计算域网格化的疏密；分别对应代码中的dS和dt。

表8.4和表8.5总结了在不同的时间和标的资产价格步长下，显性法计算的欧式看跌期权和看涨期权价格。MAE是**平均绝对误差**(mean absolute error)，用来检测用户函数与MATLAB函数计算结果的偏差；MAE越小，吻合得越好。表中有些子图的MAE因为误差太大，在10的几百次方以上，所以没有给出。一般来说，越细密的网格，结果的精度越高。但是，通过表8.4可以看出，在不同的dS和dt取不同的步长时，有限差分显性法的计算结果并不总保持稳定。这说明，该方法并不是一个无条件稳定的算法；只有在dS与dt保持一定的关系时，计算结果才有可信度。

表8.4 不同dS和dt设置下有限差分显性法算得的欧式看跌期权价格

表8.5 不同dS和dt设置下有限差分显性法算得的欧式看涨期权价格

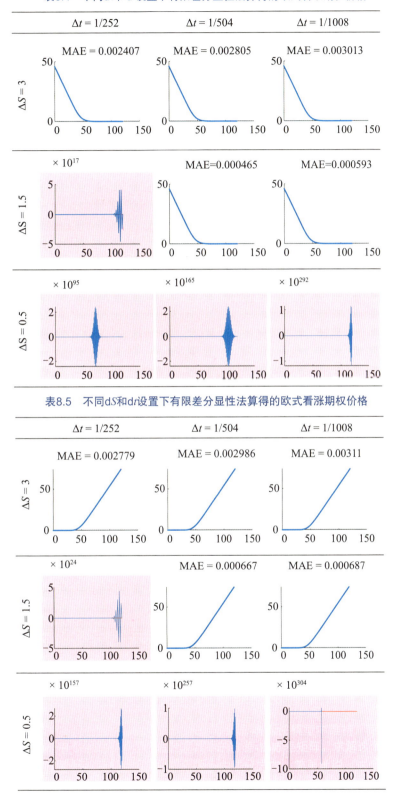

理论上，对于有限差分显性法在布莱克-舒尔斯模型中的稳定性可以使用变量变换的方法，令 $Z=\ln S$，来进行较方便的研究。其具体推导较为烦琐，此处不进行赘述，提出的**经验法测** (rule of thumb) 是 ΔZ 和 Δt 需要大概满足：

$$\Delta Z = \sigma\sqrt{3\Delta t} \tag{8.32}$$

但是，这并没有直接体现 ΔS 和 Δt 需要满足的关系，在按照 ΔS 和 Δt 编写程式时，并不直观，往往需要手动进行调节；另外一种处理方法，是按照 ΔZ 和 Δt 编写程序，这需要将原来的布莱克-舒尔斯模型变换成 $f(Z(t),t)$ 的形式：

$$\frac{\partial f}{\partial t} + \frac{1}{2}\sigma^2 \cdot \frac{\partial^2 f}{\partial Z^2} + \left(r - \frac{\sigma^2}{2}\right)\frac{\partial f}{\partial Z} - r \cdot f = 0 \tag{8.33}$$

然后得到其离散化的近似模型：

$$\frac{f_{i,j} - f_{i,j-1}}{\Delta t} + \frac{1}{2}\sigma^2 \cdot \frac{f_{i+1,j} - 2f_{i,j} + f_{i-1,j}}{(\Delta Z)^2} + \left(r - \frac{\sigma^2}{2}\right)\frac{f_{i+1,j} - f_{i-1,j}}{2\Delta Z} - r \cdot f_{i,j} = 0 \tag{8.34}$$

同时，对边界条件也要进行相应的变化。而且实际中，也往往需要对 ΔZ 和 Δt 的值采用进一步的调整。无形中增加了很多的工作量，所以稳定性是有限差分显性法的一大短板。那么隐形法和克兰克-尼克尔森法的稳定性又如何呢？将在下面的两节里揭晓答案。

8.3 隐性差分法

有限差分隐性法 (implicit method) 对于节点 $(i,j) \equiv (i \cdot \Delta S, j \cdot \Delta t)$，使用前向有限差分来近似时间 t 的一阶偏导数，即：

$$\frac{\partial f}{\partial t} = \frac{f_{i,j+1} - f_{i,j}}{\Delta t} \tag{8.35}$$

这可能是该方法与有限差分显性法在技术上的唯一不同。相同的是，它同样使用中心有限差分来近似标的资产价格 S 的一阶偏导数：

$$\frac{\partial f}{\partial S} = \frac{f_{i+1,j} - f_{i-1,j}}{2\Delta S} \tag{8.36}$$

以及，S 的二阶偏导数则近似为：

$$\frac{\partial^2 f}{\partial S^2} = \frac{f_{i+1,j} - 2f_{i,j} + f_{i-1,j}}{(\Delta S)^2} \tag{8.37}$$

如图8.10所示，图中蓝色节点的函数值均被使用到了对节点 (i, j) 处偏导数的差分近似中。

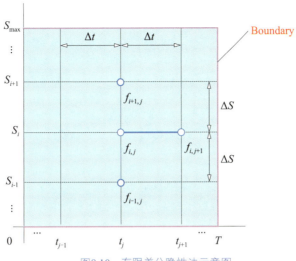

图8.10　有限差分隐性法示意图

将差分近似带入到布莱克-舒尔斯方程中可得到：

$$\frac{f_{i,j+1} - f_{i,j}}{\Delta t} + \frac{1}{2}\sigma^2 \cdot (i \cdot \Delta S)^2 \cdot \frac{f_{i+1,j} - 2f_{i,j} + f_{i-1,j}}{(\Delta S)^2} + r \cdot i \cdot \Delta S \cdot \frac{f_{i+1,j} - f_{i-1,j}}{2\Delta S} - r \cdot f_{i,j} = 0 \tag{8.38}$$

经过整理，能得到一个更简洁的形式：

$$f_{i,j+1} = \alpha_i \cdot f_{i-1,j} + \beta_i \cdot f_{i,j} + \gamma_i \cdot f_{i+1,j} \tag{8.39}$$

其中，常数项 α_i，β_i 和 γ_i 分别为：

$$\begin{aligned}\alpha_i &= \frac{\Delta t \cdot (r \cdot i - \sigma^2 \cdot i^2)}{2} \\ \beta_i &= 1 + \Delta t \cdot (\sigma^2 \cdot i^2 + r) \\ \gamma_i &= -\frac{\Delta t \cdot (\sigma^2 \cdot i^2 + r \cdot i)}{2}\end{aligned} \tag{8.40}$$

在具体计算上，隐性法的常数项 α_i，β_i 和 γ_i 与显性法有所不同；但也涉及相同的变量：时间步长 Δt，波动率 σ，无风险利率 r 和下标索引 i 计算求得。与显性法恰恰相反，隐性法告诉我们，下一个时间步长函数的值（如 $f_{i,j+1}$），可以由上一个时间步长函数的值（如 $f_{i-1,j}$，$f_{i,j}$，$f_{i+1,j}$）顺推而来。但是，$f_{i,j+1}$ 可以是已知的，例如布莱克-舒尔斯方程 $t = T$ 时的边界条件；而 $f_{i-1,j}$，$f_{i,j}$，$f_{i+1,j}$ 却是未知的。由一个已知数，推导出三个未知数，看似不太可能，那应该如何处理呢？

回顾离散网格化后的计算域，如图8.10所示，对于每个时间层都有 $j = N-1, \cdots, 0$，可以分别写出布莱克-舒尔斯差分方程。当 $i = 1$ 时：

$$f_{1,j+1} = \alpha_1 \cdot f_{0,j} + \beta_1 \cdot f_{1,j} + \gamma_1 \cdot f_{2,j} \tag{8.41}$$

移项后有：

$$\beta_1 \cdot f_{1,j} + \gamma_1 \cdot f_{2,j} = f_{1,j+1} - \alpha_1 \cdot f_{0,j} \tag{8.42}$$

当 $i = 2$ 时：

$$\alpha_2 \cdot f_{1,f} + \beta_2 \cdot f_{2,j} + \gamma_2 \cdot f_{3,j} = f_{2,j+1} \tag{8.43}$$

当 $i = 3$ 时：

$$\alpha_3 \cdot f_{2,j} + \beta_3 \cdot f_{3,j} + \gamma_3 \cdot f_{4,j} = f_{3,j+1} \tag{8.44}$$

这样一直写下去，当 $i = M - 2$ 时：

$$\alpha_{M-2} \cdot f_{M-2,j} + \beta_{M-2} \cdot f_{M-2,j} + \gamma_{M-2} \cdot f_{M-1,j} = f_{M-2,j+1} \tag{8.45}$$

直至当 $i = M - 1$ 时：

$$\alpha_{M-1} \cdot f_{M-1,j} + \beta_{M-1} \cdot f_{M-1,j} = f_{M-1,j+1} - \gamma_{M-1} \cdot f_{M,j} \tag{8.46}$$

因为用到了 f_{Mj} 的数据，已经是最后的第 M 层时间了，无法再继续写下去。对这些式子进行整理，可以获得它们的矩阵形式：

$$\mathbf{A}\mathbf{f}_j = \mathbf{f}_{j+1} + \mathbf{g}_j \tag{8.47}$$

其中：

$$\mathbf{A} = \begin{bmatrix} \beta_1 & \gamma_1 & 0 & 0 & \cdots & 0 & 0 & 0 \\ \alpha_2 & \beta_2 & \gamma_2 & 0 & \cdots & 0 & 0 & 0 \\ 0 & \alpha_3 & \beta_3 & \gamma_3 & \cdots & 0 & 0 & 0 \\ \cdots & \cdots & \cdots & \cdots & \cdots & \cdots & \cdots & \cdots \\ 0 & 0 & 0 & 0 & \cdots & \alpha_{M-2} & \beta_{M-2} & \beta_{M-2} \\ 0 & 0 & 0 & 0 & \cdots & 0 & \alpha_{M-1} & \beta_{M-1} \end{bmatrix}_{(M-1)\times(M-1)}$$

$$\mathbf{f}_j = \begin{bmatrix} f_{1,j} \\ f_{2,j} \\ f_{3,j} \\ \vdots \\ f_{M-2,j} \\ f_{M-1,j} \end{bmatrix}_{M-1} \quad \mathbf{g}_j = \begin{bmatrix} -\alpha_1 \cdot f_{0,j} \\ 0 \\ 0 \\ 0 \\ 0 \\ -\gamma_{M-1} \cdot f_{M,j} \end{bmatrix}_{M-1} \tag{8.48}$$

注意式子中高亮突出的部分，分别对应了矩阵 $\mathbf{A}$ 和向量 $\mathbf{g}_j$ 中项；剩下的其他项则对应向量 $\mathbf{f}_j$ 中的项。矩阵 $\mathbf{A}$ 是一个常数项矩阵，包含原方程的常数项系数，随时间索引下标 i 变化。向量 $\mathbf{g}_j$ 也是可以求得的，因为 $f_{0,j}$ 和 $f_{M,j}$ 的值可以由边界条件给出；参见之前显性法欧洲看跌期权的例子以及表8.3。在对布莱克-舒尔斯方程边界条件的处理上，隐性法与显性法都是一样的。在离散网格中，按照表8.3，对各个边界上相应的边界节点赋值。

如此一来，求解上面的矩阵方程，可以有：

$$\varphi_j = A^{-1}\left(f_{j+1} + g_j\right) \tag{8.49}$$

通过式 (8.49)，计算就可以根据已知量求解出未知量来。这也是为什么该方法称为隐性法，因为它的计算并不直接，涉及矩阵的求逆。矩阵**A**是一个**三对角矩阵** (tridiagonal matrix)，此处可以很方便地对其使用**LU分解** (LU decomposition)，进一步简化矩阵求逆的计算量，也能减少计算机的储存空间。MATLAB函数lu()可以直接用来获得LU分解矩阵**A**的**L**和**U**两个上下三角矩阵：

$$A = LU \tag{8.50}$$

矩阵方程进一步变化为：

$$f_j = U^{-1}L^{-1}\left(f_{j+1} + g_j\right) \tag{8.51}$$

在Matlab中实现有限差分隐性法，欧式看跌期权价格计算函数Impl_EuPut()的代码如下。

B3_Ch8_3_A.m

```matlab
function [price, vetS, val0] =...
    Impl_EuPut(S0,K,r,T,sigma,Smax,dS,dt)

% Configure grid and increments
M = round(Smax/dS);
dS = Smax/M;
N = round(T/dt);
dt = T/N;

val = zeros(M+1,N+1);
vetS = linspace(0,Smax,M+1)';
veti = 0:M;
vetj = 0:N;

% Configure boundary conditions
% boundary: t=T
val(:,N+1) = max(K-vetS,0);
% boundary: S=0
val(1,:) = K*exp(-r*dt*(N-vetj));
% boudnary: S=Smax
val(M+1,:) = 0;

% Configure coefficients
% alpha:a; beta:b; gamma:c
a = 0.5*(r*dt*veti-sigma^2*dt*(veti.^2));
b = 1+sigma^2*dt*(veti.^2)+r*dt;
c = -0.5*(r*dt*veti+sigma^2*dt*(veti.^2));
```

```matlab
%coeff: matrix A
coeff = diag(a(3:M),-1) + diag(b(2:M)) + diag(c(2:M-1),1);
[L,U] = lu(coeff);

% Solve Black-Scholes backward in time
% aux: vector g_j
aux = zeros(M-1,1);

for j=N:-1:1
    aux(1) = - a(2) * val(1,j);
    aux(M-1) = -c(M)*val(M+1,j);
    
    val(2:M,j) = U \ (L \ (val(2:M,j+1) + aux));
end

% Return price
% Apply linear interpolation value off the grid
price = interp1(vetS, val(:,1), S0);
val0=val(:,1);
```

有限差分隐性法欧式看涨期权价格计算函数Impl_EuCal()的代码如下。

B3_Ch8_3_B.m

```matlab
function [price, vetS, val0] =...
    Impl_EuCal(S0,K,r,T,sigma,Smax,dS,dt)

% Configure grid and increments
M = round(Smax/dS);
dS = Smax/M;
N = round(T/dt);
dt = T/N;

val = zeros(M+1,N+1);
vetS = linspace(0,Smax,M+1)';
veti = 0:M;
vetj = 0:N;

% Configure boundary conditions
% boundary: t=T
val(:,N+1) = max(vetS-K,0);
% boundary: S=0
val(1,:) = 0;
% boudnary: S=Smax
val(M+1,:) = Smax-K*exp(-r*dt*(N-vetj));

% Configure coefficients
% alpha:a; beta:b; gamma:c
a = 0.5*(r*dt*veti-sigma^2*dt*(veti.^2));
```

```
b = 1+sigma^2*dt*(veti.^2)+r*dt;
c = -0.5*(r*dt*veti+sigma^2*dt*(veti.^2));

%coeff: matrix A
coeff = diag(a(3:M),-1) + diag(b(2:M)) + diag(c(2:M-1),1);
[L,U] = lu(coeff);

% Solve Black-Scholes backward in time
% aux: vector g_j
aux = zeros(M-1,1);

for j=N:-1:1
   aux(1) = - a(2) * val(1,j);
   aux(M-1) = -c(M) * val(M+1,j);

   val(2:M,j) = U \ (L \ (val(2:M,j+1) + aux));
end

% Return price
% Apply linear interpolation value off the grid
price = interp1(vetS, val(:,1), S0);
val0=val(:,1);
```

与显性法的实现一样，在函数Expl_EuPut和Expl_EuCal最后行也使用了MATLAB自带的线性插值函数interp1()，来获得非节点上的S_0对应的期权价格近似值。

调用上边的函数，来计算某个特定的欧式看跌期权和看涨期权的价格分别为多少，并于MATLAB自带函数blsprice()的值进行比较。该期权的标的资产价格$S_0 = 60$，到期时间$T = 5/12$，执行价格$K = 50$，年化的即时无风险利率$r = 0.2$，波动率$\sigma = 0.3$。运行下面的代码。

B3_Ch8_3_C.m

```
clc;
clear all;
close all;

% Initialize variable values
S0=60;
Smax=120;
T=5/12;
K=50;
r=0.2;
sigma=0.3;

% Configure grid steps
vec_dS=[3, 1.5, 0.5];
vec_dt=[1/252, 1/504, 1/1008];

% Call MATLAB and user-defined functions
```

```matlab
i=1;
for dS = vec_dS
    for dt = vec_dt
        
        % Implicit method solution: put
        [P_impl, P_vetS, P_val0]=...
            Impl_EuPut(S0, K, r, T, sigma, Smax, dS, dt);
        
        % Implicit method solution: call
        [C_impl, C_vetS, C_val0]=...
            Impl_EuCal(S0, K, r, T, sigma, Smax, dS, dt);
        
        % BLS matlab solution: put and call
        [C_ref,P_ref]=blsprice(C_vetS, K, r, T, sigma);
        
        % Calculate mean absolute error
        P_mae = mean(abs(P_val0-P_ref));
        C_mae = mean(abs(C_val0-C_ref));
        
        % Plotting
        figure(1)
        subplot(3,3,i)
        plot(P_vetS, P_ref, 'r', 'LineWidth', 1.5)
        hold on
        plot(P_vetS, P_val0, 'b', 'LineWidth', 0.25)
        set(gcf, 'color', 'w')
        
        if P_mae < 1
            xlabel(['MAE=',num2str(round(P_mae, 6))],...
                'FontSize', 8)
        end
        
        figure(2)
        subplot(3,3,i)
        plot(C_vetS, C_ref, 'r', 'LineWidth', 1.5)
        hold on
        plot(C_vetS, C_val0, 'b', 'LineWidth', 0.25)
        set(gcf, 'color', 'w')
        
        if C_mae < 1
            xlabel(['MAE=',num2str(round(C_mae, 6))], ...
                'FontSize', 8)
        end
        
        i=i+1;
        
    end
end
```

表8.6和表8.7总结了在不同的时间和标的资产价格步长下，隐性法求得的欧式看跌和看涨期权价格。根据MAE的值，大体上当网格更密集时，计算的结果更接近MATLAB自带函数的估价。但不同于有限差分显性法，隐形法是稳定的，不会存在算法发散的问题，表现在波动过多过大的计算结果上。并且，通过理论证明，该算法是无条件稳定的，这也是其一大特点和卖点。实际中，对网格步长的选择也要做到精度与效率相互平衡，即用尽量少的时间来达到更满意的精度。通常可以从较稀疏的网格开始，慢慢加密网格，在检测程序正确性的同时，也可以测试程序的稳定性和时间成本。

表8.6　不同dS和dt设置下有限差分隐性法算得的欧式看跌期权价格

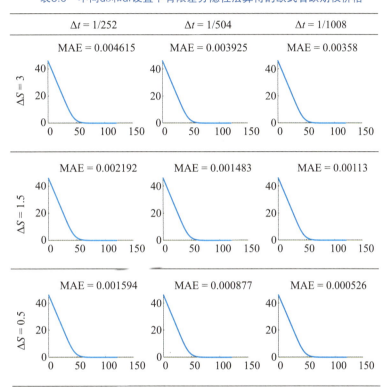

表8.7　不同dS和dt设置下有限差分隐性法算得的欧式看涨期权价格

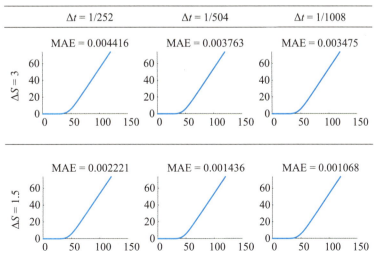

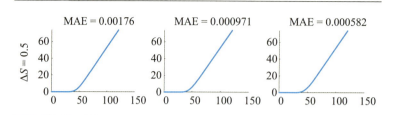

8.4 Crank-Nicolson差分法定价欧式期权

之前的显性法和隐性法，如图8.8和图8.10所示，对在节点 (i,j) 上的差分近似，用到了相邻的另外三个节点，一共是四个节点。其中的三个节点在同一时间层上，另一个在相邻的时间层，即前一时间层或后一时间层。克兰克-尼克尔森法的思路，就是试图利用相邻两个时间层，每一层上的三个节点来进行差分近似，如图8.11所示。这背后的根本原因在于，无论是显性法还是隐性法，它们可以在 S 轴上对 $\frac{\partial f}{\partial S}$ 和 $\frac{\partial^2 f}{\partial S^2}$ 近似通过中心有限差分达到二阶精度，但是在 t 轴上对 $\frac{\partial f}{\partial t}$ 通过前向或逆向有限差分只能达到一阶精度。克兰克-尼克尔森法的主要任务就是把对时间差分的精度统一到二阶精度上去。

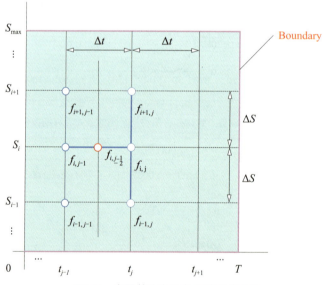

图8.11 有限差分克兰克-尼克尔森方法

为了便于理解这个方法的原理，引入一个虚拟节点：

$$\left(i, j-\frac{1}{2}\right) \equiv \left(i \cdot \Delta S, j \cdot \Delta t - \frac{1}{2} \cdot \Delta t\right) \tag{8.52}$$

在图8.11中，该节点显示为单独的红色，正好是节点 (i,j) 和 $(i,j+1)$ 的连线的中点，其对应的时间步长就是 $\frac{\Delta t}{2}$。在该节点对 $\frac{\partial f}{\partial t}$，使用中心有限差分：

$$\left.\frac{\partial f}{\partial t}\right|_{i,j-\frac{1}{2}} = \frac{f_{i,j} - f_{i,j-1}}{2\cdot\left(\frac{\Delta t}{2}\right)} = \frac{f_{i,j} - f_{i,j-1}}{\Delta t} \tag{8.53}$$

这与在节点 (i,j) 上使用逆向有限差分来近似时间 t 的一阶偏导数，即：

$$\left.\frac{\partial f}{\partial t}\right|_{i,j} = \frac{f_{i,j} - f_{i,j-1}}{\Delta t} \tag{8.54}$$

在形式和计算上是完全一样的。但是，只是改变了关注的节点，从 (i,j) 到 $\left(i,j-\frac{1}{2}\right)$，对时间 t 的一阶偏导的差分近似却从一阶精度提高到二阶精度。

首先，在节点上 $\left(i,j-\frac{1}{2}\right)$ 来处理 $\frac{\partial f}{\partial S}$。在图8.11中，基于这一组节点：$(i+1,j)$、$(i,j)$、$(i-1,j)$ 和 $\left(i,j-\frac{1}{2}\right)$，在节点 (i,j) 处运用有限差分显性法：

$$\begin{aligned}&\frac{f_{i,j} - f_{i,j-\frac{1}{2}}}{\frac{\Delta t}{2}} + \qquad\qquad\text{——逆向有限差分}\\ &\frac{1}{2}\sigma^2\cdot(i\cdot\Delta S)^2\cdot\frac{f_{i+1,j} - 2f_{i,j} + f_{i-1,j}}{(\Delta S)^2} + \\ &r\cdot i\cdot\Delta S\cdot\frac{f_{i+1,j} - f_{i-1,j}}{2\Delta S} \qquad\text{——中心有限差分}\\ &-r\cdot f_{i,j} = 0\end{aligned} \tag{8.55}$$

同时，基于另外一组节点：$(i+1,j-1)$、$(i,j-1)$、$(i-1,j-1)$ 和 $\left(i,j-\frac{1}{2}\right)$，在节点 $(i,j-1)$ 处运用有限差分隐性法：

$$\begin{aligned}&\frac{f_{i,j-\frac{1}{2}} - f_{i,j-1}}{\frac{\Delta t}{2}} + \qquad\qquad\text{——前向有限差分}\\ &\frac{1}{2}\sigma^2\cdot(i\cdot\Delta S)^2\cdot\frac{f_{i+1,j-1} - 2f_{i,j-1} + f_{i-1,j-1}}{(\Delta S)^2} + \\ &r\cdot i\cdot\Delta S\cdot\frac{f_{i+1,j-1} - f_{i-1,j-1}}{2\Delta S} \qquad\text{——中心有限差分}\\ &r\cdot f_{i,j-1} = 0\end{aligned} \tag{8.56}$$

将式 (8.55) 和式 (8.56) 结合可以得到：

$$\frac{f_{i,j} - f_{i,j-\frac{1}{2}}}{\frac{\Delta t}{2}} + \frac{f_{i,j-\frac{1}{2}} - f_{i,j-1}}{\frac{\Delta t}{2}} +$$

$$\frac{1}{2}\sigma^2 \cdot (i \cdot \Delta S)^2 \cdot \left(\frac{f_{i+1,j} - 2f_{i,j} + f_{i-1,j}}{(\Delta S)^2} + \frac{f_{i+1,j-1} - 2f_{i,j-1} + f_{i-1,j-1}}{(\Delta S)^2} \right) + \tag{8.57}$$

$$r \cdot i \cdot \Delta S \cdot \left(\frac{f_{i+1,j} - f_{i-1,j}}{2\Delta S} + \frac{f_{i+1,j-1} - f_{i-1,j-1}}{2\Delta S} \right) -$$

$$r \cdot (f_{i,j} + f_{i,j-1}) = 0$$

将等式两边同乘1/2，整理后得：

$$\frac{f_{i,j} - f_{i,j-1}}{2 \cdot \frac{\Delta t}{2}} + \underbrace{\qquad\qquad\qquad\qquad}_{\text{中心有限差分}}$$

$$\frac{1}{2}\sigma^2 \cdot (i \cdot \Delta S)^2 \cdot \left(\frac{f_{i+1,j} - 2f_{i,j} + f_{i-1,j}}{(\Delta S)^2} + \frac{f_{i+1,j-1} - 2f_{i,j-1} + f_{i-1,j-1}}{(\Delta S)^2} \right) + \tag{8.58}$$

$$r \cdot i \cdot \Delta S \cdot \frac{1}{2}\left(\frac{f_{i+1,j} - f_{i-1,j}}{2\Delta S} + \frac{f_{i+1,j-1} - f_{i-1,j-1}}{2\Delta S} \right) -$$

$$r \cdot \frac{1}{2}(f_{i,j} + f_{i,j-1}) = 0 \quad\text{中心有限差分}$$

进一步化简，即可得到克兰克-尼克尔森法给出的离散化方程：

$$-\alpha_i \cdot f_{i-1,j-1} + (1-\beta_i)f_{i,j-1} - \gamma_i \cdot f_{i+1,j-1} = \alpha_i \cdot f_{i-1,j} + (1+\beta_i)f_{i,j} + \gamma_i \cdot f_{i+1,j} \tag{8.59}$$

其中，常数项α_i，β_i和γ_i分别为：

$$\begin{aligned}\alpha_i &= \frac{\Delta t \cdot (\sigma^2 \cdot i^2 - r \cdot i)}{4} \\ \beta_i &= -\frac{\Delta t \cdot (\sigma^2 \cdot i^2 + r)}{2} \\ \gamma_i &= \frac{\Delta t \cdot (\sigma^2 \cdot i^2 + r \cdot i)}{4}\end{aligned} \tag{8.60}$$

它们都是关于时间步长Δt，波动率σ，无风险利率r和下标索引i的函数。

除了通过上面的方式可以导出克兰克-尼克尔森法，还可以直接利用**梯形法则** (trapezoidal rule) 进行直接推导。梯形法则给出，对于微分方程：

$$\frac{\partial f}{\partial t} = g(t, f) \tag{8.61}$$

可以近似得到：

$$f_{n+1} = f_n + \frac{1}{2} \cdot h \cdot \left(g(t_n, f_n) + g(t_{n+1}, f_{n+1}) \right) \tag{8.62}$$

其中，$h = t_{n+1} - t_n$ 取决于如何选择时间步长。稍稍变形一下，就有：

$$\frac{f_{n+1} - f_n}{h} = \frac{1}{2}\big(g(t_n, f_n) + g(t_{n+1}, f_{n+1})\big) \tag{8.63}$$

回顾布莱克-舒尔斯方程，令：

$$g(t, f) = -\frac{1}{2}\sigma^2 \cdot S^2 \cdot \frac{\partial^2 f}{\partial S^2} - r \cdot S \cdot \frac{\partial f}{\partial S} + r \cdot f \tag{8.64}$$

并且：

$$h = \Delta t \tag{8.65}$$

套用梯形法则的公式，就可以得到：

$$\begin{aligned}
&\frac{f_{i,j} - f_{i,j-1}}{\Delta t} \\
&= \frac{1}{2}\big(g(t_{j-1}, f_{i,j-1}) + g(t_j, f_{i,j})\big) \\
&= \frac{1}{2} \cdot \frac{1}{2}\sigma^2 \cdot \left(\left(S^2 \cdot \frac{\partial^2 f}{\partial S^2}\right)_{i,j-1} + \left(S^2 \cdot \frac{\partial^2 f}{\partial S^2}\right)_{i,j}\right) \\
&\quad - \frac{1}{2} \cdot r \cdot \left(\left(S \cdot \frac{\partial f}{\partial S}\right)_{i,j-1} + \left(S \cdot \frac{\partial f}{\partial S}\right)_{i,j}\right) + \frac{1}{2} \cdot r \cdot (f_{i,j-1} + f_{i,j})
\end{aligned} \tag{8.66}$$

中心有限差分

再对其中的 S 在节点 (i,j) 和 $(i,j-1)$ 处直接离散；对一阶二阶偏导 $\frac{\partial f}{\partial S}$，$\frac{\partial^2 f}{\partial S^2}$ 分别基于节点 (i,j) 和 $(i,j-1)$ 做中心有限差分，就可以得到同样的离散形式。

根据最终得到的布莱克-舒尔斯离散方程，与隐性法类似，逐层写出各个时间层的离散方程，也能够总结出它的矩阵形式：

$$\boldsymbol{M}_1 \boldsymbol{f}_{j-1} = \boldsymbol{M}_2 \boldsymbol{f}_j - \boldsymbol{g}_j - \boldsymbol{g}_{j-1} \tag{8.67}$$

其中，矩阵 $\boldsymbol{M}_1$，矩阵 $\boldsymbol{M}_2$，向量 $\boldsymbol{f}_j$ 和向量 $\boldsymbol{g}_j$ 分别为：

$$\boldsymbol{M}_1 = \begin{bmatrix} 1-\beta_1 & -\gamma_1 & 0 & \cdots & 0 & 0 \\ -\alpha_2 & 1-\beta_2 & -\gamma_2 & \cdots & 0 & 0 \\ \cdots & \cdots & \cdots & \cdots & \cdots & \cdots \\ 0 & 0 & 0 & \cdots & -\alpha_{M-1} & 1-\beta_{M-1} \end{bmatrix}_{(M-1)\times(M-1)}$$

$$\boldsymbol{M}_2 = \begin{bmatrix} 1+\beta_1 & \gamma_1 & 0 & \cdots & 0 & 0 \\ \alpha_2 & 1+\beta_2 & \gamma_2 & \cdots & 0 & 0 \\ \vdots & \vdots & \vdots & & \vdots & \vdots \\ 0 & 0 & 0 & \cdots & \alpha_{M-1} & 1+\beta_{M-1} \end{bmatrix}_{(M-1)\times(M-1)} \tag{8.68}$$

$$f_j = \begin{bmatrix} f_{1,j} \\ f_{2,j} \\ \vdots \\ F_{M-1,j} \end{bmatrix}_{M-1}$$

$$g_j = \begin{bmatrix} -\alpha_1 \cdot f_{0j} \\ 0 \\ 0 \\ 0 \\ 0 \\ -\gamma_{M-1} \cdot f_{M,j} \end{bmatrix}_{M-1} \quad (8.68)$$

并且，同样对 M_1 进行分解，以提高计算的效率：

$$M_1 = LU \quad (8.69)$$

矩阵方程进一步变化为：

$$f_{j-1} = U^{-1}L^{-1}\left(M_2 f_j - g_j - g_{j-1}\right) \quad (8.70)$$

可以看出，克兰克-尼克尔森法实际上是显性法与隐性法的结合。同时，和隐性法一样，它也是稳定的计算方法；若时间步长较小，该方法是最精确。显性法虽然最不精确，而且自身也不稳定，但是相对来讲，其计算量是最少的。隐性法在时间步长较大时，计算效果相对更好。

在Matlab中实现有限克兰克-尼克尔森法，欧式看跌期权价格计算函数CN_EuPut()的代码如下。

```
B3_Ch8_4_A.m
function [price, vetS, val0] =...
    CN_EuPut(S0,K,r,T,sigma,Smax,dS,dt)

% Configure grid and increments
M = round(Smax/dS);
dS = Smax/M;
N = round(T/dt);
dt = T/N;

val = zeros(M+1,N+1);
vetS = linspace(0,Smax,M+1)';
veti = vetS / dS;
vetj = 0:N;

% Configure boundary conditions
val(:,N+1) = max(K-vetS,0);
val(1,:) = K*exp(-r*dt*(N-vetj));
val(M+1,:) = 0;

% Configure coefficients
```

```matlab
% alpha:a; beta:b; gamma:c
a = 0.25*dt*( sigma^2*(veti.^2) - r*veti );
b = -dt*0.5*( sigma^2*(veti.^2) + r );
c = 0.25*dt*( sigma^2*(veti.^2) + r*veti );
M1 = -diag(a(3:M),-1) + diag(1-b(2:M)) - diag(c(2:M-1),1);
[L,U] = lu(M1);
M2 = diag(a(3:M),-1) + diag(1+b(2:M)) + diag(c(2:M-1),1);

% Solve Black-Scholes backward in time
% aux: vector g_j,g_j-1
aux = zeros(M-1,1);

for j=N:-1:1
    aux(1) = - a(2) * (val(1,j)+val(1,j+1));
    aux(M-1) = -c(M)* (val(M+1,j)+val(M+1,j+1));

    val(2:M,j) = U \ (L \ (M2*val(2:M,j+1) - aux));
end

% return price, possibly by linear interpolation outside the grid
price = interp1(vetS, val(:,1), S0);
val0=val(:,1);
```

计算欧式看涨期权价格的MATLAB函数CN_EuCal()的代码如下。

B3_Ch8_4_B.m

```matlab
function [price, vetS, val0] =...
    CN_EuCal(S0,K,r,T,sigma,Smax,dS,dt)

% Configure grid and increments
M = round(Smax/dS);
dS = Smax/M;
N = round(T/dt);
dt = T/N;

val = zeros(M+1,N+1);
vetS = linspace(0,Smax,M+1)';
veti = vetS / dS;
vetj = 0:N;

% Configure boundary conditions
% boundary: t=T
val(:,N+1) = max(vetS-K,0);
% boundary: S=0
val(1,:) = 0;
% boudnary: S=Smax
val(M+1,:) = Smax-K*exp(-r*dt*(N-vetj));
```

```matlab
% Configure coefficients
% alpha:a; beta:b; gamma:c
a = 0.25*dt*( sigma^2*(veti.^2) - r*veti );
b = -dt*0.5*( sigma^2*(veti.^2) + r );
c = 0.25*dt*( sigma^2*(veti.^2) + r*veti );
M1 = -diag(a(3:M),-1) + diag(1-b(2:M)) - diag(c(2:M-1),1);
(L,U) = lu(M1);
M2 = diag(a(3:M),-1) + diag(1+b(2:M)) + diag(c(2:M-1),1);

% Solve Black-Scholes backward in time
% aux: vector g_j,g_j-1
aux = zeros(M-1,1);

for j=N:-1:1
   aux(1) = - a(2) * (val(1,j)+val(1,j+1));
   aux(M-1) = -c(M)* (val(M+1,j)+val(M+1,j+1));
   
   val(2:M,j) = U \ (L \ (M2*val(2:M,j+1) - aux));
end

% return price, possibly by linear interpolation outside the grid
price = interp1(vetS, val(:,1), S0);
val0=val(:,1);
```

调用上边的函数，来计算特定的欧式看跌期权和看涨期权的价格分别为多少，并于MATLAB自带函数blsprice()的值进行比较。该期权的标的资产价格 $S_0 = 60$，到期时间 $T = 5/12$，执行价格 $K = 50$，年化的即时无风险利率 $r = 0.2$，波动率 $\sigma = 0.3$。运行下面的代码。

B3_Ch8_4_C.m

```matlab
clc;
clear all;
close all;

% Initialize variable values
S0=60;
Smax=120;
T=5/12;
K=50;
r=0.2;
sigma=0.3;

% Configure grid steps
vec_dS=[3, 1.5, 0.5];
vec_dt=[1/252, 1/504, 1/1008];

% Call MATLAB and user-defined functions
i=1;
```

```matlab
for dS = vec_dS
    for dt = vec_dt
    
        % CN method solution: put
        [P_CN, P_vetS, P_val0]=...
            CN_EuPut(S0, K, r, T, sigma, Smax, dS, dt);
        
        % CN method solution: call
        [C_CN, C_vetS, C_val0]=...
            CN_EuCal(S0, K, r, T, sigma, Smax, dS, dt);
        
        % BLS matlab solution: put and call
        [C_ref,P_ref]=blsprice(C_vetS, K, r, T, sigma);
        
        % Calculate mean absolute error
        P_mae = mean(abs(P_val0-P_ref));
        C_mae = mean(abs(C_val0-C_ref));
        
        % Plotting
        figure(1)
        subplot(3,3,i)
        plot(P_vetS, P_ref, 'r', 'LineWidth', 1.5)
        hold on
        plot(P_vetS, P_val0, 'b', 'LineWidth', 0.25)
        set(gcf, 'color', 'w')
        
        if P_mae < 1
            xlabel(['MAE=',num2str(round(P_mae, 6))],...
                'FontSize', 8)
        end
        
        figure(2)
        subplot(3,3,i)
        plot(C_vetS, C_ref, 'r', 'LineWidth', 1.5)
        hold on
        plot(C_vetS, C_val0, 'b', 'LineWidth', 0.25)
        set(gcf, 'color', 'w')
        
        if C_mae < 1
            xlabel(['MAE=',num2str(round(C_mae, 6))], ...
                'FontSize', 8)
        end
        
        i=i+1;
        
    end
end
```

表8.8和表8.9给出了使用克兰克-尼克尔森法,在不同的时间和标的资产价格步长下,计算的欧式看跌期权及看涨期权结果。跟隐性法一样,也可以理论证明克兰克-尼克尔森法是无条件稳定的。而且,在同样设置下,该方法也具有较高的精度。

表 8-8　不同dS和dt设置下有限差分克兰克-尼克尔森法算得的欧式看跌期权价格

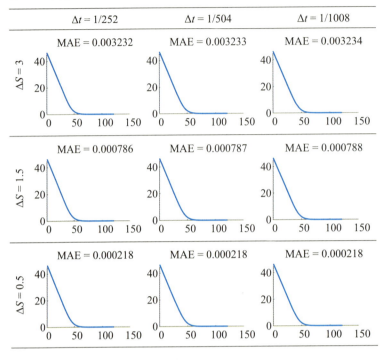

表8.9　不同dS和dt设置下有限差分克兰克-尼克尔森法算得的欧式看涨期权价格

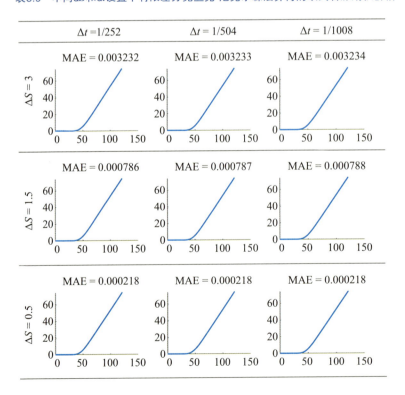

8.5 Crank-Nicolson差分法定价美式期权

不同于欧式期权，使用有限差分法计算美式期权时，一个显著的难点就是：由于美式期权允许**提前履约** (early exercise)，在到期前的几乎任意时刻可以执行价格进行交易；原问题的边界条件也因此会随着时间的变化而变化。在确定美式期权的价格时，需要对**持有价值** (hold value) 与当下的**履约价值** (immediate exercise value) 进行比较。如图8.12所示，在一个美式看跌期权下，提前履约边界沿时间轴变化，当标的资产价格达到边界以下时就应该提前履约，因为此时持有价值低于履约价值。

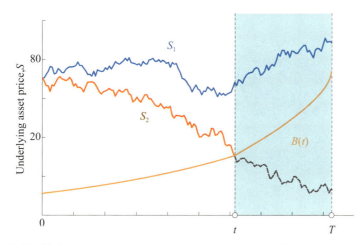

图8.12　美式期权下提前履约边界 (early exercise boundary) 与两条不同标的资产价格的路径：S_1，未提前履约；S_2，提前履约

对于一个美式看跌期权，或者是标的资产是有红利股票的美式看涨期权，提前履约有时是最优的操作。例如，假设标的股票的价格在到期时将跌为零，期权所有者如果提前履约而不是继续持有，必定获得更多的收益。这当中，所有者获得的不光光是提前履约带来的差价，即执行价格与当下股票价格的差，并且还获得了这部分收益在期权到期前的时间价值。

但是，对于一个**无红利** (non-dividend paying) 股票的美式看涨期权，提前履约从来不是最优的。这主要是因为美式看涨期权提前履约，需要支付执行价格来回购标的股票；从而，失去这部分资产在到期前继续持有的时间价值。

本章以美式看跌期权为例，考虑目前已经介绍的三种有限差分法。显性法具有不稳定的缺点，再加上随时间变化的边界条件，使用该方法求解会更加复杂。隐性法和克兰克-尼克尔森法，虽然稳定性好，但是计算量相对更大；需要通过矩阵方程，求解从第 j 时间层到第 $j-1$ 时间层的线性系统，同时求解 $M-1$ 个未知量，即有：

$$\begin{bmatrix} f_{1,j} \\ f_{2,j} \\ \dots \\ f_{M-1,j} \end{bmatrix}_{M-1} \Rightarrow \begin{bmatrix} \hat{f}_{1,j-1} \\ \hat{f}_{2,j-1} \\ \dots \\ \hat{f}_{M-1,j-1} \end{bmatrix}_{M-1} \tag{8.71}$$

这里，特意将由矩阵方程求出来的解表示为：

$$\begin{bmatrix} \hat{f}_{1,j-1} \\ \hat{f}_{2,j-1} \\ \dots \\ \hat{f}_{M-1,j-1} \end{bmatrix}_{M-1} \tag{8.72}$$

获得了这个解之后，由于允许提前履约，那么在每个节点上，就得比较 $\hat{f}_{i,j-1}$ 与履约时的收益的 $K-i\cdot \Delta S$ 大小。此处，为 K 期权执行价格， $i\cdot \Delta S$ 为该节点对应的标的资产价格。如果 $\hat{f}_{i,j-1}$ 较大，无须提前履约，保持该结点处的解 $\hat{f}_{i,j-1}$；若 $\hat{f}_{i,j-1}$ 较小，应该提前履约，那么原来的解 $\hat{f}_{i,j-1}$ 就需要替换为 $K-i\cdot \Delta S$，即：

$$\begin{bmatrix} f_{1,j-1} \\ f_{2,j-1} \\ \dots \\ f_{i,j-1} \\ \dots \\ f_{i,M-1} \end{bmatrix}_{M-1} \Rightarrow \begin{bmatrix} f_{1,j-1} \\ f_{2,j-1} \\ \dots \\ K-i\cdot \Delta S \\ \dots \\ f_{i,M-1} \end{bmatrix}_{M-1} \tag{8.73}$$

如此这样对每个节点的原线性系统解进行判定和必要的替换，很显然这会产生一个完全不同的向量，也不会再满足原先的矩阵方程了。为了避免同时求解矩阵方程带来的这个问题，不能再直接通过逆矩阵进行计算，而是考虑如何一步步地迭代求解。

为了达到上面的目的，这里引入**高斯-塞德尔迭代法** (Gauss-Seidel method) 来逐步求解原线性系统。考虑一个矩阵方程的通式：

$$Ax = b \tag{8.74}$$

其中，矩阵 A、向量 x 和向量 b 分别为：

$$A = \begin{bmatrix} a_{1,1} & a_{1,2} & \dots & a_{1,n} \\ a_{2,1} & a_{2,2} & \dots & a_{2,n} \\ \dots & \dots & \dots & \dots \\ a_{n,1} & a_{n,2} & \dots & a_{n,n} \end{bmatrix},$$

$$x = \begin{bmatrix} x_1 \\ x_2 \\ \dots \\ x_n \end{bmatrix}, \quad b = \begin{bmatrix} b_1 \\ b_2 \\ \dots \\ b_n \end{bmatrix} \tag{8.75}$$

进一步将矩阵 A 进行拆分，以便于之后的矩阵求逆计算：

$$A = D + C \tag{8.76}$$

其中，矩阵 D 和 C 分别对应式 (8.77) 的矩阵项； D 是**对角矩阵** (diagonal matrix)：

$$\begin{bmatrix} a_{1,1} & a_{1,2} & \dots & a_{1,n} \\ a_{2,1} & a_{2,2} & \dots & a_{2,n} \\ \dots & \dots & \dots & \dots \\ a_{n,1} & a_{n,2} & \dots & a_{n,n} \end{bmatrix} = \begin{bmatrix} a_{1,1} & 0 & \dots & 0 \\ 0 & a_{2,2} & \dots & 0 \\ \dots & \dots & \dots & \dots \\ 0 & 0 & \dots & a_{n,n} \end{bmatrix} + \begin{bmatrix} 0 & a_{1,2} & \dots & a_{1,n} \\ a_{2,1} & 0 & \dots & a_{2,n} \\ \dots & \dots & \dots & \dots \\ a_{n,1} & a_{n,2} & \dots & 0 \end{bmatrix} \tag{8.77}$$

然后，可以得到：

$$\begin{aligned} & Ax = b \\ \Rightarrow & (D+C)x = b \\ \Rightarrow & Dx + Cx = b \\ \Rightarrow & Dx = -Cx + b \\ \Rightarrow & x = -D^{-1}Cx + D^{-1}b \end{aligned} \tag{8.78}$$

到了这一步，迭代计算的思想就该登场了：将矩阵方程的真解 x^* 想象成空间中的一个点，其具体位置并不清楚，但只要原方程有解，那么这个点就是存在的。然后，从空间中的某个点 $x^{(0)}$ 出发，通过矩阵方程，能知道真解 x^* 在哪个方向，那么就朝那个方向移动一步达到一个新的点 $x^{(1)}$。如此反复下去，每一次从点 $x^{(k)}$ 移动到新的点 $x^{(k+1)}$，$x^{(k+1)}$ 都会比 $x^{(k)}$ 更接近真解 x^*；直到与 x^* 靠得足够近时，就可以将 $x^{(k+1)}$ 近似看作是 x^*。**雅可比法** (Jacobi method) 就是较常使用的基于该思想的一种数值迭代计算方法，它给出了由点 $x^{(k)}$ 到下一个点 $x^{(k+1)}$ 的计算形式为：

$$x^{(k+1)} = -D^{-1}Cx^{(k)} + D^{-1}b \tag{8.79}$$

具体到相应的矩阵和向量元素，根据矩阵形式可以得出：

$$x_i^{(k+1)} = \frac{1}{a_{i,i}}\left(b_i - \sum_{l=1,l\neq i}^{n} a_{i,l} \cdot x_l^{(k)}\right), i=1,2,\dots,n. \tag{8.80}$$

假设 $n=3$，以此为例来看看计算的详细过程，令：

$$\hat{D} = \begin{bmatrix} a_{1,1} & 0 & 0 \\ 0 & a_{2,2} & 0 \\ 0 & 0 & a_{3,3} \end{bmatrix} \quad \hat{C} = \begin{bmatrix} 0 & a_{1,2} & a_{1,3} \\ a_{2,1} & 0 & a_{2,3} \\ a_{3,1} & a_{3,2} & 0 \end{bmatrix}$$

$$\hat{b} = \begin{bmatrix} b_1 \\ b_2 \\ b_3 \end{bmatrix} \quad \hat{x}^{(k)} = \begin{bmatrix} x_1^{(k)} \\ x_2^{(k)} \\ x_3^{(k)} \end{bmatrix} \tag{8.81}$$

当 $i=1$ 时：

$$x_1^{(k+1)} = \frac{1}{a_{1,1}}\left(b_1 - a_{1,2}x_2^{(k)} - a_{1,3}\cdot x_3^{(k)}\right) \tag{8.82}$$

当 $i=2$ 时：

$$x_2^{(k+1)} = \frac{1}{a_{2,2}}\left(b_2 - a_{2,1}x_1^{(k)} - a_{2,3}\cdot x_3^{(k)}\right) \tag{8.83}$$

当 $i = 3$ 时：

$$x_3^{(k+1)} = \frac{1}{a_{3,3}}\left(b_3 - a_{3,1}x_1^{(k)} - a_{3,2}\cdot x_2^{(k)}\right) \qquad (8.84)$$

可以看出，对每一个 $x_i^{(k+1)}$ 的计算，都用到了矩阵 $\boldsymbol{D}$、$\boldsymbol{C}$ 和向量 $\boldsymbol{b}$ 中的所有元素，以及每一个 $x_i^{(k)}$。

更多关于雅可比法的内容可参见：http://mathworld.wolfram.com/JacobiMethod.html

在雅可比法的基础上，如果在得到了 $x_1^{(k+1)}$ 的时候，就用它把 $x_1^{(k)}$ 替换掉，运用到 $x_2^{(k+1)}$ 的运算中；并且又进一步用 $x_2^{(k+1)}$ 替换掉 $x_2^{(k)}$，运用到 $x_3^{(k+1)}$ 的运算中，这就成了**高斯-赛德尔法** (Gauss-Seidel method)。其基本操作就是，在从 k 到 $k+1$ 步迭代过程中，每当得到新的 $x_{i+1}^{(k+1)}$，就立即用其替换掉 k 步中的相应元素 $x_i^{(k+1)}$，并让其参与到后续对其他 $x_{i+1}^{(k+1)}$ 的计算中。还是沿用 $n = 3$ 的例子，在高斯-赛德尔法中当 $i = 1$：

$$x_1^{(k+1)} = \frac{1}{a_{1,1}}\left(b_1 - a_{1,2}x_2^{(k)} - a_{1,3}\cdot x_3^{(k)}\right) \qquad (8.85)$$

当 $i = 2$：

$$x_2^{(k+1)} = \frac{1}{a_{2,2}}\left(b_2 - a_{2,1}x_1^{(k+1)} - a_{2,3}\cdot x_3^{(k)}\right) \qquad (8.86)$$

当 $i = 3$：

$$x_3^{(k+1)} = \frac{1}{a_{3,3}}\left(b_3 - a_{3,1}x_1^{(k+1)} - a_{3,2}\cdot x_2^{(k+1)}\right) \qquad (8.87)$$

如图8.13所示，在这个例子里使用两种不同方法，待求向量 $\hat{\boldsymbol{x}}$ 的各个元素在一次迭代中的进化过程。雅可比法的迭代可以看成是一步到位，而同样的过程高斯-赛德尔法则可看作经过了好几步。

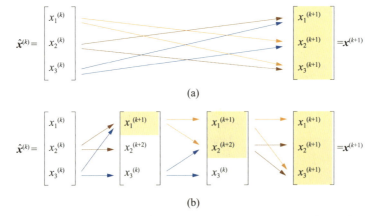

图8.13　未知向量元素计算示范图：(a) 雅可比法，(b) 高斯-塞德尔法

推广到一般情况，高斯-赛德尔法计算的通式可以表示为：

$$x_i^{(k+1)} = \frac{1}{a_{i,i}} \left(b_i - \sum_{l=1, l \neq i}^{i-1} a_{i,l} \cdot x_l^{(k+1)} - \sum_{l=i+1}^{n} a_{i,l} \cdot x_l^{(k)} \right), \quad i = 1, 2, \cdots, n; \ 1 \leqslant l \leqslant n. \tag{8.88}$$

注意 $x^{(k+1)}$ 出现在公式的两边，这就是因为新计算出来的 $x^{(k+1)}$ 马上替换了 $x^{(k)}$，并参与了后续的运算。这种计算形式，尤其在计算量不大的情况下，可能会比矩阵直接求逆要复杂很多。但是因为其一步步迭代的过程，创造了将随时间变化的边界条件引入运算的突破口。

为了对高斯-赛德尔法的迭代过程进行加速，更快地找到足够接近 x^* 的点，这里也同时使用**逐次超松弛法** (successive over-relaxation, SOR)。图8.14简单地展示了该方法的基本原理。假设在高斯-赛德尔法下，迭代正从点 $x^{(k)}$ 出发，向矩阵方程的解逼近 x^*；严格遵循原方法的计算时，将下一步的 $x^{(k+1)}$ 命名为 $z^{(k+1)}$。$z^{(k+1)}$ 的每一个元素同样由高斯-赛德尔法给出：

$$z_i^{(k+1)} = \frac{1}{a_{i,i}} \left(b_i - \sum_{l=1, l \neq i}^{i-1} a_{i,l} \cdot x_l^{(k+1)} - \sum_{l=i+1}^{n} a_{i,l} \cdot x_l^{(k)} \right) \tag{8.89}$$

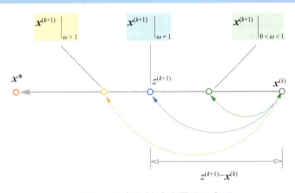

图8.14　逐次超松弛法原理示意图

为了方便直观表示，想象该路径为一条直线，从 $x^{(k)}$ 到 $z^{(k+1)}$ 跨出这一步，其前进的"距离"可以由 $z^{(k+1)} - x^{(k)}$ 来测量，即两点之间的"距离差"。假若在这个距离差上引入一个操纵因子 ω，由此来调整 $x^{(k+1)}$ 的位置，有：

$$x_i^{(k+1)} = x_i^{(k)} + \omega \cdot \underbrace{\left(z_i^{(k+1)} - x_i^{(k)} \right)}_{\text{残差项(冗余项)}} \tag{8.90}$$

如果 $\omega = 1$，显然 $x^{(k+1)} = z^{(k+1)}$，迭代的速度即为高斯-赛德尔法的速度。如果 $0 < \omega < 1$，那么向前迈出的一步就不会远到 $z^{(k+1)}$ 这个点，而是在 $x^{(k)}$ 与 $z^{(k+1)}$ 两者之间；此时，迭代的速度比高斯-赛德尔法慢。如果 $\omega > 1$，那么向前迈出的一步就会越过 $z^{(k+1)}$ 这个点，并有可能更加接近目标点 x^*；相应的迭代速度就比高斯-赛德尔法快。为了加速迭代的目的，对 ω 值的选择可以参考：

$$\omega_{\text{optimal}} \approx \frac{4}{2 + \sqrt{4 + c^2}} \tag{8.91}$$

其中 $c = \cos\left(\dfrac{\pi}{p}\right) + \cos\left(\dfrac{\pi}{q}\right)$，$p$ 和 q 为系统矩阵 $\boldsymbol{A}$ 的行数和列数；在前面的推导和例子中 $p = q = n$。

经过逐次超松弛法的加速后，$x_i^{(k+1)}$ 的计算通式变化为：

$$\begin{aligned}
x_i^{(k+1)} &= x_i^{(k)} + \omega \cdot \left(\frac{1}{a_{i,i}} \left(b_i - \sum_{l=1, l \neq i}^{i-1} a_{i,l} \cdot x_l^{(k+1)} - \sum_{l=i+1}^{n} a_{i,l} \cdot x_l^{(k)} \right) - x_i^{(k)} \right) \\
&= x_i^{(k)} + \frac{\omega}{a_{i,i}} \left(b_i - \sum_{l=1}^{i-1} a_{i,l} \cdot x_l^{(k+1)} - \sum_{l=i}^{n} a_{i,l} \cdot x_l^{(k)} \right)
\end{aligned} \tag{8.92}$$

应用式 (8.92)，实施迭代计算，直至算法收敛；此时算法不再显著改变 $\boldsymbol{x}^{(k+1)}$ 相对于 $\boldsymbol{x}^{(k)}$ 的位置：

$$\left\| \boldsymbol{x}^{(k+1)} - \boldsymbol{x}^{(k)} \right\| \leq \eta \tag{8.93}$$

其中，η 是算法的**收敛容差** (convergence tolerance)，一般选定为足够小的值。当式 (8.93) 被满足时，迭代便会停止，最后的 $\boldsymbol{x}^{(k+1)}$ 即被当作算法提供的矩阵方程解。

在算法 (高斯-赛德尔法和逐次超松弛法) 准备就绪之后，剩下的就是将它们应用到方程上了。回顾之前，克兰克-尼克尔森法给出的BLS方程的矩阵方程：

$$\boldsymbol{M}_1 \boldsymbol{f}_{j-1} = \boldsymbol{M}_2 \boldsymbol{f}_j - \boldsymbol{g}_j - \boldsymbol{g}_{j-1} \tag{8.94}$$

其中：

$$\boldsymbol{M}_1 = \begin{bmatrix} 1-\beta_1 & -\gamma_1 & 0 & \cdots & 0 & 0 \\ -\alpha_2 & 1-\beta_2 & -\gamma_2 & \cdots & 0 & 0 \\ \cdots & \cdots & \cdots & \cdots & \cdots & \cdots \\ 0 & 0 & 0 & \cdots & -\alpha_{M-1} & 1-\beta_{M-1} \end{bmatrix}_{(M-1) \times (M-1)} \tag{8.95}$$

$$\boldsymbol{g}_j = \begin{bmatrix} -\alpha_1 \cdot f_{0,j} \\ 0 \\ \cdots \\ 0 \\ -\gamma_{M-1} \cdot f_{M,j} \end{bmatrix}_{M-1} \quad \cdots \quad \boldsymbol{f}_j = \begin{bmatrix} f_{1,j} \\ f_{2,j} \\ \vdots \\ F_{M-1,j} \end{bmatrix}_{M-1}$$

如果将 (8.95) 等号右边的项定义为：

$$\boldsymbol{b}_j = \boldsymbol{M}_2 \boldsymbol{f}_j - \boldsymbol{g}_j - \boldsymbol{g}_{j-1} = \begin{bmatrix} b_{1,j} \\ b_{2,j} \\ \cdots \\ b_{M-1,j} \end{bmatrix}_{M-1} \tag{8.96}$$

原来的方程就变成了：

$$\boldsymbol{M}_1 \boldsymbol{f}_{j-1} = \boldsymbol{b}_j \tag{8.97}$$

对应之前用来讲解高斯-赛德尔法和逐次超松弛法的矩阵同时，有：

$$\begin{aligned} A &= M_1 \\ x &= f_{j-1} \\ b &= b_j \end{aligned} \tag{8.98}$$

按部就班地应用这个方法到克兰克-尼克尔森法的BLS矩阵形式中。当 $i=1$，有

$$\begin{aligned} \hat{f}_{1,j-1}^{(k+1)} &= f_{1,j-1}^{(k)} + \frac{\omega}{a_{11}} \left(b_{1,j} - \sum_{m=1}^{M-1} a_{1,m} \cdot f_{m,j-1}^{(k)} \right) \\ &= f_{1,j-1}^{(k)} + \frac{\omega}{1-\beta_1} \left(b_{1,j} - (1-\beta_1) \cdot f_{1,j-1}^{(k)} + \gamma_1 \cdot f_{2,j-1}^{(k)} \right) \end{aligned} \tag{8.99}$$

注意，此时的计算是从第 $j-1 = M-1$ 时间层开始的，利用到了 $j-1 = M-1$ 时间层的边界条件。并且，$\hat{f}_{1,j-1}^{(k+1)}$ 的值还是暂时的，需要将它于当下的即时执行价格进行比较。对于美式看跌期权，此刻的即时执行价格是 $K - S_{1,j-1}$。真正的 $f_{1,j}^{(k+1)}$，应该取两者较大的那一个，即：

$$f_{1,j}^{(k+1)} = \max\left\{ K - S_{1,j-1}, \hat{f}_{1,j-1}^{(k+1)} \right\} \tag{8.100}$$

当 $i=2$ 时，同样地，有：

$$\begin{aligned} \hat{f}_{2,j-1}^{(k+1)} &= f_{2,j-1}^{(k)} + \frac{\omega}{a_{2,2}} \left(b_{2,j-1} - \sum_{m=1}^{1} a_{2,m} \cdot f_{m,j-1}^{(k+1)} - \sum_{m=2}^{M-1} a_{2,m} \cdot f_{m,j-1}^{(k)} \right) \\ &= f_{2,j-1}^{(k)} + \frac{\omega}{1-\beta_2} \left(b_{2,j-1} + \alpha_2 \cdot f_{1,j-1}^{(k+1)} - (1-\beta_2) \cdot f_{2,j-1}^{(k)} + \gamma_2 \cdot f_{3,j-1}^{(k)} \right) \end{aligned} \tag{8.101}$$

和式 (8.101) 一样，注意到矩阵 M_1 中的零元素，通过消除式 (8.101) 中对应的某些项，对式子起到了化简的作用。再与当下的即时执行价格 $K - S_{2,j}$ 进行比较，确定 $f_{2,j}^{(k+1)}$ 的值：

$$f_{2,j-1}^{(k+1)} = \max\left\{ K - S_{2,j-1}, \hat{f}_{2,j-1}^{(k+1)} \right\} \tag{8.102}$$

在继续写下去之前，已经可以发现，在这个迭代的过程中，原问题自由的边界条件，就是在这个一次次的比较和取舍中，引入到了问题求解过程中。一直写到，当 $i = M-1$ 时，暂时的解为 $\hat{f}_{M-1,j}^{(k+1)}$：

$$\begin{aligned} \hat{f}_{M-1,j-1}^{(k+1)} &= f_{M-1,j-1}^{(k)} + \frac{\omega}{a_{M-1\,M-1}} \left(b_{M-1,j} - \sum_{m=1}^{M-2} a_{M-1,m} \cdot f_{m,j-1}^{(k+1)} - \sum_{m=M-1}^{M-1} a_{M-1,m} \cdot f_{m,j-1}^{(k)} \right) \\ &= f_{M-1,j-1}^{(k)} + \frac{\omega}{1-\beta_{M-1}} \left(b_{M-1,j} + \alpha_{M-1} \cdot f_{M-2,j-1}^{(k+1)} - (1-\beta_{M-1}) \cdot f_{M-1,j-1}^{(k)} \right) \end{aligned} \tag{8.103}$$

引入边界条件，比较获得：

$$f_{M-1,j-1}^{(k+1)} = \max\left\{ K - S_{M-1,j-1}, \hat{f}_{M-1,j-1}^{(k+1)} \right\} \tag{8.104}$$

其中，$K-S_{M-1,j-1}$ 为当下的即时执行价格。这样，就完成了一次对 f_{j-1} 值计算。重复该过程直至 $f_{j-1}^{(k+1)}$ 满足收敛条件，再移动到下一个时间层（$j-2$，$j-3$，…），如此反复就能将随时间变化的边界条件引入到问题求解中，得到相应的期权价格。

在Matlab中实现克兰克-尼克尔森法，美式看跌期权价格计算函数CN_AmPut的代码如下。

```
B3_Ch8_5_A.m
function [price, vetS, val0]= ...
    CN_AmPutCK(S0,K,r,T,sigma,Smax,dS,dt,omega,tol)

% Configure grid and increments
M = round(Smax/dS);
dS = Smax/M;
N = round(T/dt);
dt = T/N;

% vectors for Gauss-Seidel update
oldval = zeros(M-1,1);
newval = zeros(M-1,1);

vetS = linspace(0,Smax,M+1)';
veti = 0:M;
vetj = 0:N;

% Configure boundary conditions
payoff = max(K-vetS(2:M),0);
newval = payoff;

pastval = payoff;
boundval = K * ones(1, N+1);

% Configure coefficients
% alpha:a; beta:b; gamma:c
a = 0.25*dt*( sigma^2*(veti.^2) - r*veti );
b = -dt*0.5*( sigma^2*(veti.^2) + r );
c = 0.25*dt*( sigma^2*(veti.^2) + r*veti );
M2 = diag(a(3:M),-1) + diag(1+b(2:M)) + diag(c(2:M-1),1);

% Implement Gauss-Seidel with SOR method
aux = zeros(M-1,1);

for j=N:-1:1
    aux(1) = a(2) * (boundval(1,j) + boundval(1,j+1));
    
    % set up right hand side and initialize
    rhs = M2*pastval(:) + aux;
    oldval = pastval;
```

```
    error = realmax;

    while tol < error
        newval(1) = max ( payoff(1), ...
            oldval(1) + omega/(1-b(2)) * (...
            rhs(1) - (1-b(2))*oldval(1) + c(2)*oldval(2)));

        for k=2:M-2
            newval(k) = max ( payoff(k), ...
                oldval(k) + omega/(1-b(k+1)) * (...
                rhs(k) + a(k+1)*newval(k-1) - ...
                (1-b(k+1))*oldval(k) + c(k+1)*oldval(k+1)));
        end

        newval(M-1) = max( payoff(M-1),...
            oldval(M-1) + omega/(1-b(M)) * (...
            rhs(M-1) + a(M)*newval(M-2) - ...
            (1-b(M))*oldval(M-1)));
        error = norm(newval - oldval);
        oldval = newval;
    end

    pastval = newval;
end

newval = (boundval(1) ; newval ; 0);
% return price, possibly by linear interpolation outside the grid
price = interp1(vetS, newval, S0);
val0=newval;
```

调用上边的函数,来计算某个特定的美式看跌期权的价格。依旧使用之前的期权参数设定,标的资产价格 $S_0 = 60$,执行价格 $K = 50$,波动率 $\sigma = 0.3$。为了更明显地体现同条件下美式看跌期权和欧式看跌期权的价格差别,使用较长的到期时间 $T = 24/12$ 和较大的利率 $r = 0.3$。欧式看跌期权的价格由MATLAB函数blsprice()的计算得到。运行下面的代码。

`B3_Ch8_5_B.m`

```
clc;
clear all;
close all;

% Initialize variable values
S0=60;
Smax=120;
TT=24/12;
K=50;
r=0.3;
```

```matlab
sigma=0.3;

% Configure grid steps
dS=0.5;
dt=1/1008;
vec_T=TT:(-TT/50):0;

tol=1e-3;
omega=1.5;

val_TT=zeros(round(Smax/dS)+1, length(vec_T));
val_bls=zeros(round(Smax/dS)+1, length(vec_T));

% Call MATLAB and user-defined functions
i=1;
for T=vec_T

    for dS = dS
        for dt = dt

            % CN method solution: American put
            [P_CN, P_vetS, P_val0]=...
                CN_AmPut(S0,K,r,T,sigma,Smax,dS,dt,omega,tol);
            val_TT(:, i)=P_val0;

            % BLS matlab solution: put and call
            (C_ref,P_ref)=blsprice(P_vetS, K, r, T, sigma);
            val_bls(:, i)=P_ref;

        end
    end

    i=i+1;

end

% Resample vec_T for sparse plotting
vec_T_down = downsample(vec_T, 5);
P_vetS_down = downsample(P_vetS, 3);

val_TT_down = downsample(val_TT, 3);
val_TT_down = downsample(val_TT_down', 5);
val_TT_down=val_TT_down';

val_bls_down = downsample(val_bls, 3);
val_bls_down = downsample(val_bls_down', 5);
val_bls_down = val_bls_down';
```

```matlab
i=1;

for vec_t = [vec_T_down(2), vec_T_down(10)]

    figure(i)
    [X,Y]=meshgrid(vec_T_down, P_vetS_down);

    subplot(2,1,1)
    mesh(X,Y,val_TT_down, 'FaceAlpha', 0.0)
    hold on
    mesh(X,Y,val_bls_down, 'FaceAlpha', 0.0)
    xlabel('Time to Maturity')
    ylabel('Underlying Asset Price')
    zlabel('Option Value')

    xlim([0, TT])
    ylim([0, Smax])
    zlim([0, K])

    % Plot cross-section at T-t
    patch([vec_t,vec_t,vec_t,vec_t],...
        [0,Smax,Smax,0],[0,0,K,K],'w', 'FaceAlpha', 0.0)
    Xp=vec_t*ones(length(P_vetS_down), 1);
    Yp=P_vetS_down;
    Zp=val_TT_down(:, vec_T_down==vec_t);
    plot3(Xp, Yp, Zp, 'r', 'linewidth', 2)

    Xbls=vec_t*ones(length(P_vetS_down), 1);
    Ybls=P_vetS_down;
    Zbls=val_bls_down(:, vec_T_down==vec_t);
    plot3(Xbls, Ybls, Zbls, 'b', 'linewidth', 2)
    grid off
    view(129, 12)

    subplot(2,1,2)
    plot(P_vetS_down, Zp, 'r', 'linewidth', 2)
    hold on
    plot(P_vetS_down, Zbls, 'b', 'linewidth', 2)
    legend('American Put','European Put')
    xlabel(['Time to Maturity: ', ...
        num2str(round(vec_t, 2)),' Year'])
    ylabel('Underlying Asset Price')
    xlim([0, Smax])
    ylim([0, K])

    set(gcf,'units', 'centimeters','position',[5,5,9,12],...
```

```
        'color', 'w')
    i=i+1;
end
```

以上代码不仅计算了 $t=0$ 的美式看跌期权价格,还计算了不同的到期时间的价格,以及同时刻的欧式看跌期权价格。绘制出了期权随时间变化的价格平面,如图8.15和图8.16所示。可以看出:

◀ 在到期时间 $t=T$,美式看跌和欧式看跌期权的价格收敛到相同的边界条件,期权价格相同。但是,到期时间越长,两者的价格差别就越大。到期时间越长,美式看跌期权提前履约的价格优势越发明显;越临近到期时间,这个优势随着价格的收敛也越来越弱。

◀ 在边界 $S(t)=S_{max}$ 上,两者的边界条件保持一致,且不随时间变化。

◀ 在边界 $S(t)=0$ 上,美式看跌期权因为存在提前履约的可能,期权价格始终与执行价格一致。而欧式看跌期权不存在提前履约,期权价格随到期时间变化,且始终比美式看跌期权低。这也可以看作是,美式看跌期权因为有提前履约的灵活性,购买者需要为此付出更多的钱。

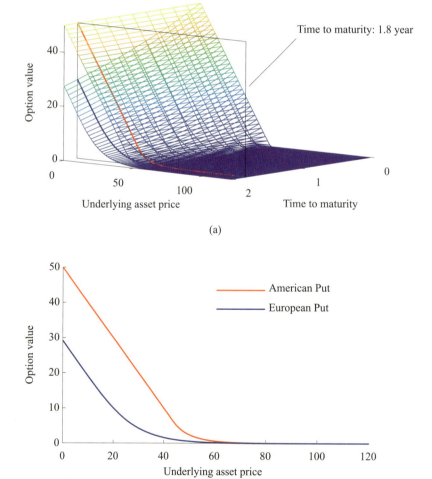

图8.15 美式看跌期权和欧式看跌期权价格随到期时间变化图及到期时间1.8年时两者价格比较

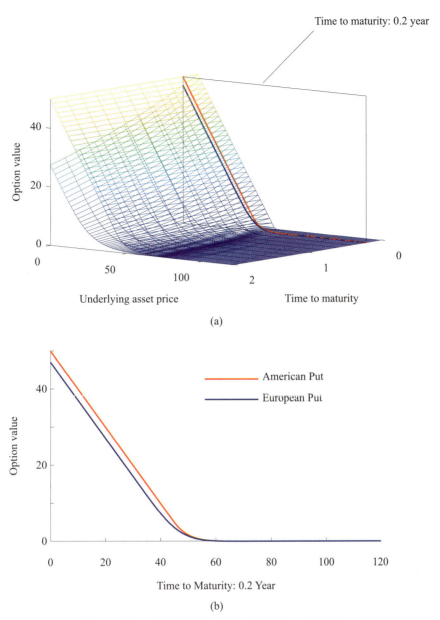

图8.16 美式看跌期权和欧式看跌期权价格随到期时间变化图及到期时间0.2年时两者价格比较

第9章 蒙特卡罗模拟 I

Monte Carlo Simulation

> *The markets are moved by animal spirits, and not by reason.*
>
> ——约翰·梅约德·凯恩斯 (John Maynard Keynes)

蒙特卡罗模拟 (Monte Carlo Simulation) 以法国南部城邦国家摩洛哥 (Monaco) 的博彩 (赌博) 胜地蒙特卡罗 (Monte Carlo) 命名。19世纪时，蒙特卡罗的赌场久负盛名，富甲一方的造访者络绎不绝。如同**骰子** (dice)、**轮盘** (roulette)、**老虎机** (slot machine) 等博彩游戏一样，蒙特卡罗模拟技术本身也充满了"运气"和"不确定"。该方法由曾参与**曼哈顿计划** (Manhattan Project) 的波兰数学家Stanislaw Ulam 首次提出。"二战"后，在脑部手术恢复过程中的 Stanislaw 以纸牌游戏为主要娱乐方式，对于游戏结果的分布以及获胜的概率，他产生了浓厚的兴趣。Stanislaw将自己的想法与另一位大数学家 John Von Neuman 分享后，他们合力开发完善了蒙特卡罗模拟这个目前在金融领域里广泛应用的技术。

◀ Monte Carlo, Monaco

Stanislaw Ulam ▶

Core Functions and Syntaxes
本章核心命令代码

- `betarnd()` Beta 分布随机数生成器
- `binornd()` 产生服从二项分布的随机变量
- `blsprice()` 根据BSM模型求解欧式期权现价
- `chi2rnd()` 卡方分布随机数生成器
- `cos()` 求解三角函数余弦
- `cov()` 计算输入的采样数据之间的协方差值
- `cumsum()` 函数计算输入序列的累积和
- `double()` 函数可直接将 syms 类型表达式转化为数据型结果显示
- `exprnd()` 指数分布随机数生成器
- `fprintf()` 在 Command 窗口输出打印指定文本
- `frnd()` F-分布随机数生成器
- `gamrnd()` Gamma 分布随机数生成器
- `geornd()` 产生服从几何分布的随机变量
- `lognrnd()` 对数正态分布随机数生成器

- ◀ `mod()` 函数用来求解余数
- ◀ `normfit()` 函数根据输入数据拟合正态分布并输出关键参数
- ◀ `normrnd()` 正态分布随机数生成器
- ◀ `poissrnd()` 产生服从泊松分布的随机变量
- ◀ `rand()` 返回一个在区间 (0,1) 内均匀分布的随机数
- ◀ `randn(n)` 返回由正态分布的随机数组成的 $n×n$ 矩阵；`randn(sz1,...,szN)` 返回由随机数组成的 sz1×...×szN 数组，其中 sz1,...,szN 指示每个维度的大小。例如：`randn(3,4)` 返回一个 3×4 的矩阵
- ◀ `raylrnd()` 瑞利分布 (Rayleigh distribution) 随机数生成器
- ◀ `sin()` 求解三角函数正弦
- ◀ `trnd()` 学生 t-分布随机数生成器
- ◀ `unidrnd()` 产生服从离散均匀分布的随机变量
- ◀ `unifrnd(A,B)` 返回 A 和 B 之间的连续均匀随机数组
- ◀ `wblrnd()` 产生服从的威布尔分布 (Weibull distribution) 的随机变量

9.1 蒙特卡罗积分

对积分的数值计算往往是在正交系 (例如直角坐标系) 中通过对各个维度的离散化再对离散的函数值求和而得到的。但其对应的计算量会随着维度的增加而明显增大，造成实际应用的困难。**蒙特卡罗积分** (Monte Carlo integration) 在维度较大时就体现出了计算量上的明显优势，其核心思想是通过引入随机变量将原来的积分计算转化为统计问题进行求解。

考虑以下在有理数域 $\mathbb{R}$ 上的一个 n 维积分：

$$I = \int_A \phi(x)\,dx \tag{9.1}$$

式中：$A \subset \mathbb{R}^n$ 为积分区域，属于 n 维有理数域 $\mathbb{R}^n$；x 为区域 A 上的点。

在蒙特卡罗积分中，先产生一系列的随机采样点 $x^i \in A$, $i = 1,\cdots,m$，原先的积分就可以通过式 (9.2) 进行近似计算：

$$\hat{I}_m = \frac{\mathrm{vol}(A)}{m} \sum_{i=1}^{m} \phi(x^i) \tag{9.2}$$

其中，$\mathrm{vol}(A)$ 代表区域 A 的体量，通常是在多维下的超矩形：

$$A = [0,1] \times [0,1] \times \cdots \times [0,1] \tag{9.3}$$

并且 $\mathrm{vol}(A)$ 值为 1；积分将在这个区域上完成。

当随机采样点的个数不断增大时，$\hat{I}_m$ 值就会逐渐收敛于积分的真值 I：

$$\lim_{m \to \infty} \hat{I}_m = I \tag{9.4}$$

由此可以发现，通过随机采样的机制也可以计算确定性函数的值。

假若 n 维随机向量 x 具有式 (9.5) 所示形式，即各个维度上均有对应的随机变量 x_i $(i=1,\cdots,n)$：

$$x = [x_1, x_2, \ldots, x_n]^\mathrm{T} \tag{9.5}$$

令各个 x_i 之间的联合概率密度函数为 $f(x_1,\ldots,x_n)$，那么对于任意关于 x 的函数 $g(x)$，就可以通过随机采样计算期望来获得函数值：

$$\mathrm{E}[g(x)] = \iint \cdots \int g(x_1,\ldots,x_n) f(x_1,\ldots,x_n)\,dx_1,\ldots,x_n \tag{9.6}$$

例如，对于以下一元函数积分：

$$I = \int_0^1 g(x)\,dx \tag{9.7}$$

可将其看作是$g(U)$的期望值，即$\mathrm{E}[g(U)]$；并且U是在区间 (0, 1) 上的服从均匀分布的随机变量，即$U \sim (0,1)$。这里，主要分两步完成计算：

首先产生U的m个随机采样序列$\{U_i\}$，$i=1,\cdots,m$；样本均服从$(0,1)$上的均匀分布。

将样本代入式 (9.8)，计算样本期望，即可得到原积分近似值。

$$\frac{1}{m}\sum_{i=1}^{m}g(U_i) \tag{9.8}$$

这里试着应用以上的方法求解下面具体函数$g(x)=2\mathrm{e}^x$的积分：

$$I = \int_0^1 2\mathrm{e}^x \mathrm{d}x = \frac{1}{2}\left(\mathrm{e}^2-1\right) = 3.1945 \tag{9.9}$$

其中，积分的真值为3.1945，按照刚刚介绍的步骤，先将随机样本数m设定为10，每产生一组样本就计算样本的期望值；然后重复该实验50次。结果如图9.1所示，每一组样本产生的期望值 (蓝圈) 都在真值 (红线) 上下浮动。如果进一步增加样本个数，从50一直到1000万，如图9.2所示，样本的期望值随着样本数的增大，逐渐收敛到积分的真值了。

以下代码可以绘制图9.1和图9.2。

```matlab
B3_Ch9_1.m

clear all; close all; clc;

% reset rand generator to replicate same experiment results
rand('state',0)

% calculate true integral value
syms x
I = double(int(exp(2*x),0,1));

% start with small sample size
Im1 = [];
for i =1:50
    Im1(i) = mean(exp(2*rand(1,10)));
end

% increase sample size
m = (10, 0.5e2, 1e2, 0.5e3, 1e3, 0.5e4, 1e4, 1e5, 1e6, 1e7);
Im2 = [];

for i = 1:length(m)
    Im2(i) = mean(exp(2*rand(1,m(i))));
end

% plot
figure
```

```
scatter(1:length(Im1), Im1);
hold on
line([1, length(Im1)], [I, I], 'color', 'red')
xlim([1, length(Im1)])

figure
scatter(1:length(m), Im2);
hold on
plot(Im2, '-.b');
hold on
line([1, length(m)], [I, I], 'color', 'red')
xlim([1, length(m)])
```

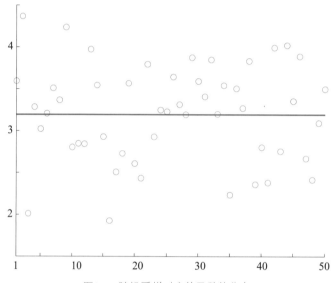

图9.1　随机采样对应的函数值分布

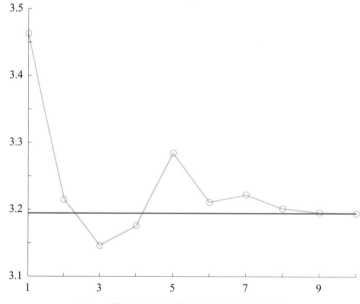

图9.2　期望值随样本增加逐渐收敛于其真值

注意代码中通过函数 rand( ) 中的指令 'state' 将随机数发生器的起始点设定在了固定的值上，以至于随机数发生器可以重复产生相对的随机数序列。因此，以上的实验具有可重复性，大家也可以试试在不使用该行代码时，实验结果会出现哪些变化。下一节将集中介绍随机数发生器最常见的几种"工作原理"。

9.2 产生随机变量

MATLAB本身拥有许多的随机数生成函数，表9.1进行了广泛的总结。不同的函数能产生服从不同分布的随机变量，例如均匀分布、高斯分布、卡方分布等。一般情况下，用户并不需要编写自己的随机数发生器。但是，了解随机数发生器背后的一些基本理论，有助于了解随机数的产生过程，为后面讲解蒙特卡罗模拟中方差减小技术做好准备。

表9.1 常见MATLAB随机变量产生函数总结

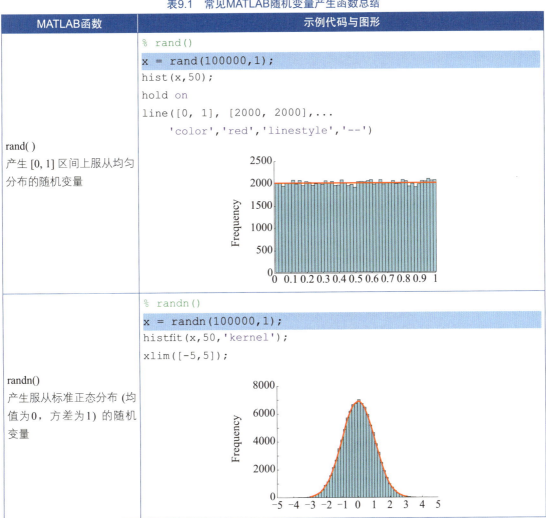

MATLAB函数	示例代码与图形

rand( )
产生 [0, 1] 区间上服从均匀分布的随机变量
	``% rand()``
	``x = rand(100000,1);``
	``hist(x,50);``
	``hold on``
	``line([0, 1], [2000, 2000],...``
	``    'color','red','linestyle','--')``

randn()
产生服从标准正态分布 (均值为0，方差为1) 的随机变量
	``% randn()``
	``x = randn(100000,1);``
	``histfit(x,50,'kernel');``
	``xlim([-5,5]);``

续表

MATLAB函数	示例代码与图形
| unifrnd()<br>产生区间 [a, b] 上服从均匀分布的随机变量，类似rand() | ```matlab
% unifrnd()
x = unifrnd(-3,2,100000,1);
hist(x,50);
hold on
line([-3, 2], [2000, 2000],...
    'color','red','linestyle','--')
``` |
| normrnd()<br>产生均值为 $\mu$、标准差为 $\sigma$ 的正态分布的随机变量，类似randn() | ```matlab
% normrnd()
x = normrnd(2,4,100000,1);
histfit(x,50,'kernel');
xlim([-14,18]);
``` |
| chi2rnd()<br>产生服从自由度为 $v$ 的卡方 (Chi-square) 分布的随机变量 | ```matlab
% chi2rnd()
x = chi2rnd(3,100000,1);
histfit(x,50,'kernel');
``` |

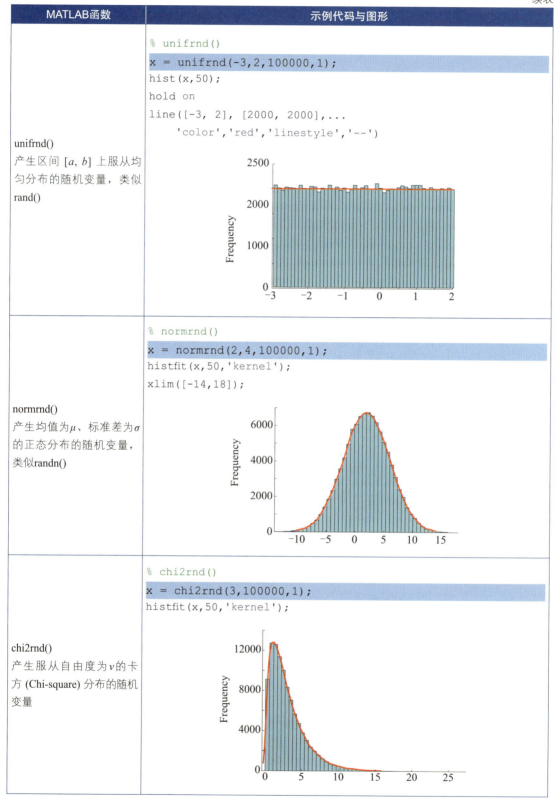
```

续表

MATLAB函数	示例代码与图形

frnd()
产生服从自由度为v_1、v_2的F分布的随机变量
	``matlab
	% frnd()
	x = frnd(12,15,100000,1);
	histfit(x,50,'kernel');
	xlim([0,10]);
	``

trnd()
产生服从自由度为v的学生t-分布的随机变量
	``matlab
	% trnd()
	x = trnd(8,100000,1);
	histfit(x,50,'kernel');
	xlim([-7,7]);
	``

betarnd()
产生服从参数为A、B的Beta分布的随机变量
	``matlab
	% betarand()
	x = betarnd(2,5,[1,100000]);
	histfit(x,50,'kernel');
	``

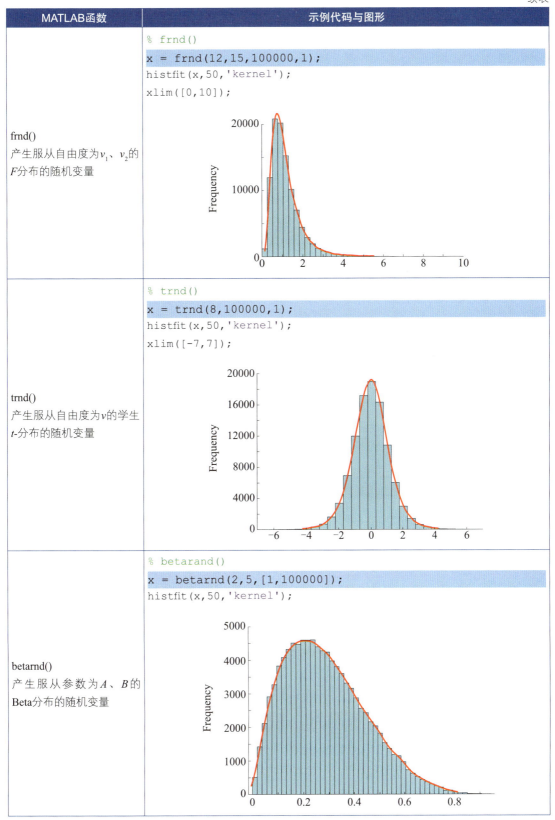

MATLAB函数	示例代码与图形

exprnd()
产生服从参数为μ的指数分布的随机变量
	```% exprnd()```
	```x = exprnd(3,[1,100000]);```
	```histfit(x,50,'kernel');```

gamrnd()
产生服从参数为A、B的Gamma分布的随机变量
	```% gamrnd()```
	```x = gamrnd(3,7,[1,100000]);```
	```histfit(x,50,'kernel');```

lognrnd()
产生服从参数为μ、σ的对数正态分布的随机变量
	```% lognrnd()```
	```x = lognrnd(7,0.5,[1,100000]);```
	```histfit(x,50,'kernel');```

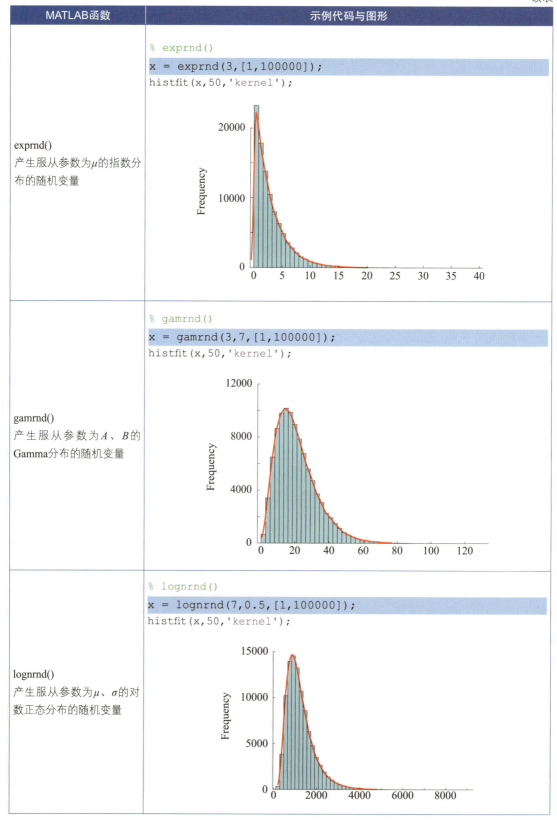

MATLAB函数	示例代码与图形

raylrnd()
产生服从参数为B的瑞利(Rayleigh)分布的随机变量
	``% raylrnd()
	x = raylrnd(2,[1,100000]);
	histfit(x,50,'kernel');```

wblrnd()
产生服从参数为A、B的威布尔(Weibull)分布的随机变量
	``% wblrnd
	x = wblrnd(0.5, 2, [1,100000]);
	histfit(x,50,'kernel');```

unidrnd()
产生服从离散均匀分布的随机变量
	``% unidrnd()
	x = unidrnd(50,100000,1);
	hist(x,50);
	hold on
	line([0, 50], [2000, 2000],...
	    'color','red','linestyle','--');```

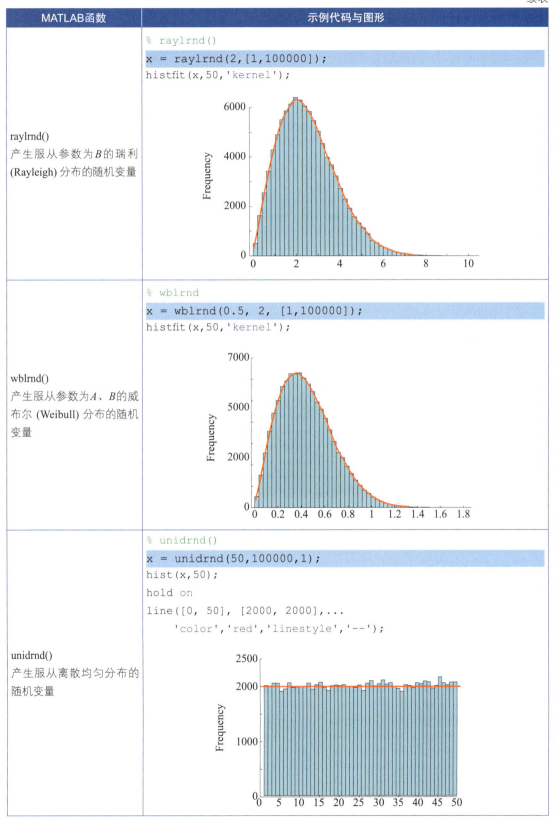

MATLAB函数	示例代码与图形
| binornd()<br>产生服从参数为$n$、$p$的二项分布的随机变量 | ```matlab
% binornd()
x = binornd(15,0.5,100000,1);
hist(x,15);
``` |
| geornd()<br>产生服从参数为$p$的几何分布的随机变量 | ```matlab
% geornd()
x = geornd(0.4,100000,1);
hist(x,50);
``` |
| poissrnd()<br>产生服从参数为$\lambda$的泊松(Poisson)分布的随机变量 | ```matlab
% poissrnd()
x = poissrnd(10,100000,1);
hist(x,50);
``` |

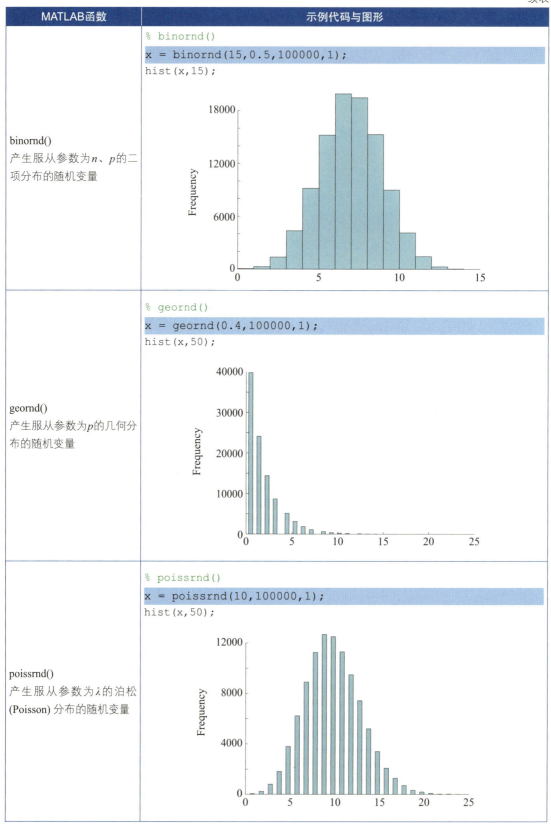
```

首先需要提出来的是，程序编写的随机数发生器并不是"真正"的随机数，而是**伪随机数**(pseudorandom variate)。通常产生服从一定分布的伪随机数，都从产生 [0, 1] 区间上的均匀分布伪随机数开始。然后通过适当的变化来获得想要的分布，本节将介绍几种常见的操作方法，例如逆变换法、拒绝法等。

在**伪随机数发生器** (pseudo-random number generator) 中产生 [0, 1] 区间上的均匀分布伪随机数，一个基本的途径是产生**线性同余随机变量** (linear congruential random variate)。该方法的具体步骤如下：

先设定**初始值** (initial number) Z_0、**乘子** (multiplier) a、**平移项** (shift) c 以及**模数** (modulus) m；再使用式 (9.10)，计算下一个 Z_i 的值：

$$Z_i = (aZ_{i-1} + c) \bmod m \tag{9.10}$$

其中 "mod" 代表取余数的计算，例如，15 mod 2 的结果为1，因为 15 = 2×7+1，即15除以2的余数为1；同样的道理，15 mod 6 的结果就是3。

最后计算 Z_i/m，作为产生的随机数。重复以上的步骤产生一系列的随机数。

令 $Z_0 = 5$、$a = 5$、$c = 3$、$m = 16$，来产生1000个线性同余随机变量。如图9.3所示为前100个随机数 [图9.3(a)] 和所有的1000个随机数 [图9.3(b)]。从图中可以看出，产生的随机数在区间 [0, 1] 上的分布并不均匀，有些区域上随机数出现的频次明显更高；甚至有些数重复出现。当 Z_0 及其他参数一定时，同样的随机数序列可以重复产生。所以线性同余随机发生器有明显的局限性。

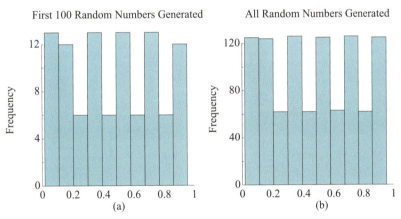

图9.3　线性同余随机变量发生器产生的随机数序列

以下代码可用来绘制图9.3。

```matlab
B3_Ch9_2_A.m
close all; clear all; clc;

% Initiatization
a = 5;
c = 3;
m = 16;
seed = 7;

Z_Series = [];
```

```
U_Series = [];

N = 1e3;
for i=1:N
    seed = mod(a*seed+c, m);
    Z_Series(i) = seed;
    U_Series(i) = seed/m;
end

% Plot
figure
subplot(1,2,1)
hist(U_Series(1:100));
title('First 100 Random Numbers Generated')

subplot(1,2,2)
hist(U_Series);
title('All Random Numbers Generated')
```

在MATLAB中产生 [0, 1] 上均匀分布随机数的常用函数是 rand()，使用的是**梅森旋转算法** (mersenne twister method)，由日本人松本真和西村拓士在1997年开发，克服了线性同余随机发生器的缺点。如图9.4所示，rand() 产生的随机数在样本数增大时越发趋近于均匀分布。

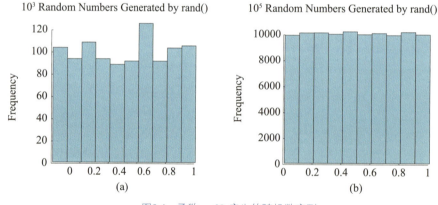

图9.4　函数rand() 产生的随机数序列

以下代码可以获得图9.4。

`B3_Ch9_2_B.m`

```
% Use rand()
U1 = rand(N, 1);

U2 = rand(1e5, 1);

figure
subplot(1,2,1)
hist(U1);
title('10^{3} Random Numbers Generated by rand()')
```

```
subplot(1,2,2)
hist(U2);
title('10^{5} Random Numbers Generated by rand()')
```

在获得了均匀分布的基础上,接下来看看如何进一步获得服从其他分布的随机数。首先要介绍的是**逆变换法** (inverse transform method)。对于给定的累积概率分布函数 $F(x) = P\{X \leq x\}$,当 $F(x)$ 可逆时,即 $F(x)$ 的逆函数 $F^{-1}(x)$ 存在时,逆变换法有如下步骤:

首先从区间 [0, 1] 的均匀分布 $U(0,1)$ 上,抽取随机数 $U \sim U(0,1)$。将 U 代入逆函数 $F^{-1}(x)$,就能得到新的随机数 X:

$$X = F^{-1}(U) \tag{9.11}$$

在该情况下有:

$$P\{X \leq x\} = P\{F^{-1}(U) \leq X\} = P\{U \leq F(x)\} = F(x) \tag{9.12}$$

即生成的随机数 X 服从概率分布函数 $F(x)$。

例如,如果 $F(x)$ 具有式 (9.13) 所示形式,服从指数分布:

$$F(x) = 1 - e^{-\mu x} \tag{9.13}$$

对应的逆函数为:

$$F^{-1}(x) = -\frac{\ln(1-x)}{\mu} \tag{9.14}$$

对于任意的 $U \sim U(0,1)$,代入式 (9.14) 所示逆函数,就能得到对应随机数 X:

$$X = -\frac{\ln(1-U)}{\mu} \tag{9.15}$$

因为 U 服从区间 (0, 1) 上的均匀分布,$1-U$ 也服从同样的分布,式 (9.15) 可以进一步简化为:

$$X = -\frac{\ln U}{\mu} \tag{9.16}$$

运行以下代码实践上面的方法。

`B3_Ch9_3.m`

```
close all; clear all; clc;

% exponential distribution generator by inverse transform
```

```
% method with uniform distribution
rand('state',0)
exprnd(1)

rand('state',0)
-log(rand)
```

注意以上代码中，先设定了随机数发生器的起始点，以保证随机数序列每次都从同一初始值（状态）开始。函数exprand( )是MATLAB自己的函数产生的服从指数分布的随机数；"-log(rand)"则是通过逆变换方法得到的随机数。代码运行后的结果如下，发现两者产生的随机数都是一样的：

```
ans =
    0.0512
ans =
    0.0512
```

大家可以试试使用以上方法产生多个随机数，来观察一下是否服从指数分布，也可以与MATLAB的结果相比较。

逆变换法也可以应用到离散的概率分布中，例如分段的经验性分布中：

$$P\{X=x_j\}=p_j, \quad j=1,2,\cdots,n \tag{9.17}$$

该概率分布在n个区间上对应不同的概率值。对于任意的$U \sim U(0,1)$，可通过如下的逻辑将随机数U转换得到想要的随机数X：

$$X = \begin{cases} x_1 & \text{if } U < p_1 \\ x_2 & \text{if } p_1 \leq U < p_1+p_2 \\ \vdots & \vdots \\ x_j & \text{if } \sum_{k=1}^{j-1} p_k \leq U < \sum_{k=1}^{j} p_k \\ \vdots & \vdots \\ x_n & \text{if } \sum_{k=1}^{n-1} p_k \leq U < \sum_{k=1}^{n} p_k \end{cases} \tag{9.18}$$

来看一看下面这个例子，需要产生满足下面这个离散分布的随机数：

$$\begin{aligned} P\{X=1\} &= 0.2 \\ P\{X=2\} &= 0.3 \\ P\{X=3\} &= 0.4 \\ P\{X=4\} &= 0.1 \end{aligned} \tag{9.19}$$

对应$X=[1,2,3,4]$的累积概率分布有：

$$P=[0.2,0.5,0.9,1] \tag{9.20}$$

对于均匀分布随机数 $U \sim U(0,1)$，存在以下的映射关系来产生X：

$$X = \begin{cases} 1 & \text{if } U < 0.2 \\ 2 & \text{if } 0.2 \leq U < 0.5 \\ 3 & \text{if } 0.5 \leq U < 0.9 \\ 4 & \text{if } 0.9 \leq U < 1 \end{cases} \quad (9.21)$$

下面的代码实现了以上的例子。

```matlab
B3_Ch9_4.m
close all; clear all; clc;

% Inverse transform with discrete distribution
rand('state',0)
values = 1:4;
probs = [0.2 0.3 0.4 0.1];
Num = 1e4;

samples = Discreternd(values, probs, Num);

% plot
figure
hist(samples,4)
hold on
for i=1:length(probs)
    line((1,4),[Num*probs(i), Num*probs(i)],...
        'color','red','linestyle','--')
    hold on
end

% Discrete rand
function samples = Discreternd(values, probs, Num)
% Get cumulative probabilities
cumprobs = cumsum(probs);
N = length(probs);
samples = zeros(Num,1);

for k=1:Num
    loc=sum(rand*cumprobs(N) > cumprobs) +1;
    samples(k)=values(loc);
end

end
```

注意代码中的用户自定义函数"Discreternd()"，实现了U和X之间的转换。生成的结果如图9.5所示，产生一万个随机数X后，其分布与目标分布保持一致。

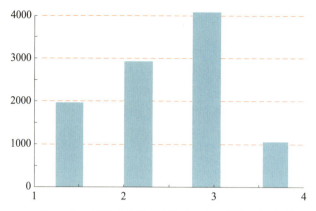

图9.5 逆变换法产生服从离散分布的离散随机数序列

当生成随机数的分布函数可逆,但其逆函数计算起来又十分复杂时,还可以考虑使用**接受−拒绝法** (acceptance-rejection method)。该方法针对有限区域 I 上的概率分布函数 $f(x)$ 生成随机数 X_i,其主要步骤如下:

首先找到一个函数 $t(x)$,使得在整个区域 I 上都满足:

$$t(x) \geq f(x), \forall x \in I \tag{9.22}$$

其中,$t(x)$ 并不是一个概率分布函数。

根据函数 $t(x)$ 计算函数 $r(x)$:

$$r(x) = \frac{t(x)}{c} \tag{9.23}$$

其中,c 满足:

$$c = \int_I t(x) dx \tag{9.24}$$

其中,$r(x)$ 是一个概率分布函数。

接下来先生成服从概率分布 $r(x)$ 的随机数 $Y \sim r(x)$。再生成服从均匀分布的随机数 $U \sim U(0,1)$,独立于 Y。如果式 (9.25) 成立:

$$U \leq \frac{f(Y)}{t(Y)} \tag{9.25}$$

则令 $X_i = Y$;否则回到前两步,重新生成新的 Y 和 U,再做检验,以此反复直至生成足够的随机数 X_i。

在函数 $t(x)$ 的选择上,一个简单又方便的操作是选取:

$$t(x) = \max_{x \in I} \{f(x)\} \tag{9.26}$$

这样一来，$r(x)=t(x)/c$ 就是区域上 I 的均匀分布，使得随机数 Y 和 U 的生成可以调用同样的均匀分布随机数发生器。

对于接受-拒绝法的数学推导和证明本节不过多展开，这里做一个较直观的说明。如图9.6所示，概率密度函数 $f(x)$ 是有限区域 $[0, 1]$ 上的目标分布，过其最大值的自定义函数 $t(x)$ 是一条水平线。例如，图中横轴上 A 点处，$f(A)$ 与 $t(A)$ 的值较接近，比值 $f(A)/t(A)$ 更接近于1，那么有更大概率这个比值比随机数 U 大，A 点会被接受。相反，横轴上 B 点处，比值 $f(B)/t(B)$ 更接近于0，那么有更大概率这个比值比随机数 U 小，B 点会被拒绝。

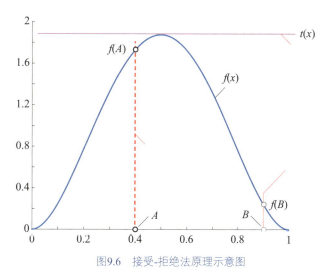

图9.6 接受-拒绝法原理示意图

以下推导出了已经生成的随机数序列中会被接受的概率即为 $1/c$：

$$\begin{aligned} P(\text{accept}) &= \int_I P(\text{accept}|Y) \cdot r_Y(y) dy \\ &= \int_I P\left(U \leqslant \frac{f(Y)}{t(Y)}\right) \cdot r_Y(y) dy \\ &= \int_I \frac{f(y)}{t(y)} \cdot \frac{t(y)}{c} dy \\ &= \frac{1}{c} \end{aligned} \quad (9.27)$$

下面通过一个例子来实践接受-拒绝法，假设 $f(x)$ 具有以下的形式：

$$f(x) = 30(x^4 - 2x^3 + x), \quad x \in [0,1] \quad (9.28)$$

其在区间上 $[0, 1]$ 的积分为1，即：

$$\int_0^1 30(x^4 - 2x^3 + x) dx = 1 \quad (9.29)$$

并且 $f(x)$ 在该区间上的最大值为：

$$\max_{x \in I}\{f(x)\} = 1.875 \tag{9.30}$$

按照之前的介绍，令：

$$t(x) = 1.875 \tag{9.31}$$

对应的 c 为：

$$c = \int_0^1 1.875 \mathrm{d}x = 1.875 \tag{9.32}$$

那么就有分布函数 $r(x)$ 为：

$$r(x) = \frac{t(x)}{c} = \frac{1.875}{1.875} = 1 \tag{9.33}$$

显然 $r(x)$ 即为区间 [0, 1] 上的均匀分布密度函数。

接下来生成随机数序列 $\{U_i\}$ 和 $\{Y_i\}$，按照方法的标准进行判断接受或拒绝，被接受的随机数组成想要的随机数序列。

以下代码实现了该例子的接受-拒绝法，同时也可绘制图9.6。

B3_Ch9_5.m

```
clear all; close all; clc;

% f(x)=30(x^4-2x^3+x^2)
x = 0:0.01:1;
y = 30 *(x.^4 - 2* x.^3 + x.^2);

% syms x
% int(x^4-2*x^3+x^2)

% plot f(x)
figure;
plot(x,y)
hold on;
line([0.4 0.4], [0 max(y)])
line([0.9 0.9], [0 max(y)])

plot(x, max(y) * ones(length(x)) )
text(0.45,0.1,'A')
text(0.85, 0.1, 'B')
text(0.6, 30 *(0.6^4 - 2 * 0.6^3 + 0.6^2) - 0.2, 'f(x)' )
text(0.7, max(y) - 0.05, 't(x)' )
hold off;

% Acceptance-rejection method
```

```
fmax = 30*(0.5^4-2*0.5^3+0.5^2);
tx = fmax;

c = double(int(sym(tx),0,1));

rx = tx/c;

% Reset random number generator
rand('state',0)
N = 1e5;

U = rand(N, 1);
Y = rx*rand(N, 1);

fY = 30 *(Y.^4 - 2* Y.^3 + Y.^2);

X = Y(U <= (fY./tx));

figure
histogram(X, 'normalization', 'pdf')
hold on
plot(x, y,'linewidth', 2, 'linestyle', '--')
text(0.58, tx, 'f(x)' )
xlabel(sprintf('X'));
ylabel(sprintf('Probability'));

% Check probability of acceptance
length(X)/N
1/c
```

以上代码的运行结果如图9.7所示，在生成十万个 [0，1] 区间上均匀分布的随机数时（"$N = 1e5$"），最后被接受的随机数有53144个，其对应概率密度直方图与$f(x)$吻合良好。而且，被接受的随机数出现的概率为53144/100000 = 0.53144，与理论概率值 $1/c = 1/1.875 = 0.53333$ 也十分接近。

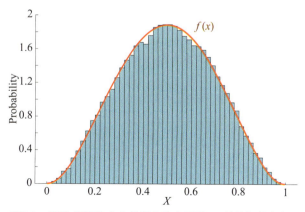

图9.7　接受-拒绝法产生的服从分布函数$f(x)$的随机数直方图

逆变换法和接受-拒绝法适用于通常情况，但是并不适用于产生服从正态分布的随机数。这主要是因为正态分布函数的逆变换没有现成的公式（解析解），而且其覆盖区域又是无限的。这里介绍 **Box-Muller法** (Box-Muller method) 来生成正态分布随机数。该方法由 George E. P. Box 与 Mervin E. Muller 在1958年提出。George E. P. Box 是统计学的一代宗师，很多统计学名词术语都以他的名字命名。统计学中的名言 "all models are wrong, but some are useful" 就出自其口。

Box-Muller法考虑两个都服从标准正态分布的独立随机变量 $X, Y \sim N(0,1)$。在直角坐标系下，X 和 Y 的联合概率密度函数为：

$$f(x,y) = \frac{1}{\sqrt{2\pi}} e^{-\frac{x^2}{2}} \cdot \frac{1}{\sqrt{2\pi}} e^{-\frac{y^2}{2}} = \frac{1}{2\pi} e^{-\frac{x^2+y^2}{2}} \tag{9.34}$$

如果直角坐标系转换到极坐标系上的话，如图9.8所示有：

$$\begin{cases} d = R^2 = x^2 + y^2 \\ \theta = \arctan\left(\frac{y}{x}\right) \end{cases} \tag{9.35}$$

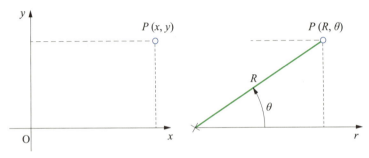

图9.8 直角坐标与极坐标的联系 (来自丛书第一本第2章)

原本在直角坐标系下的联合密度函数 $f(x,y)$ 需要经过如下变换得到在极坐标下的形式 $g(d,\theta)$：

$$\begin{aligned} g(d,\theta) &= J^{-1} \cdot f(x,y) \\ &= \frac{1}{2} \cdot \frac{1}{2\pi} e^{-\frac{x^2+y^2}{2}} = \frac{1}{2} \cdot \frac{1}{2\pi} e^{-\frac{d}{2}} \end{aligned} \tag{9.36}$$

其中，J 是坐标变换 (直角坐标系到极坐标系) 的雅克比矩阵的秩：

$$J = \begin{vmatrix} \frac{\partial d}{\partial x} & \frac{\partial d}{\partial y} \\ \frac{\partial \theta}{\partial x} & \frac{\partial \theta}{\partial y} \end{vmatrix} = \begin{vmatrix} 2x & 2y \\ -\frac{y}{x^2+y^2} & \frac{x}{x^2+y^2} \end{vmatrix} = 2 \tag{9.37}$$

观察 $g(d,\theta)$ 可以发现，d 可以看作是服从指数分布的随机变量，θ 可以看作是服从均匀分布的随机变量。基于此思想，Box-Muller法的具体步骤如下：

◀ 首先产生相互独立服从均匀分布的随机数 $U_1, U_2 \sim U(0,1)$。

◀ 计算中间随机变量 $d = R^2 = -2\log U_1$ 以及 $\theta = 2\pi \log U_2$ (此处是逆变换法的应用)。

◀ 计算获得服从正态分布的随机数 $X_1 = R\cos\theta$ 和 $Y_1 = R\sin\theta$。

实际为了减少由于三角函数cos() 和sin() 引起的计算量，Box-Muller法还可以与接收-拒绝法相结合，具体做法如下：

◀ 首先产生相互独立服从均匀分布的随机数 $U_1, U_2 \sim U(0,1)$。

◀ 计算中间随机变量 $V_1 = 2U_1 - 1$，$V_2 = 2U_2 - 1$ 以及 $S = V_1^2 + V_2^2$。

◀ 当 $S > 1$ 时，选择拒绝；当 $S \leq 1$ 时，选择接受，计算获得服从正态分布的随机数 $X_2 = V_1\sqrt{\dfrac{-2\ln S}{S}}$ 和 $Y_2 = V_2\sqrt{\dfrac{-2\ln S}{S}}$。

注意，以上的两种方法都是针对产生标准正态分布的随机数，而非标准的正态分布可以通过平移和缩放获得。以下代码分别实践了这两种方法分别产生了两组正态分布 $\{X_1, Y_1\}$ 和 $\{X_2, Y_2\}$。

```matlab
B3_Ch9_6.m
close all; clear all; clc;

% Reset random number generator
rand('seed', 0);

% Box-Muller
N=1e4;
U1 = rand(N, 1);
U2 = rand(N, 1);

R_squared = -2*log(U1);
theta = 2*pi*U2;

X1 = sqrt(R_squared).*cos(theta);
Y1 = sqrt(R_squared).*sin(theta);

figure(1)
subplot(1,2,1)
myplot(X1, 'X1')
subplot(1,2,2)
myplot(Y1, 'Y1')

% Integrate Box-Muller with Acceptance-Rejection
V1 = 2*U1-1;
V2 = 2*U2-1;
S = V1.^2+V2.^2;

coe = sqrt(-2*log(S(S<1))./S(S<1));
X2 = coe.*V1(S<1);
```

```
Y2 = coe.*V1(S<1);

figure(2)
subplot(1,2,1)
myplot(X2, 'X2')
subplot(1,2,2)
myplot(Y2, 'Y2')

function myplot(X, Xtext)
histogram(X, 'normalization', 'pdf' )
xlim([-4.5,4.5])
ylim([0,0.45])
xlabel(Xtext)
hold on
X = sort(X);
plot(X, normpdf(X), ...
    'linewidth', 2, 'linestyle', '-')
hold off
end
```

代码产生的结果如图9.9和图9.10所示,图9.9所示是由Box-Muller法产生的随机数,图9.10所示是Box-Muller法结合了接受-拒绝法产生的随机数。因为引入了拒绝机制,后者产生的随机数总量会有所减少。

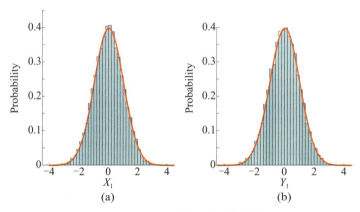

图9.9 Box-Muller法产生的随机数直方图

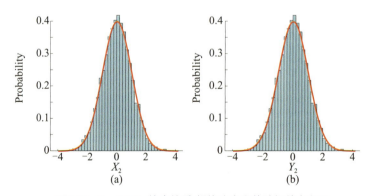

图9.10 Box-Muller接合接受-拒绝法产生的随机数直方图

9.3 方差减小方法

在蒙特卡罗模拟中,往往通过结果的变化范围来判断是否进行了足够的仿真,即使用了足量的随机数或随机路径。举一个简单的例子,对于一串随机数序列 $\{X_i\}$, $i=1,2,\cdots,n$,计算它们的期望和方差:

$$\bar{X}(n) = \frac{1}{n}\sum_{i=1}^{n} X_i$$
$$S^2(n) = \frac{1}{n-1}\sum_{i=1}^{n}\left[X_i - \bar{X}(n)\right]^2$$
(9.38)

在显著度 α (例如5%) 下,根据大数定理可以构筑期望 $\bar{X}(n)$ 的置信区间:

$$\left[\bar{X}(n) - Z_{1-\frac{\alpha}{2}}\sqrt{\frac{S^2(n)}{n}},\ \bar{X}(n) + Z_{1-\frac{\alpha}{2}}\sqrt{\frac{S^2(n)}{n}}\right]$$
(9.39)

即在 $(1-\alpha/2)$ 的概率下蒙特卡罗模拟出的期望 $\bar{X}(n)$ 会落在以上区间内。如果该区间越窄,说明模拟结果的变化越小,在大概率下模拟结果具有很高的可信度。很显然,通过增加随机数的个数 n,会直接收窄置信区间。但是因为根号的原因,区间收窄的速度在 $O(1/\sqrt{n})$ 级别上,比随机数增加的速度要慢。考虑到增加随机数所带来的计算代价,对于收窄区间的效果可能并不明显。这里就引入了**方差减小法** (variance reduction),通过直接减小随机变量样本自身的方差来收窄模拟结果的变化范围。

对偶抽样法 (antithetic sampling method) 是这里介绍的第一个方差减小方法,其主要的思想是在随机数样本中引入相关性,使得模拟结果的变化范围变小。考虑一组成对的随机数 $\left(X_1^{(i)}, X_2^{(i)}\right)$, $i=1,\cdots,n$:

$$\begin{array}{l} X_1^{(1)}, X_1^{(2)}, \cdots, X_1^{(n)} \\ X_2^{(1)}, X_2^{(2)}, \cdots, X_2^{(n)} \end{array}$$
(9.40)

其中,$\{X_1^{(i)}\}$ 和 $\{X_2^{(i)}\}$ 各自本身是相互独立的采样;并且 $\{X_1^{(j)}\}$ 与 $\{X_2^{(k)}\}$ 在 $j \neq k$ 时也是相互独立的,在 $j=k$ 时不要求相互独立。在该情况下令 $X^{(i)} = \dfrac{X_1^{(i)} + X_2^{(i)}}{2}$, $i=1,\cdots,n$,那么 $X^{(i)}$ 自身也是独立的。此时计算 $X^{(i)}$ 的期望 $\bar{X}(n)$,则 $\bar{X}(n)$ 的方差为:

$$\begin{aligned} \mathrm{var}\left[\bar{X}(n)\right] &= \frac{\mathrm{var}\left(X^{(i)}\right)}{n} \\ &= \frac{\mathrm{var}\left(X_1^{(i)}\right) + \mathrm{var}\left(X_2^{(i)}\right) + \mathrm{cov}\left(X_1^{(i)}, X_2^{(i)}\right)}{4n} \\ &= \frac{\mathrm{var}\left(X^{(i)}\right)}{2n}\left(1 + \rho(X_1, X_2)\right) \end{aligned}$$
(9.41)

其中，$\rho(X_1, X_2)$是X_1与X_2之间的相关性系数。如果$\rho(X_1, X_2)$是负数的话（X_1与X_2之间保持负相关性），很显然$\text{var}\left[\bar{X}(n)\right]$的值就会减小（样本期望的变化范围减小）。例如，可以首先产生服从均匀分布的随机数$U \sim U(0,1)$，令$X_1 = U$以及$X_2 = 1-U$；这样X_1和X_2就是负相关的了。对于正态分布的随机变量，可以先产生标准正态分布$Z \sim N(0,1)$，令$X_1 = Z$以及$X_2 = -Z$。

以计算一个简单欧式看涨期权的当前价格为例。假设标的资产价格为$45，波动率为0.5，执行价格为$50，无风险利率为3%，到期时间为1年。

以下代码实现了普通蒙特卡罗模拟计算该期权的价格，调用了BlsMC()函数；以及采用了对偶采样法的蒙特卡罗模拟，调用了BlsMC_ASM()函数；。

`B3_Ch9_7.m`

```
close all; clear all; clc;

% BlsMC input paramters
randn('state', 0);
S0 = 45;
K = 50;
r = 0.03;
T = 1;
sigma = 0.5;

% Number of random numbers
N = 2e6;

% Use Matlab Black-Schole model
call = blsprice(S0, K, r, T, sigma);

% Use BlsMC
[CallMC1, CI1] = BlsMC(S0, K, r, T, sigma, N);

CIB1=(CI1(2) - CI1(1))/CallMC1;

% Use BlsMC_ASM
randn('state',0);
[CallMC2, CI2] = BlsMC_ASM(S0, K, r, T, sigma, 0.5*N);

CIB2=(CI2(2) - CI2(1))/CallMC2;

% Reduction in variance
(CIB1-CIB2)/CIB1

% BlsMC
function [Price, CI] = BlsMC(S0,K,r,T,sigma,Num)
nuT = (r - 0.5*sigma^2)*T;
siT = sigma * sqrt(T);
```

```
Payoff_PV = exp(-r*T)*max(0, S0*exp(nuT+siT*randn(Num,1))-K);

[Price, VarPrice, CI] = normfit(Payoff_PV);
end

% BlsMC + Antithetic Sampling Method
function [Price, CI] = BlsMC_ASM(S0,K,r,T,sigma,Num)
nuT = (r - 0.5*sigma^2)*T;
siT = sigma * sqrt(T);
Veps = randn(Num,1);

Payoff1 = max( 0 , S0*exp(nuT+siT*Veps) - K);
Payoff2 = max( 0 , S0*exp(nuT+siT*(-Veps)) - K);

Payoff_PV = exp(-r*T) * 0.5 * (Payoff1+Payoff2);

[Price, VarPrice, CI] = normfit(Payoff_PV);
end
```

代码中期权价值的计算基于BSM模型。用户自定义函数BlsMC( )实现的是一般蒙特卡罗模拟,使用了服从正态分布的随机数。而函数BlsMC_ASM( )实现了对偶抽样法,两组等量的正态分布随机数之间相关性系数为-1。表9.2总结了一般蒙特卡罗模拟和采用对偶抽样法后结果的比较。在使用的随机数个数一样的情况下,对偶抽样法减小了相应的置信区间10%左右的宽度。

表9.2 蒙特卡罗模拟采用对偶抽样法

	蒙特卡罗模拟	蒙特卡罗模拟 + 对偶抽样法
随机数量	1000000	1000000
期权价值期望	7.8691	7.570
置信区间	[7.5458, 7.5924]	[7.5541, 7.5958]
置信区间宽度/期权价值期望 (%)	0.6164	0.5509

这里需要提醒读者注意的是,对偶抽样法并不能总是保证模拟结果的方差减小,有时可能会适得其反,反而令其增大。产生这种反效果的原因,往往是因为将**非单调函数** (non-monotonicity) 应用到了随机数上,而这个过程中引入了正相关性(而不是负相关性)。例如,服从均匀分布的随机数序列 $\{U_i\}$ 和 $\{1-U_i\}$ 是负相关的,但是随机数序列 $\{h(U_i)\}$ 和 $\{h(1-U_i)\}$ 不一定也是负相关。所以,如果发现应用了对偶抽样法后,蒙特卡罗模拟的结果方差变大了,大家无须惊讶;可以仔细思考查找一下是否有非单调变化的函数参与了相关计算。

与对偶抽样法特别近似的另一个方法是**共同随机数法** (common random numbers method)。考虑服从同一分布的两个随机变量 X_1 和 X_2,通常它们样本的期望不会相等,即:

$$E(X_1) \neq E(X_2) \tag{9.42}$$

令两者的差为:

$$Z = X_1 - X_2 \tag{9.43}$$

根据式 (9.43)，如果有两组随机数 $\{X_1\}$ 和 $\{X_2\}$，那么就可以产生第三组随机数 $\{Z\}$。如果 $\{Z\}$ 的期望值为：

$$E(Z) = E(X_1 - X_2) \tag{9.44}$$

是需要模拟求解的变量，那么根据它的方差：

$$\begin{aligned}\operatorname{var}(Z) &= \operatorname{var}(X_1 - X_2) \\ &= \operatorname{var}(X_1) + \operatorname{var}(X_2) - 2\operatorname{cov}(X_1, X_2)\end{aligned} \tag{9.45}$$

可以看出，只要随机变量 X_1 和 X_2 之间保持正相关，就能减小 $\operatorname{var}(Z)$ 的值。这一点正好与对偶抽样法引入负相关性的做法相反。

相较于对偶抽样法和共同随机数法，稍稍复杂一些的是**控制变量法** (control variates)。例如，要计算随机变量 X 的期望 $\theta = E(X)$，可以引入另一个随机变量 Y，且 Y 的期望 $\varphi = E(Y)$ 已知；同时令 Y 与 X 保持一定的相关性。这里的 Y 就是该方法中的**控制变量** (control variable)，利用 Y 的已知信息来提高模拟的准确度。首先看式 (9.46)：

$$X_c = X + c(Y - \varphi) \tag{9.46}$$

其中，X_c 是一个由 X 和 Y 组合得到的随机变量，参数 c 需要进一步设定。那么它们的期望存在如式 (9.47) 所示关系：

$$E(X_c) = E(X + c(Y - \varphi)) = E(X) = \theta \tag{9.47}$$

同时三者的方差也可以相互联系：

$$\begin{aligned}\operatorname{var}(X_c) &= \operatorname{var}(X + c(Y - \varphi)) \\ &= \operatorname{var}(X) + c^2 \operatorname{var}(Y) + 2c \cdot \operatorname{cov}(X, Y)\end{aligned} \tag{9.48}$$

观察式 (9.48)，如果在此基础上确定参数 c，可以令：

$$c^* = -\frac{\operatorname{cov}(X, Y)}{\operatorname{var}(Y)} \tag{9.49}$$

代入后式 (9.48) 变形为：

$$\operatorname{var}(X_c) = \operatorname{var}(X) - \frac{\operatorname{cov}(X, Y)^2}{\operatorname{var}(Y)} \tag{9.50}$$

考虑到 X 和 Y 的相关性系数为 ρ_{XY}：

$$\rho_{XY} = \frac{\operatorname{cov}(X, Y)}{\sqrt{\operatorname{var}(X)\operatorname{var}(Y)}} \tag{9.51}$$

式 (9.48) 可以进一步变形为：

$$\frac{\mathrm{var}(X_{c^*})}{\mathrm{var}(X)} = 1 - \rho_{XY}^2 \tag{9.52}$$

可以发现，在 $\rho_{XY} \neq 0$ 时，一定有：

$$\mathrm{var}(X_{c^*}) < \mathrm{var}(X) \tag{9.53}$$

并且，一个明显优于对偶抽样法和共同随机数法的地方是，控制变量法不在意引入的相关性是正还是负；只要存在相关性，就能降低模拟结果的变化范围。在实际操作中为了引入"**偏差**"（bias），需要使用不同的随机数组来计算 $\mathrm{cov}(X,Y)$ 和 $\mathrm{var}(Y)$，从而得到参数 c。这组随机数不同于蒙特卡罗模拟中使用的随机数，可以采用较少的随机数。

这里，同样来计算一个简单的欧式看涨期权的当前价格。假设标的资产价格为\$45，波动率为0.5，执行价格为\$50，无风险利率为3%，到期时间为5个月。以下代码实现了普通蒙特卡罗模拟计算该期权的价格 [函数BlsMC( )]，以及采用了控制变量法的蒙特卡罗模拟 [函数BlsMC_CVM( )]。

```matlab
B3_Ch9_8.m
close all; clear all; clc;

% BlsMC input paramters
S0 = 45;
K = 50;
r = 0.03;
T = 5/12;
sigma = 0.5;

% Number of random numbers
N = 2e5;
Ncv = 5e3;

% Use Matlab Black-Schole model
Price = blsprice(S0, K, r, T, sigma)

% Use BlsMC
randn('state', 0)
[P1, CI1] = BlsMC(S0,K,r,T,sigma,N);
CIB1=(CI1(2) - CI1(1))/P1;

[P2, CI2] = BlsMC_CVM(S0,K,r,T,sigma,N - Ncv, Ncv);
CIB2=(CI2(2) - CI2(1))/P2;

% Standard error analysis
randn('state',0)
V1 = zeros(1e3,1);
```

```matlab
V2 = V1;

for i = 1:length(V1)
    V1(i) = BlsMC(S0,K,r,T,sigma,N);
    V2(i) = BlsMC_CVM(S0,K,r,T,sigma,N-Ncv, Ncv);
end

% Calculate standard error
std1=sqrt(mean((V1 - Price).^2));
std2=sqrt(mean((V2 - Price).^2));

% Plot
fig=figure;
hax=axes;
h=[];

h(1)=histogram(V2, 'normalization', 'pdf' );
hold on
h(2)=histogram(V1, 'normalization', 'pdf' );
hold on
h(3)=line([Price, Price], get(hax, 'YLim'),...
    'color', [1 0 0], 'linewidth', 2);
hold on
h(4)=line([Price-std2, Price-std2],...
    get(hax, 'YLim'),'color', [0 1 0],...
    'linewidth', 1, 'linestyle', '--');
hold on
h(5)=line([Price+std2, Price+std2],...
    get(hax, 'YLim'),'color', [0 1 0],...
    'linewidth', 1, 'linestyle', '--');

hold on
h(6)=line([Price-std1, Price-std1],...
    get(hax, 'YLim'),'color', [0 1 1],...
    'linewidth', 1, 'linestyle', '--');

h(7)=line([Price+std1, Price+std1],...
    get(hax, 'YLim'),'color', [0 1 1],...
    'linewidth', 1, 'linestyle', '--');

legend(h([1:4,6]), 'with Control Variate Method', ...
    'without Control Variate Method',...
    'True Mean',...
    'STD with Control Variate Method',...
    'STD without Control Variate Method')

% BlsMC
```

```matlab
function [Price, CI] = BlsMC(S0,K,r,T,sigma,Num)
nuT = (r - 0.5*sigma^2)*T;
siT = sigma * sqrt(T);

Payoff_PV = exp(-r*T)*max(0, S0*exp(nuT+siT*randn(Num,1))-K);

[Price, VarPrice, CI] = normfit(Payoff_PV);
end

% BlsMC + Control Variates Method
function [Price, CI] = BlsMC_CVM(S0,K,r,T,sigma,N,Ncv)
nuT = (r - 0.5*sigma^2)*T;
siT = sigma * sqrt(T);

% Compute parameter "c"
StockVals = S0*exp(nuT+siT*randn(Ncv,1));
OptionVals = exp(-r*T) * max(0 , StockVals-K);

MatCov = cov(StockVals, OptionVals);
Yvar = S0^2 * exp(2*r*T) * (exp(T * sigma^2) - 1);

c = - MatCov(1,2) / Yvar;

% Compute result using control variate
Yavg = S0 * exp(r*T);

NewStockVals = S0*exp(nuT+siT*randn(N,1));
NewOptionVals = exp(-r*T) * max(0, NewStockVals-K);

ControlVars = NewOptionVals + c * (NewStockVals-Yavg);

[Price, VarPrice, CI] = normfit(ControlVars);
end
```

注意代码中"N=2e5"定义了用于蒙特卡罗模拟的随机数为20万个;"Ncv=5e3"定义了用于计算 $\text{cov}(X,Y)$、$\text{var}(Y)$ 以及参数 c 的随机数为5000。在函数BlsMC_CVM()中首先使用这5000个随机数结果根据介绍的公式确定了参数 c。然后再使用另外不同的20万个随机数运用控制变量法进行蒙特卡罗模拟。表9.3总结了一般蒙特卡罗模拟和采用控制变量法后结果的比较。在使用的随机数个数近似的情况下,控制变量法减小了大约48%的置信区间。

表9.3 蒙特卡罗模拟采用控制变量法

	蒙特卡罗模拟	蒙特卡罗模拟+控制变量法
随机数量	200000	205000
期权价值期望	4.1468	4.1086
置信区间	[4.1075, 4.1862]	[4.0885, 4.1288]
置信区间宽度/期权价值期望 (%)	0.0190	0.0098

以上的代码同时进行了标准差分析，即使用同一种方法（普通模拟及控制变量法模拟）重复进行蒙特卡罗模拟，然后根据模拟结果的分布计算对应的标准差。如图9.11所示，在使用了控制变量法后，模拟结果的分布出现了明显的收窄，相应的标准差也有明显的减小，与表9.3显示的结果保持一致。

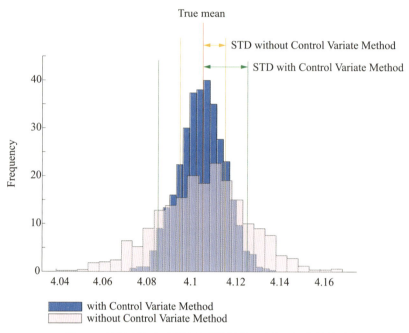

图9.11　控制变量法对蒙特卡罗模拟结果分布及标准差的影响

条件减小方差法 (variance reduction by conditioning) 是在期望计算中引入条件变量达到减小方差的目的，是基于**概率论** (probability theory) 的常见方法之一。如式 (9.54) 所示，引入条件变量Y到随机变量X期望$E(X)$的计算中：

$$E(X) = E\left[E(X|Y)\right] \tag{9.54}$$

X自身的方差同样可以引入存在条件变量Y的形式，具体公式如下：

$$\text{var}(X) = E\left[\text{var}(X|Y)\right] + \text{var}\left[E(X|Y)\right] \tag{9.55}$$

其中，$\text{var}(X|Y)$定义为：

$$\text{var}(X|Y) = E\left[\left(X - E(X|Y)\right)^2 \big| Y\right] \tag{9.56}$$

对式 (9.56) 的证明如下，首先令：

$$E(X) = \mu \tag{9.57}$$

然后从$\text{var}(X)$的定义出发：

$$\begin{aligned}
\operatorname{var}(X) &= \mathrm{E}\left[(X-\mu)^2\right] \\
&= \mathrm{E}\left[(X-\mathrm{E}(X|Y)+\mathrm{E}(X|Y)-\mu)^2\right] \\
&= \underbrace{\mathrm{E}\left[(X-\mathrm{E}(X|Y))^2\right]}_{(\mathrm{I})} + 2\underbrace{\mathrm{E}\left[(X-\mathrm{E}(X|Y))\cdot(\mathrm{E}(X|Y)-\mu)\right]}_{(\mathrm{II})} + \underbrace{\mathrm{E}\left[(\mathrm{E}(X|Y)-\mu)^2\right]}_{(\mathrm{III})}
\end{aligned} \quad (9.58)$$

可见在上面式子的变换中引入了 $\mathrm{E}(X|Y)$ 项，下面分别对（Ⅰ）、（Ⅱ）、（Ⅲ）这三项进行推导。

对于（Ⅰ）这一项，有：

$$\begin{aligned}
(\mathrm{I}) &= \mathrm{E}\left[(X-\mathrm{E}(X|Y))^2\right] \\
&= \mathrm{E}\left\{\mathrm{E}\left[(X-\mathrm{E}(X|Y))^2 \big| Y\right]\right\} \\
&= \mathrm{E}\left[\operatorname{var}(X|Y)\right]
\end{aligned} \quad (9.59)$$

对于（Ⅱ）项：

$$\begin{aligned}
(\mathrm{II}) &= \mathrm{E}\left[(X-\mathrm{E}(X|Y))\cdot(\mathrm{E}(X|Y)-\mu)\right] \\
&= \mathrm{E}\left\{\mathrm{E}\left[((X-\mathrm{E}(X|Y))\cdot(\mathrm{E}(X|Y)-\mu))\big|Y\right]\right\} \\
&= \mathrm{E}\left\{\left[\mathrm{E}(X|Y)-\mu\right]\cdot\mathrm{E}\left[(X-\mathrm{E}(X|Y))\big|Y\right]\right\} \\
&= \mathrm{E}\left\{\left[\mathrm{E}(X|Y)-\mu\right]\cdot\left[\mathrm{E}(X|Y)-\mathrm{E}(X|Y)\right]\right\} \\
&= \mathrm{E}\left\{\left[\mathrm{E}(X|Y)-\mu\right]\cdot 0\right\} \\
&= 0
\end{aligned} \quad (9.60)$$

可见（Ⅱ）项结果为0，该项会被消除。

对于（Ⅲ）项，参考 $\operatorname{var}(X|Y)$ 的定义，并考虑到：

$$\mathrm{E}(X) = \mathrm{E}\left[\mathrm{E}(X|Y)\right] = \mu \quad (9.61)$$

代入有：

$$\begin{aligned}
(\mathrm{III}) &= \mathrm{E}\left[(\mathrm{E}(X|Y)-\mu)^2\right] \\
&= \mathrm{E}\left[(\mathrm{E}(X|Y)-\mathrm{E}\left[\mathrm{E}(X|Y)\right])^2\right] \\
&= \operatorname{var}\left[\mathrm{E}(X|Y)\right]
\end{aligned} \quad (9.62)$$

将（Ⅰ）、（Ⅱ）、（Ⅲ）各项的结果代入到原 $\operatorname{var}(X)$ 的等式中，就可以得到 $\operatorname{var}(X)$ 在引入条件变量 Y 之后的形式。因为方差值不为负，即：

$$\begin{cases} \mathrm{E}\left[\operatorname{var}(X|Y)\right] \geq 0 \\ \operatorname{var}\left[\mathrm{E}(X|Y)\right] \geq 0 \end{cases} \quad (9.63)$$

所以可以发现，公式的 $\text{var}(X)$、$\text{E}\big[\text{var}(X|Y)\big]$、$\text{var}\big[\text{E}(X|Y)\big]$ 三项中，$\text{var}(X)$ 的值不小于其他两项：

$$\begin{cases} \text{var}(X) \geqslant \text{E}\big[\text{var}(X|Y)\big] \\ \text{var}(X) \geqslant \text{var}\big[\text{E}(X|Y)\big] \end{cases} \tag{9.64}$$

以上第二个不等式即为条件减小方差法的基本思想。

来看一个欧式选择期权现价估值的例子。如图9.12所示，欧式选择期权的到期时间若为 T_2，那么在到期前某一时刻 T_1 ($T_1 < T_2$)，持有者可以决定该期权是看涨期权还是看跌期权；当然这取决于此时刻期权的价格。这里计算该期权在 T_0 时刻的现值，并引入 T_1 时刻标的物价格 $S(T_1)$ 作为条件变量并在蒙特卡罗模拟中运用条件减小方差法。

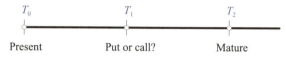

图9.12 欧式选择期权

假设 T_0 时刻标的资产价格为45\$，波动率为0.5，执行价格为50\$，无风险利率为3%，到期时间 T_2 为7个月，2个月 (T_1) 后决定期权类型。

以下代码实现了普通蒙特卡罗模拟计算该期权的价格，调用了ChooseMC()函数；以及采用了条件法的蒙特卡罗模拟，调用了ChooseMC_Cond()函数。

```
B3_Ch9_9.m

close all; clear all; clc;

% Input paramters
S0 = 45;
K = 50;
r = 0.05;
T1 = 2/12;
T2 = 7/12;
sigma = 0.5;

% Number of random numbers
N1 = 1e2;
N2 = 1e2;

% Vanilla options
[Call, Put] = blsprice(S0,K,r,T2,sigma);

randn('state',0);
[Price, CI] = ...
    ChooserMC(S0,K,r,T1,T2,sigma,N1,N2);

rand('state',0);
```

```matlab
[PriceCond, CICond] = ...
    ChooserMC_Cond(S0,K,r,T1,T2,sigma,N1*N2);

% Display results
fprintf(1,'Call = %f Put = %f\n', Call, Put);

fprintf(1,'MC -> Price = %f CI = (%f, %f) \n', ...
    Price, CI(1), CI(2));

fprintf(1,'Ratio = %6.4f%%\n', ...
    100*(CI(2)-CI(1))/Price);

fprintf(1,'MC+Cond -> Price = %f CI = (%f, %f) \n', ...
    PriceCond, CICond(1), CICond(2));

fprintf(1,'Ratio = %6.4f%%\n', ...
    100*(CICond(2)-CICond(1))/PriceCond);


function [Price, CI] = ChooserMC(S0,K,r,T1,T2,sigma,N1,N2)
% Compute auxiliary quantities outside the loop
DeltaT = T2-T1;
muT1 = (r-sigma^2/2)*T1;
muT2 = (r-sigma^2/2)*(T2-T1);
siT1 = sigma*sqrt(T1);
siT2 = sigma*sqrt(T2-T1);

% Vector to contain payoffs
DiscountedPayoffs = zeros(N1*N2, 1);

% Sample at time T1
Samples1 = randn(N1,1);
PriceT1 = S0*exp(muT1 + siT1*Samples1);

for k=1:N1
    Samples2 = randn(N2,1);
    PriceT2 = PriceT1(k)*exp(muT2 + siT2*Samples2);

    ValueCall = exp(-r*DeltaT)*mean(max(PriceT2-K, 0));
    ValuePut = exp(-r*DeltaT)*mean(max(K-PriceT2, 0));

    if ValueCall > ValuePut
        DiscountedPayoffs(1+(k-1)*N2:k*N2) = ...
            exp(-r*T2)*max(PriceT2-K, 0);
    else
        DiscountedPayoffs(1+(k-1)*N2:k*N2) = ...
            exp(-r*T2)*max(K-PriceT2, 0);
```

```
        end

end

[Price, dummy, CI] = normfit(DiscountedPayoffs);

end

function [Price, CI] = ChooserMC_Cond(S0,K,r,T1,T2,sigma,N)
muT1 = (r-sigma^2/2)*T1;
siT1 = sigma*sqrt(T1);

Samples = randn(N,1);
PriceT1 = S0*exp(muT1 + siT1*Samples);

[calls, puts] = blsprice(PriceT1,K,r,T2-T1,sigma);

Values = exp(-r*T1)*max(calls, puts);

[Price, dummy, CI] = normfit(Values);

end
```

该代码的运行结果如下，可以发现在条件方差减小法下蒙特卡罗模拟结果的变化范围有明显减小。

```
Call = 5.441395
Put = 9.004123
MC -> Price = 10.302961
CI = (10.078724, 10.527197)
Ratio = 4.3529%
MC+Cond -> Price = 11.292154
CI = (11.209124, 11.375183)
Ratio = 1.4706%
```

注意函数ChooserMC( )实现的是普通蒙特卡罗模拟，大致分为两个阶段。第一个阶段是使用"N1 = 1e2"个随机数产生在T_1时刻上的随机标的资产价格"PriceT1"。第二个阶段，就是在循环中针对每个可能的"PriceT1"值，又使用另外"N2 = 1e2"个随机数产生在T_2时刻上的随机标的资产价格"PriceT2"，并以此来计算对应的T_1时刻上普通看跌期权和看涨期权的价格。与此同时，选择期权价格较大的期权类型进一步折算到T_0时刻再取平均值即为该选择期权的现值。两个阶段合起来一共使用了"N1×N2"个随机数。

另一个函数ChooserMC_Cond( )则实现了条件法下的蒙特卡罗模拟。不同的是在函数编程上并没有明显的分阶段操作，函数只有一个决定随机数个数输入变量是"N"，在主函数中这个值定义为"N1*N2"。函数ChooserMC_Cond( )首先也是使用"N"个随机数得到在T_1时刻上的随机标的资产价格"PriceT1"，以及同时刻上的普通欧式期权价格。接着直接将价格更高的看跌期权或者看涨期权价格折算到当前时刻T_0。这与函数ChooserMC( )的最大区别就在于函数ChooserMC_Cond( )始终使用同样的随机数路径，而并不像前者在不同时间段上采用了不同随机数路径。

本节最后要介绍的是**重要性采用法** (importance sampling method)。与到目前为止介绍的其他方差减小方法不同，需要对原本的概率度量进行"扭曲"。这在模拟**小概率事件** (rare events) 或是在分布尾部采样时是尤其重要的，例如在VaR的模拟计算中。考虑如下问题：

$$\theta = \mathrm{E}\big[h(X)\big] = \int h(x)f(x)dx \tag{9.65}$$

其中，随机变量X的概率密度函数为$f(x)$。如果知道存在另一个概率密度函数$g(x)$，满足当$f(x)=0$时$g(x)=0$，式 (9.65) 就又可以写为：

$$\theta = \int \frac{h(x)f(x)}{g(x)}g(x)dx = \mathrm{E}_g\left[\frac{h(x)f(x)}{g(x)}\right] \tag{9.66}$$

期望"E_g"的下标"g"用来强调该期望是相对于概率密度函数$g(x)$求得的。式 (9.66) 做如此处理的目的，就是对原概率密度函数进行"扭曲"，使得随机数采样能够集中在我们更感兴趣的分布区域上。其中比值$f(x)/g(x)$也称为**似然比** (likelihood ratio)，并且$h(x)$ 和 $[h(x)f(x)]/g(x)$ 的期望值一定相等，即：

$$\mathrm{E}\big[h(X)\big] = \mathrm{E}_g\left[\frac{h(X)f(X)}{g(X)}\right] \tag{9.67}$$

同时，它们各自的方差为：

$$\mathrm{var}_f\big[h(X)\big] = \int h(x) \cdot f(x)dx - \theta^2 \tag{9.68}$$

以及：

$$\begin{aligned}\mathrm{var}_g\left[\frac{h(X)f(X)}{g(X)}\right] &= \int \frac{h^2(x)f^2(x)}{g^2(x)} \cdot g(x)dx - \theta^2 \\ &= \int h^2(x) \cdot \frac{f(x)}{g(x)} \cdot f(x)dx - \theta^2\end{aligned} \tag{9.69}$$

当两者方差相等时，$g(x)$满足式 (9.70) 所示条件：

$$g^*(x) = \frac{h(x)f(x)}{\theta} \tag{9.70}$$

丛书第二本第2章讨论过用蒙特卡罗模拟估算圆周率。下面以计算圆周率的为例，来看看重要性采用法的应用。首先已知通过式 (9.71) 所示积分可以获得圆周率的值π：

$$\int_0^1 \sqrt{1-x^2}dx = \frac{\pi}{4} \tag{9.71}$$

这里，对应之前的公式，可以看作：

$$\begin{cases} h(x) = \sqrt{1-x^2} \\ f(x) = 1, x \in [0,1] \end{cases} \tag{9.72}$$

使用普通蒙特卡罗模拟时，可以直接产生在区间 [0, 1] 上服从均匀分布的随机数，代入并求解其期望值。对应的代码函数如下。

```
B3_Ch9_10_A.m

function out = PIcal(m)

z = sqrt(1-rand(1,m).^2);
out = 4*sum(z)/m;
end
```

其函数输出值"out"即为对圆周率π的估算值。

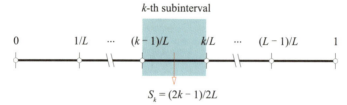

图9.13　将区间 [0, 1] 等分为 L 份

接下来考虑使用重要性采样法，首先将区间 [0, 1] 人为地分成 L 等份，每个子区间宽度为 $1/L$。如图9.13所示，第 k 个子区间的端点分别为 $(k-1)/L$ 和 k/L，区间的中点为：

$$s_k = \frac{k-1}{L} + \frac{1}{2L} = \frac{2k-1}{2L}, \; k=1,\dots,L \tag{9.73}$$

对于原积分一个粗略的估计可以是：

$$\int_0^1 \sqrt{1-x^2}\,\mathrm{d}x \approx \frac{\sum_{k=1}^{L} h(s_k)}{L} \tag{9.74}$$

现在考虑式 (9.75) 所示变量：

$$q_k = \frac{h(s_k)}{\sum_{j=1}^{L} h(s_j)} \tag{9.75}$$

显然在 $h(x)$ 已知的情况下，q_k 同时满足式 (9.76) 所示条件：

$$\begin{cases} \sum_k q_k = 1 \\ q_k > 0 \end{cases} \tag{9.76}$$

在此基础上引入重要性采样法中新的概率密度函数 $g(x)$：

$$g(x) = Lq_k, \quad x \in \left[\frac{k-1}{L}, \frac{k}{L}\right], \quad k=1,\ldots,L \tag{9.77}$$

注意，$g(x)$是分段的线性函数，每段上保持常数值。

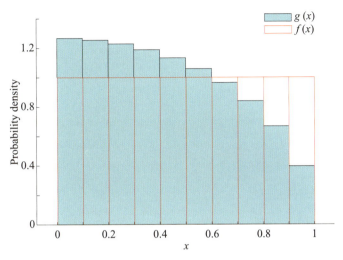

图9.14　例子中的概率密度函数$g(x)$和$f(x)$ ($L=10$)

如图9.14所示，展示了在$L=10$时$g(x)$和$f(x)$的图像。能够直观地发现将原来均匀的分布函数$f(x)$"扭曲"为$g(x)$后，概率密度对不同的区域有所不同，呈现出了左"多"右"少"情况。根据已有的推导，以下函数进一步将重要性采样法运用到了圆周率的计算中。

```
B3_Ch9_10_B.m
function out = PIcal_IS(m,L)

s = (0:(1/L):(1-1/L)) + 1/(2*L);
hvals = sqrt(1 - s.^2);
cs=cumsum(hvals);

for j=1:m
    loc = sum(rand*cs(L) > cs) +1;
    x = (loc-1)/L + rand/L;
p = hvals(loc)/cs(L);

    est(j) = sqrt(1 - x.^2)/(p*L);
end

out = 4*sum(est)/m;

end
```

在准备好两个子函数PIcal( )和PIcal_IS( )后，运行以下代码来比较重要性采样法对蒙特卡罗模拟结果分布的影响，该代码同时可以绘制图9.14。

`B3_Ch9_10_C.m`

```matlab
close all; clear all; clc;

% Input paramters
N = 1e3;
L = 10;

% Plot g(x) vs h(x)
sk = (0:(1/L):(1-1/L)) + 1/(2*L);
hvals = sqrt(1 - sk.^2);
hvals_sum = sum(hvals);
gx = L*hvals./hvals_sum;

figure
bar(sk, gx, 'Barwidth', 1);
hold on
h = bar(sk, ones(1,10), 'Barwidth', 1);
set(h, 'FaceColor', 'none', 'EdgeColor', [1, 0, 0]);
legend('g(x)','f(x)')
xlabel('x')
ylabel('Probability Density')

M = 100;

% MC
rand('seed',0)
PI1=[];
for i=1:M
    PI1(i) = PIcal(N);
end

% MC + Importance Sampling
rand('seed',0)
PI2=[];
for i=1:M
    PI2(i) = PIcal_IS(N, L);
end

% Plot
fig=figure;
hax=axes;
h=[];
h(1)=histogram(PI2, 'normalization', 'pdf' );
hold on
h(2)=histogram(PI1, 'normalization', 'pdf' );
hold on
```

```
h(3)=line([pi, pi], get(hax, 'YLim'),...
    'color', [1 0 0], 'linewidth', 2);
legend('with Importance Sampling Method', ...
    'without Importance Sampling Method', ...
    'True Mean')
```

如图9.15所示，能观察到类似图9.11的情况。在运用了重要性采样法后，蒙特卡罗模拟结果的分布出现了明显的收窄。大家可以参考图9.11的相关代码，试着计算一下前后两个分布的标准差并在图上画出来，这样可以得到更加量化的感受。

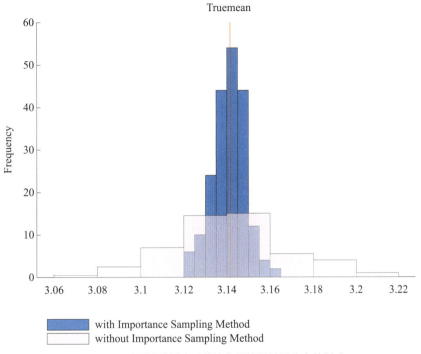

图9.15 重要性采样法对蒙特卡罗模拟结果分布的影响

至此，蒙特卡罗模拟中的方差减小方法就介绍完毕了。这些方法各自的原理都有所不同，适用和针对的问题也不一样，大家还是需要具体问题具体分析。第10章将讨论蒙特卡罗模拟在期权定价及敏感因子分析中的应用。

第10章 蒙特卡罗模拟 II
Monte Carlo Simulation

It is better to be roughly right than precisely wrong.

——约翰·梅纳德·凯恩斯 (John Maynard Keynes)

蒙特卡罗模拟不仅在金融行业应用广泛,也在其他五花八门的领域中大显身手:

领域	应用
物理学 (physical science)	量子动力学、分子动力学、材料科学、天体物理学、多体问题等
工程学 (engineering)	微电子学、流体动力学、信号处理、自主机器人、风能等
计算生物学 (computational biology)	生物系统研究、环境监测、思想实验等
计算机图形学 (computer graphics)	光线追踪、图形渲染等
应用统计学 (applied statistics)	错误分析、假设检验、贝叶斯推断、最大似然估计等
人工智能 (artificial intelligence)	蒙特卡罗树搜索等
设计与视觉 (design and visuals)	建筑、设计、3D模型等
搜寻与营救 (search and rescue)	分析营救路径、制定营救方案等
法律 (law)	法令评估等

Core Functions and Syntaxes
本章核心命令代码

- `any()` 函数测试输入变量中是否存在至少有一个元素满足一定的逻辑条件
- `cumsum()` 函数计算输入序列的累积和
- `find()` 函数获得输入变量中满足一定逻辑条件的元素 `blsdelta()` 函数根据BSM模型计算欧式期权希腊字母 Δ
- `fitdist()` 函数根据输入的采样数据获得对应的概率密度分布
- `fprintf()` 在 Command 窗口输出打印指定文本
- `mean(A,2)` 沿矩阵列方向求取每行元素平均数;`mean(A,1)` 沿矩阵行方向求取每列元素平均数
- `normcdf()` 函数返回正态分布累积概率密度函数值
- `sum(A,2)` 沿矩阵列方向求取每行元素之和;`sum(A,1)` 沿矩阵行方向求取每列元素之和

10.1 产生模拟路径

在蒙特卡罗模拟中，首要步骤就是产生**模拟路径** (sample paths)。例如，在估算普通期权现价时，需要模拟标的物在到期时间 T 上的价格 S_T；对于**奇异期权** (exotic options) 则需要模拟标的物在到期时间前整个时间段上的价格变化。以**亚式期权** (Asian option) 为例，期权价格不直接取决于某一特定时刻的标的物价格，而是其在一段时间上的平均价格：

$$V_T = \max\{0, \bar{S} - K\} \tag{10.1}$$

其中，$\bar{S}$ 是一定时间段 τ 上的标的物平均价格，即：

$$\bar{S} = \frac{1}{\tau} \int_0^\tau S_t \mathrm{d}t \tag{10.2}$$

那么在蒙特卡罗模拟中，就需在时间段 τ 上模拟不同时间点上的标的物价格路径 $\{S_0, S_1, ..., S_\tau\}$。

生成模拟路径的过程中，往往会引入两类误差：**采样误差** (sampling error) 和**离散误差** (discretization error)。采样误差来源于蒙特卡罗模拟的自身不确定性的特点，以及采样点的有限性。通常可以通过增大采样点或应用第9章介绍的方差减小技术来缓解采样误差。离散误差则由对**连续时间模型** (continuous-time model) 的离散化而引起，这当中一般都会引入**截断误差** (truncation error)，也有可能造成原连续模型本质特征的变化。

考虑下面这个**随机微分方程** (stochastic differential equation)，表征是一个联系单时间模型：

$$\mathrm{d}S_t = f(S_t, t)\mathrm{d}t + g(S_t, t)\mathrm{d}W_t \tag{10.3}$$

使用差分方法将该模型进行离散化即可得到对应的**离散时间模型** (discrete-time model)：

$$\Delta S_t = S_{t+\Delta t} - S_t = f(S_t, t) \cdot \Delta t + g(S_t, t) \cdot \sqrt{\Delta t} \cdot \varepsilon \tag{10.4}$$

其中，随机变量 ε 服从标准正态分布，$\varepsilon \sim N(0,1)$。当 $\Delta t \to 0$ 时，以上离散时间模型收敛为原来的连续时间模型；只要 Δt 足够小，截断误差就可以在接受范围内，甚至忽略不计。

但有时候简单的离散化并不能从根本上"复制"原来的连续时间模型。以下面的几何布朗运动为例，其对应连续时间模型可由式 (10.5) 所示的随机微分方程表示：

$$\mathrm{d}S_t = \mu S_t \mathrm{d}t + \sigma S_t \mathrm{d}W_t \tag{10.5}$$

丛书第二本第2章和第3章讲解过式 (10.5) 离散式的近似形式与求解。采用差分方法得到的近似离散模型为：

$$\Delta S_t = S_{t+\Delta t} - S_t = \mu S_t \cdot \Delta t + \sigma \cdot S_t \cdot \sqrt{\Delta t} \cdot \varepsilon \tag{10.6}$$

从时刻 t_{i-1} 到时刻 t_i，存在式 (10.7) 所示联系：

$$S_i = S_{i-1} + \mu S_{i-1} \cdot \Delta t + \sigma \cdot S_{i-1} \cdot \sqrt{\Delta t} \cdot \varepsilon_i \tag{10.7}$$

其中，ε_i 是在时间点 t_i 上产生的随机数，服从标准正态分布 $\varepsilon_i \sim N(0,1)$。因为正态分布的线性组合也是正态分布，那么使用该离散模型的话，在任意时刻 t_i 上 S_i 也是服从正态分布的。但是，这与几何布朗运动中 S_t 服从对数正态分布的事实相违背。这时，引入的离散误差就是本质上的模型误差了，所以对连续时间模型的离散化有时需要十分小心。为了解决这个问题，可以采用几何布朗运动另一个连续时间模型的对数表达形式：

$$d \log S_t = \left(\mu - \frac{1}{2}\sigma^2\right)dt + \sigma dW_t \tag{10.8}$$

简化为：

$$\begin{cases} E\left[\log\left(\dfrac{S(t)}{S(0)}\right)\right] = vt \\ var\left[\log\left(\dfrac{S(t)}{S(0)}\right)\right] = \sigma^2 t \end{cases} \tag{10.9}$$

那么从0时刻到t时刻，对应的 S_0 和 S_t 满足式 (10.10)：

$$S_t = S_0 \cdot \exp\left(vt + \sigma \int_0^t dW(\tau)\right) \tag{10.10}$$

这时再来进行离散化，就可以保持几何布朗运动对数正态分布的要求：

$$S_{t+\Delta t} = S_t \cdot \exp\left(v \cdot \Delta t + \sigma\sqrt{\Delta t} \cdot \varepsilon\right) \tag{10.11}$$

从时刻 t_{i-1} 到时刻 t_i，对应的关系为：

$$S_i = S_{i-1} \cdot \exp\left(v \cdot \Delta t + \sigma\sqrt{\Delta t} \cdot \varepsilon_i\right) \tag{10.12}$$

以下代码产生了几何布朗运动下标的物价格的50条模拟路径，时间跨度为一年，对应250天的时间步长。

B3_Ch10_A.m

```matlab
close all; clear all; clc;

% Input parameters
S0 = 45;
mu = 0.12;
sigma = 0.4;
T = 1;
Nt = 250;
```

```matlab
N = 50;

randn('state',0)
paths = PricePaths(S0, mu, sigma, T, Nt, N);

% Plot
figure;
subplot(1,2,1)
for i=1:3
    plot(1:length(paths(i,:)), paths(i,:))
    hold on;
end
hold off;
xlim([1, Nt]);

subplot(1,2,2)
for i=1:N
    plot(1:length(paths(i,:)), paths(i,:))
    hold on;
end
hold off;
xlim([1, Nt]);

% User function
function SPaths=PricePaths(S0,mu,sigma,T,Nt,N)
SPaths = zeros(N, 1+Nt);
SPaths(:,1) = S0;
dt = T/Nt;

nudt = (mu-0.5*sigma^2)*dt;
sidt = sigma*sqrt(dt);

for i=1:N
    for j=1:Nt
        SPaths(i,j+1)=SPaths(i,j)*exp(nudt + sidt*randn);
    end
end
end
```

以上代码主要通过用户自定义函数 **PricePaths()** 产生标的物价格，如图10.1所示。在图10.1(a) 中，如果只观察几个路径的话，并不能察觉到有任何趋势或走向；但在图10.1(b) 中，当路径增加时则能看到价格上扬的趋势，对应代码中mu值为正。如果mu值为负值，那么生成的标的物价格路径就如图10.2所示了。

在蒙特卡罗模拟中，往往要产生成千上万甚至更多的模拟路径，相应函数的运算时间越短越好，以减少整个模拟的时间成本。

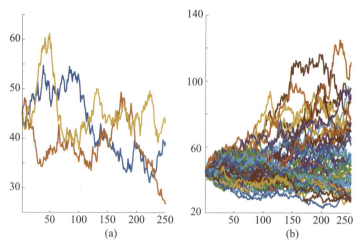

图10.1 标的物价格(正趋势几何布朗运动)的模拟路径

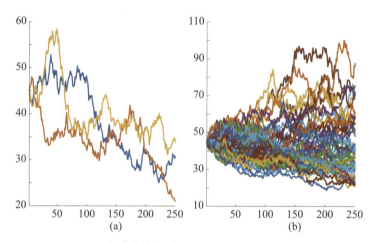

图10.2 标的物价格(负趋势几何布朗运动)的模拟路径

下面的函数PricePathsFast()同样实现函数PricePaths()的功能,但是运用矩阵计算节约了运算时间。感兴趣的读者可以比较一下两个函数的不同之处,并运行一下。

`B3_Ch10_2_A.m`

```
function SPaths=PricePathsFast(S0,mu,sigma,T,Nt,N)
dt = T/Nt;
nudt = (mu-0.5*sigma^2)*dt;
sidt = sigma*sqrt(dt);

Increments = nudt + sidt*randn(N, Nt);
LogPaths = cumsum([log(S0)*ones(N,1) , Increments] , 2);

SPaths = exp(LogPaths);
Spaths(:,1) = S0;
end
```

在生成随机路径的过程中,往往遵循时间点的先后顺序。正如前面这个例子一样,按照路径上时间点的先后，依次产生各个时间点处的随机值。但是，也有不遵循时间顺序来生成模拟路径的方法。考虑在时间段 $[t_1,t_2]$ 上的**维纳过程** (Wiener process)：

$$W(t_1)-W(t_2) \sim N(0, t_1-t_2) \tag{10.13}$$

取时刻 t_k，$t_1 < t_k < t_2$。在常规方法中，按照时间顺序，会依次产生随机量 $W(t_1)$、$W(t_k)$ 和 $W(t_2)$。这里，采用不遵循时间先后顺序的**布朗桥法** (Brownian bridge method)。假设在 t_1 和 t_2 时刻上的值已知并且有：

$$\begin{cases} w_1 = W(t_1) \\ w_2 = W(t_2) \end{cases} \tag{10.14}$$

在该前提条件下，$W(t_k)$ 的值将取决于 w_1 和 w_2，并依然保持正态特性，具有如下的期望值和方差：

$$\begin{cases} E(W(t_k)) = \dfrac{(t_2-t_k)\cdot w_1 + (t_k-t_1)\cdot w_2}{t_1-t_2} \\ \text{var}(W(t_k)) = \dfrac{(t_2-t_k)(t_k-t_1)}{t_2-t_1} \end{cases} \tag{10.15}$$

如果 t_k 正好在 t_1 和 t_2 之间的中点处，即：

$$t_k = \frac{t_2+t_1}{2} \tag{10.16}$$

$W(t_k)$ 的期望和方差可以得到更进一步的简化：

$$\begin{cases} E(W(t_k)) = \dfrac{w_1+w_2}{2} \\ \text{var}(W(t_k)) = \dfrac{\Delta t}{4} \end{cases} \tag{10.17}$$

其中 $\Delta t = t_2 - t_1$。那么，$W(t_k)$ 可以由式 (10.18) 与 w_1 和 w_2 联系起来：

$$W(t_k) = \frac{w_1+w_2}{2} + \frac{1}{2}\cdot\sqrt{\Delta t}\cdot\varepsilon_k \tag{10.18}$$

其中，ε_k 服从标准正态分布，$\varepsilon_k \sim N(0,1)$。

所以，根据以上理论，布朗桥法的在维纳过程中时间段 $[0,T]$ 的具体操作可以总结如下：

◀ 令 $W(0)=0$，在时刻 T 上采样 $W(T)$，然后采样 $W\left(\dfrac{T}{2}\right)$；

◀ 根据 $W(0)=0$ 和 $W\left(\dfrac{T}{2}\right)$，采样 $W\left(\dfrac{T}{4}\right)$；

◀ 根据 $W\left(\dfrac{T}{2}\right)$ 和 $W(T)$，采样 $W\left(\dfrac{3T}{4}\right)$；

◀ 重复以上过程获得足够的采样点生成模拟路径。

以下代码根据这些步骤产生了一万条维纳过程路径，4个时间步长。注意，函数BrownianBridge_Wiener()中输入时间步长变量"Nt"必须是2的幂。

`B3_Ch10_2_B.m`

```matlab
close all; clear all; clc;

% Input parameters
randn('state',0);
N = 1e4;
T = 1;
Nt = 4;
Paths = zeros(N, 1+Nt);

for i=1:N
    Paths(i,:) = BrownianBridge_Wiener(T, Nt);
end


% Plot
figure
subplot(1,2,1)
plot(0:Nt, Paths(1:5e2, :),'color', [0,0.6,1]);
ylim([-4,4])
hold all
line([0,Nt],(0, 0),'color',[0,0.4,1],'linewidth',1);
for i=1:Nt
    line([i,i], [-4, 4], ...
        'color',[0,0.4,1],'LineWidth',0.5,...
        'LineStyle','--','color','r');
end
hold off
xticks([0 1 2 3 4])
xticklabels({'t_0','t_1','t_2','t_3','t_4'})

subplot(1,2,2)
% Set plot specifications
colors = {'r' 'b' 'g' 'm'};
lines = {'-','-.','--',':'};

% Generate kernel distribution objects and plot
for j=1:Nt
    pd = fitdist(Paths(:,j),'kernel');
```

```matlab
    x = -4:0.01:4;
    y = pdf(pd,x);
    plot(x,y,'Color',colors{j},'LineStyle',lines{j},...
        'LineWidth', 1)
    hold on
end
legend('t_1','t_2','t_3','t_4')
hold off

% User function
function Paths = BrownianBridge_Wiener(T, Nt)
% check-point: ensure Nt is a power of 2
N_nodes = log2(Nt);
if round(N_nodes) ~= N_nodes
    fprintf('ERROR: Nt must be a power of 2\n');
    return
end

% create paths
Paths = zeros(Nt+1,1);
Paths(1) = 0;
Paths(Nt+1) = sqrt(T)*randn;
TJump = T;
IJump = Nt;

for k=1:N_nodes

    left = 1;
    i = IJump/2 + 1;
    right = IJump + 1;

    for j=1:2^(k-1)
        a = 0.5*(Paths(left) + Paths(right));
        b = 0.5*sqrt(TJump);
        Paths(i) = a + b*randn;
        right = right + IJump;
        left = left + IJump;
        i = i + IJump;
    end

    IJump = IJump/2;
    TJump = TJump/2;

end

end
```

如图10.3所示，其中蓝色线展示一万条路径中的500条，粉色线则是在不同时间点 (t_1、t_2、t_3和t_4) 上不同路径落点 (采样点) 的分布。感兴趣的读者，可以试着计算一下每个时刻上分布的期望和方差，并与理论值进行一下比较，两者应该是十分接近的。

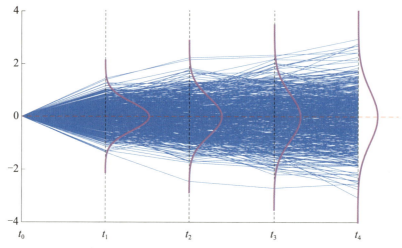

图10.3　布朗桥法生成简单的维纳路径和位置分布

在简单维纳过程的基础上，可以进一步来模拟布朗运动的模拟过程。根据之前介绍的数学模型：

$$d\log S_t = \left(\mu - \frac{1}{2}\sigma^2\right)dt + \sigma dW_t \tag{10.19}$$

表示维纳过程。体现在编程中，可以利用已经编写好的BrownianBridge_Wiener()函数，在其基础上编写几何布朗运动的函数BrownianBridge_GBM()，具体代码如下。

B3_Ch10_3_A.m

```
function Paths = BrownianBridge_GBM(S0, mu, sigma, T, Nt, N)
% check-point: ensure Nt is a power of 2
if round(log2(Nt)) ~= log2(Nt)
fprintf('ERROR: Nt must be a power of 2\n');
return
end

dt = T/Nt;
nudt = (mu-0.5*sigma^2)*dt;
Paths = zeros(N, Nt+1);

for k = 1:N

W = BrownianBridge_Wiener(T,Nt);

Increments = nudt + sigma*diff(W');
LogPaths = cumsum([log(S0) , Increments]);
Paths(k,:) = exp(LogPaths);
end
```

```
    Paths(:,1) = S0;
end
```

注意BrownianBridge_GBM()函数中调用了BrownianBridge_Wiener()函数，在模拟几何布朗运动的过程中，首先产生的是维纳过程的随机数，然后再代入到几何布朗运动的离散式中。以下程序利用以上两个函数，产生50条标的物价格的模拟路径，时间跨度为一年，对应250天的时间步长，其他输入参数与生成图10.1的设定基本一样：

B3_Ch10_3_B.m

```
close all; clear all; clc;

% Input parameters
randn('state',0);
S0 = 45;
mu = 0.12;
sigma = 0.4;
T = 1;
Nt = 2^8;
N = 50;

Paths = zeros(N, 1+Nt);

randn('state',0)
paths = BrownianBridge_GBM(S0, mu, sigma, T, Nt, N);

% Plot
figure;
subplot(1,2,1)
for i=1:3
    plot(1:length(paths(i,:)), paths(i,:))
    hold on;
end
hold off;
xlim([1, Nt]);

subplot(1,2,2)
for i=1:N
    plot(1:length(paths(i,:)), paths(i,:))
    hold on;
end
hold off;
xlim([1, Nt]);
```

该程序的运行结果如图10.4所示，与图10.1相比较还是有类似之处。感兴趣的读者可以试着改写代码，具体计算两种方法得到模拟路径各自的期望与方差值，看看它们是否近似并且都与理论接近。

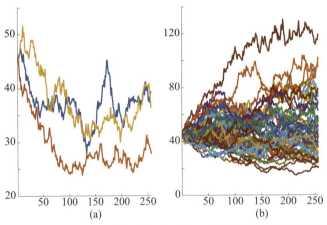

图10.4 布朗桥法生成的服从几何布朗运动的标的物价格模拟路径

10.2 亚式期权定价

在本章开篇提到了**亚式期权** (Asian option),本丛书第二本的"奇异期权"一章中也对其进行了较详细的介绍。以固定执行价格亚式看涨期权为例,到期时刻 T 的收益由式 (10.20) 决定:

$$\max\{0, \bar{S} - K\} \tag{10.20}$$

其中,K 是期权执行价格,$\bar{S}$ 是一段时间上标的物价格的算术平均值:

$$\bar{S} = \frac{1}{N}\sum_{i=1}^{N} S(t_i) \tag{10.21}$$

取时间步长为 $\Delta t = \dfrac{T}{N}$,时刻满足 $t_i = \Delta t \cdot i$,$i = 0,1,2,\cdots,N$。因为期权价格取决于 $\bar{S}$,而 $\bar{S}$ 又取决于所经历的标的物价格,所以在蒙特卡罗模拟中,需要整条的模拟路径来计算。下面的AsianCall_MC() 函数实现了对亚式看涨期权的定价。

`B3_Ch10_4_A.m`

```
function [P,CI,Paths,PayoffDist] = ...
    AsianCall_MC(S0,K,r,T,sigma,Nt,N)
Payoff = zeros(N,1);
Paths = zeros(N,Nt+1);

for i=1:N
    Paths(i,:) = PricePaths(S0,r,sigma,T,Nt,1);

    Payoff(i) = max(0, mean(Paths(i, 2:(Nt+1))) - K);
```

```matlab
end

PayoffDist = exp(-r*T) * Payoff;

[P,aux,CI] = normfit(PayoffDist);

end
```

注意，该函数中还调用了之前介绍的子函数PricePaths()，实现对服从几何布朗运动的标的物价格模拟。在这个基础上，运行下面的主函数，来估算一个起始标的物价格为$55，执行价格为$50，到期时间7个月，无风险利率为12%，波动率为0.4的亚式看涨期权价格。

B3_Ch10_4_B.m

```matlab
close all; clear all; clc;

% Input parameters
S0 = 55;
K = 50;
r = 0.12;
T = 7/12;
sigma = 0.4;

Nt = 7;
N = 5e4;

% Compute option price
randn('state',0)
[P1, CI, Paths, PayoffDist] = ...
    AsianCall_MC(S0,K,r,T,sigma,Nt,N);

P1
CIB1 = (CI(2) - CI(1))/P1

% Plot
figure(1)
subplot(2,1,1)
histogram(PayoffDist, 100);
title('Frequency of Simulated Payoffs')

subplot(2,1,2)
plot(sort(PayoffDist));
title('Sorted Payoffs from Simulation')

figure(2)
hax = axes;

Savg = mean(Paths(:, 2:(Nt+1)), 2);
```

```
Savgavg = mean(Savg);
histogram(Savg, 'normalization', 'pdf')
hold all
line([K, K], get(hax, 'YLim'),...
    'color', [1 0.6 0], 'linewidth', 2);
line([Savgavg, Savgavg], get(hax, 'YLim'),...
    'color', [0 0 1], 'linewidth', 2);

h = legend('Distribution of $$\overline{S}$$',...
    'Expectation of $$\overline{S}$$, E($$\overline{S}$$)',...
    'Strike Price, K');
set(h,'Interpreter','latex')

hold off
```

注意AsianCall_MC() 函数中,为了方便分析及可视化分布结果,同时输出了中间变量"Paths"和"PayoffDist"。不需要的时候,可以不必输出这两个变量,以减少储存空间,加快程序运行速度。运行后,估算的期权价格P1以及模拟结果的变化区间CIB1分别为:

```
P1 =
    8.1887
CIB1 =
    0.0193
```

如图10.5(a) 所示是模拟的期权价格分布,图10.5(b) 所示是将模拟的期权价格按升序排列后显示的序列值。从图10.5中都可以观察到,模拟结果中有相当一部分的值是"0"。展示图10.6的目的,是希望读者可以注意到标的物价格平均值$\overline{S}$的分布,其期望$E(\overline{S})$要小于执行价格K。在蒙特卡罗模拟中,容易犯的错误是根据模拟获得的$E(\overline{S})$值,来判断期权价格;这种情况下根据公式,该例子中的亚式看涨期权则为零。这显然是不对的,大家要避免犯类似的错误。

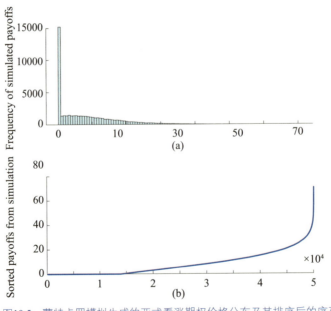

图10.5　蒙特卡罗模拟生成的亚式看涨期权价格分布及其排序后的序列值

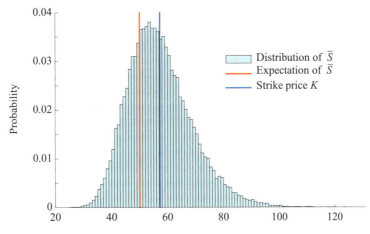

图10.6 蒙特卡罗模拟生成的亚式看涨期权标的物平均价格($\bar{S}$)分布

接下来,将第9章介绍的减小方差技术——控制变量法运用到亚式看涨期权价格的计算中。这里,考虑将期权价格之和设定为控制变量,即:

$$Y = \sum_{i=0}^{N} S(t_i) = N \cdot \bar{S} \tag{10.22}$$

根据前面介绍的内容,这个控制变量将用来组合成为新的随机变量X_c:

$$X_c = X + c(Y - \varphi) \tag{10.23}$$

其中,参数c由式(10.24)计算获得:

$$c^* = -\frac{\text{cov}(X,Y)}{\text{var}(Y)} \tag{10.24}$$

方差及协方差的计算中都需要控制变量的期望$\text{E}(Y)$,在本例中:

$$\begin{aligned} \text{E}(Y) &= \sum_{i=0}^{N} \text{E}\big[S(t_i)\big] \\ &= \sum_{i=0}^{N} S_0 e^{r \cdot \Delta t \cdot i} = S_0 \sum_{i=0}^{N} \left(e^{r \cdot \Delta t}\right)^i = S_0 \cdot \frac{1 - e^{r \cdot \Delta t \cdot (N+1)}}{1 - e^{r \cdot \Delta t}} \end{aligned} \tag{10.25}$$

根据式(10.22)~式(10.25),来编写相应的函数AsianCallCV_MC(),具体代码如下。

`B3_Ch10_5_A.m`

```
function [P,CI,PayoffDist] =...
    AsianCallCV_MC(S0,K,r,T,sigma,Nt,N,Ncv)
% Set control parameter
% Control variable "Y": sum of stock prices
PathsCV = PricePaths(S0,r,sigma,T,Nt,Ncv);
Y = sum(PathsCV,2);
```

```
% Compute parameter "c"
PP = mean(PathsCV(:,2:(Nt+1)) , 2);
PayoffCV = exp(-r*T) * max(0, PP - K);
MatCov = cov(Y, PayoffCV);

c = - MatCov(1,2) / var(Y);

dt = T / Nt;
Yavg = S0 * (1 - exp((Nt + 1)*r*dt)) / (1 - exp(r*dt));

% Compute result using control variate
PayoffDist = zeros(N,1);

for i=1:N
    Paths = PricePaths(S0,r,sigma,T,Nt,1);
    Payoff = exp(-r*T) * max(0, mean(Paths(2:(Nt+1))) - K);
    PayoffDist(i) = Payoff + c * (sum(Paths) - Yavg);
end

[P,aux,CI] = normfit(PayoffDist);

end
```

注意，如第9章相关部分提到，为了避免引入偏差，控制变量法需要独立采样（模拟路径）来计算参数c。这里额外的输入变量"Ncv"就是确定所需的模拟路径数量。大家可以对照第9章介绍的函数BlsMC_CVM()，其中很大一部分都是一致的。重复之前的程序，但是调用新的函数 AsianCallCV_MC()。

B3_Ch10_5_B.m

```
close all; clear all; clc;

% Input parameters
S0 = 55;
K = 50;
r = 0.12;
T = 7/12;
sigma = 0.4;

Nt = 7;
N = 5e4;
Ncv = 5e3;

% Compute option price
randn('state',0)
[P2, CI, PayoffDist] = AsianCallCV_MC(S0,K,r,T,sigma,Nt,N,Ncv);
```

```
P2
CIB2 = (CI(2) - CI(1))/P2

% Plot
figure
subplot(2,1,1)
histogram(PayoffDist, 100);
title('Frequency of Simulated Payoffs')

subplot(2,1,2)
plot(sort(PayoffDist));
title('Sorted Payoffs from Simulation')
```

运行代码得到的期权价格P2以及模拟结果的变化区间CIB2分别为：

```
P2 =
    8.1475
CIB2 =
    0.0049
```

与之前的结果比较（P1和CIB1），期权价格值比较接近，区别在0.5%左右；但是模拟结果的变化区间差别很大，CIB2是CIB1的四分之一左右（大约25.5%）。代码同时绘制图10.7，运用控制变量法后，蒙特卡罗模拟得到的期权价格分布及排序后的模拟结果序列值。与图10.5(a) 相比较，注意两图(a) 横轴的值，图10.7(a) 中的分布明显收窄了，这与CIB1和CIB2的结果一致。另外有趣的是，与图10.5(b) 相比较，图10.7(b) 中完全没有期权价格结果为"0"的估值，可看作是分布收窄后的结果。

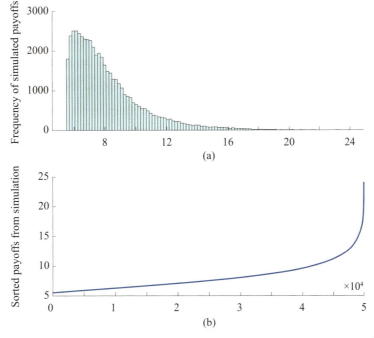

图10.7 运用变量控制法蒙特卡罗模拟生成的亚式看涨期权价格分布及其排序后的序列值

10.3 障碍期权定价

跟亚式期权一样,蒙特卡罗模拟中期权价值取决于整个标的物价格路径的还有障碍期权。如图10.8所示,以**向下敲出看跌期权** (down-and-out put option) 为例,当标的物价格 S_t 低于障碍值 H 时 ($S_t < H$),期权价格为零。通常,障碍值 H 低于初始时期权价格 S_0 以及执行价格 K。与之相对应的是**向下敲入看跌期权** (down-and-in put option),在标的物价格 S_t 未低于障碍值 H ($S_t < H$) 前,期权价格为零;在标的物价格 S_t 低于障碍值 H 后,期权才被激活,价格不再为零。从图10.8中也可以看出,在其他条件一样时,向下敲出看跌期权与向下敲入看跌期权组合在一起,正好就是普通欧式看跌期权,三者的价格上存在式 (10.26) 所示关系:

$$P_{\text{vanilla}} = P_{\text{down\&out}} + P_{\text{down\&in}} \tag{10.26}$$

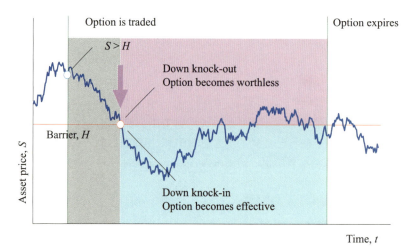

图10.8　向下敲出障碍期权 (down and out option) 和向下敲入障碍期权 (down and in option)

首先来看一看,使用普通的蒙特卡罗模拟方法如何对障碍期权估价。先以向下敲出看跌期权为例,需要先产生标的物价格在特定时间段上的变化路径。然后针对每一条路径,判断标的物价格是否低于障碍值。一旦发生该情况,期权价值立即变为零;否则,期权取决于到期时期权的收益。以下函数DOPut_MC() 实现了以上目的。

`B3_Ch10_6_A.m`

```
function [P,CI,N_OUT] = ...
    DOPut_MC(S0,K,r,T,sigma,H,Nt,N)
Payoff = zeros(N,1);
N_OUT = 0;

for i=1:N
    % Generate price paths
    Path = PricePaths(S0,r,sigma,T,Nt,1);
    % Check cases of "down and out"
```

```matlab
    check = any(Path <= H);

    if check == 0
        Payoff(i) = max(0, K - Path(Nt+1));
    else
        Payoff(i) = 0;
        N_OUT = N_OUT + 1;
    end
end

[P,aux,CI] = normfit( exp(-r*T) * Payoff);
end
```

函数DOPut_MC()中代码"check = any(Path <= H)"判断是否存在标的物价格低于障碍值的情况。不存在该情况时,变量"check"值为零,期权价格通过"Payoff(i) = max(0, K - Path(Nt+1))"计算;否则,变量"check"值不为零,但期权价格为零"Payoff(i) = 0"。

在向下敲出看跌期权定价函数DOPut_MC()的基础上,稍作改动,就可以得到向下敲入看跌期权的蒙特卡罗模拟定价函数DIPut_MC()。

B3_Ch10_6_B.m

```matlab
function [P,CI,N_IN] = ...
    DIPut_MC(S0,K,r,T,sigma,H,Nt,N)
Payoff = zeros(N,1);
N_IN = 0;

for i=1:N
    % Generate price paths
    Path = PricePaths(S0,r,sigma,T,Nt,1);
    % Check cases of "down and in"
    check = any(Path <= H);

    if check ~= 0
        Payoff(i) = max(0, K - Path(Nt+1));
        N_IN = N_IN + 1;
    else
        Payoff(i) = 0;
    end
end

[P,aux,CI] = normfit( exp(-r*T) * Payoff);
end
```

函数DIPut_MC()代码中主要的改动就是,在标的物价格低于障碍值时,变量"check"值不为零,期权价格通过"Payoff(i) = max(0, K - Path(Nt+1))"计算;否则,变量"check"值为零,期权价格也为零"Payoff(i) = 0"。

下面的主函数运用函数DOPut_MC()和函数DIPut_MC(),计算了在同样输入条件下向下敲出看跌期权和向下敲入看跌期权的价格。

`B3_Ch10_6_C.m`

```matlab
close all; clear all; clc;

% Input parameters
S0 = 55;
K = 50;
r = 0.12;
T = 3/12;
sigma = 0.4;
H = 45;

Nt = 90;
N = 5e4;

% Compute option price
randn('state',0)
% Down-and-out put option
[P_DO, CI_DO, N_OUT] =...
    DOPut_MC(S0, K, r, T, sigma, H, Nt, N)

% Down-and-in put option
[P_DI, CI_DI, N_IN] =...
    DIPut_MC(S0, K, r, T, sigma, H, Nt, N)

% Sum of down-and-out and down-and-in put options
P_DO + P_DI

% Vanilla put option
[Call,Put] = blsprice(S0,K,r,T,sigma);

Put
```

以上代码中，同时调用了blsprice() 函数计算了同条件下普通欧式看跌期权的价格，运行结果如下。

```
>> P_DI
P_DI =
    0.0348

>> P_DO
P_DO =
    1.6212

>> P_DO + P_DI
ans =
    1.6560
```

```
>> Put
Put =
1.6641
```

可以看到，向下敲出障碍期权和向下敲入障碍期权的价格之和 (1.6560) 与普通欧式看跌期权价格 (1.6641) 非常接近，差别在0.5%左右。这也反映了之前提到的这三种期权理论上的价格关系：$P_{\text{vanilla}} = P_{\text{down\&out}} + P_{\text{down\&in}}$。在本丛书第二本的"奇异期权"一章中也给出了一些障碍期权定价的理论公式，大家可以回顾一下相关代码并运用到本章的例子中，与蒙特卡罗模拟的结果相比较，从而加深理解。

接下来，以向下敲出看跌期权为例，运用第9章介绍的条件减小方差法。这里同样需要利用到向下敲出看跌期权、向下敲入看跌期权以及欧式看跌期权的价格关系，间接地计算向下敲出看跌期权的价格，即：

$$P_{\text{down\&out}} = P_{\text{vanilla}} - P_{\text{down\&in}} \tag{10.27}$$

以上等式就是本例中条件减小方差法里引入的所谓"条件"。通过对 P_{vanilla} 和 $P_{\text{down\&in}}$ 的直接计算来获得 $P_{\text{down\&out}}$。

以下函数DOPutMC_Cond()实现了条件减小方差法下的蒙特卡罗模拟。

`B3_Ch10_7_A.m`

```matlab
function [Pdo,CI,N_DO] = ...
    DOPutMC_Cond(S0,K,r,T,sigma,H,Nt,N)

dt = T/Nt;
[Call_vanilla, Put_vanilla] = blsprice(S0,K,r,T,sigma);

% Generate price paths and payoffs for down&in option
N_DO = 0;
P_DI = zeros(N,1);
Tsteps = zeros(N,1);
StockVals = zeros(N,1);

for i = 1:N
    % Generate price paths
Path = PricePaths(S0,r,sigma,T,Nt,1);
    % Find the 1st time-point when S lower than H
    t_DO = min(find( Path <= H ));
    
    if not(isempty(t_DO))
        N_DO = N_DO + 1;
        Tsteps(N_DO) = (t_DO-1) * dt;
        StockVals(N_DO) = Path(t_DO);
    end

end
```

```
if (N_DO > 0)

    [C_vanilla_DI, P_vanilla_DI] = ...
        blsprice(StockVals(1:N_DO),K,r,...
        T-Tsteps(1:N_DO),sigma);

    P_DI(1:N_DO) = exp(-r*Tsteps(1:N_DO)).* P_vanilla_DI;

end

[Pdo, aux, CI] = normfit(Put_vanilla - P_DI);
end
```

代码中blsprice()函数被多次调用。变量"Put_vanilla"即为公式 $P_{down\&out} = P_{vanilla} - P_{down\&in}$ 中 $P_{vanilla}$ 的值。而变量"P_vanilla_DI"用来计算公式中向下敲入障碍期权的值 $P_{down\&in}$。它是在时刻 t，标的物价格在第一次低于障碍值直至到期时，期权被激活作为看跌期权的价格，注意代码"blsprice (StockVals (1:N_DO)，K，r，T－Tsteps (1:N_DO),sigma)"中对到期时间的设定"T－Tsteps (1:N_DO)，sigma"。然后，可以通过折算得到 $P_{down\&in}$，即：

$$P_{down\&in} = e^{-rt^*} \cdot \text{P\_vanilla\_DI} \tag{10.28}$$

但是，如果在同一条标的物价格路径上自始至终没有出现标的物价格低于障碍值的情况下，则 $P_{down\&in} = 0$。

运行以下主函数，并与前面DOPut_MC()函数的结果进行比较。

B3_Ch10_7_B.m

```
close all; clear all; clc;

% Input parameters
S0 = 55;
K = 50;
r = 0.12;
T = 3/12;
sigma = 0.4;
H = 30;

Nt = 90;
N = 5e4;

% Compute option price
randn('state',0)
[P_DO_Cond, CI_DO_Cond, N_OUT_Cond] =...
    DOPutMC_Cond(S0, K, r, T, sigma, H, Nt, N );
```

```
randn('state',0)
[P_DO, CI_DO, N_OUT] =...
    DOPut_MC(S0, K, r, T, sigma, H, Nt, N);

P_DO_Cond
P_DO

CI_DO_Cond
CI_DO
```

```
(CI_DO_Cond(2)-CI_DO_Cond(1))/(CI_DO(2)-CI_DO(1))
```

代码产生的结果如下。

```
P_DO_Cond =
    1.6296

P_DO =
    1.6212

CI_DO_Cond =
    1.6223
    1.6368

CI_DO =
    1.5921
    1.6503

ans =
    0.2482
```

可见，两种方法产生的向下敲出期权的价格十分接近，分别是1.6296和1.6212。但是，使用了条件减小方差法后，模拟结果的变化范围为未使用时的25%，有明显的提高。大家可以试着改写以上代码，将条件减小方差法运用到向下敲入期权的情况中，看看是否也会有明显的变化。

10.4 估算期权Delta

蒙特卡罗模拟同样可以应用到对期权希腊字母的仿真中。本丛书第二本的"希腊字母"一章对相关知识做了比较深入的介绍。这里以普通欧式看涨期权最常用的希腊字母Delta为例，其定义为：

$$\Delta \equiv \text{Delta} = \frac{\partial V}{\partial S} \tag{10.29}$$

式中：V为期权价格；S为标的物价格。

欧式看涨期权的价格公式为：

$$C = N(d_1)S - N(d_2)Ke^{-r(T-t)} \\ = N(d_1)S - N(d_2)Ke^{-r\tau}$$ (10.30)

这里K为执行价格。Delta具有理论上的解析解，对于欧式看涨期权，其Delta可以由式(10.31)计算：

$$\Delta_C = \frac{\partial C}{\partial S} = N(d_1)$$ (10.31)

其中，d_1定义为：

$$d_1 = \frac{1}{\sigma\sqrt{\tau}}\left[\ln\left(\frac{S}{X}\right) + \left(r + \frac{\sigma^2}{2}\right)\tau\right]$$ (10.32)

Delta代表着期权价格对于标的物价格的敏感度，如图10.9所示。在MATLAB中，用户可以直接调用blsdelta()函数计算Delta。

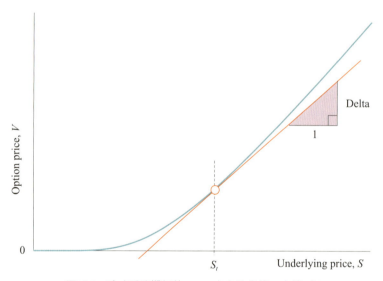

图10.9　欧式看涨期权的Delta (来自丛书第二本第5章)

在蒙特卡罗模拟中，需要用到有限差分方法对Delta的偏微分形式进行近似计算。有限差分的思想在前面也有反复提到过，本书还会进行更加详细的介绍。这里直接采用精度相对较高的中心有限差分近似，即：

$$\Delta_C = \frac{\partial V}{\partial S} = \lim_{\Delta S \to 0}\frac{C(S+\Delta S)-C(S-\Delta S)}{2\Delta S} \\ \approx \frac{\Delta V}{\Delta S} = \frac{C(S+\Delta S)-C(S-\Delta S)}{2\Delta S}$$ (10.33)

式(10.33)的函数$C()$代表欧式看涨期权价格关于标的物价格的函数。在模拟中需要分别生成两条随机路径，起点分别为$S+\Delta S$和$S-\Delta S$，计算各自对应的期权价格$C(S+\Delta S)$和$C(S-\Delta S)$。然后，

应用式 (10.33) 对Delta值做估算。以下CallDelta_MC() 函数在MATLAB中实现了上述操作。

```
B3_Ch10_8_A.m

function [Delta, CI, Delta_Dist] = ...
    CallDelta_MC(S0,K,r,T,sigma,dS,Nt)

mu_t = (r - 0.5*sigma^2)*T;
sigma_t = sigma * sqrt(T);

% Path of S0-dS
Path1 = max(0, (S0-dS)*exp(mu_t+sigma_t*randn(Nt,1))-K);
% Path of S0+dS
Path2 = max(0, (S0+dS)*exp(mu_t+sigma_t*randn(Nt,1))-K);

% Central finite difference
Delta_Dist = exp(-r*T)*(Path2 - Path1)/(2*dS);

[Delta, dummy, CI] = normfit(Delta_Dist);
end
```

在该函数的基础上，运行下面的主程序，调用CallDelta_MC() 函数对特定的欧式看涨期权计算Delta，并与MATLAB自带函数blsdelta()的结果进行比较。

```
B3_Ch10_8_B.m

close all; clear all; clc;

% Input parameters
S0 = 55;
K = 50;
r = 0.12;
T = 3/12;
sigma = 0.4;

Nt = 5e4;
dS = 0.5;

% Compute call option delta
randn('state',0)
[CallDelta, CI, Delta_Dist] = ...
    CallDelta_MC(S0, K, r, T, sigma, dS, Nt);

RealCallDelta = blsdelta(S0, K, r, T, sigma);

% Increase "Nt"
randn('state',0)
CallDeltaSeries = [];
NtSeries = 10.^(2:8);
```

```
for i = 1:length(NtSeries)
    CallDeltaSeries(i) =...
        CallDelta_MC(S0, K, r, T, sigma, dS, NtSeries(i));
end

% Plot
figure
scatter(1:length(CallDeltaSeries), CallDeltaSeries);
hold on
plot(CallDeltaSeries, '-.b');
hold on
line([1, length(CallDeltaSeries)],...
    [RealCallDelta, RealCallDelta], 'color', 'red')
xlim([1, length(CallDeltaSeries)])
xticklabels({'10^2','10^3','10^4','10^5','10^6',...
    '10^7','10^8'})
```

运行结果如图10.10所示，随着随机模拟路径的增大，CallDelta_MC() 函数产生蒙特卡罗模拟的结果逐渐收敛于blsdelta()函数的结果。

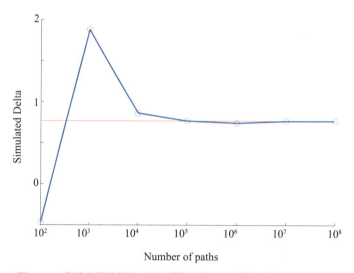

图10.10　蒙特卡罗模拟欧式看涨期权的Delta随模拟路径数增大而收敛

回忆之前在本书第9章提到的方差减小方法中的共同随机数法。在CallDelta_MC()函数的基础上，只需要稍稍地改动就可以大幅减小模拟结果的变化区间。在CallDelta_MC()函数中的下面两行代码中：

```
% Path of S0-dS
Path1 = max(0, (S0-dS)*exp(mu_t+sigma_t*randn(Nt,1))-K);
% Path of S0+dS
Path2 = max(0, (S0+dS)*exp(mu_t+sigma_t*randn(Nt,1))-K);
```

可以看到，"Path1"和"Path2"分别使用了不同的随机数序列；如果它们使用的都是共同(同样)的随机数序列的话，就是共同随机数法的思想了。这里，可以得到改造后的函数CallDeltaCRN_MC()：

```matlab
B3_Ch10_9_A.m

function [Delta, CI, Delta_Dist] =...
    CallDeltaCRN_MC(S0,K,r,T,sigma,dS,Nt)
mu_t = (r - 0.5*sigma^2)*T;
sigma_t = sigma * sqrt(T);

%Generate common random number
RandomNumber = randn(Nt,1);

% Path of S0-dS
Path1 = max(0, (S0 - dS)*exp(mu_t+sigma_t*RandomNumber)-K);
% Path of S0+dS
Path2 = max(0, (S0 + dS)*exp(mu_t+sigma_t*RandomNumber)-K);

% Central finite difference
Delta_Dist = exp(-r*T)*(Path2 - Path1)/2/dS;

[Delta, dummy, CI] = normfit(Delta_Dist);
end
```

注意CallDeltaCRN_MC()函数中，"Path1"和"Path2"使用的都是同一随机数序列"RandomNumber"。运行如下程序，调用CallDelta_MC()函数和CallDeltaCRN_MC()函数，来比较模拟结果的变化范围是否有明显的变化。

```matlab
B3_Ch10_9_B.m

close all; clear all; clc;

% Input parameters
S0 = 55;
K = 50;
r = 0.12;
T = 3/12;
sigma = 0.4;

Nt = 5e4;
dS = 0.5;

% Compute call option delta
randn('state',0)
[CallDelta1, CI1, Delta_Dist1] = ...
    CallDelta_MC(S0, K, r, T, sigma, dS, Nt);
```

```
randn('state',0)
[CallDelta2, CI2, Delta_Dist2] = ...
    CallDeltaCRN_MC(S0, K, r, T, sigma, dS, Nt);

RealCallDelta = blsdelta(S0, K, r, T, sigma);

% Compare confidence interval
RealCallDelta

CallDelta1

CallDelta2

100*((CI2(2)-CI2(1))/(CI1(2)-CI1(1))-1)
```

代码运行结果如下。

```
RealCallDelta =
    0.7662
CallDelta1 =
    0.6596
CallDelta2 =
    0.7695
ans =
  -96.0430
```

在模拟路径定义为5万条时,使用了共同随机数法的蒙特卡罗模拟不但结果变化范围缩小到了96%左右,相较于之前的Delta结果为0.6596,现在的结果为0.7695,更加接近于Delta的真值0.7662。充分体现了该方法的有效性,所以共同随机数法也经常应用在一些敏感度的分析中。

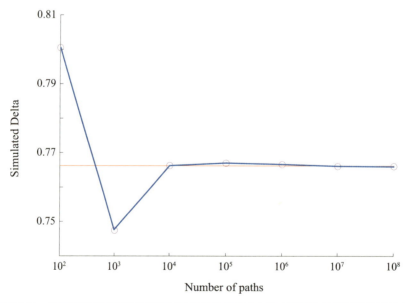

图10.11 共同随机数对蒙特卡罗模拟结果变化范围减小率在不同数量模拟路径下的变化

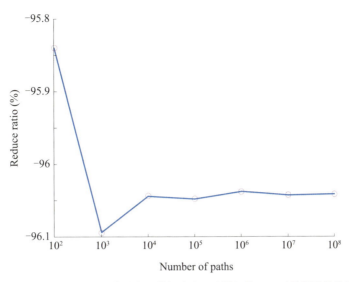

图10.12 使用共同随机数法后蒙特卡罗模拟欧式看涨期权的Delta随模拟路径数增大而收敛

如图10.11所示为在模拟路径数量不同的情况下，对应的共同随机数法对结果变化范围的减小率。可以看到，在模拟路径数量在大范围变化的情况下，减小率都保持在相对比较稳定的水平。另外，如图10.12所示为使用共同随机数法后蒙特卡罗模拟结果趋于真值的收敛情况。与图10.10相比较，在本例中，使用了共同随机数法后，结果似乎也能够更快地收敛到真值上。对图10.11和图10.12的绘制，请读者参看本章代码自行编程。

10.5 替换期权定价

本节将介绍一个有趣的期权定价——**双标的资产期权** (two-asset option)。顾名思义，该期权包括两个不同的标的物A和B，其价格分别为 S^A 和 S^B。双标的资产期权中形式最简单的可能就是**替换期权** (exchange option)，常见于**能源市场** (energy market)。该期权允许持有者在期权到期时任意选资产A或是B作为最终的标的物，这就像是将开始选定的标的物A (B) 替换成了B (A) 一样。替换期权在到期时刻T的收益函数即为式 (10.34)：

$$\max\left\{S_T^A - S_T^B, 0\right\} \tag{10.34}$$

正因为替换期权中并没有执行价格K，所以该期权很难被确认是看涨期权还是看跌期权。但是，如果将式 (10.34) 稍作变形：

$$\max\left\{\left(S_T^A - K\right) + \left(K - S_T^B\right), 0\right\} \tag{10.35}$$

还是可以看作替换期权是两个普通期权的组合：一个是标的物A的欧式看涨期权；另一个则是标的物B的欧式看跌期权。

1978年，William Margrabe博士在金融期刊*The Journal of Finance*上发表的文章*The value of an option to exchange one asset for another*给出了替换期权价格在到期时刻T之前的任意时刻t的理论解为：

$$C(S_t^A, S_t^B, t) = S_t^A \cdot N(d_1) - S_t^B \cdot N(d_2) \qquad (10.36)$$

其中，d_1 和 d_2 分别为：

$$\begin{cases} d_1 = \dfrac{\ln\left(\dfrac{S_t^A}{S_t^B}\right) + \dfrac{\sigma_{AB}^2}{2}(T-t)}{\sigma_{AB}\sqrt{T-t}} \\ d_2 = d_1 - \sigma_{AB}\sqrt{T-t} = \dfrac{\ln\left(\dfrac{S_t^A}{S_t^B}\right) - \dfrac{\sigma_{AB}^2}{2}(T-t)}{\sigma_{AB}\sqrt{T-t}} \end{cases} \qquad (10.37)$$

其中，波动率 σ_{AB} 考虑资产A和B的相关性，是它们各自波动率 σ_A 和 σ_B 的组合：

$$\sigma_{AB} = \sqrt{\sigma_A^2 + \sigma_B^2 - 2\sigma_A\sigma_B\rho_{AB}} \qquad (10.38)$$

其中，ρ_{AB} 是资产A和B回报率的相关性系数。标的资产A和B的价格 S_t^A 和 S_t^B，各自都服从几何布朗运动：

$$\begin{cases} \mathrm{d}S_t^A = \mu_A \mathrm{d}t + \sigma_A S_t^A \mathrm{d}W_t^A \\ \mathrm{d}S_t^B = \mu_B \mathrm{d}t + \sigma_B S_t^B \mathrm{d}W_t^B \end{cases} \qquad (10.39)$$

其对应的维纳过程 W_t^A 和 W_t^B 之间存在由 ρ_{AB} 决定的相关性。根据式 (10.39)，可以编写函数 ExchangeOption() 计算替换期权的理论价格。

```
B3_Ch10_10_A.m
function p = ...
    ExchangeOption(Sa0,Sb0,sigma_a,sigma_b,rho,T,r)
% calculate sigma_ab
sigma_ab = ...
    sqrt(sigma_b^2 + sigma_a^2 - 2*rho*sigma_b*sigma_a);
% calculate d1
d1 = (log(Sa0/Sb0) + 0.5*T*sigma_ab^2)/(sigma_ab*sqrt(T));
% calculate d2
d2 = d1 - sigma_ab*sqrt(T);

% calculate price
p = Sa0*normcdf(d1) - Sb0*normcdf(d2);

end
```

后面会调用该函数，用来比较蒙特卡罗模拟的结果。

对于资产A和B回报率的相关性系数 ρ_{AB}，具体在蒙特卡罗模拟中，就需要产生两条满足一定关联的模拟路径。在本丛书第二册"随机过程"一章提到过如何产生线性相关的二元随机数组 $\{Z_1, Z_2\}$。当两者的相关性系数为 ρ_{AB} 时，Z_1 和 Z_2 的相关性矩阵 Σ 可以写为：

$$\Sigma = \begin{bmatrix} 1 & \rho_{AB} \\ \rho_{AB} & 1 \end{bmatrix} \tag{10.40}$$

对矩阵 Σ 进行Cholesky分解得到下三角矩阵 L：

$$L = \begin{bmatrix} 1 & 0 \\ \rho_{AB} & \sqrt{1-\rho_{AB}^2} \end{bmatrix} \tag{10.41}$$

其中矩阵 L 满足：

$$\Sigma = LL^T \tag{10.42}$$

然后根据式 (10.43) 分别产生随机数 Z_1 和 Z_2：

$$\begin{cases} Z_1 = \varepsilon_1 \\ Z_2 = \rho_{AB} \cdot Z_1 + \sqrt{1-\rho_{AB}^2} \cdot \varepsilon_2 \end{cases} \tag{10.43}$$

首先产生独立随机序列 ε_1，赋予 Z_1；然后产生另一个随机序列 ε_2，再根据相关性系数 ρ_{AB} 和 Z_1 的值计算 Z_2。

应用以上方法可以编写下面的birand()函数，根据输入变量"rho"和"Nt"来生成相关联的随机数。

B3_Ch10_10_B.m

```matlab
function [eps1, eps2] = birand(rho, Nt)

eps1 = randn(1,Nt);

eps2 = rho*eps1 + sqrt(1-rho^2)*randn(1,Nt);

end
```

以下代码通过调用birand()函数产生了在不同相关性系数值下的两个随机序列 Z_1 和 Z_2，并绘制了图10.13。

B3_Ch10_10_C.m

```matlab
close all; clear all; clc;

% correlated eps1 and eps2
rhoseries = [-1,-0.5,0,0.5,0.7,1];
Nt_tmp = 3e2;
```

```
esp1 = zeros(length(rhoseries),Nt_tmp);
esp2 = zeros(length(rhoseries),Nt_tmp);

for i = 1:length(rhoseries)
    [eps1_tmp, eps2_tmp] = birand(rhoseries(i),Nt_tmp);
    esp1(i,:)=eps1_tmp;
    esp2(i,:)=eps2_tmp;
end

% plot
figure
for i = 1:length(rhoseries)
    subplot(3,2,i)
    scatter(esp1(i,:),esp2(i,:),8)
    xlim([-5,5])
    ylim([-5,5])
    xlabel('\epsilon_1')
    ylabel('\epsilon_2')
    title(join(["Correlation Coefficient \rho_A_B = ", ...
        num2str(rhoseries(i))]))
end
```

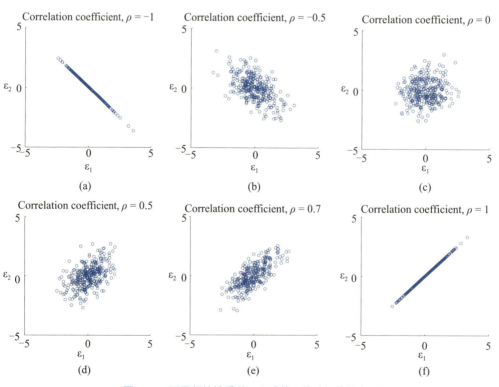

图10.13 不同相关性系数下生成的二维随机数散点图

如图10.13所示，为了便于显示，这里通过二维平面的形式来展示随机序列Z_1和Z_2；图中每一个散点对应的X轴（ε_1）和Y轴（ε_2）的坐标即为序列中同一位置上Z_1和Z_2的值。在极端情况下，$\rho_{AB}=-1$或$\rho_{AB}=1$时，散点图呈现线性状；在$\rho_{AB}=0$时，散点图呈现圆盘状；在其他情况下，散点图呈现椭圆盘形，并根据相关性的正负椭圆主轴朝向不同的方向。

准备好birand()函数后，根据替换期权的收益函数$\max\{S_T^A-S_T^B,0\}$，即可在到期时间T上判断期权价值，然后通过折算即可得到其现价。下面的函数ExchangeOption_MC()实现了对替换期权价格的蒙特卡罗模拟。

```
B3_Ch10_11_A.m

function [p,ci] = ...
    ExchangeOption_MC(Sa0,Sb0,sigma_a,sigma_b,rho,T,r,Nt)

[eps1, eps2] = birand(rho,Nt);

Sa_t = Sa0*exp((r - 0.5*sigma_a^2)*T + sigma_a*sqrt(T)*eps1);

Sb_t = Sb0*exp((r - 0.5*sigma_b^2)*T + sigma_b*sqrt(T)*eps2);

DiscPayoff = exp(-r*T)*max(Sa_t-Sb_t, 0);

[p,s,ci] = normfit(DiscPayoff);
end
```

注意ExchangeOption_MC()函数中调用了birand()函数产生相关联的随机数序列，然后进一步产生了"Sa_t"和"Sb_t"的模拟路径。该函数同时也输出了这两条价格路径，是为了后面作图方便，实际应用中并不一定有必要，可视情况取舍。运行以下主函数，对特定的替换期权进行估价，分别运用了理论公式和蒙特卡罗模拟方法。

```
B3_Ch10_11_B.m

close all; clear all; clc;

% Input parameters
Sa0 = 50;
Sb0 = 60;
sigma_a = 0.3;
sigma_b = 0.4;

rho = 0.7;
T = 5/12;
r = 0.12;

Nt = 1e3;

% Analytical solution
```

```
P_real = ExchangeOption(Sa0, Sb0, sigma_a, sigma_b, rho, T, r);

P_real

% Run simulation
randn('state',0)

[P_MC, ci, Sa, Sb] = ...
    ExchangeOption_MC(Sa0, Sb0, sigma_a, sigma_b,...
    rho, T, r,Nt);

P_MC

100*(P_MC/P_real-1)

% Plot
figure
scatter(Sa,Sb);
xlabel('S_A_,_T')
ylabel('S_B_,_T')

figure
histogram(Sa, 'normalization', 'pdf' );
hold on
histogram(Sb, 'normalization', 'pdf' );
hold off
legend('Asset A Price, S_A_,_T',...
    'Asset B Price, S_B_,_T')
```

ExchangeOption()函数产生的是理论值"P_real",ExchangeOption_MC()函数产生的是蒙特卡罗模拟得到的值"P_MC",代码得到结果如下。

```
P_real =
    0.8633
P_MC =
    0.8868
ans =
2.7180
```

因为随机数样本量设置为"Nt = 1e3",并不是很大,两种方法所得结果的差别在2.7%左右,比较大。但是当不断增大"Nt"时,就能有效减小两者的大小差别。例如"Nt = 1e5"时,代码得到的结果差异就在0.5%左右,大家可以自行修改代码试一试。

该程序同时绘制了图10.14,将模拟的标的物A和B的到期价格以图10.13的二维平面形式进行了展示。在$\rho_{AB}=0.7$的情况下,图10.14与图10.13中对应的子图在大体形态上保持一定的相似。但是,由于价格路径服从几何布朗运动,所以出现一端较密集,另一端较发散的有趣现象。在程序中设定"Nt = 1e5",可以获得图10.15。图10.15展示的是标的物A和B的到期模拟价格的分布,呈对数正态分布的形态,并与代码开始设置的波动率等参数相一致。

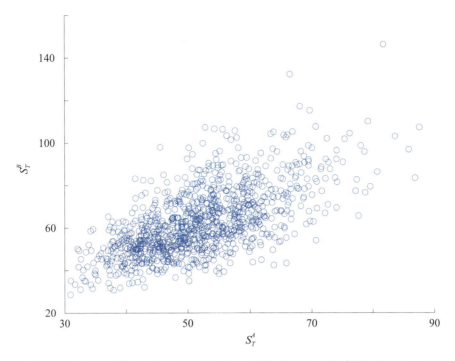

图10.14 蒙特卡罗模拟中产生的标的物A和B到期模拟价格 S_T^A 和 S_T^B 的散点图 ($N_t = 1000$)

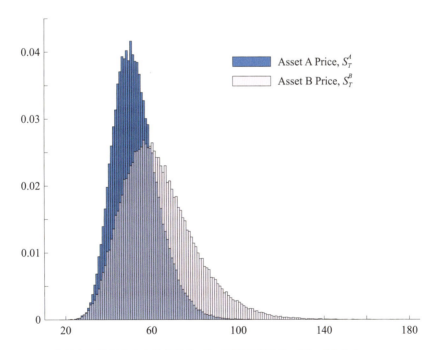

图10.15 蒙特卡罗模拟中产生的标的物A和B到期模拟价格 S_T^A 和 S_T^B 的分布 ($N_t = 100000$)

第 11 章 时间序列分析 I
Time Series Analysis

The two most powerful warriors are patience and time.

——列夫·托尔斯泰 (Leo Tolstoy)

Core Functions and Syntaxes
本章核心命令代码

- `adftest()` 函数对输入时间序列进行 ADF 平稳性检验
- `arima()` 函数可用来构建 MA、AR、ARMA 及 ARMA 模型
- `autocorr()` 函数计算时间序列的 ACF 值并绘制图像
- `datenum()` 将日期变量 "date" 转化为数值变量 "number"
- `diff()` 函数可用来计算输入序列的 n 阶差分序列值
- `estimate()` 函数可用来根据指定数据估算指定模型的关键参数
- `fitlm()` 可用来构建线性回归模型
- `forecast()` 预测在指定条件下指定模型的输出值
- `garch()` 函数可用来构建 ARCH 及 GARCH 模型
- `infer()` 可用来推断 ARIMA 模型的误差项
- `kpsstest()` 函数对输入时间序列进行 KPSS 平稳性检验
- `numel()` 函数可提供输入变量单位元素的个数
- `parcorr()` 函数计算时间序列的 PACF 值并绘制图像
- `price2ret()` 函数可用来计算输入数据的变化率,例如将原始价格转化成收益
- `quantile()` 函数可计算指定置信区间的分位点
- `randn()` 函数产生服从正态分布的随机数,并可以指定随机数发生器初始状态
- `simulate()` 函数可用来对指定模型进行模型仿真,产生多个模拟路径数据
- `struct()` 函数定义结构矩阵 (structure array) 变量
- `varm()` 函数可用来构建 VAR 模型
- `vratistest()` 函数对输入时间序列进行方差检验

11.1 时间序列的主要成分

在金融风险管理中出现的时间序列既无处不在又五花八门,例如回报率、利率、价格、股票指数、违约率、风险暴露、各种宏观经济指标等。在本册书第5章"数据基础 Ⅱ"已经提到过,时间序列有以下几个主要的组成部分:

- **趋势项** (trend component) T_t,表征时间序列中确定性的非季节性长期总体趋势,通常呈现出线性或非线性的持续上升或者持续下降。
- **季节项** (seasonal component) S_t,表征时间序列中确定性的周期季节性成分,是在连续时间内 (例如连续几年内) 在相同时间段 (例如月或季度) 重复性的系统变化。类似于季节项,在其他文献中常常出现的还有**循环项** (long-run cycle component) C_t。循环项代表相对周期更长 (例如几年或者十几年) 的重复性变化,但一般没有固定的平均周期,往往与大型经济体的经济周期息息相关。有时由于时间跨度较短,循环项很难体现出来,这时可能就被当作趋势项来分析了。
- **随机项** (stochastic component) I_t,表征时间序列中随机的不规则成分,体现出一定的自相关性以及持续时间内无法预测的周期。该成分可以是白噪声,但不一定是。往往认为随机项包含有与业务自身密切相关的信息。

基于以上的主要成分,一个时间序列可以有以下几种组合模型。

加法模型 (additive model),各个成分直接相加得到:

$$y_t = T_t + S_t + C_t + I_t \qquad (11.1)$$

这可能是最常用的时间序列分解方式。

乘法模型 (multiplicative model),各个成分直接相乘得到:

$$y_t = T_t \cdot S_t \cdot C_t \cdot I_t \qquad (11.2)$$

对数加法模型 (log-additive model),时间序列取对数后由各个成分相加得到:

$$\log y_t = T_t + S_t + C_t + I_t \qquad (11.3)$$

或者时间序列与各个成分有如式 (11.4) 所示指数形式的关系:

$$y_t = e^{T_t + S_t + C_t + I_t} \qquad (11.4)$$

混合模型 (mixed model),时间序列各个成分由加法和乘法分别连接起来:

$$y_t = T_t \cdot C_t \cdot I_t + S_t \qquad (11.5)$$

该分解方式具有较强的针对性,往往需要对特殊的时间序列进行专门的分析。

当我们拿到一个时间序列时,首先可以将其图像绘制出来,然后根据时间序列的关键成分进行观察,得到一些指导性的结论。如图11.1所示,以中国2001年至2018年**国内生产总值** (gross domestic product，GDP) 数据为例，可以明显看出该序列有明显上升的趋势，但同时伴随着重复性的"抖动"。如果直接计算该时间序列相连两个数据间的增长率，如图11.2所示，季节性显示得更加明显，每一年的数据都呈现出了"增—降—增—降"的模式。但是，换一种方式，计算**比去年同期的增长率** (year-on-year growth)，即用今年某一季度的值与去年同一季度的值相比较。结果如图11.3所示，不再有图11.2中显示的季节性，同一年中各个季度的值不再简单地重复。但更有意思的是，时间序列中的"循环项"却显现了出来，即在长时间跨度上的数据周期特征和其暗示的经济规律：**繁荣** (blooming)—**衰退** (recession)—**萧条** (depression)—**复苏** (recovery)。

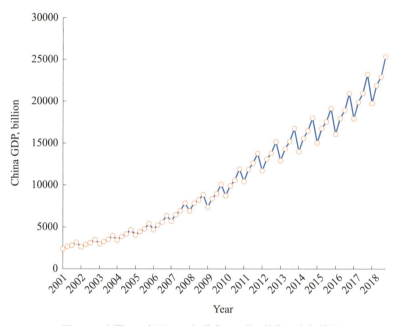

图11.1 中国2001年至2018年季度GDP值 (单位：十亿美元)

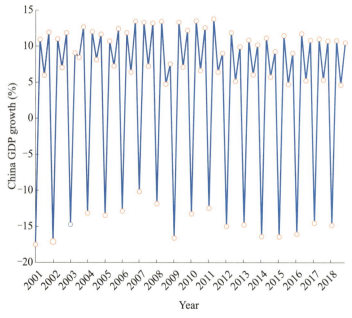

图11.2 中国2001年至2018年季度GDP连续增长值

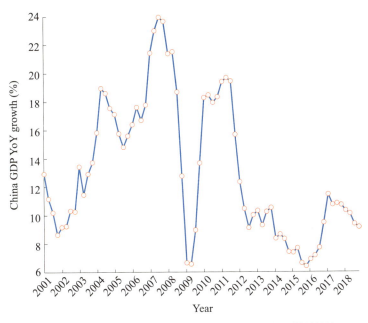

图11.3 中国2001年至2018年季度GDP相对于去年同期增长值

请大家在该讨论的基础上回顾本册书第5章 "数据基础Ⅱ" 中关于 "去趋势" 和 "季节性调整" 的相关内容，它们提供了获得时间序列中的随机项 I_t 的基本方法。同时，时间序列也需要注意数据中的**异常值** (outliers) 和**缺失值** (missing values)，这一部分内容可以参考本册书第4章 "数据基础Ⅰ" 中相关内容。这两章中股票指数的例子也是很有借鉴意义的。

11.2 单变量时间序列过程

在时间序列模型中首当其冲是单变量时间序列模型 (univariate time series models)，该类模型试图仅利用变量自身的已知信息来建模。**白噪声过程** (white noise process) 可能是无处不在的时间序列了。乍一看，白噪声便没有显而易见的明显结构。但对于一个白噪声序列 $\{X_t\}$，它的期望 $\mathrm{E}(X_t)$ 和协方差 $\mathrm{cov}(X_t)$，满足式 (11.6) 所示关系：

$$\begin{cases} \mathrm{E}(X_t) = 0 \\ \mathrm{cov}(X_t) = \sigma^2 \end{cases} \tag{11.6}$$

可见，白噪声的期望和协方差为定值，但是不同时间点上值的协方差却为零，即：

$$\mathrm{cov}(X_{t_1}, X_{t_2}) = 0 ,\ t_1 \neq t_2 \tag{11.7}$$

也就是说，序列中每一个值与其他值都不相关。当白噪声过程的期望为零时，称之为**零期望白噪声** (zero-mean white noise)。当 $\{X_t\}$ 服从高斯分布时，又称之为**高斯白噪声** (Gaussian white noise)。

移动平均过程 (moving average processes) 可能是最简单的时间序列模型之一。在本丛书前面的章节都多次出现过，这里再来温习一下。令 $\{\varepsilon_t\}$ 是一个白噪声过程，同时存在 $\mathrm{E}(\varepsilon_t) = 0$ 及 $\mathrm{cov}(\varepsilon_t) = \sigma^2$，那么式 (11.8) 就表示一个q阶的移动平均过程，通常记为MA(q)：

$$X_t = \mu + \varepsilon_t + \sum_{j=1}^{q} \theta_j \varepsilon_{t-j} \tag{11.8}$$

如图11.4所示，展示了当 $q=1$ 时一个简单的一阶移动平均过程MA(1)，参数 θ 分别设置为-0.5和1.5。

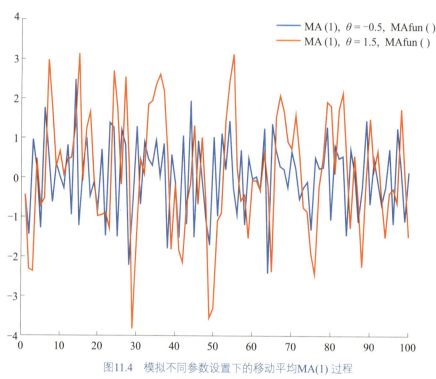

图11.4 模拟不同参数设置下的移动平均MA(1)过程

以下代码可用来绘制图11.4。

```
B3_Ch11_1.m

clc; clear all; close all

q = 1;
theta = -0.5;
mu = 0;
sigma = 1;
N = 100;

randn('state',0)
X1 = MAfun(mu, sigma, q, theta, N);

randn('state',0)
```

```
X2 = MAfun(mu, sigma, q, 1.5, N);

figure
plot(X1, '-b')
hold on
plot(X2, '-r')
legend('MA(1), \theta=-0.5, MAfun()',...
    'MA(1), \theta=1.5, MAfun()')
hold off

Mdl = arima('MA',{-0.5},'Constant',mu,'Variance',sigma);
randn('state',0)
Y = simulate(Mdl,N);

figure
plot(X1, '-b')
hold on
plot(Y, 'or')
legend('MA(1), \theta=-0.5, MAfun()', ...
    'MA(2), \theta=-0.5, arima()')
hold off

function X = MAfun(mu, sigma, q, theta, N)
% N has to be greater than q
X = [];
noise_vec = zeros(1,q+1);

for t=1:N

    noise_t = sigma*randn(1);

    noise_vec = [noise_t, noise_vec(1:end-1)];

    X(t) = mu + noise_vec*[1, theta]';

end
X = X';
end
```

注意代码中通过"randn('state',0)"将随机数发生器每次调用前都设定为同一初始状态，产生同样的随机数序列。MAfun()函数是用户自定义编写的函数，用来产生移动平均过程MA(q)。MATLAB中也有实现同样功能的函数arima()，在丛书之前的内容里也有提及。上面的代码也调用了arima()函数，请读者注意相关的代码行。将两个函数产生的MA(1)结果进行了比较，如图11.5所示，几乎完全吻合。"arima"不光是MATLAB里的一个函数名，同时也表示**差分整合自回归移动平均过程**(autoregressive integrated moving average process)。这部分内容会在本章11.3节详细介绍。

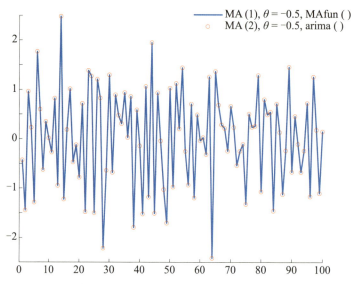

图11.5 用户函数MAfun()与MATLAB函数arima()生成MA(1)过程的结果比较

自回归过程 (autoregressive processes) 也是基本的时间序列模型，在本丛书第1章和第2章也有介绍。与移动平均过程直观的不同是，一个p阶的自回归过程中在t时刻的序列值X_t，取决于前个序列值$X_{t-1},\cdots,X_{t-p}$，再加上一个噪声项ε_t。简而言之，自回归过程描述的是当前值与历史值之间的关系。式(11.19)就表示一个p阶自回归过程，通常记为AR(q):

$$X_t = c + \varepsilon_t + \sum_{i=1}^{p} \varphi_i X_{t-i} \tag{11.9}$$

注意这里的参数项用"c"表示，而不用移动平均过程中的"μ"，这是因为"c"不是自回归过程的平均值，而"μ"是移动平均过程的平均值。如图11.6所示，展示了当$p=1$时一个简单的一阶自回归过程AR(1)，参数φ分别设置为-0.5和0.5。

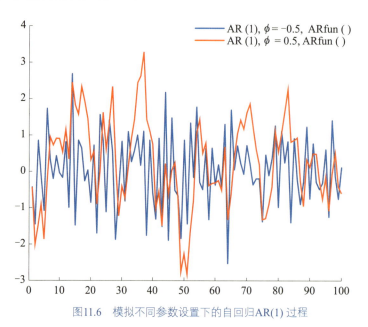

图11.6 模拟不同参数设置下的自回归AR(1)过程

以下代码可用来绘制图11.6。

```matlab
B3_Ch11_2.m

clc; clear all; close all

p = 1;
phi = -0.5;
c = 0;
sigma = 1;
N = 100;

randn('state',0)
X1 = ARfun(c, sigma, p, phi, N);

randn('state',0)
X2 = ARfun(c, sigma, p, 0.8, N);

figure
plot(X1, '-b')
hold on
plot(X2, '-r')
legend('AR(1), \phi=-0.5, ARfun()',...
    'AR(1), \phi-0.5, ARfun()')
hold off

Mdl = arima('AR',{-0.5},'Constant',c,'Variance',sigma);
randn('state',0)
Y = simulate(Mdl,N);

figure
plot(X1, '-b')
hold on
plot(Y, 'or')
legend('AR(1), \phi=0.5, ARfun()', ...
    'AR(1), \phi=0.5, arima()')
hold off

function X = ARfun(c, sigma, p, phi, N)
% N has to be greater than p
X = [];
x_vec = zeros(1,p);

for t=1:N

    xt = sigma*randn(1);

    X(t) = c + xt + x_vec*phi';
```

```
    x_vec = [X(t), x_vec(1:end-1)];
  end
X = X';
end
```

ARfun()函数是用户自定义编写的函数,用来产生自回归过程AR(p)。其结果也与MATLAB函数arima()产生的AR(1)结果进行了比较,如图11.7所示。

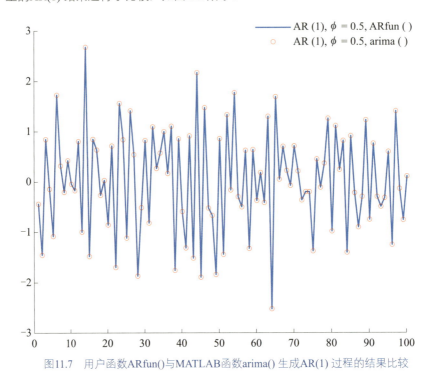

图11.7 用户函数ARfun()与MATLAB函数arima()生成AR(1)过程的结果比较

描述时间序列$\{X_t\}$**自协方差** (autocovariance) 结构可利用序列的k阶自协方差函数,其表达式为:

$$\gamma_k = \text{cov}(X_t, X_{t-k}) = \text{E}\left[(X_t - \mu_t)(X_{t-k} - \mu_{t-k})\right] \tag{11.10}$$

在其基础上进一步可以引入**自相关性函数** (autocorrelation function) 的概念。对于k阶自相关系数ρ_k,可以由式 (11.11) 计算:

$$\rho_k = \text{corr}(X_t, X_{t-k}) = \frac{\text{cov}(X_t, X_{t-k})}{\text{cov}(X_t, X_t)} = \frac{\gamma_k}{\gamma_0} \tag{11.11}$$

其中$\gamma_k = \text{cov}(X_t, X_{t-k})$,$\gamma_0$即为序列的协方差。从式 (11.11) 可以看出,自相关性函数ACF是比较直接地评估时间序列$\{X_t\}$与其滞后序列$\{X_{t-k}\}$之间的相关性。以一个AR(2)过程为例,ρ_1可以体现$\{X_t\}$与$\{X_{t-1}\}$之间的相关性;ρ_2可以体现$\{X_t\}$与$\{X_{t-2}\}$之间的相关性。但是,$\{X_{t-1}\}$与$\{X_{t-2}\}$之间也是相关的,跟$\{X_t\}$与$\{X_{t-1}\}$之间的相关性一样,也是ρ_1。那么问题来了,既然$\{X_t\}$、$\{X_{t-1}\}$与

$\{X_{t-2}\}$ 三者都分别两两相关，那么在 ρ_2 的估算中，是否也掺杂有 ρ_1 的信息呢？为了解决这个问题，理论上又引入了**偏自相关性函数** (partial autocorrelation function)，**偏相关性** (partial correlation) 实际上也是**条件相关性** (conditional correlation)。

对于时间序列 $\{X_t\}$，它的 k 阶偏自相关性函数定义为 $\{X_t\}$ 与 $\{X_{t-k}\}$ 之间的条件相关性，其前提条件就是已经移除了 $\{X_t\}$ 与前 $k-1$ 个滞后序列 $\{X_{t-1}\}$、……、$\{X_{t-k+1}\}$ 之间相关性的影响。例如，当 $k=1$ 时，一阶偏自相关性 $\tilde{\rho}_1$ 等于一阶自相关性 ρ_1，即：

$$\tilde{\rho}_1 = \rho_1 = \frac{\text{cov}(X_t, X_{t-1})}{\text{cov}(X_t, X_t)} \tag{11.12}$$

当 $k=2$ 时，二阶偏自相关性 $\tilde{\rho}_2$ 的计算中需要移除滞后序列 $\{X_{t-1}\}$ 的影响。从回归模型的角度来思考，即序列 $\{X_t\}$ 不能被 $\{X_{t-1}\}$ 解释的部分，或者说序列 $\{X_t\}$ 被 $\{X_{t-1}\}$ 解释后剩下的部分再来由 $\{X_{t-2}\}$ 进行解释，即：

$$\tilde{\rho}_2 = \frac{\text{cov}(X_t, X_{t-2} | X_{t-1})}{\sqrt{\text{var}(X_t | X_{t-1}) \text{var}(X_{t-2} | X_{t-1})}} \tag{11.13}$$

当 $k=3$ 时，三阶偏自相关性 $\tilde{\rho}_3$ 的计算中需要移除滞后序列 $\{X_{t-1}\}$ 和 $\{X_{t-2}\}$ 的影响，与二阶情况类似有：

$$\tilde{\rho}_3 = \frac{\text{cov}(X_t, X_{t-3} | X_{t-1}, X_{t-2})}{\sqrt{\text{var}(X_t | X_{t-1}, X_{t-2}) \text{var}(X_{t-3} | X_{t-1}, X_{t-2})}} \tag{11.14}$$

以此类推，可得到任意 k 阶的偏自相关性 $\tilde{\rho}_k$。

ACF 和 PACF 是两个在实际中经常用来分析时间序列的工具。对于 PACF 的具体计算，读者可以不用深究，重点是要领会 k 阶 PACF 中对其他前 $k-1$ 阶滞后序列影响的移除。这里用一个 MA(2) 过程和一个 AR(2) 过程，在 MATLAB 中观察它们的 ACF 和 PACF，看看各自都具有怎样的特点。这两个示例过程的具体表达式如下：

$$\begin{aligned} \text{MA(2):} & \quad X_t = \varepsilon_t - 0.5\varepsilon_{t-1} + 0.5\varepsilon_{t-2} \\ \text{AR(2):} & \quad X_t = \varepsilon_t + 0.6X_{t-1} - 0.6X_{t-2} \end{aligned} \tag{11.15}$$

在 MATLAB 中可以调用函数 autocorr() 和函数 parcorr() 计算输入序列的 ACF 和 PACF。而输入的 MA(2) 和 AR(2) 序列则由函数 arima() 模拟生成，具体代码如下。

B3_Ch11_3.m

```
clc; clear all; close all

N = 1e3;
NL = 20;

% Generate MA process
```

```
randn('state',0)

MdlMA = arima('MA',{-0.5 0.5},'Constant',0,'Variance',1);
yma = simulate(MdlMA,N);

% ACF and PACF of MA
[acf_ma,lags_acfma,bounds_acfma] = ...
    autocorr(yma,'NumMA',2,'NumLags',NL);

[pacf_ma,lags_pacfma,bounds_pacfma] = ...
    parcorr(yma,'NumLags',NL);

figure
subplot(2,1,1)
autocorr(yma,'NumMA',2,'NumLags',NL)

subplot(2,1,2)
parcorr(yma,'NumLags',NL)

% Generate AR process
randn('state',0)

MdlAR = arima('AR',{0.6 -0.6},'Constant',0,'Variance',1);
yar = simulate(MdlAR,N);

% ACF and PACF of AR
[acf_ar,lags_acfar,bounds_acfar] = ...
    autocorr(yar,'NumMA',2,'NumLags',NL);

[pacf_ar,lags_pacfar,bounds_acfar] = ...
    parcorr(yar,'NumAR',2,'NumLags',NL);

figure
subplot(2,1,1)
autocorr(yar,'NumLags',NL)

subplot(2,1,2)
parcorr(yar,'NumAR',2,'NumLags',NL);
```

　　函数autocorr() 和函数parcorr() 也可以直接绘制序列的ACF和PACF图像，以上例子中生成的MA(2)过程的ACF和PACF图像分别为图11.8(a)(b)；AR(2) 过程的ACF和PACF图像分别为图11.9(a)(b)。函数autocorr()中，如果要明确是几阶的MA过程，可以通过指令符"NumMA"进行指定，但该函数是没有类似对AR过程的设定。函数parcorr()中，如果要明确是几阶的AR过程，可以通过指令符"NumAR"进行指定，但该函数是没有类似对MA过程的设定。指令符"NumLags"可以指定需要研究的滞后序列范围，或者最高的自相关性阶数。

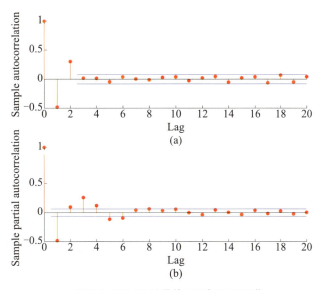

图11.8 MA(2) 过程的ACF和PACF图像

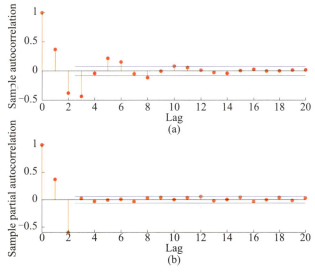

图11.9 AR(2) 过程的ACF和PACF图像

函数autocorr() 和函数parcorr() 生成的ACF和PACF图像中，如图11.8和11-9所示，两条蓝色水平线定义了显著性范围，落在两条线范围内的点，暗示对应的滞后序列 $\{X_{t-k}\}$ 与 $\{X_t\}$ 没有明显的相关性。在函数中可以通过指令符'NumSTD'调整显著性水平。默认情况下该指令符值为2，表示在±2个标准差的范围内，对应的显著性水平在5%左右 (对应大约95%的置信区间)。

单独的移动平均MA过程和自回归AR过程，它们的ACF和PACF图像有各自明显的特征。如表11.1所示的总结，移动平均MA(q) 过程的ACF在第q个滞后序列之后，不会再有超出显著水平的值；而它的PACF则不会出现明显的截断现象，而是随着滞后系数k逐渐衰落下去。例如，如图11.8(a)所示，对应MA(2) 的ACF图像在$k = 1$和$k = 2$时有显著的ACF值，再之后ACF都落在两条平行蓝线间。而图11.8(b) 中，MA(2) 的PACF值则从$k = 1$直到$k = 6$逐渐减小然后不再表现出显著性。自回归AR(p) 过程，则与移动平均MA(q) 过程恰恰相反，对照表11.1和图11.9，会发现AR(p) 的ACF值逐渐衰落直至不显著；而其PACF则对应前p个滞后序列有显著的值，并且这之后出现截断现象。

表11.1　AR与MA过程的ACF和PACF图像特点

	ACF	PACF
MA(q)	在滞后序列 $\{X_{t-q}\}$ 处明显截断 (cut off after q lags)	逐渐衰落，无明显截断 (tail off gradually)
AR(p)	逐渐衰落，无明显截断 (tail off gradually)	在滞后序列 $\{X_{t-p}\}$ 处明显截断 (cut off after p lags)

相较于MV过程和AR过程，再稍稍复杂一点就是**自回归移动平均过程**（autoregressive moving average process）。它可以看成是MV和AR两个基本时间序列模型的结合，通常记为ARMA(p，q)。其中包含了p阶自回归过程和q阶移动平均过程，对应的表达式为：

$$X_t = c + \varepsilon_t + \sum_{i=1}^{p}\varphi_i X_{t-1} + \sum_{j=1}^{q}\theta_j \varepsilon_{t-j} \tag{11.16}$$

与前面移动平均和自回归过程的公式比较，可以明显地发现包含 X_{t-1}，$i=1,\cdots,p$ 的移动平均项和包含 ε_{t-j}，$j=1,\cdots,q$ 的自回归项。但是由于自回归过程是一个自我迭代的过程，即此刻的序列值取决于上一时刻的序列值；而在ARMA过程中上一时刻序列值取决于MA和AR两个子过程。所以，MA子过程在ARMA中也参与到AR子过程的迭代中。这导致不能简单地认为ARMA是MA和AR两个子过程的线性叠加。如图11.10所示，以一个ARMA(2,2) 为例，考查同样参数设定的MA(2) 和AR(2)。如果将后两者直接相加，即AR(2)+MA(2)，所得的叠加序列并不等于ARMA(2,2)。

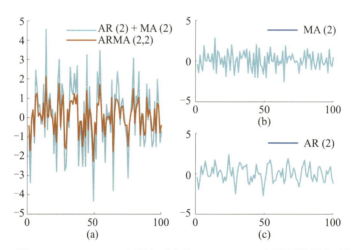

图11.10　ARMA(2，2) 过程与对应的AR(2)、MA(2) 过程线性组合对比

图11.11展示了该ARMA(2，2) 序列的ACF和PACF的图像。如表11.2总结的一样，ARMA过程的ACF和PACF都是逐渐衰落，并没有明显的截断。在图11.11中，ARMA(2，2) 示例序列的ACF和PACF的表现是十分相似的。产生该ARMA(2，2) 序列的arima()函数代码如下。

`B3_Ch11_4.m`

```
clc; clear all; close all

N = 1e3;
NL = 20;
```

```
% Generate ARMA(2,2)
randn('state',0)

MdlARMA = arima('AR',{0.6 -0.6},'MA',{-0.5 0.5}, ...
    'Constant',0,'Variance',1);

yarma = simulate(MdlARMA,N);
```

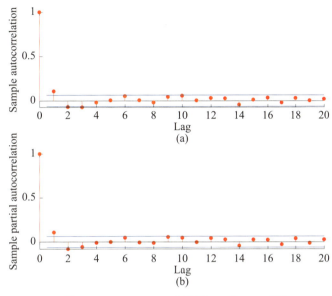

图11.11　ARMA(2，2)过程的ACF和PACF图像

表11.2　ARMA过程的ACF和PACF图像特点

	ACF	PACF
ARMA(p, q)	逐渐衰落，无明显截断 (tail off gradually)	逐渐衰落，无明显截断 (tail off gradually)

请读者自行产生相应的MA、AR序列并绘制图11.10和图11.11。

差分整合自回归移动平均过程 (autoregressive integrated moving average process) 就是在ARMA过程的基础上引入了**差分过程** (differencing)，通常记为ARIMA(p,d,q)。其中的p和q与ARMA(p,q)中的意义一样，分别对应自回归和移动平均过程的介绍；而d表示差分的阶数。对于一个时间序列$\{X_t\}$，其一阶差分$\{X_t^{(1)}\}$，对应$d=1$，可通过式(11.17)获得：

$$X_t^{(1)} = X_t - X_{t-1} \tag{11.17}$$

其二阶差分$\{X_t^{(2)}\}$，$d=2$，与$\{X_t^{(1)}\}$的关系如式(11.18)所示：

$$X_t^{(2)} = X_t^{(1)} - X_{t-1}^{(1)} \tag{11.18}$$

以此类推，可得到$\{X_t\}$的n阶差分序列$\{X_t^{(n)}\}$，$d=n$，对应有：

$$X_t^{(n)} = X_t^{(n-1)} - X_{t-1}^{(n-1)}\qquad(11.19)$$

ARIMA(*p*,*d*,*q*) 过程简单地说，就是对象时间序列的*d*阶差分是ARMA(*p*,*q*) 过程。如以下代码使用arima()函数产生的是一个ARIMA(2,1,2)时间序列。

```
B3_Ch11_5.m

clc; clear all; close all

N = 1e3;
NL = 20;

% Generate ARIMA(2,1,2)
randn('state',0)

MdlARIMA = arima('AR',{0.6 -0.6},'MA',{-0.5 0.5},'D',1, ...
    'Constant',0,'Variance',1);

yarima = simulate(MdlARIMA,N);
```

如图11.12所示绘制了该arima (2,1,2) 序列自身的图像，以及其ACF和PACF图像。从图中可以看出，序列自身有明显下降的趋势，其ACF图像直至第20个滞后点 (*k* = 20) 都没有明显的衰减，其PACF中前两个滞后点 (*k* = 1和*k* = 2) 表现出了完全的相关性。

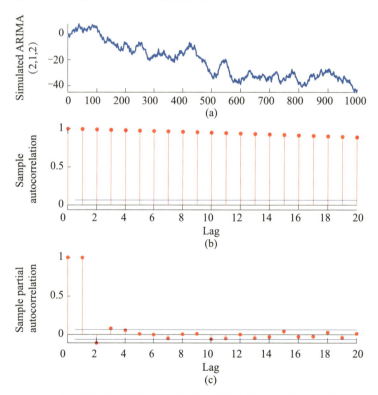

图11.12　模拟的ARIMA (2,1,2) 过程及其ACF和PACF图像

如图11.13所示，如果直接绘制该ARIMA(2,1,2)过程的一阶差分序列及其ACF和PACF图像，运行如下代码。

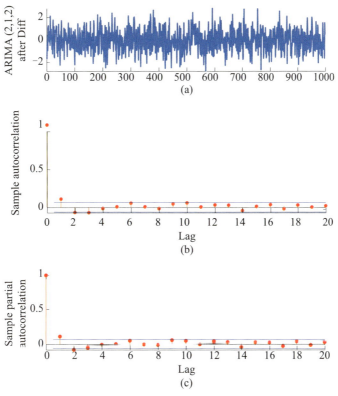

图11.13 模拟的ARIMA(2,1,2)过程的一阶差分序列及其ACF和PACF图像

```matlab
B3_Ch11_6.m

clc; clear all; close all

N = 1e3;
NL = 20;

% Generate ARIMA(2,1,2)
randn('state',0)

MdlARIMA = arima('AR',{0.6 -0.6},'MA',{-0.5 0.5},'D',1, ...
    'Constant',0,'Variance',1);

yarima = simulate(MdlARIMA,N);

yarima_diff = diff(yarima);

% ACF and PACF of ARIMA
figure
subplot(3,1,1)
```

```
plot(yarima_diff)
ylabel("Simulated Time Series of ARIMA(2,1,2) after differencing")
subplot(3,1,2)
autocorr(yarima_diff,'NumLags',NL)
subplot(3,1,3)
parcorr(yarima_diff,'NumLags',NL)
```

可见，一阶差分序列中并不存在原序列那样向下的趋势，而且其ACF和PACF图像如之前ARMA(2,2)例子中图11.11的图像似曾相识。差分是统计中经常使用的变化，可用来去除序列中的趋势，提高序列的平稳性。对于移动平均MA、自回归AR和自回归移动ARMA平均过程，有一个前提条件就是时间序列的平稳性，即时间序列必须是平稳的。那么"平稳"的定义又是什么，如何判断序列是否平稳呢？11.3节将对其进行介绍。

11.3 序列平稳性及其假设检验

给定一个时间序列，首先是要考查该序列是否是**平稳的** (stationary)。一个平稳的时间序列就是一个**平稳过程** (stationary process)；而平稳过程又分为**严格平稳过程** (strictly stationary process) 和**弱平稳过程** (weakly stationary process)。

严格平稳过程要求随着时间的变化，过程中任意时间点上值的分布都保持一样。如果时间序列 $\{X_t\}$ 满足严格平稳过程，对于任意 $t_1, t_2, ..., t_N \in Z$，时间滞后系数 $k \in Z$ 以及 $N = 1, 2, ...$，存在式(11.20)：

$$F_{X_{t_1}, X_{t_2}, ..., X_{t_N}}(X_1, ..., X_N) = F_{X_{t_1+k}, X_{t_2+k}, ..., X_{t_N+k}}(X_1, ..., X_N) \tag{11.20}$$

其中，$F(\ )$ 表示序列中可能出现值的联合概率分布。换句话说，概率分布对于序列 $\{X_t\}$ 和序列 $\{X_{t+k}\}$ 对于任意 k 值都是一样的。

如果时间序列 $\{X_t\}$ 满足弱平稳过程，那么对于 $t = 1, 2, ..., \infty$，其协方差保持平稳，存在以下关系：

首先，序列的期望及协方差为定值：

$$\begin{cases} E(X_t) = \mu \\ \text{cov}(X_t) = E\left[(X_t - \mu)^2\right] = \sigma^2 < \infty \end{cases} \tag{11.21}$$

同时序列有不变的**自协方差** (autocovariance) 结构。对于序列的 k 阶自协方差函数而言：

$$\gamma_k = \text{cov}(X_t, X_{t-k}) = E\left[(X_t - \mu_t)(X_{t-k} - \mu_{t-k})\right] \tag{11.22}$$

其中，γ_k 的值只取决于 k，亦即 X_t 和 X_{t-k} 的区别，而与 t 无关。例如，X_t 和 X_{t-1} 对应的 γ_k 值是

γ_1，而 X_{t-11} 和 X_{t-12} 对应的 γ_k 值也是 γ_1。当 $k=0$ 时，γ_0 即为序列的协方差，值等于 σ^2。

检验时间序列的平稳性常用的是**扩张的迪基-福勒检验** (augmented Dickey-Fuller test)。该假设检验考查以下的时间序列模型：

$$X_t = c + \delta t + \varepsilon_t + \varphi X_{t-1} + \beta_1 \Delta X_{t-1} + \ldots + \beta_k \Delta X_{t-k} \tag{11.23}$$

其中，δ 是趋势系数，而 ΔX_{t-k} 表示 X_t 与 X_{t-k} 之间的差分：

$$\Delta X_{t-k} = X_t - X_{t-k} \tag{11.24}$$

滞后系数 k 要由用户指定。式 (11.24) 本身是一个差分方程，扩张的迪基-福勒检验就是检验差分方程的**特征方程** (characteristic equation) 的各个特征根是否小于1，也称为**单位根检验** (unit root test)。如果特征根都在**单位圆** (unit circle) 内，那么差分方程就是稳定的，对应的时间序列就是平稳的；否则差分方程不稳定，序列也不平稳。

该检验的零假设 H_0 和备择假设 H_a 分别如下：

$$\begin{cases} H_0: \varphi = 1 \\ H_a: \varphi < 1 \end{cases} \tag{11.25}$$

注意该假设检验的结论：在一定置信水平上，如果无法拒绝零假设，则说明检验对象很可能存在单位根，序列不平稳；反之，则说明检验对象很可能不存在单位根，序列平稳。

除了迪基-福勒检验，还有**KPSS检验** [Kwiatkowski, Phillips, Schmidt and Shin (KPSS) Test] 和**方差检验** (variance test)。KPSS检验基于式 (11.26) 所示的时间序列模型：

$$\begin{cases} X_t = c_t + \delta t + \mu_{1t} \\ c_t = c_{t-1} + \mu_{2t} \end{cases} \tag{11.26}$$

其中，δ 是趋势系数，μ_{1t} 是一个平稳过程，μ_{2t} 是一个期望为零且方差为 σ^2 的**独立同分布** (independent identically distributed) **随机行走** (random walk)。该检验的零假设 H_0 和备择假设 H_a 分别如式 (11.27) 所示：

$$\begin{cases} H_0: \sigma^2 = 0 \\ H_a: \sigma^2 > 0 \end{cases} \tag{11.27}$$

零假设 H_0 成立的话，c_t 和 c_{t-1} 相等，暗示 c_t 是一个常数，序列 X_t 可以由一个趋势项 δt 和平稳过程 μ_{1t} 来表示；X_t 自身也是一个平稳过程。反之，备择假设 H_a 成立的话，$\sigma^2 > 0$，会在随机行走项 μ_{2t} 中引入单位根，序列变得不稳定。

方差检验在本丛书第一册建设检验关于 F-检验的部分出现过。这里，方差检验基于的时间序列模型是：

$$X_t = c + X_{t-1} + \varepsilon_t \tag{11.28}$$

其中，ε_t 的期望为零且方差为 σ^2。该检验的零假设 H_0 和备择假设 H_a 分别如式 (11.29) 所示：

$$\begin{cases} H_0: \sigma^2 \text{ is constant} \\ H_a: \sigma^2 \text{ is not constant} \end{cases} \tag{11.29}$$

时间序列 X_t 是一个随机行走过程。在一定置信水平上，不拒绝零假设，则说明被检验序列是一个随机行走过程。

在MATLAB中可直接调用adftest()、kpsstest()和vratiotest()函数对输入的时间序列分别使用扩张的迪基-福勒检验、KPSS检验和方差检验。首先使用以下代码，模拟产生三条时间序列——趋势平稳序列，差分平稳序列以及AR(1)序列。

```matlab
B3_Ch11_7_A.m

clc; clear all; close all

N = 1e3;
t = (1:N)';

randn('state',0) ;

% Trend Stationary
y1 = randn(N,1) + .3*t;

% Difference Stationary
Mdl2 = arima('D',1,'Constant',0.3,'Variance',1);
y2 = simulate(Mdl2,N,'Y0',0);

% AR(1)
Mdl3 = arima('AR',0.99,'Constant',0.3,'Variance',1);
y3 = simulate(Mdl3,N,'Y0',0);

% Plot
y = [y1 y2 y3];
figure;
subplot(2,1,1)
plot1 = plot(y(1:100,:));
plot1(1).LineWidth = 2;
plot1(3).LineStyle = '-';
plot1(3).LineWidth = 2;

title '{\bf First 100 Points of Each Series}';
legend('Trend Stationary','Difference Stationary','AR(1)',...
    'location','northwest');

subplot(2,1,2)
plot2 = plot(y);
plot2(1).LineWidth = 2;
plot2(3).LineStyle = '-';
```

```
plot2(3).LineWidth = 2;

title '{\bf Each Entire Series}';
legend('Trend Stationary','Difference Stationary','AR(1)',...
    'location','northwest');
```

注意以上代码中,趋势平稳序列的趋势项是通过时间t的相关项 "3*t" 直接叠加到噪声项 "randn(N,1)" 上的。差分平稳序列和AR(1)序列都是由arima()函数产生。前者利用了函数中对差分阶数的设置,即 "'D',1,";除此之外,并没有指定MA或AR相关指令符。后者则是目前为止,大家比较常见的AR(1)过程模拟设定。

如图11.14(a) 所示,如果只观察这三条模拟序列的前100个点,它们的运动模式大体一致,很难判断其各自的平稳性。但如果将观察窗口拉宽,如图11.14(b) 所示,各个序列的特点就表现得比较明显了。趋势平稳序列展现出了稳定的线性增长趋势,且围绕增长方向有相对小范围的波动。差分平稳序列同样有类似的增长趋势,但是展现出了围绕增长方向更持久的偏离。AR(1) 序列在较长的时间跨度上并没有明显的趋势性增长或降低,呈现出了一定的平稳性。

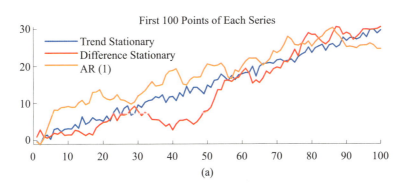

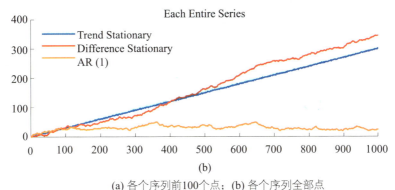

(a) 各个序列前100个点;(b) 各个序列全部点

图11.14 模拟产生的趋势平稳序列、差分平稳序列和AR(1) 序列

首先,调用adftest()函数对以上三条模拟序列进行扩张的迪基-福勒检验。运行以下代码。

`B3_Ch11_7_B.m`

```
% Augmented Dicky-Fuller test
hY1_adf = adftest(y1, 'model','ts','lags',2,'alpha',0.05)

hY2_adf = adftest(y2, 'model','ts', 'lags',2,'alpha',0.05)
```

```
hY3_adf = adftest(y3, 'model','ard', 'lags',2,'alpha',0.05)
```

运行结果如下。

```
hY1_adf = 1
hY2_adf = 0
hY3_adf = 1
```

当运行结果为逻辑"1"时，表示拒绝零假设；运行结果为逻辑"0"时，表示无法拒绝零假设。对于趋势平稳序列，"hY1_adf = 1"，假设检验拒绝了存在单位根的零假设，即支持该序列平稳且含有趋势项，与实际设定情况相符。对于差分平稳序列，"hY1_adf = 0"，假设检验无法拒绝原假设，不支持该序列是平稳的。这与差分序列自身不平稳，但差分后平稳的实际设定也是相符的。对于AR(1) 序列，"hY3_adf = 1"，假设检验支持该序列是平稳的，也是符号AR(1)过程的特性。注意在adftest()函数中，可通过指令符'model'来专门制定零假设模型，可以选择'ts'、'ar'及'ard'三类模型，具体内容如表11.3所示。例如在以上代码中，趋势平稳序列和差分增长序列的图像都有明显增长的态势，所以对应选择了'ts'。而AR(1)序列表现得比较平稳，又都保持在了正值范围内 (0以上)，很可能含有正的常数项，所以对应选择了'ard'。大家可以试试，如果对该例中的AR(1) 序列选择'ar'，是否还会通过假设检验。另外两个常用指令符是'lags'和'alpha'，前者用来指定检验包含的滞后项，后者用来调整置信水平 (1-显著性水平)，默认值为显著性水平的5%。

表11.3 adftest()函数'model'指令符设定选项

指令	功能
'AR'	**自回归模型** (autoregressive model) 设定，用于通常的平稳性检验，不考虑时间序列中的漂移项 (常数项)
'ARD'	**带漂移项** (drift) 的**自回归模型**设定，检验如果时间序列包含漂移项时是否平稳
'TS'	**趋势平稳模型** (trend-stationary model) 设定，检验如果时间序列存在随时间的线性变化时 (增长或降落) 是否平稳

接下来，调用kpsstest()函数对同样的时间序列进行KPSS检验。运行以下代码。

`B3_Ch11_7_C.m`

```
% KPSS test
hY1_KPSS = kpsstest(y1, 'lags',2, 'trend',true,'alpha',0.05)

hY2_KPSS = kpsstest(y2, 'lags',2, 'trend',true)

hY3_KPSS = kpsstest(y3, 'lags',2, 'trend',true)
```

运行结果如下。

```
hY1_KPSS = 0
hY2_KPSS = 1
hY3_KPSS = 1
```

同样的，当运行结果为逻辑"1"时，表示拒绝零假设；运行结果为逻辑"0"时，表示无法拒绝零假设。但是，KPSS的零假设是认为序列是趋势平稳，这与迪基-福勒检验的零假设是不一样的。所以，以上kpsstest() 的运行结果表示，趋势平稳序列是趋势平稳的，而差分平稳序列和AR(1) 序列都不是趋势平稳的。注意，函数kpsstest() 中指令符'trend'，默认情况下设定为'true'时，表示包含趋势项 δt

在检验模型中；设定为'false'时，表示不包含趋势项在检验模型中。

最后，调用vratiotest()函数对同样的时间序列进行KPSS检验。运行以下代码。

```
B3_Ch11_7_D.m
% Variance Ratio test
hY1_vr = vratiotest(y1)

hY2_vr = vratiotest(y2,'IID',true,'alpha',0.05)

hY3_vr = vratiotest(y3,'IID',true,'alpha',0.05)
```

运行结果如下。

```
hY1_vr = 1
hY2_vr = 0
hY3_vr = 1
```

对于趋势平稳序列和AR(1)序列，"hY1_vr = 1"，"hY3_vr = 1"，拒绝了零假设原序列是一个独立同分布的随机行走过程，是正确的判断。对于差分稳定序列，因为检验判断的是$(X_t - X_{t-1})$的方差σ^2，趋向项在差分后被移除了，该序列剩下的确实是随机行走过程。所以，"hY2_vr = 0"，不能拒绝零假设检验，也是正确的结论。注意vratiotest()函数中的指令符'IID'，引入了独立同分布的条件，可看作是对假设检验更加严格的限定，默认情况下设置为'true'。

综合比较这三个假设检验，扩张的迪基-福勒检验比较全面，能适用到不含有和含有趋势及漂移项的时间序列；KPSS检验则比较适合判断序列是否是趋势平稳的；而方差检验比较适合判断序列是否是随机行走过程。大家在实际操作中，可根据需要选择合适的检验方法，多比较不同检验所得的结果。假设检验并不能保证在任何时候都提供准确无误的判断，有时还需要具体情况具体分析。

11.4 波动率ARCH和GARCH模型

在本丛书之前关于利率的章节中所提到的模型，很多也是时间序列模型。在了解了时间序列的基本知识后，大家可以再回过头去体会一下。这里来看看波动率几个典型的时间序列建模。

对于波动率，最简单直接的方法就是通过收益率样本计算其标准差。随着时间推移，保持样本的数量不变，但引入新的收益率值，去除旧的收益率值。这就是简单的波动率移动平均MA模型：

$$\sigma_t^2 = \frac{1}{W_E}\sum_{i=1}^{W_E} X_{t-i}^2 \qquad (11.30)$$

其中，X_t是在t时刻观察到的收益率，σ_t是时刻t的波动率，W_E是固定的样本长度，即固定使用的观察值个数；这里假设$\mathrm{E}(X_t) = 0$。模型中只使用了滞后的观察值，在评估t时刻的波动率σ_t时，使用的最近的观察值是$t-1$时刻的。并且，模型中各个时刻上的观察值的权重都是一样的。而实际中往往最近的数据更具有指导意义，更能体现当下的波动率水平，是**高波动率** (high-volatility) 还是**低波动**

率 (low-volatility)。再加上该方法对样本长度也很敏感，对波动率估算也会产生系统性的偏差。这些都是波动率MA模型的不足之处，阻碍了其在实际中的广泛应用。

在波动率MA模型的基础上，引入指数分布的权重，使得越近的收益率具有越重的权重。这便是波动率**指数移动平均** (exponentially weighted moving average) 模型。丛书多次提及EWMA模型，这里从时间序列角度讨论这个模型。波动率EWMA模型修改了波动率MA模型，使得权重随着时间的回溯随指数衰减：

$$\sigma_t^2 = \frac{1-\lambda}{\lambda(1-\lambda^{W_E})} \sum_{i=1}^{W_E} \lambda^i X_{t-i}^2 \tag{11.31}$$

注意式 (11.31) 中调整项 $(1-\lambda)/\left[\lambda(1-\lambda^{W_E})\right]$ 确保了各个时刻权重之和为1。波动率EWMA模型也可重写为式 (11.32) 所示更易理解的形式，即时刻 t 的波动率平方是 $t-1$ 时刻波动率平分与收益率平分的加权平均值：

$$\sigma_t^2 = (1-\lambda)X_{t-i}^2 + \lambda\sigma_{t-1}^2 \tag{11.32}$$

其中，λ 为**衰减因子** (decay factor)，满足 $0 < \lambda < 1$。使用波动率EWMA模型时，需要注意模型中权重可能会衰减过快的问题。

在实际中，应用更为广泛的波动率模型却是另外两个。第一个是由美国统计学家Robert F. Engle于1982年提出的**自回归条件异方差模型** (autoregressive conditional heteroscedasticity model)，即ARCH模型。也是因为ARCH模型，Robert F. Engle和Clive Granger获得了2003年诺贝尔经济学奖。第二个是由丹麦经济学家Tim Bollerslev于1986年提出的**广义自回归条件异方差模型** (generalized ARCH model)，即GARCH**模型**。GARCH模型也是目前波动率最常用的建模方法，在其提出之后又有一系列针对不同应用的衍生模型相继出现。这里，**异方差** (heteroscedasticity) 是指一系列的随机变量值其方差不同。

假设收益率 $\{X_t\}$ 服从期望为零的独立同分布随机过程，在时刻 t 的收益率可表达为：

$$X_t = \sigma_t Z_t \tag{11.33}$$

在多数情况下可认为随机变量 Z_t 服从标准正态分布，也可使用 t-分布。令 $E(Z_t) = 0$，是为了将收益率期望与波动率的估算剥离开来，这样更有效率。收益率的历史数据，可以先归一化移除其期望值，即达到令其期望值为零的效果，便于接下来的建模。

ARCH模型可由式 (11.34) 表达：

$$\sigma_t^2 = \omega + \sum_{i=1}^{L_1} \alpha_i X_{t-i}^2 \tag{11.34}$$

其中，L_1 是模型中含有的滞后序列的个数。当 $L_1 = 1$ 时，便是ARCH(1) 模型，即时刻 t 的波动率平方 σ_t^2 等于一个常数 ω 加上时刻 $t-1$ 的收益率 X_{t-1} 的平分：

$$\sigma_t^2 = \omega + \alpha X_{t-1}^2 \tag{11.35}$$

理论上收益率 X 任意 m 阶的**矩** (moment) 对应其时间序列观测值 $\{X_t\}$ 有如式 (11.36) 所示关系：

$$\mathrm{E}(X^m) = \mathrm{E}(\mathrm{E}_t(X^m)) = \mathrm{E}(X_t^m) \tag{11.36}$$

当 $m = 2$ 时：

$$\mathrm{E}(X^2) = \sigma^2 = \mathrm{E}(X_t^2) = \mathrm{E}(\sigma_t^2 Z_t^2) = \mathrm{E}(\sigma_t^2) \tag{11.37}$$

将其代入ARCH(1) 模型中便有：

$$\sigma^2 = \mathrm{E}(\omega + \alpha X_{t-1}^2) = \omega + \alpha \sigma^2 \tag{11.38}$$

由此可得：

$$\sigma^2 = \frac{\omega}{1-\alpha} \tag{11.39}$$

注意，与ARCH(1) 模型自身的表达式不同的是，此处 σ^2 的解与具体时刻无关，也不直接依赖于之前的收益率观测值。如果说前者是一个**条件波动率** (conditional volatility)，依赖于已知观测值，那么后者则是一个**无条件波动率** (unconditional volatility)。

ARCH模型的参数要考虑如下两个限制：

◂ 为了保证正的波动率，对于任意的滞后项 $i = 1,...,L_1$，都有 $\alpha_i, \omega > 0$。

◂ 为了保证**协方差的平稳性** (covariance stationarity)，令 $\sum_{i=1}^{L_1} \alpha_i < 1$。

以上第一个"非负"的限制在通常情况下都要采用。而第二个限制，如果能够提高ARCH模型对实际过程的近似程度，可以考虑适度放松。

在ARCH模型的基础上，引入滞后的波动率平方项自身 σ_{t-j}^2，即可得到GARCH模型，由式(11.40) 表达：

$$\sigma_t^2 = \omega + \sum_{i=1}^{L_1} \alpha_i X_{t-i}^2 + \sum_{j=1}^{L_2} \beta_j \sigma_{t-j}^2 \tag{11.40}$$

其中，L_1 和 L_2 是模型中含有的滞后序列的个数，分别对应之前时刻的收益率 X 和波动率 σ。当 $L_1 = 1, L_2 = 1$ 时，便是GARCH(1,1) 模型，即时刻 t 的波动率平方 σ_t^2 等于一个常数 ω，加上时刻 $t-1$ 的收益率 X_{t-1} 的平方，再加上时刻 $t-1$ 的波动率平方 σ_{t-1}^2：

$$\sigma_t^2 = \omega + \alpha_1 X_{t-1}^2 + \beta_1 \sigma_{t-1}^2 \tag{11.41}$$

注意式 (11.41) 中 σ_{t-1}^2 的引入，使得历史收益率的影响能在模型中维持，弥补了ARCH模型的不足。

GARCH(1,1) 模型的无条件波动率也有类似的推导，即：

$$\sigma^2 = \mathrm{E}(\omega + \alpha_1 X_{t-1}^2 + \beta_1 \sigma_{t-1}^2) = \omega + \alpha \sigma^2 + \beta \sigma^2 \tag{11.42}$$

由此可得：

$$\sigma^2 = \frac{\omega}{1-\alpha-\beta} \tag{11.43}$$

类似于ARCH模型，GARCH(1,1)模型的参数要考虑如下两个限制：

◂ 为了保证正的波动率，对于任意的滞后项$i=1,\ldots,L_1$，都有$\alpha,\beta,\omega>0$。
◂ 为了保证**协方差的平稳性**(covariance stationarity)，令$\alpha+\beta<1$。

对这两个限制的采用和ARCH模型一样，第一个通常是必须采用的，第二个可适时采用。通过比较ARCH模型和GARCH模型的表达式，很容易发现ARCH模型是GARCH模型的特殊形式：ARCH模型是GARCH模型中波动率平方项σ_{t-j}^2前系数$\beta_j=0$时的情况。

在MATLAB中可使用garch( )函数来搭建ARCH模型和GARCH模型。garch( )函数有两个典型的输入参数P和Q，调用形式为"garch(P, Q)"。这里，P相当于GARCH模型中的L_2；Q相当于模型中L_1，也是定义ARCH模型时所指定的阶数。如果只搭建ARCH模型，只需令$P=0$即可。接下来关注garch( )在GARCH模型上的应用，其用法可以方便地转移到ARCH模型的构造上。以式(11.44)所示的GARCH(1,1)模型为例：

$$\sigma_t^2 = 0.001+0.1X_{t-1}^2+0.55_1\sigma_{t-1}^2 \tag{11.44}$$

在MATLAB中可通过以下代码来实现。

`B3_Ch11_8_A.m`

```
% Generate GARCH/ARCH model with known coefficients
Mdl = garch('Constant',0.001,'GARCH',0.55,...
    'ARCH',0.1,'Offset',0)
```

运行结果如下。

```
Mdl = 
  garch with properties:
    Description: "GARCH(1,1) Conditional Variance Model (Gaussian Distribution)"
    Distribution: Name = "Gaussian"
              P: 1
              Q: 1
       Constant: 0.001
          GARCH: {0.55} at lag (1)
           ARCH: {0.1} at lag (1)
         Offset: 0
```

注意，之前令收益率$\{X_t\}$服从期望为零的独立同分布随机过程，在时刻t的收益率可为$X_t=\sigma_t Z_t$。这里的收益率期望$E(X_t)=0$，假设其原来可能不为零的期望值已经归一化到零。但garch( )函数也允许$E(X_t)\neq 0$的情况，只需要定义好函数中的指令符`Offset`即可。例如，如果$X_t=0.6+\sigma_t Z_t$话，之前的代码可以修改为：

`B3_Ch11_8_B.m`

```
Mdl = garch('Constant',0.001,'GARCH',0.55,...
    'ARCH',0.1,'Offset',0.6)
```

如果需要构造更高阶的GARCH模型，例如GARCH()，系数服从式 (11.45)：

$$\sigma_t^2 = 0.001 + 0.1X_{t-1}^2 + 0.01X_{t-1}^2 + 0.2X_{t-1}^2 + 0.15_1\sigma_{t-1}^2 + 0.25\sigma_{t-2}^2 \tag{11.45}$$

可以对代码进行如下修改。

`B3_Ch11_8_C.m`

```
Mdl = garch('Constant',0.001,'GARCH',{0.15,0.25},...
    'ARCH',{0.1,0.01,0.2},'Offset',0.6)
```

该示例模型中滞后项前的系数之和为：0.1+0.01+0.2+0.15+0.25=0.71，小于1。大家可以试试，如果定义的系数之和大于1时，运行代码结果会怎样？是否会有报错信息显示？这与之前提到的模型参数条件有直接的关系。

此外，garch( )函数默认情况下令收益率 $\{X_t\}$ 服从正态分布。用户可以令其服从t-分布，具体代码如下。

`B3_Ch11_8_D.m`

```
Mdl = garch('Constant',0.001,'GARCH',0.55,...
    'ARCH',0.1,'Offset',0, 'Distribution', 't')
```

或者在定义完GARCH模型后，通过如下代码对模型进行修改。

`B3_Ch11_8_E.m`

```
Mdl.Distribution = struct('Name','t','DoF',5)
```

其好处是可以直接设定t-分布的自由度。

除了在模型参数已知的情况下定义GARCH模型，garch( )函数也可以结合estimate( )函数根据实际数据来建模。这里利用MATLAB自带的股票收益数据Data_Danish来构建GARCH(1,1) 模型，该数据包含丹麦1922—1999年的年化名义股票收益率 (annual nominal stock return)。首先通过以下代码提取数据，并绘制如图11.15所示图像。

`B3_Ch11_9_A.m`

```
% Import MATLAB data
load Data_Danish;
Nreturn = DataTable.RN;
```

```
% Plot
figure;
plot(dates,Nreturn);
hold on;
plot([dates(1) dates(end)],(0 0),'r:');
hold off;
ylabel('Nominal return (%)');
xlabel('Year');
```

然后用garch( )定义一个"空白"的GARCH(1,1)模型结构。

`B3_Ch11_9_B.m`

```
% Generate GARCH(1,1)
Mdl = garch('GARCHLags',1,'ARCHLags',1,'Offset',NaN);
```

之所以说是"空白"的,因为模型系数并没有定义。接下来,使用estimate( )函数,在空白模型'Mdl'的基础上,利用数据'Nreturn'来得到模型重要参数。

`B3_Ch11_9_C.m`

```
% Estimate model coefficients
EstMdl = estimate(Mdl,Nreturn);
```

运行结果如下。

```
EstMdl = estimate(Mdl,Nreturn)
    GARCH(1,1) Conditional Variance Model with Offset (Gaussian Distribution):
Value StandardError    TStatistic      PValue
Constant     0.0044476      0.007814                 0.56918         0.56923
GARCH{1}     0.84932        0.26495                  3.2056          0.0013477
ARCH{1}      0.07325        0.14953                  0.48986         0.62423
Offset       0.11227        0.039214                 2.8629          0.0041974

EstMdl =
  garch with properties:

    Description: "GARCH(1,1) Conditional Variance Model with Offset (Gaussian Distribution)"
    Distribution: Name = "Gaussian"
              P: 1
              Q: 1
       Constant: 0.00444761
          GARCH: {0.849317} at lag (1)
           ARCH: {0.0732495} at lag (1)
         Offset: 0.112266
```

得到估算好的'EstMdl'模型后,还可以结合simulate( )进行模拟仿真,具体代码如下。

`B3_Ch11_9_D.m`

```matlab
% Simulate volatility
Nobs = numel(Nreturn);
Npath = 1e2;
randn('state',0);

[Variance_sim,Return_sim] = ...
    simulate(EstMdl,Nobs,'NumPaths',Npath);

Variance_bar = mean(Variance_sim,2);
Variance_CI = quantile(Variance_sim,[0.025 0.975],2);

Return_bar = mean(Return_sim,2);
Return_CI = quantile(Return_sim,[0.025 0.975],2);

figure;
subplot(2,1,1);
h1 = plot(dates,Variance_sim,'Color',0.8*ones(1,3));
hold on;
h2 = plot(dates,Variance_bar,'k-','LineWidth',1);
h3 = plot(dates,Variance_CI,'r-','LineWidth',1);
hold off;
title('Simulated Variances \sigma^2');
ylabel('Variance');
xlabel('Year');

subplot(2,1,2);
h1 = plot(dates,Return_sim,'Color',0.8*ones(1,3));
hold on;
h2 = plot(dates,Return_bar,'k-','LineWidth',1);
h3 = plot(dates,Return_CI,'r-','LineWidth',1);
hold off;
title('Simulated Nominal Returns');
ylabel('Nominal return (%)');
xlabel('Year');
legend([h1(1) h2 h3(1)],...
    {'Simulated path' 'Mean' 'Confidence bounds'},...
'FontSize',7,'Location','NorthWest');
```

仿真模拟可得到基于该GARCH(1,1)模型所需的波动率平方及收益率路径。如图11.16所示，根据所得路径可进一步绘制各个参数的期望及置信区间。

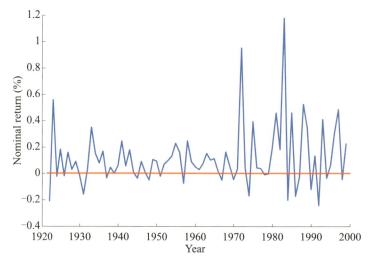

图11.15 1922—1999年丹麦名义股票收益率历史数据

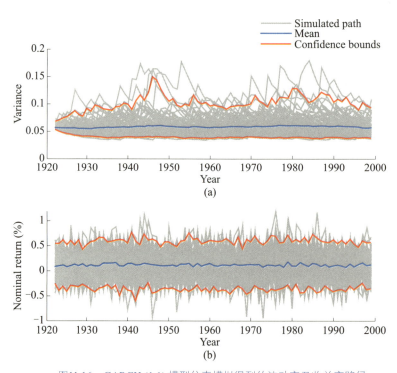

图11.16 GARCH (1,1) 模型仿真模拟得到的波动率及收益率路径

除了仿真模拟,还可利用 'EstMdl' 模型进行预测,与forecaste( )函数与infer( )函数应用相结合,具体代码如下。

`B3_Ch11_9_E.m`

```matlab
%% Forecast volatility
numPeriods = 10;

vF = forecast(EstMdl,numPeriods,'Y0',Nreturn);
```

```
v = infer(EstMdl,Nreturn);

figure;
plot(dates,v,'b-','LineWidth',2);
hold on;
plot(dates(end):dates(end) + 10,[v(end);vF],'r','LineWidth',2);
ylabel('Volatility Squared, \sigma^2');
xlabel('Year');
legend({'Estimated \sigma^2','Forecasted \sigma^2'},...
    'Location','Best');
```

运行结果如图11.17所示，产生了未来10年的年化波动率平方。

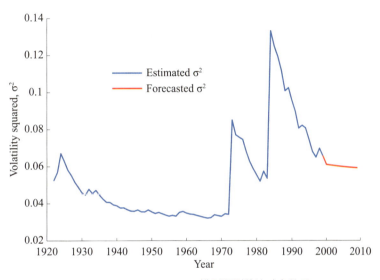

图11.17　GARCH (1,1) 模型预测的波动率结果

11.5 时间序列多变量线性回归

除了单变量时间序列模型，多时间序列变量之间也可以建模。其中最简单常用的可能就是将线性回归应用到多变量时间序列上。本节内容与之前线性回归的章节也有所呼应。若有单个时间序列 $\{Y_t\}$，以及其他n个时间序列 $\{X_{1,t}\},\{X_{2,t}\},...,\{X_{n,t}\}$；以为 $\{Y_t\}$ 目标变量，以 $\{X_{1,t}\},\{X_{2,t}\},...,\{X_{n,t}\}$ 为解释变量(预测变量)，其之间的回归模型可表示为：

$$Y_t = c + \boldsymbol{\beta}\boldsymbol{X}_t + \varepsilon_t \tag{11.46}$$

其中 $\boldsymbol{X}_t$ 含有各个时间序列解释变量，即：

$$X_t = \left[X_{1,t}, X_{2,t}, ..., X_{n,t}\right]^T \tag{11.47}$$

向量 $\boldsymbol{\beta}$ 则是 X_t 的系数向量，有：

$$\boldsymbol{\beta} = \left[\beta_1, \beta_2, ..., \beta_n\right] \tag{11.48}$$

ε_t 是误差向量，表示 Y_t 中无法被 X_t 解释的部分：

$$\boldsymbol{\varepsilon}_t = \left[\varepsilon_{1,t}, \varepsilon_{2,t}, ..., \varepsilon_{n,t}\right] \tag{11.49}$$

c 是常数项，是具体情况可为零，或不为零。

这里利用MATLAB自带的数据Data_CreditDefaults，建立一个违约的时间序列回归模型。Data_CreditDefaults中含有1984年至2004年投资级别的公司债券违约率 (数据中的IGD)，以及其他四个可能的解释变量：AGE，三年前进入投资级别的发债人百分比；BBB，评级为BBB的投资级别发债人百分比；CPF，膨胀率调整后公司一年收益预测；SPR，公司债券与政府债券利差。首先运行以下代码导入数据并绘制图像：

```
B3_Ch11_10_A.m

clc; clear all; close all

% Import MATLAB data
load Data_CreditDefaults

% Take regressor data
X = Data(:,1:4);
XTbl = DataTable(:,1:4);
RegressorNames = series(1:4);
T = size(X,1);

% Take regressand data
y = Data(:,5);
RegressandName = series{5};

% Convert dates to serial date numbers:
dateNums = datenum([dates,ones(T,2)]);

% Plot regressors
figure;
plot(dateNums,X,'LineWidth',2)
ax = gca;
ax.XTick = dateNums(1:2:end);
datetick('x','yyyy','keepticks')
recessionplot;
xlabel('Year')
```

```
ylabel('Regressor Level')
legend(RegressorNames,'Location','NW')
axis('tight')
grid('on')

% Plot regressand:
figure;
hold('on');
plot(dateNums,y,'k','LineWidth',2);
plot(dateNums,y-detrend(y),'m--')
hold('off');
ax = gca;
ax.XTick = dateNums(1:2:end);
datetick('x','yyyy','keepticks')
recessionplot;
xlabel('Year')
ylabel('Regressand Level')
legend(RegressandName,'Linear Trend','Location','NW')
axis('tight');
grid('on');
```

如图11.18所示为解释变量时间序列AGE、BBB、CPF及SPR的图像；如图11.19所示为目标变量时间序列IGD的图像。

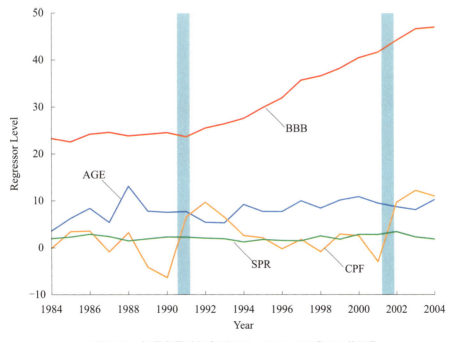

图11.18　解释变量时间序列AGE、BBB、CPF和SPR的图像

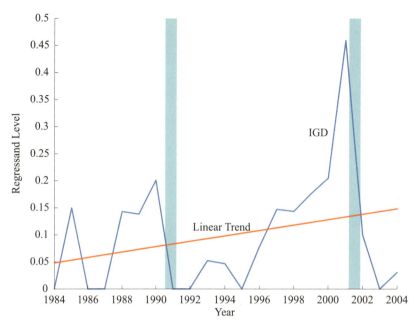

图11.19　目标变量时间序列IGD的图像

接下来，可以直接计算线性回归的OLS解。

`B3_Ch11_10_B.m`

```
% Direct estimation
XI = [ones(T,1),X];
Estimate = XI\y
```

运行结果如下。

```
Estimate =
   -0.2274
    0.0168
    0.0043
   -0.0149
    0.0455
```

也可调用**fitlm( )**函数对模型求解，运行如下代码。

`B3_Ch11_10_C.m`

```
% Use fitlm() function
XITbl = ...
    [table(ones(T,1),'VariableNames',{'Const'}),XTbl];

Mdl = fitlm(DataTable)
```

运行结果如下。

```
Mdl =
```

```
Linear regression model:
    IGD ~ 1 + AGE + BBB + CPF + SPR
Estimated Coefficients:
Estimate           SE              tStat           pValue
(Intercept) -0.22741       0.098565       -2.3072         0.034747
AGE          0.016781      0.0091845       1.8271         0.086402
BBB          0.0042728     0.0026757       1.5969         0.12985
CPF         -0.014888      0.0038077      -3.91           0.0012473
SPR          0.045488      0.033996        1.338          0.1996
Number of observations: 21, Error degrees of freedom: 16
Root Mean Squared Error: 0.0763
R-squared: 0.621,  Adjusted R-Squared 0.526
F-statistic vs. constant model: 6.56, p-value = 0.00253
```

之前章节中关于线性回归的知识，在这里也可以应用到时间序列线性回归模型中，大家可以参考之前的内容。

11.6 向量自回归模型

另一个常用的多变量时间序列模型是**向量自回归模型** (vector autoregressive model)，也称为**向量自回归过程** (VAR process)。对于一组多时间序列变量的 $\{Y_{1,t}\},\{Y_{2,t}\},...,\{Y_{n,t}\}$，令：

$$\boldsymbol{Y}_t = \left[Y_{1,t},Y_{2,t},...,Y_{n,t}\right]^{\mathrm{T}} \tag{11.50}$$

那么 $\boldsymbol{Y}_t$ 服从 p 阶的向量自回归过程，可用式 (11.51) 表达：

$$\boldsymbol{Y}_t = \boldsymbol{c} + \sum_{j=1}^{p}\boldsymbol{\Phi}_j\boldsymbol{Y}_{t-j} + \boldsymbol{\varepsilon}_t \tag{11.51}$$

其中，$\boldsymbol{c}$ 和 $\boldsymbol{\varepsilon}_j$ 均为 n 维向量，$\boldsymbol{\Phi}_j$ 为一个 $n \times n$ 的矩阵。一个 VAR 模型是由 n 个时间序列变量组成的系统，包含 n 个系统方程，每个方程有 n 个不同的平稳相应变量 ($Y_{1,t},Y_{2,t},...,Y_{n,t}$)；这些变量又通过线性关系与它们的滞后序列 $Y_{1-j,t},Y_{2-j,t},...,Y_{n-j,t}$ 相结合。以 $n = 2$，$p = 1$ 为例，来看一个 VAR(1) 过程，式 (11.51) 即为：

$$\overline{\boldsymbol{Y}}_t = \overline{\boldsymbol{c}} + \boldsymbol{\Phi}_1\boldsymbol{Y}_{t-1} + \overline{\boldsymbol{\varepsilon}}_t \tag{11.52}$$

对应的 n 个系统方程为：

$$\begin{cases}Y_{1,t} = c_1 + \Phi_{1,11}Y_{1,t-1} + \Phi_{1,12}Y_{2,t-1} + \varepsilon_{1,t}\\ Y_{2,t} = c_2 + \Phi_{1,21}Y_{1,t-1} + \Phi_{1,22}Y_{2,t-1} + \varepsilon_{2,t}\end{cases} \tag{11.53}$$

所以同时也有：

$$c = [c_1, c_2]^T, \quad \varepsilon_t = [\varepsilon_{1,t}, \varepsilon_{2,t}]^T, \quad \Phi_1 = \begin{bmatrix} \Phi_{1,11} & \Phi_{1,12} \\ \Phi_{1,21} & \Phi_{2,22} \end{bmatrix} \quad (11.54)$$

理论上误差项 ε_t 中的 $\varepsilon_{1,t}, ..., \varepsilon_{n,t}$ 是一系列互不相关的随机向量，期望为零，协方差矩阵为正定矩阵；若协方差矩阵不是正定矩阵，则 Y_t 的维度可以被降低。简单来说，向量自回归模型可以看成是多变量自回归AR过程的矩阵形式。

在MATLAB中可以使用varm( )函数来定义VAR模型。最简单的调用方式是varm(n, p)，其中n是时间序列的个数，p是向量自回归过程的阶数，即滞后项的个数。在未知模型任何信息时，可以通过如下代码定义一个"空白"的VAR模型。

`B3_Ch11_11_A.m`

```
Mdl = varm
```

大家如果运行上面的代码，显示结果可以发现关于模型的各个关键项很多都是未知信息，显示为NaNs。如果已知n = 2, p = 1, 是一个VAR(1) 模型，则可进一步在varm( )函数中定义n和p，即：

`B3_Ch11_11_B.m`

```
Mdl = varm(2,1)
```

运行结果如下。

```
Mdl = 
  varm with properties:
     Description: "2-Dimensional VAR(1) Model"
     SeriesNames: "Y1"  "Y2"
       NumSeries: 2
               P: 1
        Constant: (2×1 vector of NaNs)
              AR: {2×2 matrix of NaNs} at lag (1)
           Trend: [2×1 vector of zeros]
            Beta: [2×0 matrix]
      Covariance: [2×2 matrix of NaNs]
```

注意，结果清楚地显示了该模型是一个VAR(2)模型，而且有两个变量"Y1"和"Y2"，与设定值保持一致。但是，模型的其他信息并没有被定义。

假若VAR(1) 模型的系数已知，由式 (11.55) 表示：

$$\begin{cases} Y_{1,t} = 0.05 + 0.5Y_{1,t-1} + 0.1Y_{2,t-1} + \varepsilon_{1,t} \\ Y_{2,t} = -0.05 + 0.2Y_{1,t-1} + 0.1Y_{2,t-1} + \varepsilon_{2,t} \end{cases} \quad (11.55)$$

那么在varm( )函数中，需要定义更多项，具体代码如下。

```
B3_Ch11_11_C.m
```

```matlab
% Generate VAR(1) model with known coefficients
c = [0.05; -0.05];

AR = {[.5 0.1; 0.2 0.1]};

Covariance = eye(2);

Mdl = varm('Constant',c,'AR',AR,'Covariance',Covariance)
```

运行结果如下。

```
Mdl =
  varm with properties:
     Description: "AR-Stationary 2-Dimensional VAR(1) Model"
     SeriesNames: "Y1"  "Y2"
       NumSeries: 2
               P: 1
        Constant: [0.05 -0.05]'
              AR: {2×2 matrix} at lag [1]
           Trend: [2×1 vector of zeros]
            Beta: [2×0 matrix]
      Covariance: [2×2 diagonal matrix]
```

注意结果中之前的NaNs项，经过定义都不再是未知项了。

这里再利用MATLAB自带的数据Data_USEconModel来搭建一个VAR(4)模型，根据输入数据对模型参数进行估算。Data_USEconModel中包含有季度的**消费者价格指数** (consumer price index, CPI) 和**失业率** (unemployment rate)。首先将数据导入，并绘制相应的图像，具体代码如下。

```
B3_Ch11_12_A.m
```

```matlab
% Import MATLAB data
load Data_USEconModel

% Plot
figure;
plot(DataTable.Time,DataTable.CPIAUCSL);
ylabel('Consumer Price Index');
xlabel('Time');

figure;
plot(DataTable.Time,DataTable.UNRATE);
ylabel('Unemployment Rate (%)');
xlabel('Time');
```

如图11.20所示，展示了消费者价格指数及失业率历史数据的图像。CPI有明显的上升趋势，与失业率的表现有明显的不同。这里先利用MATLAB的函数，将原始的CPI数据转化成CPI的增长率"CPIgrwoth"。

```
B3_Ch11_12_B.m

% Convert "price" to "return"
% i.e., growth rate of CPI
CPIgrwoth = price2ret(DataTable.CPIAUCSL);

% Plot
figure;
plot(DataTable.Time(2:end),CPIgrwoth);
ylabel('CPI Growth Rate (%)');
xlabel('Time');
```

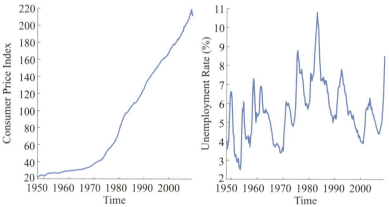

图11.20 消费者价格指数 (CPI) 及失业率 (unemployment rate) 历史数据的图像

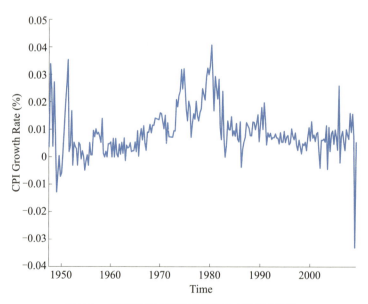

图11.21 消费者价格指数增长率历史数据的图像

如图11.21所示，转化后CPI的增长率 (CPI growth rate) 表现与失业率展现出了相似之处，为下一步建模做好准备。然后，将失业率数据赋予另一变量"UR"，再使用varm( )和estimate( )函数产生VAR(4)模型，代码如下。

```
B3_Ch11_12_C.m
```

```matlab
% Take unemployment rate
UR = DataTable.UNRATE(2:end);

% Generate VAR(4) model
Mdl = varm(2,4);

EstMdl = estimate(Mdl,[CPIgrwoth UR]);

summarize(EstMdl)
```

运行结果如下，包含了各个项的系数及其统计测量，和误差项 ε_t 的协方差矩阵 "Innovations Covariance Matrix"。

```
AR-Stationary 2-Dimensional VAR(4) Model

    Effective Sample Size: 241
    Number of Estimated Parameters: 18
    LogLikelihood: 811.361
    AIC: -1586.72
    BIC: -1524
                Value         StandardError   TStatistic    PValue
    Constant(1) 0.0017164     0.0015988       1.0735        0.28303
    Constant(2) 0.31626       0.091961        3.439         0.0005838
    AR{1}(1,1)  0.30899       0.063356        4.877         1.0772e-06
    AR{1}(2,1)  -4.4834       3.6441          -1.2303       0.21857
    AR{1}(1,2)  -0.0031796    0.0011306       -2.8122       0.004921
    AR{1}(2,2)  1.3433        0.065032        20.656        8.546e-95
    AR{2}(1,1)  0.22433       0.069631        3.2217        0.0012741
    AR{2}(2,1)  7.1896        4.005           1.7951        0.072631
    AR{2}(1,2)  0.0012375     0.0018631       0.6642        0.50656
    AR{2}(2,2)  -0.26817      0.10716         -2.5025       0.012331
    AR{3}(1,1)  0.35333       0.068287        5.1742        2.2887e-07
    AR{3}(2,1)  1.487         3.9277          0.37858       0.705
    AR{3}(1,2)  0.0028594     0.0018621       1.5355        0.12465
    AR{3}(2,2)  -0.22709      0.1071          -2.1202       0.033986
    AR{4}(1,1)  -0.047563     0.069026        -0.68906      0.49079
    AR{4}(2,1)  8.6379        3.9702          2.1757        0.029579
    AR{4}(1,2)  -0.00096323   0.0011142       -0.86448      0.38733
    AR{4}(2,2)  0.076725      0.064088        1.1972        0.23123
    Innovations Covariance Matrix:
    0.0000     -0.0002
    -0.0002    0.1167
```

如果需要提取某个特定滞后项的系数,例如$j = 2$的滞后项,可运行下面的代码。

`B3_Ch11_12_D.m`

```
EstMdl.AR{2}
```

运行结果如下。

```
ans =
    0.2243    0.0012
    7.1896   -0.2682
```

这与"summarize(EstMdl)"中显示的结果是一样的。

第12章 市场风险 III
Market Risk

The things that change the world, according to Chaos theory, are the tiny things. A butterfly flaps its wings in the Amazonian jungle, and subsequently a storm ravages half of Europe.

——尼尔·盖曼 (Neil Gaiman)

  VaR可以解释在95%或99%可能条件下最大的损失,但是它不能回答5%或1%情况下的极端值,而历史告诉我们这5%或1%的极端值可能暗藏惊涛骇浪;ES或许可以回答5%或1%情况下极端值的平均情况,但是也不能有效管理**黑天鹅事件** (black swan events) 带来的损失。

  过分地依赖正态分布存在严重地忽略分布尾部的风险。一年甚至十年回望窗口历史数据分布接近中央的部分可能会描述未来的数据趋势,但是不足以描述未来可能发生的极端涨跌。需要注意VaR、ES、压力VaR、压力测试等好比血液的一个个指标,单看任何一个指标来诊断病情都有失偏颇。本章将介绍另外几个常见的风险价值度量。

Core Functions and Syntaxes
本章核心命令代码

- `arima()` 构建ARIMA (autoregressive integrated moving average) 模型
- `autocorr(A)` 计算自相关性,并绘制火柴杆状图
- `boundary(x,y)` 返回一个表示包围点 (x,y) 的单个相容二维边界的点索引向量
- `cdf()` 根据指定的概率分布产生CDF
- `copulafit()` 连接函数copula的拟合
- `copulapdf()` 连接函数copula的概率密度函数
- `copularnd()` 产生服从指定copula的随机数
- `diag()` 创建对角矩阵或获取矩阵的对角元素
- `diff(X)` 当X为向量时计算相邻元素之间的差值,当X为矩阵时,计算相邻行对应元素之间的差值
- `ecdf()` 经验累积概率分布函数
- `estimate()` 估计ARIMA模型,或ARIMAX模型的参数
- `filter()` 根据定点滤波器对数据向量进行滤波
- `gevcdf()` 广义极值分布累积概率密度函数
- `gevfit()` 广义极值分布拟合
- `gevpdf()` 广义极值分布概率密度函数
- `heatmap()` 创建热图
- `infer()` 推导单变量条件方差,模型可以是GARCH、EGARCH或GJR
- `isnan()` 判断查询数组元素是否包含 NaN 值

- `kurtosis()` 计算峰值
- `norminv()` 正态分布累计分布函数逆函数
- `normpdf(x,mu,sigma)` 根据指定的x值计算其正态分布的概率分布函数值；数学期望是mu，标准差是sigma
- `optimset()` 优化方法设置
- `paretotails()` 帕累托尾部分段模型
- `plotmatrix(A)` 创建的散点图矩阵。矩阵的第 i 行、第 j 列中的子图是 A 的第 i 列相对于矩阵A自身的第 j 列的散点图。沿对角线方向是 A 的每一列的直方图
- `price2ret()` 价格水平换算成利率
- `ret2price()` 利率换算为价格
- `skewness()` 计算偏态
- `xtickangle(…)`，在图形绘制中，可以使用`xtickangle(…)`命令来调整图中x轴显示坐标 "label" 的水平夹角

12.1 再谈风险价值

丛书第二本中在讨论风险价值时,讲到历史法 VaR。历史法的特点是,通过回望窗口内风险因子的数据构建各种场景,将这些场景应用在风险因子的当前水平,模拟未来风险因子水平,将这些值应用在计算可能资产价值。然后比照资产当前水平,计算得到损益 PnL 分布,用置信度作为分位点获得 VaR 值。

通过本书数学部分的讨论,我们知道如果只考虑泰勒一阶展开,损益 PnL,即式 (12.1) 中的 Δf,可以记作:

$$\Delta f = f(x^* + \Delta x) - f(x^*) \approx g_{x^*} \Delta x^\mathrm{T} \tag{12.1}$$

式中:x 为某个资产定价的风险因子构成的行向量;$f()$ 为定价方程;x^* 为当前风险因子水平;g_{x^*} 为风险因子的一阶敏感度,也为行向量;对于期权,一阶敏感度包括 Delta、Vega 和 Rho;对于债券,一阶敏感度主要是**美元久期** (dollar duration);Δx 为各种场景中风险因子向量的变动情况;Δf 相当于 PnL。

假设得到数量为 sim 种场景,就可以得到如下 sim 个 PnL 模拟值:

$$\begin{aligned}
\Delta f^{(1)} &\approx g_{x^*} \left(\Delta x^{(1)}\right)^\mathrm{T} \\
\Delta f^{(2)} &\approx g_{x^*} \left(\Delta x^{(2)}\right)^\mathrm{T} \\
\Delta f^{(3)} &\approx g_{x^*} \left(\Delta x^{(3)}\right)^\mathrm{T} \\
&\cdots \\
\Delta f^{(sim)} &\approx g_{x^*} \left(\Delta x^{(sim)}\right)^\mathrm{T}
\end{aligned} \tag{12.2}$$

将式 (12.1)、式 (12.2) 构造成矩阵运算,即为式 (12.3):

$$\Delta f \approx g_{x^*} (\Delta X)^\mathrm{T} \tag{12.3}$$

对式 (12.3) 求期望值可以得到:

$$\mathrm{E}(\Delta f) \approx \mathrm{E}\left[g_{x^*} (\Delta X)^\mathrm{T}\right] = g_{x^*} \mu^\mathrm{T} \tag{12.4}$$

求方差又有:

$$\begin{aligned}
\mathrm{var}(\Delta f) &= \mathrm{var}\left(g_{x^*} (\Delta X)^\mathrm{T}\right) \\
&= g_{x^*} (\Delta \hat{X})^\mathrm{T} \Delta \hat{X} g_{x^*}^\mathrm{T} \div sim \\
&= g_{x^*} \Sigma g_{x^*}^\mathrm{T}
\end{aligned} \tag{12.5}$$

式 (12.5) 中 Σ 就是风险因子日差值计算得到的方差-协方差矩阵。$\Delta \hat{X}$ 是中心化 (去均值化) 数据构成的矩阵。可以得到 Δf 服从式 (12.6) 所示分布:

$$\Delta f \sim N\left(g_{x^*} \mu^\mathrm{T},\ g_{x^*} \Sigma g_{x^*}^\mathrm{T}\right) \tag{12.6}$$

根据式 (12.6)，就有参数法计算的各种非线性资产VaR。置信度为α的$\text{VaR}(\alpha)_{1\text{-day}}$为：

$$\text{VaR}(\alpha) = z_\alpha \sqrt{g_{x^*} \Sigma_{1\text{-day}} g_{x^*}^{\text{T}}} - g_{x^*} \mu_{1\text{-day}}^{\text{T}} \tag{12.7}$$

不考虑μ：

$$\text{VaR}(\alpha) = z_\alpha \sqrt{g_{x^*} \Sigma_{1\text{-day}} g_{x^*}^{\text{T}}} \tag{12.8}$$

考虑时间平方根法，则$\text{VaR}(\alpha)_{J\text{-days}}$：

$$\text{VaR}(\alpha)_{J\text{-days}} = z_\alpha \sqrt{\frac{J}{K}} \sqrt{g_{x^*} \Sigma_{K\text{-days}} g_{x^*}^{\text{T}}} - \frac{J}{K} g_{x^*} \mu_{K\text{-days}}^{\text{T}} \tag{12.9}$$

不考虑μ：

$$\text{VaR}(\alpha)_{J\text{-days}} = z_\alpha \sqrt{\frac{J}{K}} \sqrt{g_{x^*} \Sigma_{K\text{-days}} g_{x^*}^{\text{T}}} \tag{12.10}$$

类似地，不考虑μ，$\text{ES}(\alpha)_{J\text{-days}}$：

$$\text{ES}(\alpha)_{J\text{-days}} = \frac{\varphi(N^{-1}(\alpha))}{1-\alpha} \sqrt{\frac{J}{K}} \sqrt{g_{x^*} \Sigma_{K\text{-days}} g_{x^*}^{\text{T}}} \tag{12.11}$$

读者可能发现以上公式类似在丛书第二本第9章中讲解的投资组合的VaR。投资组合J天VaR值可以用矩阵计算：

$$\begin{aligned}\text{VaR}(\alpha)_{J\text{-days}} &= \left(z_\alpha \times \sigma_{\text{portfolio},1\text{-day}} \sqrt{J} - \mu_{\text{portfolio},1\text{-day}} J\right) \times P \\ &= \left(z_\alpha \times \sqrt{w \Sigma_{1\text{-day}} w^{\text{T}}} \sqrt{J} - w \mu_{1\text{-day}}^{\text{T}} J\right) \times P\end{aligned} \tag{12.12}$$

式中：w为投资组合内每个资产比例构成的行向量；$\Sigma_{1\text{-day}}$为投资组合内各个资产日收益率的方差-协方差矩阵。

不考虑日回报率均值，J天VaR可以通过式 (12.13) 获得：

$$\text{VaR}(\alpha)_{J\text{-days}} = z_\alpha \times \sqrt{w \Sigma_{1\text{-day}} w^{\text{T}}} \sqrt{J} \times P \tag{12.13}$$

不考虑日回报率均值，投资组合的J天ES值可以用矩阵计算得到：

$$\begin{aligned}\text{ES}(\alpha)_{J\text{-days}} &= \frac{\varphi(N^{-1}(\alpha))}{1-\alpha} \times \sqrt{w \Sigma_{1\text{-day}} w^{\text{T}}} \sqrt{J} \times P \\ &= \frac{1}{\sqrt{2\pi}} \times \frac{\exp\left(-\frac{z_\alpha^2}{2}\right)}{1-\alpha} \times \sqrt{w \Sigma_{1\text{-day}} w^{\text{T}}} \sqrt{J} \times P\end{aligned} \tag{12.14}$$

式中：$\varphi(x)$为标准正态分布PDF；$N^{-1}(\alpha)$为标准正态分布CDF的逆运算。

有了以上的基础，再讨论三个重要的风险价值度量：

- ◂ 增量VaR (incremental VaR)，IVaR；
- ◂ 边际VaR (marginal VaR)，MVaR；
- ◂ 成分VaR (component VaR)，CVaR。

为了更好地和读者讨论这三个风险度量。继续采用第7章给出的投资组合，这个投资组合由五只股票构成。表12.1给出这五只股票的当前价格、份数、头寸现值和权重。如图12.1所示是这个投资组合的头寸情况。

表12.1 投资组合的构成情况

股票	当前价格	份数	头寸现值	权重
GOOG	1204.93	1	1204.93	0.223693
AAPL	213.26	5	1066.3	0.197957
FORD	9.34	100	934	0.173395
GM	38.78	20	775.6	0.143989
IBM	140.57	10	1405.7	0.260966
总计			5386.53	1

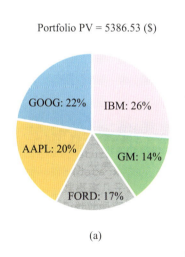
(a)

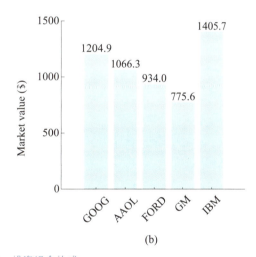
(b)

图12.1 投资组合构成

下载这五只股票的一年历史数据 (如图12.2所示)，计算出它们的日对数回报率 (如图12.3所示)，然后采用等权重方法计算出这五只股票日对数回报率构成的方差-协方差矩阵。如图12.4所示是日对数回报率的相关性矩阵热图。假设在一年的时间内，投资组合的成分没有发生任何变化，可以得到投资组合价值变化 (如图12.2(d) 所示)，投资组合价值的日对数回报率如图12.3(d) 所示。如图12.5所示是包含投资组合价值日对数回报率的相关性系数热图。图12.5在图12.4基础上增加一行一列。

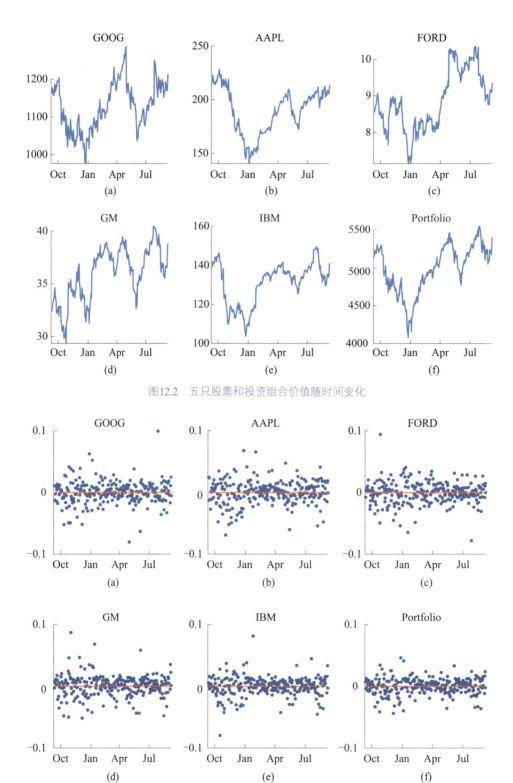

图12.2 五只股票和投资组合价值随时间变化

图12.3 五只股票和投资组合日对数回报率随时间变化

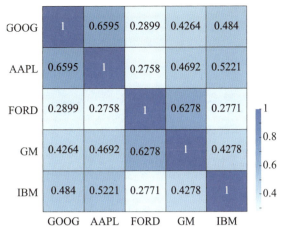

图12.4 股票日对数回报率的相关性系数热图

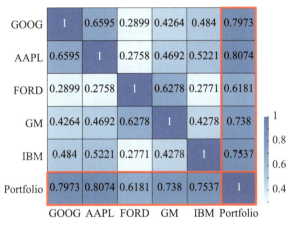

图12.5 包含投资组合价值日对数回报率热图

以下代码可以获得图12.1到图12.5。

```matlab
%% Prepare data
% download stock prices from Yahoo Finance

clc; close all; clear all

price = hist_stock_data('09092018','09092019'...
    ,'GOOG','AAPL','F','GM','IBM');
% the function can be downloaded from:
% https://www.mathworks.com/matlabcentral/fileexchange/
% 18458-hist_stock_data-start_date-end_date-varargin

dates_cells = price(1).Date;
dates = datetime(dates_cells, ...
    'InputFormat', 'yyyy-MM-dd');
GOOG_S = price(1).AdjClose;
```

```matlab
AAPL_S    = price(2).AdjClose;
F_S       = price(3).AdjClose;
GM_S      = price(4).AdjClose;
IBM_S     = price(5).AdjClose;

GOOG_log_r = diff(log(GOOG_S));
AAPL_log_r = diff(log(AAPL_S));
F_log_r    = diff(log(F_S));
GM_log_r   = diff(log(GM_S));
IBM_log_r  = diff(log(IBM_S));

index = 1;
S_levels = [GOOG_S(end), AAPL_S(end), ...
      F_S(end), GM_S(end),IBM_S(end)];
shares = [1,5,100,20,10];
% calculate position PVs and weights
PV_i = S_levels.*shares;
PV_sum = sum(PV_i);

Weights = PV_i/PV_sum; % row vector

figure(index); index = index + 1;

subplot(1,2,1)
Y = PV_i;
p = pie(Y);
pText = findobj(p,'Type','text');
percentValues = get(pText,'String');
txt = {'GOOG: ';'AAPL: ';'FORD: ';'GM: ';'IBM: '};
combinedtxt = strcat(txt,percentValues);
title(['Portfolio PV = ',num2str(PV_sum),' USD'])
pText(1).String = combinedtxt(1);
pText(2).String = combinedtxt(2);
pText(3).String = combinedtxt(3);
pText(4).String = combinedtxt(4);
pText(5).String = combinedtxt(5);

subplot(1,2,2)

bar(PV_i,'b')
text([1:length(PV_i)], PV_i', num2str(PV_i','%0.1f'),...
    'HorizontalAlignment','center',...
    'VerticalAlignment','bottom')
ylabel('Market value [USD]'); box off; grid off
name = {'GOOG';'AAPL';'FORD';'GM';'IBM'};
set(gca,'xticklabel',name)
xtickangle(45)
```

```matlab
S_matrix = [GOOG_S, AAPL_S, F_S, GM_S, IBM_S];
S_portfolio = S_matrix*shares';
S_matrix = [S_matrix,S_portfolio];

% calculate log returns
Returns = [GOOG_log_r, AAPL_log_r, ...
    F_log_r, GM_log_r, IBM_log_r];

R_portfolio = diff(log(S_portfolio));
R_matrix = [Returns,R_portfolio];

name2 = {'GOOG';'AAPL';'FORD';'GM';'IBM';'Portfolio'};

figure(index); index = index + 1;

for i = 1:6
    subplot(2,3,i)
    plot(dates,S_matrix(:,i));
    box off; grid off
    datetick('x','mmm','keeplimits')
    xlim([dates(1),dates(end)]);
    title(name2{i})
end

figure(index); index = index + 1;

for i = 1:6
    subplot(2,3,i)
    plot(dates(2:end),R_matrix(:,i),'.'); hold on
    plot(dates(2:end),zeros(size(dates(2:end))),'r');
    box off; grid off
    datetick('x','mmm','keeplimits')
    xlim([dates(1),dates(end)]);
    title(name2{i}); ylim([-0.1,0.1])
end
%% calculate variance-covariance matrix
MU = mean(Returns);

R_demean = Returns - ones(size(Returns))*diag(MU);

[L, ~] = size(R_demean);
R = R_demean/sqrt(L-1); % or divided by sqrr(L)
SIGMA = R'*R;
% cov(Returns)
RHO = corr(Returns);

figure(index); index = index + 1;
xvalues = name;
```

```
yvalues = xvalues;
h = heatmap(xvalues,yvalues,cov(Returns));
h.Title = 'Variance-covariance matrix matrix';

figure(index); index = index + 1;
xvalues = name;
yvalues = xvalues;
h = heatmap(xvalues,yvalues,RHO);
h.Title = 'Correlation matrix';

figure(index); index = index + 1;
xvalues = name2;
yvalues = xvalues;
h = heatmap(xvalues,yvalues,cov(R_matrix));
vol_series = sqrt(diag(cov(R_matrix)));
h.Title = 'Variance-covariance matrix with portfolio';

figure(index); index = index + 1;
xvalues = name2;
yvalues = xvalues;
h = heatmap(xvalues,yvalues,corr(R_matrix));
h.Title = 'Correlation matrix with portfolio';
```

如图12.6所示是图12.3日对数回报率的概率分布直方图，和95% VaR/ES (小数) 的位置。如图12.7所示是每个头寸各自VaR值 (金额) 比较情况。VaR值利用参数法计算，置信度为95%，持有期为1天，忽略日对数回报率均值。另外，图12.7给出VaR值和头寸现值的比值。这个比值告诉我们，1美元头寸带来多少VaR值。可以看出来，AAPL的1美元带来的VaR值最大。如果某个头寸增加一定比例，投资组合VaR变化估算是通过边际VaR计算。

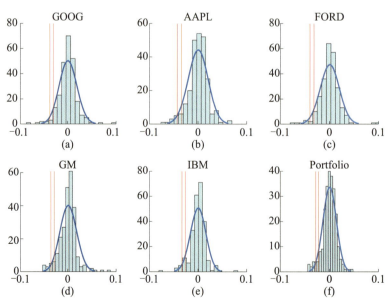

图12.6　五只股票和投资组合日对数回报率概率分布与95%参数VaR和ES值位置

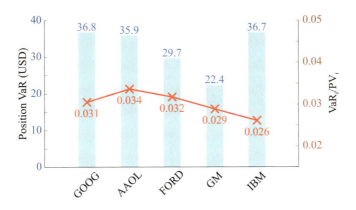

图12.7 头寸独立VaR值和VaR值与头寸现值比值

头寸独立ES值和ES值与头寸现值比值如图12.8所示。

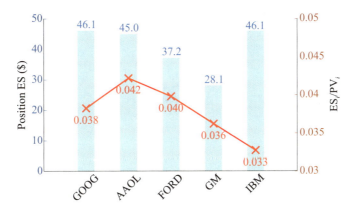

图12.8 头寸独立ES值和ES值与头寸现值比值

这5个头寸VaR的求和为161.5 USD，这个结果是Undiversified VaR；投资组合的95%VaR值，也就是diversified VaR值为120.9，如图9所示。类似的，undiversified ES值为202.5，投资组合的diversified ES值为151.6。

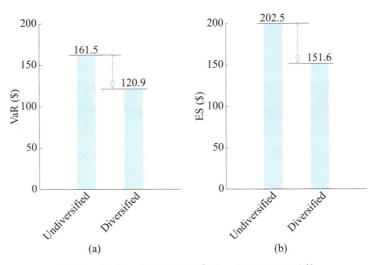

图12.9 Undiversified VaR/ES和diversified VaR/ES比较

以下代码可以获得图12.6到图12.9。

```matlab
B3_Ch12_1_B.m
%% Position VaR, and undiversified VaR
% undiversified VaR (sum of position VaRs)

figure(index); index = index + 1;
alpha = 0.95; % confidence level
z_alpha = norminv(alpha,0,1);
z_ES_alpha = normpdf(norminv(alpha,0,1))./(1-alpha);

for i = 1:6
    subplot(2,3,i)
    histfit(R_matrix(:,i),20); hold on
    VaR_95 = -vol_series(i)*z_alpha;

    ES_95 = -vol_series(i)*z_ES_alpha;
    y_lim = ylim;
    plot([VaR_95,VaR_95],y_lim,'r'); hold on
    plot([ES_95,ES_95],y_lim,'r'); hold on
    box off; grid off
    title(name2{i});
    xlim([-0.1,0.1])
end

J = 1; % holding period = 1 day
VaR_i = PV_sum.*sqrt(J).*abs(Weights).*...
    sqrt(diag(SIGMA))'.*z_alpha;

ES_i   = PV_sum.*sqrt(J).*abs(Weights).*...
    sqrt(diag(SIGMA))'.*normpdf(norminv(alpha,0,1))./(1-alpha);

VaR_undiversified = sum(VaR_i);
ES_undiversified  = sum(ES_i);

figure(index); index = index + 1;
yyaxis left
bar(VaR_i,0.4,'b'); Y = VaR_i;
text([1:length(Y)], Y', num2str(Y','%0.1f'),...
    'HorizontalAlignment','center',...
    'VerticalAlignment','bottom')
xtickangle(45)
ylabel('Position VaR [USD]'); box off; grid off
set(gca,'xticklabel',name)

yyaxis right
Y = VaR_i./PV_i;
```

```matlab
plot(Y,'rx-');
text([1:length(Y)], Y', num2str(Y','%0.3f'),...
    'HorizontalAlignment','center',...
    'VerticalAlignment','bottom')
xtickangle(45); ylim([0.015,0.05])
ylabel('Position VaR/position PV'); box off; grid off
set(gca,'xticklabel',name)

figure(index); index = index + 1;

yyaxis left
bar(ES_i,0.4,'b'); Y = ES_i;
text([1:length(Y)], Y', num2str(Y','%0.1f'),...
    'HorizontalAlignment','center',...
    'VerticalAlignment','bottom')
xtickangle(45)
ylabel('Position ES [USD]'); box off; grid off
set(gca,'xticklabel',name)

yyaxis right
Y = ES_i./PV_i;
plot(Y,'rx-');
text([1:length(Y)], Y', num2str(Y','%0.3f'),...
    'HorizontalAlignment','center',...
    'VerticalAlignment','bottom')
xtickangle(45); ylim([0.03,0.05])
ylabel('Position ES/position PV'); box off; grid off
set(gca,'xticklabel',name)
%% Diversified VaR
VaR_diversified = z_alpha*...
    sqrt(Weights*SIGMA*Weights')*...
    PV_sum*sqrt(J);

ES_diversified = normpdf(norminv(alpha,0,1))/(1-alpha)...
    *sqrt(Weights*SIGMA*Weights')*PV_sum*sqrt(J);

% plot undiversified VaR versus diversified VaR
figure(index); index = index + 1;
subplot[1,2,1]
Y = (VaR_undiversified,VaR_diversified);
bar(Y,0.4)
text([1:length(Y)], Y', num2str(Y','%0.1f'),...
    'HorizontalAlignment','center',...
    'VerticalAlignment','bottom')
xtickangle(45); ylim([0,200])
labels = {'Undiversified';'Diversified'}
ylabel('VaR [USD]'); box off; grid off
```

```
set(gca,'xticklabel',labels)

subplot(1,2,2)
Y = [ES_undiversified,ES_diversified];
bar(Y,0.4)
text([1:length(Y)], Y', num2str(Y','%0.1f'),...
    'HorizontalAlignment','center',...
    'VerticalAlignment','bottom')
xtickangle(45); ylim([0,200])
labels = {'Undiversified';'Diversified'}
ylabel('ES [USD]'); box off; grid off
set(gca,'xticklabel',labels)
```

下面讨论增量、边际和成分VaR。首先，这三个VaR值具有普通VaR的一切属性，比如置信度、持有期、回望窗口长度、回报率采样频率、回报率重叠天数、衰减因子，等等。

12.2 增量VaR

投资组合中第i个**头寸** (position) 的增量VaR，$IVaR_i$ 一般是指在现有投资组合中删去这个头寸所减少的VaR：

$$IVaR_i = VaR(w_1,w_2,...,w_n) - VaR(w_1,...,w_{i-1},0,w_{i+1},...,w_n) \\ = VaR_p - VaR_{p-i} \tag{12.15}$$

增量VaR可以大于0，也可以小于0。如果某个头寸增量VaR小于0，说明这个头寸降低整个投资组合的风险。

投资组合各个头寸的增量VaR之和一般情况并不等于投资组合总VaR。以两个头寸构成的投资组合为例，用参数法计算两个头寸1和2各自的增量VaR，$IVaR_1$和$IVaR_2$为：

$$IVaR_1 = z_\alpha P\left(\sqrt{w_1^2\sigma_1^2 + w_2^2\sigma_2^2 + 2w_1w_2\rho_{1,2}\sigma_1\sigma_2} - w_2\sigma_2\right) \\ IVaR_2 = z_\alpha P\left(\sqrt{w_1^2\sigma_1^2 + w_2^2\sigma_2^2 + 2w_1w_2\rho_{1,2}\sigma_1\sigma_2} - w_1\sigma_1\right) \tag{12.16}$$

$IVaR_1$和$IVaR_2$两者之和为：

$$IVaR_1 + IVaR_2 = z_\alpha P\left(2\times\sqrt{w_1^2\sigma_1^2 + w_2^2\sigma_2^2 + 2w_1w_2\rho_{1,2}\sigma_1\sigma_2} - (w_1\sigma_1 + w_2\sigma_2)\right) \tag{12.17}$$

以第一节介绍的投资组合为例。可以求得每个头寸的增量VaR和增量ES，如图12.10所示。通过前文讨论，知道投资组合的diversified VaR为102.9，而这个投资组合的增量VaR之和为109.09；这个投资组合的diversified ES为151.6，而投资组合的增量ES值之和为136.8。如图12.11(a) 所示蓝色部分是增量VaR，红色部分是投资组合剩余部分的VaR值。如图12.11(b) 所示蓝色部分是头寸的增量ES，和投资组合剩余的ES值。

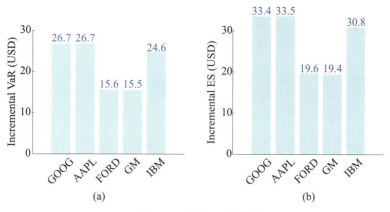

(a)   (b)

图12.10 增量VaR和增量ES

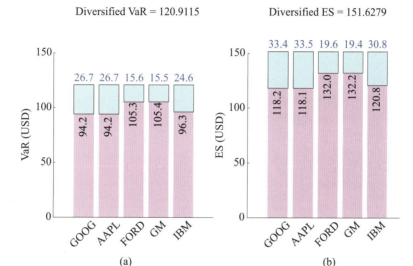

(a)   (b)

图12.11 增量VaR/ES和投资组合剩余VaR/ES

配合前文代码，以下代码可以获得图12.10和图12.11。

```
B3_Ch12_1_C.m
```

```matlab
%% Incremental VaR

IVaR_i = [];
IES_i  = [];
VaR_minus_i = [];
ES_minus_i = [];

for i = 1:length(Weights)
    W_minus_i = Weights;
    W_minus_i(i) = [];
    SIGMA_minus_i = SIGMA;
    SIGMA_minus_i(:,i) = [];
    SIGMA_minus_i(i,:) = [];
```

```matlab
        VaR_minus_i_temp = z_alpha*sqrt(W_minus_i*...
            SIGMA_minus_i*W_minus_i')*PV_sum*sqrt(J);

        ES_minus_i_temp  = normpdf(norminv(alpha,0,1))...
            /(1-alpha)*sqrt(W_minus_i*SIGMA_minus_i...
            *W_minus_i')*PV_sum*sqrt(J);

        IVaR_i = [IVaR_i, VaR_diversified - VaR_minus_i_temp];
        IES_i = [IES_i, ES_diversified - ES_minus_i_temp];

        VaR_minus_i = [VaR_minus_i,VaR_minus_i_temp];
        ES_minus_i = [ES_minus_i,ES_minus_i_temp];

end

figure(index); index = index + 1;
subplot(1,2,1)
Y = IVaR_i; bar(Y,'b');
text([1:length(Y)], Y', num2str(Y','%0.1f'),...
    'HorizontalAlignment','center',...
    'VerticalAlignment','bottom')
ylim([0,35]); xtickangle(45)
ylabel('Incremental VaR [USD]'); box off; grid off
set(gca,'xticklabel',name)

subplot(1,2,2)
Y = IES_i;
bar(Y,'b'); ylim([0,35])
text([1:length(Y)], Y', num2str(Y','%0.1f'),...
    'HorizontalAlignment','center',...
    'VerticalAlignment','bottom')
ylabel('Incremental ES [USD]'); box off; grid off
set(gca,'xticklabel',name); xtickangle(45)

figure(index); index = index + 1;
subplot(1,2,1)
Y = [VaR_minus_i; IVaR_i]'; bar(Y,'stacked');
text([1:length(VaR_minus_i)], VaR_minus_i', ...
    num2str(VaR_minus_i','%0.1f'),...
    'HorizontalAlignment','center',...
    'VerticalAlignment','bottom')
text([1:length(IVaR_i)], (IVaR_i+VaR_minus_i)', ...
    num2str(IVaR_i','%0.1f'),...
    'HorizontalAlignment','center',...
    'VerticalAlignment','bottom')
ylim([0,160]); xtickangle(45)
ylabel('VaR[USD]'); box off; grid off
```

```
set(gca,'xticklabel',name)
title(['Diversified VaR = ',num2str(VaR_diversified)])

subplot(1,2,2)
Y = [ES_minus_i; IES_i]';
bar(Y,'stacked'); ylim([0,160])
text([1:length(ES_minus_i)], ES_minus_i', ...
    num2str(ES_minus_i','%0.1f'),...
    'HorizontalAlignment','center',...
    'VerticalAlignment','bottom')
text([1:length(IES_i)], (IES_i+ES_minus_i)', ...
    num2str(IES_i','%0.1f'),...
    'HorizontalAlignment','center',...
    'VerticalAlignment','bottom')
ylabel('ES [USD]'); box off; grid off
set(gca,'xticklabel',name); xtickangle(45)
title(['Diversified ES = ',num2str(ES_diversified)])
```

12.3 边际VaR

本章12.1节中式 (12.9) 和式 (12.14) 结构就是本册数学部分讲解的 $\sqrt{xAx^T}$ 微分，特别的方差-协方差为对称阵。结合链式分解，可以得到VaR (不考虑回报率均值和持有期J) 对w微分式为：

$$\frac{\partial \text{VaR}}{\partial w} = z_\alpha \times \frac{2 \times w\Sigma}{2 \times \sqrt{w\Sigma w^T}} \times P$$
$$= z_\alpha \times \frac{w\Sigma}{\sqrt{w\Sigma w^T}} \times P \tag{12.18}$$

类似地，ES对w微分式为：

$$\frac{\partial \left(\text{ES}(\alpha)_{J\text{-days}}\right)}{\partial w} = \frac{1}{\sqrt{2\pi}} \times \frac{\exp\left(-\frac{z_\alpha^2}{2}\right)}{1-\alpha} \times \frac{w\Sigma_{1\text{-day}}}{\sqrt{w\Sigma_{1\text{-day}}w^T}} \times P \tag{12.19}$$

用**倒三角微分算子** (Nabla symbol，Nabla算子) ∇，来表达VaR对w微分式：

$$\nabla = \frac{\partial \text{VaR}}{\partial w}$$
$$= z_\alpha \times P \times \frac{w\Sigma}{\sqrt{w\Sigma w^T}} \tag{12.20}$$

∇是一个行向量，形状和w相同。丛书第四本还用它来表示梯度向量。∇每个元素和w的每个元素一一对应：

$$\nabla_i = \frac{\partial \text{VaR}}{\partial w_i} \tag{12.21}$$

边际分析的是因变量变动和自变量变动的关系。投资组合中第 i 个头寸的边际VaR，MVaR_i 是某个头寸发生微小变动时，投资组合的VaR值变动和这个头寸微小变动之间的比值：

$$\text{MVaR}_i = \frac{\partial \text{VaR}(w_1, w_2, \ldots, w_n)}{\partial w_i} \tag{12.22}$$

把VaR看作是一个函数，ΔVaR 可以通过式 (12.23) 估算：

$$\begin{aligned}\Delta \text{VaR}_i &= \frac{\partial \text{VaR}}{\partial w_i} \Delta w_i + \frac{1}{2} \frac{\partial \text{VaR}}{\partial w_i^2} (\Delta w_i)^2 + \ldots \\ &\approx \frac{\partial \text{VaR}}{\partial w_i} \Delta w_i \\ &\approx \text{MVaR}_i \cdot \Delta w_i\end{aligned} \tag{12.23}$$

第 i 个头寸的权重发生微小变化时，VaR发生变化。边际VaR可以通过权重来表达，也可以通过价值来表达。如图12.12和图12.13所示分别是前文讨论的投资组合中几个头寸的边际VaR和边际ES。

图12.12　边际VaR

图12.13　边际ES

配合前文代码，以下代码可以获得图12.12和图12.13。

`B3_Ch12_1_D.m`

```matlab
%% Marginal VaR and ES

MVaR_i = z_alpha*PV_sum*sqrt(J)*Weights*SIGMA...
    /sqrt(Weights*SIGMA*Weights');

MES_i = normpdf(norminv(alpha,0,1))/(1-alpha)...
    *PV_sum*sqrt(J)*Weights*SIGMA...
    /sqrt(Weights*SIGMA*Weights');

MVaR_i_per_USD = MVaR_i/PV_sum;
MES_i_per_USD = MES_i/PV_sum;

figure(index); index = index + 1;

yyaxis left
Y = MVaR_i; bar(Y,0.4,'b');
text([1:length(Y)], Y', num2str(Y','%0.1f'),...
    'HorizontalAlignment','center',...
    'VerticalAlignment','bottom')
xtickangle(45); ylim([0,200])
ylabel('Marginal VaR by weight [USD]')
set(gca,'xticklabel',name); box off; grid off

yyaxis right
Y = MVaR_i_per_USD; plot(Y,'rx-');
text([1:length(Y)], Y', num2str(Y','%0.3f'),...
    'HorizontalAlignment','center',...
    'VerticalAlignment','bottom')
xtickangle(45); ylim([0.015,0.05])
ylabel('Marginal VaR per dollar'); box off; grid off
set(gca,'xticklabel',name)

figure(index); index = index + 1;

yyaxis left
Y = MES_i; bar(Y,0.4,'b');
text([1:length(Y)], Y', num2str(Y','%0.1f'),...
    'HorizontalAlignment','center',...
    'VerticalAlignment','bottom')
xtickangle(45); ylim([0,200])
ylabel('Marginal ES by weight [USD]')
set(gca,'xticklabel',name); box off; grid off

yyaxis right
```

```
Y = MES_i_per_USD; plot(Y,'rx-');
text([1:length(Y)], Y', num2str(Y','%0.3f'),...
    'HorizontalAlignment','center',...
    'VerticalAlignment','bottom')
xtickangle(45); ylim([0.015,0.05])
ylabel('Marginal ES per dollar'); box off; grid off
set(gca,'xticklabel',name)
```

12.4 成分VaR

下面聊一下成分VaR，CVaR。第i个头寸的成分VaR，CVaR_i可以通过式 (12.24) 计算得到：

$$\begin{aligned}\text{CVaR}_i &= w_i \frac{\partial \text{VaR}}{\partial w_i} \\ &= w_i \cdot \nabla_i \\ &= w_i \cdot \text{MVaR}_i\end{aligned} \tag{12.24}$$

投资组合每个头寸的CVaR_i之和为VaR：

$$\text{VaR} = \sum_{i=1}^{n} \text{CVaR}_i \tag{12.25}$$

这里证明一下：

$$\begin{aligned}\sum_{i=1}^{n}\text{CVaR}_i &= \sum_{i=1}^{n} w_i \cdot \nabla_i \\ &= \nabla w^{\text{T}} = \frac{\partial \text{VaR}}{\partial w} w^{\text{T}} \\ &= z_\alpha \times P \times \frac{w \Sigma w^{\text{T}}}{\sqrt{w \Sigma w^{\text{T}}}} \\ &= z_\alpha \times P \times \sqrt{w \Sigma w^{\text{T}}} \\ &= \text{VaR}\end{aligned} \tag{12.26}$$

式 (12.26) 说明CVaR是投资组合整体VaR的一种分解；也可以说，CVaR_i代表头寸i对整体VaR的贡献。如图12.14和图12.15所示是头寸的成分VaR和成分ES。另外，如图12.16和图12.17所示为成分VaR/ES值和头寸价值的比值。容易发现图12.16右Y折线图和图12.12右Y折线图取值一致。同理，图12.17右Y折线图，和图12.13右Y折线图取值一致。

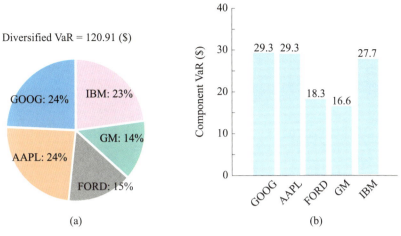

图12.14 成分VaR

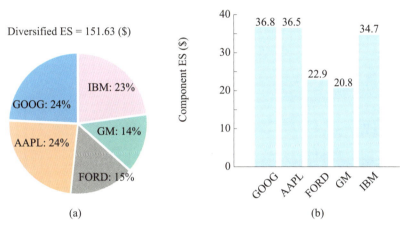

图12.15 成分ES

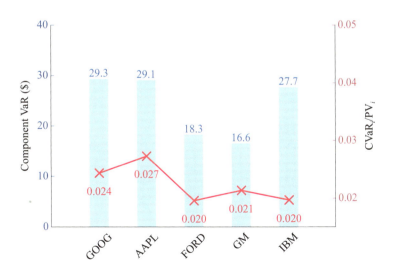

图12.16 成分VaR和成分VaR与头寸价值比值

图12.17　成分ES和成分ES与头寸价值比值

配合前文代码，以下代码可以获得图12.14到图12.17。

B3_Ch12_1_E.m

```matlab
%% Component VaR and ES

CVaR_i = Weights.*MVaR_i;

CES_i  = Weights.*MES_i;

figure(index); index = index + 1;

subplot(1,2,1)
Y = CVaR_i;
p = pie(Y);
pText = findobj(p,'Type','text');
percentValues = get(pText,'String');
combinedtxt = strcat(txt,percentValues);

pText(1).String = combinedtxt(1);
pText(2).String = combinedtxt(2);
pText(3).String = combinedtxt(3);
pText(4).String = combinedtxt(4);
pText(5).String = combinedtxt(5);
title(['Diversified VaR = ',num2str(VaR_diversified)])
subplot(1,2,2)

bar(Y,'b'); ylim([0 200])
text([1:length(Y)], Y', num2str(Y','%0.1f'),...
    'HorizontalAlignment','center',...
    'VerticalAlignment','bottom')
```

```
ylabel('Component VaR [USD]'); box off; grid off
set(gca,'xticklabel',name)
xtickangle(45); ylim([0,40])


figure(index); index = index + 1;

subplot(1,2,1)
Y = CES_i;
p = pie(Y);
pText = findobj(p,'Type','text');
percentValues = get(pText,'String');
combinedtxt = strcat(txt,percentValues);

pText(1).String = combinedtxt(1);
pText(2).String = combinedtxt(2);
pText(3).String = combinedtxt(3);
pText(4).String = combinedtxt(4);
pText(5).String = combinedtxt(5);
title(['Diversified ES = ',num2str(ES_diversified)])

subplot(1,2,2)

bar(Y,'b')
text([1:length(Y)], Y', num2str(Y','%0.1f'),...
    'HorizontalAlignment','center',...
    'VerticalAlignment','bottom')
ylabel('Component ES [USD]'); box off; grid off
set(gca,'xticklabel',name)
xtickangle(45)


figure(index); index = index + 1;

yyaxis left
Y = CVaR_i;
bar(Y,0.4,'b');
text([1:length(Y)], Y', num2str(Y','%0.1f'),...
    'HorizontalAlignment','center',...
    'VerticalAlignment','bottom')
xtickangle(45); ylim([0,40])
ylabel('Component VaR [USD]')
set(gca,'xticklabel',name); box off; grid off

yyaxis right
Y = CVaR_i./PV_i;
plot(Y,'rx-');
text([1:length(Y)], Y', num2str(Y','%0.3f'),...
```

```
        'HorizontalAlignment','center',...
        'VerticalAlignment','bottom')
xtickangle(45); ylim([0.015,0.05])
ylabel('Component VaR/position PV'); box off; grid off
set(gca,'xticklabel',name)

figure(index); index = index + 1;

yyaxis left
Y = CES_i;
bar(Y,0.4,'b');
text([1:length(Y)], Y', num2str(Y','%0.1f'),...
        'HorizontalAlignment','center',...
        'VerticalAlignment','bottom')
xtickangle(45); ylim([0,40])
ylabel('Component ES [USD]')
set(gca,'xticklabel',name); box off; grid off

yyaxis right
Y = CES_i./PV_i;
plot(Y,'rx-');
text([1:length(Y)], Y', num2str(Y','%0.3f'),...
        'HorizontalAlignment','center',...
        'VerticalAlignment','bottom')
xtickangle(45); ylim([0.015,0.05])
ylabel('Component ES/position PV'); box off; grid off
set(gca,'xticklabel',name)
```

以上讨论的增量VaR、边际VaR和成分VaR，是采用参数法计算得到，通过历史法和蒙特卡罗模拟法也可以获得这三个VaR值，本书不作讨论。表12.2总结了上文讨论的VaR值。通过比较，只有成分VaR值是可加的。

表12.2 投资组合的VaR值总结

股票	头寸现值	权重	95% VaR	增量VaR	成分VaR
GOOG	1204.93	0.224	36.79	26.67	29.33
AAPL	1066.3	0.198	35.89	26.72	29.09
F	934	0.173	29.67	15.65	18.27
GM	775.6	0.144	22.42	15.46	16.55
IBM	1405.7	0.261	36.73	24.59	27.67
总计	5386.53	1	161.48	109.09	120.91
投资组合	5386.53	1	120.91	120.91	120.91

12.5 极值VaR

本节将要利用本书前文讲到的**广义极值分布** (generalized extreme value distribution) 来对损失建模。利用广义极值分布获得**极值风险价值** (extreme value at risk)，EVaR计算式为：

$$\mathrm{EVaR}(\alpha) = \begin{cases} \mu_n - \dfrac{\sigma_n}{k_n}\left(1-(-n\ln\alpha)^{-k_n}\right) & k \neq 0 \\ \mu_n - \sigma_n \ln(-n\ln\alpha) & k = 0 \end{cases} \quad (12.27)$$

式中：k_n为利用MLE估算得到的形状参数；μ_n为利用MLE估算得到的位置参数；σ_n为用MLE估算得到的尺度参数；n为极值数量。

利用POT方法极值风险价值EVaR计算式为：

$$\mathrm{EVaR}(\alpha) = u + \frac{\beta}{k}\left[\left(\frac{N_{\text{total}}}{N_u}(1-\alpha)\right)^{-k} - 1\right] \quad (12.28)$$

式中：u为阈值；β为MLE估算得到的尺度参数；k为MLE估算得到的形状参数；N_{total}为数据总数；N_u为超过阈值的数据数量。

POT方法下的极值ES和EVaR之间的关系为：

$$\mathrm{ES}(\alpha) = \frac{\mathrm{EVaR}(\alpha)}{1-k} + \frac{\beta - ku}{1-k} \quad (12.29)$$

下面，下载4年的标普500数据，计算日对数回报率，计算极值VaR。如图12.18所示是标普500数据的日对数回报率。用block minima方法，以20个数据为一个区间，区间之内产生最大损失，如图12.19所示是用block minima方法选出来的极值点。如图12.20所示为使用POT方法产生的价值点，阈值为−0.015。如图12.21所示是采用block minima方法选出的极值的分布情况和95%极值VaR的位置。

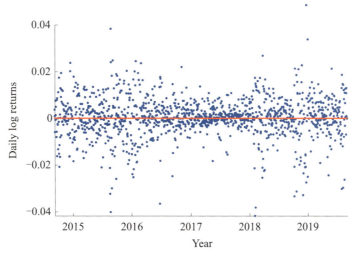

图12.18　标普500日对数回报率X

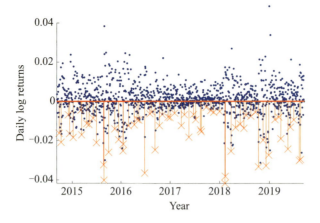

图12.19　Block minima选出的极值点

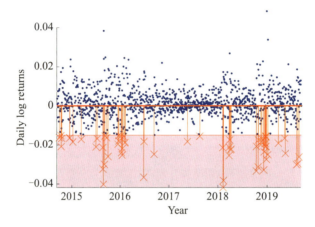

图12.20　POT选出的极值点

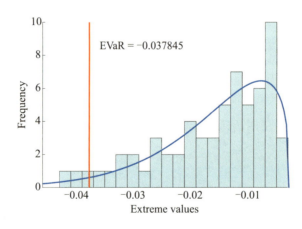

图12.21　Block minima法95%极值VaR

以下代码可以获得图12.18到图12.21。

B3_Ch12_2.m

```
clc; clear all; close all
```

```matlab
url = 'https://fred.stlouisfed.org/';
c = fred(url); series = 'SP500';
startdate = '09/09/2014';
% beginning of date range for historical data
enddate = '09/09/2019'; % to be updated
% ending of date range for historical data

d = fetch(c,series,startdate,enddate);
% display description of data structure

SP500 = d.Data(:,2); date_series = d.Data(:,1);

SP500_non_NaN_index = ~isnan(SP500);
S = SP500(SP500_non_NaN_index);
date_series_rm_NaN = date_series(SP500_non_NaN_index);

[X,interval] = tick2ret (S,...
    date_series_rm_NaN,'Continuous');
dates = date_series_rm_NaN(2:end);

index = 1;
figure(index); index = index + 1;
plot(dates,X,'.'); hold on
plot(dates,zeros(size(dates)),'r')
ylabel('Daily log return'); xlabel('Year')
datetick('x','yyyy','keeplimits')
axis tight; grid off; box off

% X_sorted = sort(X,'ascend');
threshold = -0.015;
index_below_POT = find(X < threshold);
index_above_POT = find(X > threshold);
extremes_POT = X(index_below_POT);

figure(index); index = index + 1;
plot(dates(index_above_POT),X(index_above_POT),'.b'); hold on
stem(dates(index_below_POT),X(index_below_POT),'xr','MarkerSize',10); hold on
plot(dates,zeros(size(dates)),'r'); hold on
plot(dates,ones(size(dates))*threshold,'r'); hold on
ylabel('Daily log return'); xlabel('Year')
datetick('x','yyyy','keeplimits')
axis tight; grid off; box off

%% Block minima

box_length = 20;
num_boxes = ceil(length(X)/box_length);
```

```matlab
index_EVT = [];
for i = 1:num_boxes
    box_start = 1+(i-1)*box_length;
    box_end   = box_start + box_length - 1;
    if box_end > length(X)
        box_end = length(X);
    else
    end
    
    X_rolling_box = nan(size(X));
    X_rolling_box(box_start:box_end) = X(box_start:box_end);
    [~,index_EVT_temp] = min(X_rolling_box);
    index_EVT = [index_EVT,index_EVT_temp];
    
end

extremes_EVT = X(index_EVT);

figure(index); index = index + 1;
X_removed_EVT = X;
X_removed_EVT(index_EVT) = NaN;
plot(dates,X_removed_EVT,'.b'); hold on
stem(dates(index_EVT),X(index_EVT),'xr','MarkerSize',10); hold on
plot(dates,zeros(size(dates)),'r'); hold on
ylabel('Daily log return'); xlabel('Year')
datetick('x','yyyy','keeplimits')
axis tight; grid off; box off

%% EVaR under EVT

[paramEsts,~] = gevfit(extremes_EVT);

k_MLE     = paramEsts(1);    % Shape parameter
sigma_MLE = paramEsts(2);    % Scale parameter
mu_MLE    = paramEsts(3);    % Location parameter
n = length(extremes_EVT);
alpha = 0.95;
EVT_VaR_EVT =   mu_MLE - sigma_MLE/k_MLE*(1-(-n*log(alpha))^(-k_MLE))

lowerBnd = mu_MLE-sigma_MLE./k_MLE;

ymin = 1.1*min(extremes_EVT);

figure(index); index = index + 1;
step_size = 0.002;
hist(extremes_EVT,-0.05:step_size:0);
hold on
```

```
xgrid = linspace(ymin,lowerBnd,100);
PDF = gevpdf(xgrid,k_MLE,sigma_MLE,mu_MLE);
plot(xgrid,step_size*length(extremes_EVT)*PDF,'r'); hold on
y_lim = ylim;
plot([EVT_VaR_EVT,EVT_VaR_EVT],y_lim,'r')
xlabel('Extreme values'); ylabel('Frequency');
xlim([ymin lowerBnd]); box off
line_1 = ['k = ',num2str(k_MLE),'; \sigma = ',...
    num2str(sigma_MLE),'; \mu = ',num2str(mu_MLE)];
line_2 = ['EVaR = ',num2str(EVT_VaR_EVT)];
title({line_1;line_2})
```

12.6 连接函数VaR

本书第3章讲解的EVT和copula两种方法可以结合起来计算VaR值。

MATLAB给出了一个很有趣的例子，网页链接如下：

◀ https://www.mathworks.com/help/econ/examples/using-extreme-value-theory-and-copulas-to-evaluate-market-risk.html

本节以此例为参考，利用前四节构造的投资组合，来计算这个投资组合连接函数VaR。首先，下载五只股票在过去5年时间内的股价走势，以回望窗口起始时刻股票各自价格为基础计算相对股价走势，可以得到图12.22。这五只股票中，三只股票价格相对回望窗口初期涨势明显。下面以GOOG为例，对其进行分析。其他四只股票的分析，读者可以用后文代码自行分析。

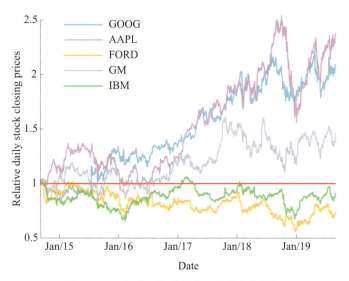

图12.22　过去5年时间股票相对价格变化趋势

以下代码可以获得图12.22。

`B3_Ch12_3_A.m`

```matlab
clc; close all; clear all

price = hist_stock_data('09092014','09092019'...
    ,'GOOG','AAPL','F','GM','IBM');
% the function can be downloaded from:
% https://www.mathworks.com/matlabcentral/fileexchange/
% 18458-hist_stock_data-start_date-end_date-varargin

dates_cells = price(1).Date;
dates = datetime(dates_cells, ...
    'InputFormat', 'yyyy-MM-dd');
GOOG_S = price(1).AdjClose;
AAPL_S = price(2).AdjClose;
F_S    = price(3).AdjClose;
GM_S   = price(4).AdjClose;
IBM_S  = price(5).AdjClose;

GOOG_log_r = diff(log(GOOG_S));
AAPL_log_r = diff(log(AAPL_S));
F_log_r    = diff(log(F_S));
GM_log_r   = diff(log(GM_S));
IBM_log_r  = diff(log(IBM_S));

Data = [GOOG_S, AAPL_S, F_S, GM_S, IBM_S];
S_baseline = [GOOG_S(end), AAPL_S(end), ...
    F_S(end), GM_S(end),IBM_S(end)];
shares = [1,5,100,20,10];
% calculate position PVs and weights
PV_i = S_baseline.*shares;
PV_sum = sum(PV_i);
series = {'GOOG';'AAPL';'FORD';'GM';'IBM'};
weights = PV_i/PV_sum; % row vector
%% Plot relative price for the 5 stocks in the portfolio
index = 1;
figure(index); index = index + 1;
plot(dates, ret2price(price2ret(Data)))
box off; grid off
datetick('x','mmm/yy','keeplimits')
xlim([dates(1),dates(end)]);
xlabel('Date'); legend boxoff
ylabel('Stock relative prices')
title ('Relative daily stock closings')
legend(series, 'Location', 'best')

returns = price2ret(Data);
```

```
% Logarithmic returns
T       = size(returns,1);
% number of returns (i.e., historical sample size)

mean_returns = mean(returns)';
std_returns  = std(returns)';
skew_returns = skewness(returns)';
kurt_returns = kurtosis(returns)';
```

如图12.23所示是GOOG过去5年收盘价走势和日对数回报率走势。对日回报率分析时，几次提到肥尾现象。如图12.24所示是日对数回报率分布中肥尾现象明显。表12.3总结了五只股票的四阶中心矩阵。

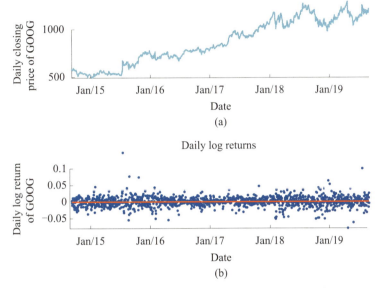

图12.23　GOOG过去5年收盘价走势和日对数回报率走势

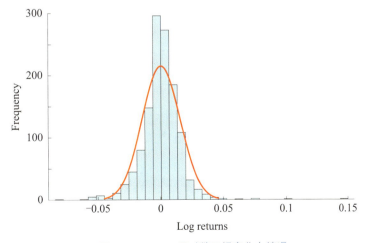

图12.24　GOOG日对数回报率分布情况

表12.3　五只股票日对数回报率四阶中心矩

股票	均值	均方差	偏态	峰度
GOOG	0.0005825	0.01516	0.70346	13.979
AAPL	0.0006871	0.01575	−0.35882	6.968
F	−0.0002447	0.01561	−0.32540	8.181
GM	0.0003011	0.01625	0.32813	7.221
IBM	−0.0000718	0.01315	−0.54134	9.920

大家应该还记得，计算VaR值时重要的假设是日对数回报率为IID，也就是独立同分布；采用时间平方根法则重要的前提是日对数回报率的平方为IID。但是实际情况并非如此，如图12.25所示是GOOG日对数回报率自相关系数和其平方数自相关系数图像。为了产生一系列IID数据，用一阶自回归模型补偿自相关，用GARCH模型补偿**异方差** (heteroskedasticity)。如图12.26所示是生成的符合条件的时间序列。如图12.27所示是对图12.26数据的自相关分析。

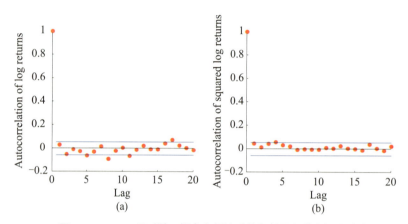

图12.25　GOOG日对数回报率自相关系数和其平方数自相关系数

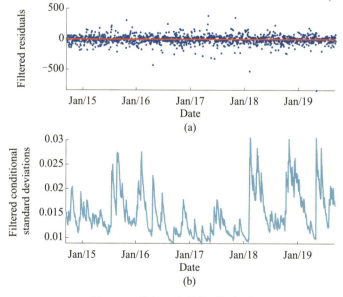

图12.26　符合IID条件的时间序列

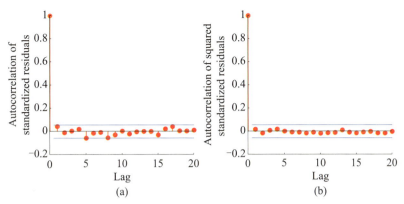

图12.27　GOOG日对数回报率过滤后数据自相关系数和其平方数自相关系数

如图12.28所示采用分段方法得到CDF曲线。在尾部两端采用Pareto建模。

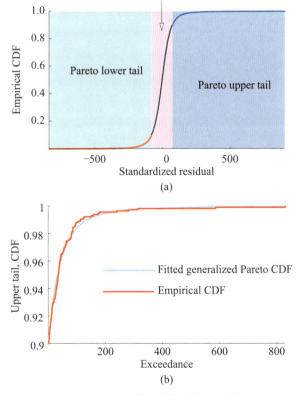

图12.28　分段方法得到的CDF曲线

配合本节前文代码，可以获得图12.23到图12.28。

```
B3_Ch12_3_B.m

%% change index_stock to examine each stock price
index_stock = 1;
```

```matlab
figure(index); index = index + 1;
subplot(2,1,1)
plot(dates(1:end), Data(:,index_stock)); hold on
box off; grid off
datetick('x','mmm/yy','keeplimits')
xlim([dates(1),dates(end)]);
xlabel('Date'); axis tight
ylabel(['Price of ' series(index_stock)])
title('Daily closing price')

subplot(2,1,2)
plot(dates(2:end), returns(:,index_stock),'.'); hold on
plot(dates(2:end), zeros( size(returns(:,index_stock))),'r'); hold on
box off; grid off
datetick('x','mmm/yy','keeplimits')
xlim([dates(2),dates(end)]);
xlabel('Date'); axis tight
ylabel(['Return of ' series(index_stock)])
title('Daily log returns')

figure(index); index = index + 1;
histfit(returns(:,index_stock)); hold on
xlabel('Log returns')
ylabel('Frequency'); grid off; box off

figure(index); index = index + 1;
subplot(1,2,1)
autocorr(returns(:,index_stock))
title('Sample ACF of returns')
% study the autocorrelation of stock daily log returns
box off; grid off

subplot(1,2,2)
autocorr(returns(:,index_stock).^2)
title('Sample ACF of squared returns')
% study the autocorrelation of daily log return squared
box off; grid off

% To produce a series of i.i.d. observations, fit a first order
% autoregressive model to the conditional mean of
% the returns of each equity

model       = arima('AR', NaN, 'Distribution', 't', 'Variance', gjr(1,1));
num_assets  = size(Data,2);
% number of stocks
residuals = NaN(T, num_assets);
% preallocate storage
```

```
variances = NaN(T, num_assets);
fit = cell(num_assets,1);

options = optimset('fmincon');
options = optimset(options, 'Display', ...
    'off', 'Diagnostics', 'off', ...
    'Algorithm','sqp','TolCon',1e-7);

for i = 1:num_assets

    fit{i} = estimate(model, returns(:,i), ...
        'Display', 'off', 'Options', options);

    [residuals(:,i), variances(:,i)] = infer(fit{i}, returns(:,i));
end

figure(index); index = index + 1;
subplot(2,1,1)
plot(dates(2:end), residuals(:,index_stock),'.'); hold on
plot(dates(2:end), zeros(size(residuals(:,index_stock))),'r')
datetick('x','mmm/yy','keeplimits')
xlim([dates(2),dates(end)]);
xlabel('Date'); axis tight
ylabel('Residual'); box off
title ('Filtered residuals')

subplot(2,1,2)
plot(dates(2:end), sqrt(variances(:,index_stock)))
datetick('x','mmm/yy','keeplimits')
xlim([dates(2),dates(end)]);
xlabel('Date'); axis tight
ylabel('Volatility'); box off
title ('Filtered conditional standard deviations')

residuals = residuals ./ sqrt(variances);

figure(index); index = index + 1;
subplot(1,2,1)
autocorr(residuals(:,index_stock))
title('Sample ACF of standardized residuals')
box off; grid off

subplot(1,2,2)
autocorr(residuals(:,index_stock).^2)
title('Sample ACF of squared standardized residuals')
box off; grid off
```

```matlab
nPoints       = 200;
% number of sampled points in each region of the CDF
tailFraction = 0.1;
% Decimal fraction of residuals allocated to each tail

tails = cell(num_assets,1);
% Cell array of Pareto tail objects

for i = 1:num_assets

    tails{i} = paretotails(residuals(:,i),...
        tailFraction, 1 - tailFraction, 'kernel');

end

minProbability = cdf(tails{index_stock},...
    (min(residuals(:,index_stock))));

maxProbability = cdf(tails{index_stock}, ...
    (max(residuals(:,index_stock))));

pLowerTail = linspace(minProbability   , ...
    tailFraction    , nPoints);
% sample lower tail
pUpperTail = linspace(1 - tailFraction, ...
    maxProbability  , nPoints);
% sample upper tail
pInterior  = linspace(tailFraction    , ...
    1 - tailFraction, nPoints);
% sample interior

figure(index); index = index + 1;
subplot(1,2,1)
hold all
plot(icdf(tails{index_stock}, pLowerTail),...
    pLowerTail, 'red'  , 'LineWidth', 2)
plot(icdf(tails{index_stock}, pInterior) ,...
    pInterior , 'black', 'LineWidth', 2)
plot(icdf(tails{index_stock}, pUpperTail),...
    pUpperTail, 'blue' , 'LineWidth', 2)

xlabel('Standardized residual')
ylabel('Empirical CDF')

legend({'Pareto lower tail' 'Kernel smoothed interior' ...
    'Pareto upper tail'}, 'Location', 'best')
legend boxoff; axis tight; grid off; box off
```

```
subplot(1,2,2)
[P,Q] = boundary(tails{index_stock});
% cumulative probabilities & quantiles at boundaries
y = sort(residuals(residuals(:,index_stock) > Q(2), ...
    index_stock) - Q(2));
% sort exceedances
% plot(y, (cdf(tails{index_stock}, y + Q(2)) - P(2))/P(1))
plot(y, cdf(tails{index_stock}, y + Q(2)) - P(2)+0.9)
[F,x] = ecdf(y); hold on
% empirical CDF
stairs(x, F*tailFraction + 1 - tailFraction, 'r')

legend('Fitted generalized Pareto CDF',...
    'Empirical CDF','Location','SouthEast');
xlabel('Exceedance'); ylabel('Probability')
title('Upper tail of standardized residuals')
axis tight; grid off; box off; legend boxoff
```

如图12.29所示是两种方法计算得到的95% VaR和95% ES位置。

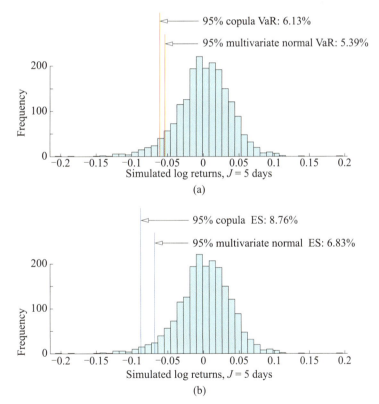

图12.29　两种方法计算得到的95% VaR和95% ES位置

以下为计算结果总结。

```
Maximum sim loss:    20.0233%
Maximum sim profit: 19.5897%
Holding period, J: 10 days
```

```
-------------
95% copula VaR: 6.13%
95% copula  ES: 8.76%
-------------
95% multivariate normal VaR: 5.39%
95% multivariate normal  ES: 6.83%
```

请读者参考本书第3章3.5节模拟产生回报率的方法来简化copula VaR的计算。

`B3_Ch12_3_C.m`

```matlab
%% Calibrate the t Copula

U = zeros(size(residuals));

for i = 1:num_assets
    U(:,i) = cdf(tails{i}, residuals(:,i));
    % transform margin to uniform
end

figure(index); index = index + 1;
[~,ax] = plotmatrix(U);
title('Transformed returns prior to fitting a Copula');

for i = 1:num_assets
    ylabel(ax(i,1),series{i});
    xlabel(ax(end,i),series{i});
end

[R, DoF] = copulafit('t', U, 'Method', 'approximateml');
% fit the copula

% Simulate returns with a t Copula

s = RandStream.getGlobalStream();
reset(s)

num_sims = 2000;
% number of independent random trials
J_holding = 10;
% VaR forecast horizon

Z = zeros(J_holding, num_sims, num_assets);
% standardized residuals array
U = copularnd('t', R, DoF, J_holding * num_sims);
% t copula simulation

for j = 1:num_assets
    Z(:,:,j) = reshape(icdf(tails{j}, U(:,j)), J_holding,
```

```matlab
    num_sims);
end

Y0 = returns(end,:);
% presample returns
Z0 = residuals(end,:);
% presample standardized residuals
V0 = variances(end,:);
% presample variances

sim_returns = zeros(J_holding, num_sims, num_assets);

for i = 1:num_assets
    sim_returns(:,:,i) = filter(fit{i}, Z(:,:,i), ...
        'Y0', Y0(i), 'Z0', Z0(i), 'V0', V0(i));
end

sim_returns = permute(sim_returns, [1 3 2]);

J_day_sim_returns = zeros(num_sims, 1);

% convert daily stock returns to J-day portfolio returns
for i = 1:num_sims
    J_day_sim_returns(1) = sum(log(1 + ...
        (exp(sim_returns(:,:,i)) - 1) * weights'));
end

%% Summarize the Results

alpha = 0.95;
VaR = -quantile(J_day_sim_returns, 1-alpha);

ES  = -mean(J_day_sim_returns(J_day_sim_returns < -VaR));

disp(' ')
fprintf('Maximum sim loss:   %4.4f%s\n'   , ...
    -100*min(J_day_sim_returns), '%')
fprintf('Maximum sim profit: %4.4f%s\n\n' , ...
    100*max(J_day_sim_returns), '%')
fprintf(['Holding period, J: ',num2str(J_holding),' days\n'])
fprintf('-------------\n')
fprintf('95%% copula VaR: %4.2f%s\n'   ,  100 * VaR, '%')
fprintf('95%% copula  ES: %4.2f%s\n'   ,  100 * ES, '%')

MU = mean(returns);
SIGMA = cov(returns);
z_alpha = norminv(alpha,0,1);
z_ES_alpha = normpdf(norminv(alpha,0,1))./(1-alpha);
```

```
VaR2 = z_alpha*sqrt(weights*SIGMA*weights')*...
    sqrt(J_holding) - weights*MU'*J_holding;

ES2 = z_ES_alpha*sqrt(weights*SIGMA*weights')*...
    sqrt(J_holding) - weights*MU'*J_holding;
```

```
fprintf('-------------\n')
fprintf('95%% multivariate normal VaR: %4.2f%s\n' ...
    , 100 * VaR2, '%')
fprintf('95%% multivariate normal  ES: %4.2f%s\n' ...
    , 100 * ES2, '%')
fprintf('-------------\n')

figure(index); index = index + 1;
subplot(2,1,1)
histfit(J_day_sim_returns); hold on
xlabel('Simulated log returns, J = 5 days')
ylabel('Frequency'); grid off; box off
y_lim = ylim;
plot([-VaR,-VaR],y_lim,'r')
plot([-VaR2,-VaR2],y_lim,'r')

subplot(2,1,2)
histfit(J_day_sim_returns); hold on
xlabel('Simulated log returns, J = 5 days')
ylabel('Frequency'); grid off; box off
y_lim = ylim;

plot([-ES,-ES],y_lim,'b')
plot([-ES2,-ES2],y_lim,'b')
```

　　本书是本系列图书的第三本，共分12章。在丛书第一本有关数学内容基础之上，本书第1章、第2章和第3章继续深入探讨金融建模常用的数学和统计知识。第1章中，主要讨论了矩阵的基础运算、矩阵转化、矩阵分解、线性方程组等矩阵基础内容；另外，还特别介绍了矩阵与概率运算之间的关系。第2章以方差-协方差矩阵为核心，探讨代数、几何、解析几何、矩阵和概率之间的联系。第3章讨论极值理论、连接函数和连接函数相关性等内容。

　　第4章到第7章集中讨论数据分析相关话题。第4章讨论如何处理异常值和缺失值、转换数据和样条插值。第5章探讨移动窗口、降噪与平滑、去趋势、季节性调整和非参数法检验等内容。第6章一整章内容讨论回归分析。第7章展示的是本书前面讨论的矩阵、统计、数据等内容在金融方面的应用和延伸。

　　第8章讨论常见的有限差分法用于期权定价。第9章和第10章主要研究蒙特卡罗模拟常见的方法和其在金融建模方面的应用。第11章讨论常见的几种时间序列模型。第12章继续深入探讨市场风险内容，如增量VaR、边际VaR、成分VaR、极值VaR和连接函数VaR。

　　丛书后续将和读者讨论更多数学方法、优化方法、建模方法和人工智能等话题，期待和您的见面！

Cheatsheet
备忘

A-B

abs()函数用来获得输入变量的绝对值

adftest()函数对输入时间序列进行ADF平稳性检验

adtest() 进行Anderson-Darling (AD) 测试

any()函数测试输入变量中是否存在至少有一个元素满足一定的逻辑条件

arima()函数可用来构建MA、AR、ARMA及ARMA模型

atan() 以弧度为单位的反正切

atan2() 计算点的四象限反正切

autocorr(A)计算自相关性，并绘制火柴杆状图

betarnd() Beta分布随机数生成器

binornd() 产生服从二项分布的随机变量

biplot() 创建矩阵系数的双标图

blsprice() 函数运用BSM模型计算普通欧式期权（看涨或看跌）现价

boundary(x,y) 返回一个表示包围点 (x,y) 的单个相容二维边界的点索引向量

boxplot() 绘制箱形图

bsxfun(fun,A,B) 对数组 A 和 B 应用函数句柄 fun 进行运算。例如，如下代码完成两步运算：第一步，从矩阵 A 的对应列元素中减去列均值；第二步，按标准差进行归一化。

```
C = bsxfun(@minus, A, mean(A));
D = bsxfun(@rdivide, C, std(A))
```

C-D

cdf() 根据指定的概率分布产生CDF

cellfun() 对元胞数组中的每个元胞应用函数

chi2inv() 卡方分布CDF逆运算

chi2rnd() 卡方分布随机数生成器

chol(A) 基于矩阵 A 的对角线和上三角形生成上三角矩阵。L = chol(A,'lower') 基于矩阵 A 的对角线和下三角形生成下三角矩阵 L'，满足方程 L*L'=A

conv(u,v,shape) 返回如 shape 指定的卷积的分段。例如，conv(u,v,'same') 仅返回与 u 等大小的卷积的中心部分，而 conv(u,v,'valid') 仅返回计算的没有补零边缘的卷积部分

conv2(A,B) 返回矩阵 A 和 B 的二维卷积

copulacdf() 连接函数copula的累积概率密度函数

copulafit() 连接函数copula的拟合

copulapdf() 连接函数copula的概率密度函数

copularnd() 产生服从指定copula的随机数

cos()求解三角函数余弦

cov()计算输入的采样数据之间的协方差值

cumsum()函数计算输入序列的累积和

datenum()将日期变量"date"转换为数值变量"number"

datetick(tickaxis) 使用日期标记tickaxis 所指定轴的刻度线，并替换默认数值标签

datetime()读取特定格式的时间数据

deg2rad() 将角从以度为单位转换为以弧度为单位

detrend() 从向量或矩阵中删除均值或去除线性（n次多项式）趋势

diag() 创建对角矩阵或获取矩阵的对角元素；diag() 也可以用来生成方阵，其对角元素为输入向量中的元素

diff()函数可计算输入向量或矩阵特定维度上相连元素的差值

diff(X)当X为向量时计算相邻元素之间的差值，当X为矩阵时，计算相邻行对应元素之间的差值

double()函数可直接将syms类型表达式转化为转化成双精度值

E-F

ecdf() 经验累积概率分布函数

eig() 求解特征值和特征向量。[V,D] = eig(A) 返回特征值的对角矩阵 D 和矩阵 V，其列是对应的右特征向量，使得 A*V = V*D

erf() 误差函数

estimate() 函数可用来根据指定数据估算指定模型的关键参数

exprnd() 指数分布随机数生成器

eye() 生成单位矩阵；eye(n) 返回一个主对角线元素为 1 且其他位置元素为 0 的 n×n 单位矩阵；eye(n,m) 和 eye([n,m]) 均返回一个主对角线元素为 1 且其他位置元素为 0 的 n×m 矩阵

fft() 快速傅里叶分解

fillmissing(A,method)使用method指定的方法填充缺失的条目，该方法可能是下列各项之一：'previous'（上一个非缺失值）、'next'（下一个非缺失值）、'nearest'（距离最近的非缺失值）、'linear'（相邻非缺失值的线性插值）和'spline'（分段三次样条插值）等

filloutliers() 查找 A 中的离群值并根据指定方法替换它们

filter() 根据定点滤波器对数据向量进行滤波

fitdist()函数根据输入的采样数据获得对应的概率密度分布

fitglm()用来构建回归模型的函数之一

fitlm()可用来构建线性回归模型

fitNelsonSiegel() 根据债券信息，用Nelson-Siegel模型拟合得到利率期限结构

fitSvensson() 根据债券信息，用Svensson模型拟合得到利率期限结构

floor() 向负无穷大四舍五入

forecast()预测在指定条件下指定模型的输出值

format指定变量类型

fprintf()在Command窗口输出打印指定文本

frnd() F分布随机数生成器

G-J

gamrnd() Gamma分布随机数生成器

garch() 函数可用来构建ARCH及GARCH模型

geornd() 产生服从几何分布的随机变量

getParYields() 根据IRFunctionCurvecollapse获得收益率

gevcdf() 广义极值分布累积概率密度函数

gevfit() 广义极值分布拟合

gevpdf() 广义极值分布概率密度函数

glmfit() 用来构建回归模型的函数之一

gpcdf() 广义帕累托分布的累积概率密度函数

gpfit() 广义帕累托分布拟合

gppdf() 广义帕累托分布的概率密度函数

gprnd() 产生服从广义帕累托分布的随机数

griddedInterpolant() 对一维、二维、三维或N维网格数据集进行插值

heatmap() 创建热图

hessian() 计算黑塞矩阵

hist() 生成直方图

histfit() 创建直方图以及拟合曲线

histogram() 创建直方图

infer() 推导单变量条件方差，模型可以是GARCH、EGARCH或GJR

innerjoin() 对table数据通过关键字"key variables"进行合并

interp1() 函数用于线性插值获得中间值

interp2() meshgrid 格式的二维网格数据的插值

interp3() meshgrid 格式的三维网格数据的插值

interpn() ndgrid 格式的一维、二维、三维和 N 维网格数据的插值

ismissing() 用来查找数组或矩阵中NaN

isnan() 判断查询数组元素是否包含 NaN 值

isoutlier() 查找数据中的离群值

jacobian() 计算雅克比矩阵

K-M

kpsstest() 函数对输入时间序列进行KPSS平稳性检验

ksdensity() 用Kernel方法返回向量或两列矩阵中的样本数据的概率密度估计

kstest() 单一样本Kolmogorov-Smirnov (KS) 测试

kstest2() 双样本Kolmogorov-Smirnov (KS) 测试

kurtosis() 计算峰值

ldl(A) 进行LDL分解运算。[L,D] = ldl(A) 将分块对角矩阵 D 和置换下三角矩阵存储在 L 中，使得 A = L*D*L'

linespce() 函数产生数据等距分布的向量

lognrnd() 对数正态分布随机数生成器

lu(A) LU分解命令。[L,U] = lu(A) 将满矩阵或稀疏矩阵 A 分解为一个上三角矩阵 U 和一个经过置换的下三角矩阵 L，使得 A = L*U

mad() 计算平均绝对离差

mahal() 计算马氏距离平方数

mean(A,2) 沿矩阵列方向求取每行元素平均数；mean(A,1) 沿矩阵行方向求取每列元素平

均数

mldivide()用来求解$A*x = B$中x值

mod()函数用来求解余数

mode(A) 返回 A 的样本众数,即 A 中出现次数最多的值

movmad() 计算移动平均绝对离差

movmax() 计算移动最大值

movmean() 计算移动平均数

movmedian() 计算移动中位数

movmin() 计算移动最小值

movprod() 计算移动乘积

movstd() 计算移动标准差

movsum() 计算移动和

movvar() 计算移动方差

mvncdf() 多元正态分布累积概率密度函数

mvnpdf() 多元正态分布概率密度函数

mvnrnd() 产生符合多元正态分布的随机数

mvtcdf() 多元学生t-分布累积概率密度函数

mvtpdf() 多元学生t-分布概率密度函数

mvtrnd() 产生服从多元学生t-分布随机数

N-Q

nancov()忽略NaN计算方差-协方差矩阵

nanmax()忽略NaN计算最大值

nanmean()忽略NaN计算平均值

nanmedian()忽略NaN计算中值

nanmin()忽略NaN计算最小值

nanstd()忽略NaN计算标准差

nansum()忽略NaN计算和

nanvar()忽略NaN计算方差

norm() 返回输入向量 v 的欧几里得范数也称为 2-范数、向量模或欧几里得长度

normcdf()函数返回正态分布累积概率密度函数值

normfit()函数根据输入数据拟合正态分布并输出关键参数

norminv() 正态分布累计分布函数逆函数

normpdf(x,mu,sigma)根据指定的x值计算其正态分布的概率分布函数值;数学期望是mu,标准差是sigma

normplot()生成QQ图

normrnd() 正态分布随机数生成器

num2str()函数将数据值转化为字符串

numel(A) 返回数组 A 中的元素数目 n 等同于 prod(size(A))

optimset() 优化方法设置

parcorr()函数计算时间序列的PACF值并绘制图像

pareto() 绘制帕累托图

paretotails() 帕累托尾部分段模型

pca() 主成分分析命令

plotmatrix(A)创建的散点图矩阵。矩阵的第 i 行、第 j 列中的子图是 A 的第 i 列相对于矩阵A自身的第 j 列的散点图。沿对角线方向是 A 的每一列的直方图

poissrnd() 产生服从泊松分布的随机变量

polyfit()用来构建回归模型的函数之一

predict() 根据模型信息计算预测值

price2ret() 价格水平换算成利率

quantile() 计算指定置信区间的分位点

quiver(x,y,u,v) 绘制箭头图将速度向量显示为箭头，其中分量(u,v)位于点(x,y)处

R-S

rad2deg() 将角的单位从弧度转换为度

rand() 返回一个在区间(0,1)内均匀分布的随机数

randn(n) 返回由正态分布的随机数组成的 $n×n$ 矩阵；randn(sz1,...,szN) 返回由随机数组成的 sz1×...×szN 数组，其中 sz1,...,szN 指示每个维度的大小。例如：randn(3,4) 返回一个 $3×4$ 的矩阵

raylrnd() 瑞利分布 (Rayleigh distribution) 随机数生成器

readtable() 读取表格数据

regress() 用来构建回归模型的函数之一

ret2price() 利率换算为价格

rng() 控制随机数生成，如rng('default') 可以保证生成的随机数可重复

round() 函数用来控制数据精度，进行四舍五入近似

scatteredInterpolant() 对散点数据的二维或三维数据集执行插值

scatterhist() 绘制带边缘直方图的散点图

semilogx() 函数绘制x轴为对数尺度的图像

simulate() 函数可用来对指定模型进行模型仿真，产生多个模拟路径数据

sin() 求解三角函数正弦

skewness() 计算偏态

smoothdata() 指定平滑处理方法使用的窗口长度。例如，smoothdata(A,'movmedian',5) 通过求五元素移动窗口的中位数，来对 A 中的数据进行平滑处理

std() 计算标准差

stepwiselm() 进行逐步回归模型搭建

struct() 函数定义结构矩阵(structure array)变量

sum(A,2) 沿矩阵列方向求取每行元素之和；sum(A,1) 沿矩阵行方向求取每列元素之和

svd(A) 以降序顺序返回矩阵 A 的奇异值；[U,S,V] = svd(A) 执行矩阵 A 的奇异值分解，因此 A = U*S*V'

syms() 创建符号变量和方程

T-Z

table2array() 将table数据转化成array数据

tanh(X) 返回 X 的元素的双曲正切

tcdf() 学生t-分布的累计概率密度函数

tick2ret() 将价格转化为回报率；有'Simple'和'Continuous'两个选择

trnd() 产生服从学生t-分布的随机数

unidrnd() 产生服从离散均匀分布的随机变量

unifrnd(A,B) 返回A和B之间的连续均匀随机数组

var() 计算方差

varm() 函数可用来构建VAR模型

vratistest()函数对输入时间序列进行方差检验

wblcdf() 为Weibull分布累积概率密度函数

wblpdf() 为Weibull分布概率密度函数

wblrnd() 产生服从的威布尔分布（Weibull distribution）的随机变量

xtickangle(…)，在图形绘制中，可以使用xtickangle(…)命令来调整图中x轴显示坐标"label"的水平夹角

yyaxis 生成双Y轴图

zeros()函数产生元素全为零的矩阵